「主権国家」再考

"Sovereign State" Reconsidered
Reinterpreting modernity

「主権国家」再考

近代を読み替える

中澤達哉……責任編集
歴史学研究会……編

岩波書店

はじめに
――いま「主権国家」を論じる意味

中澤達哉

二〇二〇年代に入ってからというもの、歴史の針を二〇世紀の帝国主義期に逆戻りさせるかのような出来事が相次いだ。ここ数年のうちに起こった世界史的事件――ロシア・ウクライナ戦争やパレスチナ・イスラエル戦争――は、二一世紀においてもなお侵略と殺戮がとどまる気配がないことを広く世界に知らしめた。私たちは、二〇世紀の総力戦を支えた自民族至上主義の末路を知っているし、その顚末が自国民の壊滅的な大量死と他民族への悲劇的なジェノサイドであったことを、歴史の教訓として学んでいたはずである。それなのに、そうした反省を嘲笑うかのように、世界情勢はますます悪化の一途を辿っている。いったい、私たちは、本当に人権と自由と民主主義が守られるような世界に生きていたのだろうか。長期的には、この現象が何を意味すると考えればよいのだろうか。歴史家は、歴史には人権の擁護と弾圧、自由と不自由、民主政と専制との間にたゆまぬ緊張が存在したことを確かに知っている。しかし、いま、ガザで展開される無差別攻撃を目にして、歴史はそういうものだと達観してみせる歴史家はいるのだろうか。多くの歴史家はそのような心情をもちあわせていないのではなかろうか。

「帝国的な国民国家」。ウクライナやガザを制圧しようとする国家が識者によって形容される際、私たちはどれほどこの「帝国的な国民国家」というニュアンスの言葉を耳にしてきたことだろうか。確かに、その表現で、好戦的で領土的野心のある国民国家が繰り出す際限のない暴力を暗示することができるだろう。その殺戮行為の模様はいまやネットを通じて瞬時に世界中に拡散し、国際社会が「帝国的な国民国家」の暴力に公然と反対の意思を示すようにさえなった。しかし一方で、私たちは、ロシアやイスラエルを「帝国的な国民国家」と表現するとことで、何かを等閑視してこなかっただろうか。

＊＊＊

ここで注視しなければならないのは、帝国にも国民国家にも通底するひとつの原理――主権である。現代歴史学には、帝国論や国民国家論といって、そのありようを批判的に検討する営みがあり、多くの成果を挙げてきた。しかし、なにより内省すべきは、そうした帝国論や国民国家論には主権批判や主権国家批判が皆無であったということである。確かに、西洋近世史においては絶対王政論の文脈の中で、一九七〇年代から君主主権のステレオタイプは批判的な考察の対象となっていた。この結果、(後述するように)従来の中央集権的なウェストファリア型主権国家像とその基盤をなす単一不可分の主権像については、一足早く抜本的な再検討が進んだのである。一方、近代史研究においては、国民国家批判は行われても、国民国家の基底をなす国民主権については再考の兆しすら皆無であった。「国民主権を疑う」というとき、違和感をもつ人も多いだろう。しかし、ここで言いたいのは、国民主権の時代に繰り出される暴力をどう理解すべきか、暴力を主権と絡めて足元から見直すべきではないか、という歴史学的な営為の必要性である。本書は、以上のような問題意識をもつがゆえに、近世から近現代に至るまでの全二期の主権国家(第一期＝君主主権国家、第二期＝国民主権国家)の姿を同等に再検討の対象としたい。こうした取り組みこそ、二〇二〇年代の現状を理解するのに必要な営為であると考えるからである。

「主権国家」は、近代以降の人文学・社会科学の学問分野はもとより、広く社会において共有されてきた概念である。それによれば、国家は一定の領域において管轄権を確立し、他のいかなる公権力もその管轄する領域には介入できない。こうした主権国家の理解は、近世・近代国家と国際社会の主要な属性として認識され、近代主義的な発想が批判されるようになった今日でもなお、国内・国際政治の前提となっている。厳密に言えば、主権国家は以下の二つの主権をもつと理解された。①自らに優越するような権威が国内に存在しないという最高性＝対内主権、②ローマ教会や他国の支配・干渉を受けないという独立性＝対外主権である。この結果として、歴史学では、一六四八年のウェストファリア条約締結を契機に、主権国家の間で一定の規則を定めて戦争と交渉を繰り返す世界秩序「主権国家体制」が国際法上成立した、との認識が一般化したのである(以上、中澤 二〇〇五：四〇九頁)。

なお、そうした主権国家は近世において、中央集権的な絶対王政として以下のような実態をもつと考えられてきた。①君主の支配権を担保する軍事力の確立(常備軍の創設)、②財政基盤の強化(統一的な租税システムや重商主義の導入)、③君主に忠実な家産官僚制の構築、④宗教的権力と世俗的権力の対立の克服、⑤身分層の既得特権に対する圧迫、である。つまり、ここにおいては、君主による国内の統一化や均質化への試みが重視され、特に主権の単一不可分性が強調されてきた。政治思想史上では、ボダンやホッブズの国家思想を根拠に、絶対主義国家を中世キリスト教統合体の崩壊を受けて現れた一元主義的な主権国家と認識する傾向があった(以上、中澤 二〇〇五：四〇九頁)。だが、主権国家はそもそも既述の定義のように説明することができるものなのだろうか。

近代的主権論の祖とされるボダンは、一五七六年の『国家論六篇』において「主権(souveraineté)は国家の絶対的かつ永久的権力である」と定義した(Bodin 1578: 89)。なお、ラテン語版では主権は maiestas と表記されており、「市民と臣下に対する最高にして法の拘束から解放された権力」と定義される(Bodoni 1609: 78)。いずれの表現も、主権がもつ絶対性を想起させる指摘である。しかし一方で彼は、「国家とは、多くの家族の間で共通する問題について、主権的権力をもってなす正しき統治である」(Bodin 1578: 1)とも述べた。統治の側面から見れば、主権を行使する者は「正しき統治」が求められる点で制約が課せられているとも理解することができる。ここにみられる主権の絶対性と統治の制約性の齟齬《そご》は、近世以降の政治思想史でも「国家理性」の問題を軸に長らく議論されてきた。

　とはいえ、歴史学において、ボダン流の主権の絶対性があたかも現実に存在するかのように現実を解釈する道具となったのは、ウェストファリア講和へのボダンの影響を重視することで、神聖ローマ帝権に対する諸領邦の自立性を強調しようとした領邦国家研究の影響がまずあるだろう。実際には、ウェストファリア講和自体、領邦国家の完全な主権を認めた新奇な条約ではなく、帝国諸侯が従来もつ領土権および優越権(jus teritorii et superioritatis)、すなわち領邦高権(Landeshoheit)を追認したという形式を踏んでいる。従来の研究は領邦の外交権とあわせて領邦高権を「完全な主権」と捉え、ここに絶対主義的な主権国家の成立をみてきたのである。だが、この主権は、物的支配をめぐる権利を述べたものであり、本来、帝権(インペリウム)が有する人的支配にまで拡大されるものではもちろんなかった。

　他方で、近世ヨーロッパを対象とした二〇世紀末から二〇一〇年代の歴史学研究では、近世を初期近代としてではなく独自の秩序をもつ世界として捉え、ヨーロッパにおける国家形成を再検討する試みが成果を挙げてきた。絶対主義的な主権国家第一期像とその国際関係像は、まず(1)一九七五年にH・G・ケーニヒスバーガの複合国家論(Koenigsberger 1975)によって、(2)一九九二年にはJ・H・エリオットの複合君主政論(Elliott 1992)によって、(3)一九九八年にはH・グスタフソンの礫岩国家論(Gustafsson 1998)によって立て続けに批判されることになった。ここには(4)一九七九年の二宮宏之の社団的編成論(二宮 一九七九)も付け加えねばならない。(1)〜(4)の学説は必ずしも一枚岩でない対内主権の重層性を実証したが、(2)(3)はさらに対外主権の可塑性、すなわち礫岩的主権国家の存在を論証する研究となり、従来のウェストファリア型の主権国家像は大いに変容した。特に(2)(3)は、ヨーロッパ近世を、一人の君主支配のもとに、様々な属性をもった複数の国家や地域が合従連衡を繰り返す、礫岩のような集塊的国家が形成された時代として位置づけ直したのである。そして、この礫岩的主権国家の形成の前提となったのは、君主による単一的で排他的な支配ではなく、「政治的共同体と王の統治(dominium politicum et regale)」とも呼ばれる近世の重層的な統治のあり方、すなわち前述の対内主権の重層性であった(古谷・近藤編 二〇一六)。つまり対内主権の重層性と対外主権の可塑性は表裏一体の関係にあった。なお、こうした主権の相対化にかかわる議論の延長線上に、国際政治史・国際関係史学においても変容が生じたことは注目に値する。二〇〇一年のA・オシアンダー(Osiander 2001)、二〇〇四年のS・ボーラックなど(Beaulac 2004)、「ウェストファリア神話」の解体にかかわる研究がなされたのである(ティシケ 二〇〇三、明石 二〇〇九、山影 二〇一二、岩井・竹澤編 二〇二一、岩井・道重編 二〇二二)。もちろん、オシアンダーらに直接的に影響を与えたF・ディックマンやH・クヴァリチュのドイツ史研究・ウェストファリア講和研究も軽視することはできない(Dickmann 1960; Quaritsch 1986)。

このようにウェストファリア型の近世国家像が大きく改変されことで、近年の歴史研究者にとってまず新たな研究上の関心の対象になったのが、近世・近代の「帝国」の捉え直しである(中澤 二〇二四：二—一二頁)。君主が複数の国家や地域の合従連衡のうえに緩やかに君臨していたとする近世国家像が提示されたのであれば、当然ながら、旧来の強固な(君主)主権認識を前提に近世・近代の諸帝国を検証してきた近世・近代史研究も相応に変容せざるを得なくなる。

というのも、かつてのレーニンやジョン・A・ホブスンの帝国研究は、以下の歴史上の帝国の多様な像(①〜④)を区別しないまま、①に特化して帝国を論じる傾向があった(レーニン 一九五六、ホブスン 一九五一—五二)。

① 植民地化・資本主義化・住民の大量移動にみるような、無制限の拡大や増殖を伴う近現代の独占資本主義あるいは帝国主義国家の支配域。

② キリスト教国家(Respublica Christiana)の存在を前提に、アリストテレスの分配的正義をもとに個別統治権

(magistratus)を神の秩序に由来する固有の権限として承認する秩序体系としてのインペリウム(imperium 帝権・命令権)とこれが行使される圏域。

③「政治的共同体と君主の統治」構造をもつ、複数の国家・地域間の合意・合従連衡に基づくインペリウム(imperium 至高権・命令権)とその広域的・礫岩的統治領域。

④あらゆる統治権の権源として把握された君主がもつマイエスタス(maiestas 至高権・絶対的統治権)およびこれが行使される個別圏域。

上記①の典型はいうまでもなく植民地帝国であり、イギリス帝国がまさにこれに相応《ふさわ》しい。②はローマ帝国を引き継ぐいわゆる普遍帝国で神聖ローマ帝国に代表される。③は必ずしもローマを引き継ぐわけではないが、一人の君主が複数の王国の君主を兼任する複合君主政で、神聖ローマ圏外のポーランド＝リトアニア共和国やハンガリー王冠領などの中・東欧諸国のほか、北欧のバルト海帝国などが好例である。④は「国王は国内においては皇帝である」というような絶対主義に類する理念をもつフランス王国などが該当する。

以上の諸概念はやがて一律に sovereignty, souveraineté, Souveränität, sovrenita と捉えられ、日本語では(中近世ヨーロッパ君主権の微妙な差異を抹消して)一元的に「主権」と訳される傾向があった(中澤 二〇二三：一九四頁)。さらに、「主権」は、④の絶対主義的主権国家から市民革命と国民国家形成を経て、①の構造的変種たる帝国主義への移行が説明されることで、一八世紀末〜二〇世紀前半の主権国家第二期に全盛期を迎えるとさえ考えられた(Butvin 1974)。ここでは明らかに、上記②③のインペリウムを念頭に置く帝国論が欠落していたのである。二〇〇〇年代にブーム化したA・ネグリとM・ハートのソフトなネットワーク帝国論(ネグリ&ハート編 二〇〇三)も、近世国家史研究の主権国家批判から発せられている重厚な問いに応答していないというのが現状である。

ヨーロッパの視点に立つならば、近世複合国家を起点に近代帝国を再考する際の出発点となるのが、「近世的集塊の整序」という見方である。これはあくまで「整序」であり、集権化や市民革命による「解消」ではない。近世複合国家が近代を迎える頃、一八世紀の自然権や人権、民族や人種概念の導入を受け、近世秩序の抜本的な整序が必須となっていた。国家構造の改編にあたって、統治の正統性や構造がどう変わり、統治の実態がどのように変わったのだろうか。その際、近世複合国家が他領域を併呑する際の特徴の一つである「従属的な合同」から、近代帝国による「植民地化」への変転プロセスも緻密に実証される必要がある。

＊　＊　＊

ここで検討の対象となるのが、本書後半部で取り扱う主権国家第二期である。ウェストファリア型の強固な主権国家像を前提とした従来の近代帝国像が相対化されてゆくのであれば、近代国民国家像も相応の変化を被るはずである。一九八〇〜九〇年代に一時期流行したE・ゲルナー、B・アンダーソン、E・ホブズボームらの近代論・構築主義による国民国家(主権国家第二期)論も、旧来のウェストファリア型の強固な主権を前提に、むしろ「怪物」のような国民国家像を補強する役割を果たしていた(西川 二〇一二)。構築主義による歴史理解の影響は甚大で、以後の近代史研究は、国民を構築する統治機構としての国民国家の強権ぶりを必要以上に誇張し批判していたように思われる。社会史研究においてすら、大衆は国民化されるだけの客体として認識される傾向が強かった。このように現代歴史学のありかたに批判的な問題意識をもつとき、枢要な参照軸となるのが、「帝国と国民国家の相互浸潤」という視点である。

一九世紀後半以降、帝国は近代化の行為主体となったことで、帝国統治の正統性や方法は変化した。特にハプスブルク帝国史では従来、新たに成長しつつあった国民主義は、帝国と対峙しながら対抗的に形成されるものとして理解されてきた。さらに、第一次世界大戦による帝国崩壊を受けて国民国家が成立したという、単線的なナラティブも構築された。以上の伝統的な史学状況に対して、本書は従来の認識をいったん相対化してみたい。近代帝国が統治方法を変化させる中で国民主義を生み、これを統治に積極的に編入しようと試みていたという事実を重視したい(Judson 2016)。つまり、近代帝国が崩壊し、それを否定することで国民国家が生まれたのではなく、近代帝国こそ国民国家を生み出した、という観点である。なにより、そうした観点から統治の実相に迫る必要があるだろう。それは、「国民国家」と「帝国」をアプリオリに等価のものとして同一視する「国民帝国論」のような単純なものではない。両者が浸潤していくプロセスを厳密に実証する「国民化帝国論(nationalizing empire)」に近い(Berger and Miller 2015; Judson 2016)。

ここにおいて、最後の問い立てが浮かび上がってくる。検討の対象を空間的にも時間的にも拡張し、一九世紀東アジアにおける主権概念の拡大と変容にかかわる問題を視野に入れることである。その際、目下、相対化されつつある近世ヨーロッパの主権概念と近代アジアに拡大された主権概念との相応を「翻訳」という観点から考え、その複眼をもって、主権を改めて捉え直せるであろう。こうした分析枠をもつことによって、いずれ現実のものとなる主権国家第二期の国民国家が世界的に拡大したことの根拠とそれが孕む問題性の双方を見極めることが可能になるであろうし、今日のロシアやイスラエルのような帝国的な国民国家の形成と拡大の過程をも解明することが期待されるのである。

＊＊＊

本書の執筆陣は、二〇一八年から二一年にかけて四年連続で開催された歴史学研究会大会合同部会「「主権国家」再考」シリーズに登壇した歴史学者である。本書は、『歴史学研究』増刊号(九七六、九八九、一〇〇七、一〇一五号)に掲載された四年間のシンポジウムの報告とコメントに加筆・改題を施しつつ、新たに書き下ろされたものも加え、全一七本の論考から構成される。当然ながらこの歴研合同部会は、二二年二月から始まるロシア・ウクライナ戦争、二三年一〇月のパレスチナ・イスラエル戦争の勃発前に企画され開催されたものである。ゆえに、現状を踏まえて一部の論考が報告時から若干の変更を加えていることを予め断っておきたい。

「はじめに」の中澤による問題提起を受けて、序章「主権という概念の歴史性」で近藤和彦は、主権国家論をより詳細に史学史的に整理したうえで問題提起を行う。これに基づき、以下全五部において各論が展開される。

第Ⅰ部「複合君主政／礫岩国家――近世主権国家」では、ユーラシア西部の近世に焦点を当て、二〇世紀末に登場した複合国家論・複合君主政論・礫岩国家論の知見をもとに、ヨーロッパにさえ従来のボダン型の主権国家論が適用できないことを確認する。

まず第1章の古谷大輔「君主政の狭間から見る近世的主権国家――スコーネ住民と「正しき統治」」は、デンマーク君主政とスウェーデン君主政の狭間に位置し、一七世紀後半に前者から後者へと帰属が変わったスコーネを検証する。古谷論文は、戦時下に「正しき統治」を求めた住民とふたつの君主政との応答に着目することで、権力の多重空間のなかに生きた住民の目線から近世的な主権国家の姿を浮き彫りにする。

同第2章は、後藤はる美「一七世紀ブリテン諸島における礫岩国家・主権・法の支配」である。一七世紀前半のブリテン諸島は、イングランド・スコットランドの同君連合にはじまり、国王処刑と共和国宣言を経て、クロムウェル治下での統一議会召集と「イングランド・スコットランド・アイルランド共和国」の成立に至る激動の時代を経験する。後藤論文は、この過程において各地域の主権と一人の支配者、そして法の支配の問題をめぐって行われた人びとの様々な交渉に注目する。

同第3章は、青谷秀紀「ブルゴーニュ国家のかたち――複合君主政のネーデルラント的経験」である。いわゆる「ブルゴーニュ公国」の一部をなすネーデルラント諸領邦は、ブルゴーニュ家の支配下にありながらもフランス王国や神聖ローマ帝国との関係を背景に、法的権限・支配関係の錯綜や多様な帰属意識がみられた地域である。青谷論文は、都市勢力の伸長が著しいフランドル伯領とブラバント公領を中心に、一五世紀後半から一六世紀初頭のブルゴーニュ複合君主政における君主と諸領邦の関係を論じる。

第Ⅱ部「帝国論の再定位——近世〜近代主権国家①」は、ユーラシア中・東部をも射程に入れ、主権の概念と地方官吏による統治の実態・法学者の議論とを比較の補助線としながら、ブリテン・ロシア・清という近代帝国を、集権化ではなく「近世的集塊の整序」という観点から再考する。その際、近代帝国と近世帝国との統治の連関性も意識されよう。

まず第4章は、稲垣春樹「イギリス帝国とインド——主権を分有する帝国」である。一九〜二〇世紀のインドにおけるイギリス帝国は、現地勢力である藩王国(princely states)との間で主権を分有する帝国であった。両者は、異なる「主権」の観念を構築し、自らのために利用した。イギリスは、「分割可能」で「政治的」な主権の観念に依拠して、藩王国への内政干渉を正当化した。藩王国は、はじめ主権の「絶対性」「不可分性」を主張して、ついで「分割可能」だが「法的」な主権の観念に依拠して、イギリスの政治的な干渉に対抗した。

同第5章は、青島陽子「ロシア帝国——専制・臣民・領域」である。青島論文は、近代ロシア帝国において、国法学者たちが「無制限専制」をロシア独自の国家体制であると理解し、それに制度的な枠を与えて制御しようとする一方、ロシア・ナロードの歴史的生成物として神話化していた事実をも示す。そのうえで、ロシア帝国の臣民や領域が専制を媒介として、どのように捉えられていたのかも論じる。

同第6章の杉山清彦「近世「帝国」としての大清帝国——マンジュ(満洲)による集塊とその構造」は、近世ユーラシア東方の大国・清を取り上げ、中国王朝「清朝」としてではなく、それをもその一面とする、ユーラシア世界の「大清帝国」と捉えて、その複合的性格と統合のあり方について論じる。マンジュ人の皇帝が中国漢人社会とモンゴル＝チベット仏教世界とを束ねるという構造の提示は、近世・近代の帝国論の再考と交叉するはずである。

第Ⅲ部「国民国家の再点検——近世〜近代主権国家②」は、以上の第Ⅰ部〜第Ⅱ部の問題意識を引き受けつつ、ウェストファリア型の主権国家の存在を前提とした従来の近代帝国像が相対化されたのを受けて、近代国民国家像または近代国民像の再構成を図ろうとする試みとなる。主権を軸に現代の諸問題――ネイション、マイノリティ、ジェンダー――との直結を考察する重要な部である。

まず第7章の石川敬史「競合する主権と国民国家――アメリカ革命の風土」は、アメリカ革命の本質を、イギリス帝国本国の主張する主権理論に対する革命家たちの違和感にこそあったとする。その違和感はその後、アメリカを政治的かつ暴力的な内政に導くだけでなく、こうして育まれた非精緻で曖昧な主権概念はアメリカ国民国家論といっさい矛盾しないものとなったという。石川論文はアメリカから近代西欧の主権国家論を相対化するのである。

同第8章の篠原琢「帝国の一体性と諸国民の主権――フランチシェク・パラツキーのハプスブルク帝国国制論」は、「ネイション」形成の理念と運動がハプスブルク君主国の国制のなかで、具体的に主権者として、どのように構想されたのか検討する。特に「諸国民の春」として長らくネイション形成が政治化する起点とされてきた一八四八年に焦点を合わせ、フランチシェク・パラツキーの連邦論を検討する。彼のネイション論は、一体化した新たな帝国建国像と深く結びついていた。主権者としてのネイションは、君主と主権を分有しながら、一体的帝国の不可分の構成部分をなしていたのである。

同第9章は藤波伸嘉「オスマンからトルコへ、機能の分立から権力の集中へ――ジェラーレッティン・アーリフ、政治家と法学者のあいだ」である。オスマン帝国議会代議院議長から大国民議会第二議長に転身したジェラーレッティン・アーリフは、このかんの国民の主権的意志の連続性を象徴する一方、主権国家体系を前提とする近代オスマン法学の蓄積を踏まえ、国家の諸機能の分立に基づく抑制的な権力行使を志向し、ムスタファ・ケマルへの権力集中に抵抗した。こうした彼の立場は、オスマンからトルコへの国制転換が前近代的帝国から近代的国民国家への移行ではないことを示す。

同第10章の小田原琳「ネイションの外縁とジェンダー——イタリアの境界をめぐって」は、フランスとハプスブルクというふたつの帝国の影響を受けながら形成される新しいネイション、イタリアを事例として、ジェンダーの観点から国民国家の形成を再考することを目的とする。ハプスブルク帝国の周縁地域であったアドリア海の北部沿岸地域に焦点を当て、イタリアというネイションの主権に対してジェンダーが遠心力として作用し、ネイションの外縁が創造／想像されることを論じる。

続く第Ⅳ部「翻訳される主権——近世～近代主権国家③」は、ヨーロッパのみならず、オスマンと中国を含むアジアへと一気に視野を広げ、主権国家論の発生要因とその世界的浸透を「翻訳」という観点から問い直す新たな試みである。

第11章の皆川卓「近世イタリア諸国の「主権」を脱構築する——神聖ローマ皇帝とジェノヴァ共和国」は、ラテン語の maiestas がイタリア語に翻訳される際の可塑性に言及し、そもそもヨーロッパにおいてすら主権が不定型であったことを改めて論じる。近代歴史学において、一五世紀以降のイタリア諸国は、ウェストファリア体制を先取りする主権国家群と考えられてきた。しかし実際の近世イタリアは、機能的にもアイデンティティ的にも主権国家並存状態ではなかったことが、神聖ローマ皇帝との主従関係を受容した諸国を中心に明らかになりつつある。皆川論文ではそうした諸国の一つジェノヴァ共和国を例として、「主権」の概念がどのように変容してきたかを検討する。

同第12章の大河原知樹「オスマン帝国とアフリカ分割」である。オスマン帝国は、アフリカにおいて新たな領土を獲得しなかったことから、また、二〇世紀半ば以降に成立したアフリカ諸国の一つでもなかったことから、帝国主義史や植民地史においても、またアフリカ諸国の歴史においても、アフリカ分割の主体としての姿はあまりとりあげられることがなかった。概して、同帝国は、領土を失う側、すなわち分割の「客体」として扱われてきたのである。大河原論文は、ベルリン条約(一八八五年)の締結国であるオスマン帝国が、アフリカ分割の「主体」として推進した外交と内政を検証することで、オスマン帝国の「主権」概念の再考を試みる。
同第13章の岡本隆司「「藩属」から「主権」へ――中国の生成として」は、主権概念のアジアでの翻訳とその受容を検証する。現代の東アジアには主権国家が併存している。しかし一五〇〇年前は必ずしもそうではなかった。では、「主権」概念はいかにして、東アジアに根づいたのか。各国はどのように自らを主権国家へと再編していったのか。岡本論文では、「藩属」などの漢語概念とその翻訳の変遷を中心に、中国・朝鮮が「主権」という近代的な概念を獲得する過程を明らかにする。その作業は歴史の考察のみならず、現代東アジアの主権国家群の特徴を展望することにもなるだろう。

最後の第Ⅴ部「主権国家と政治思想」は、主権国家論の祖とも言うべきボダンを再読し、これに独自の解釈を展開する。そのうえで、新しい主権国家論、特に主権の分有という事態と、分有するパーツを結びつける紐帯とに着目しつつ、これを政治思想史のなかに位置づけ直すことを目的とする。

まず第14章の安武真隆「政治思想としての主権と国家――ボダン再読」は、歴史学における主権国家を再検討する試みに対し、政治思想史研究の立場からの応答として、ジャン・ボダンの主権論に立ち返る。これを当時の文脈に位置づけ、その特徴や政治的狙いを確認し、同時代の複合国家的な実態への評価を概観する。また、主権論から統治論へと論を進める過程における、マキアヴェッリとの両義的な関連にも言及する。さらに、その後の主権論の受容における継承・変奏の過程で、ボダンの想定を超えて展開したことを示唆する。

第15章の佐々木真「近世フランスの主権と国家――ボダンの受容のあり方をめぐって」は、ボダンの主権論と一七世紀フランスの現実政治との関係を検討する。まず、ボダンの多義性から、各国で主権の分割／分有の可否が問題となるなか、フランスの「主権的」な思想の受容を指摘する(対内主権)。次に対外戦争の正当化に際して主権論がいかに利用されたのかを述べる(対外主権)。最後に、統合政策といった統治実践が主権論では対処できないことを述べ、ボダン的な主権と現実との乖離から近世的な主権について考える。

終章の中澤達哉「主権・王冠・レスプブリカ――ハンガリー・ジャコバンの「王のいる共和政」論と国民主権分有論の淵源」は、単一不可分の主権ではなく分有可能な主権のほうがむしろヨーロッパ近代史では常態であったとの認識の上に立つ。ハンガリー・ジャコバンのレスプブリカ(respublica)――共和政の語源であり、公共善の体現を意味する――概念を検証したうえで、その淵源のひとつを王冠を意味するコローナ(corona)概念と仮定することによって、「王のいる共和政」論の中核をなす国民主権分有の歴史的意味を考える。

以上の問題意識に基づく本書は、近世史・近代史の一般的な常識を相対化することになるであろう。ただし、本書のこうした営為は、歴史修正主義や歴史否認論とは無関係であることは言うまでもない。

参考文献

明石欽司(二〇〇九)『ウェストファリア条約――その実像と神話』慶應義塾大学出版会。

岩井淳・竹澤祐丈編(二〇二一)『ヨーロッパ複合国家論の可能性――歴史学と思想史の対話』ミネルヴァ書房。

岩井淳・道重一郎編(二〇二二)『複合国家イギリスの地域と紐帯』刀水書房。

クマー、クリシャン(二〇二三)『帝国――その世界史的考察』立石博高・竹下和亮訳、岩波書店。

佐々木毅(一九七三)『主権・抵抗権・寛容――ジャン・ボダンの国家哲学』岩波書店。

ティシケ、ベンノ(二〇〇三)『近代国家体系の形成――ウェストファリアの神話』君塚直隆訳、桜井書店。

中澤達哉(二〇〇五)「絶対主義国家」黒田日出男編『歴史学事典』第一二巻「王と国家」弘文堂。

中澤達哉(二〇一七)「国民国家論以後の国家史・社会史研究――構築主義の動態化・歴史化に向けて」歴史学研究会編『世界史像の再構成』〈現代歴史学の成果と課題2〉、績文堂出版。

中澤達哉(二〇二三)「複合君主号「皇帝にして国王」と主権の分有――ハプスブルク・ハンガリーの選挙王政と世襲王政」佐川英治編『君主号と歴史世界』山川出版社。

中澤達哉(二〇二四)「思想の言葉――帝国の叙法」『思想』二〇二四年七月号、小特集「帝国論再考」岩波書店。

西川長夫(二〇一二)『国民国家論の射程――あるいは〈国民〉という怪物について〔増補版〕』柏書房。

二宮宏之(一九七九)「フランス絶対王政の統治構造」吉岡昭彦・成瀬治編『近代国家形成の諸問題』木鐸社。
ネグリ、アントニオ、マイケル・ハート(二〇〇三)『〈帝国〉――グローバル化の世界秩序とマルチチュードの可能性』水嶋一憲・酒井隆史・浜邦彦・吉田俊実訳、以文社。
古谷大輔・近藤和彦編(二〇一六)『礫岩のようなヨーロッパ』山川出版社。
ホブスン、ジョン(一九五一―五二)『帝国主義論』上・下、矢内原忠雄訳、岩波文庫。
山影進編(二〇一二)『主権国家体系の生成――「国際社会」認識の再検証』ミネルヴァ書房。
レーニン、ウラジーミル(一九五六)『帝国主義――資本主義の最高の段階としての』宇高基輔訳、岩波文庫。
Berger, Stefan and Alexei Miller (eds.) (2015), *Nationalizing empire*, CEU Press.
Bodin, Jean, *Les six Livres de la Republique*, Chez Jacques du Puys, 1578 (https://play.google.com/books/reader?id=G3ZMAAAAcAAJ&pg=GBS.PP22&hl=ja). 以下、ウェブサイトの最終閲覧日はすべて二〇二四年八月一六日。
Bodini, Ioan, *De republica: libri sex; latine ab auctore redditi, multo quam antea locupletiores; cum Indici locupletissimo*, Fischerus, 1609 (https://play.google.com/books/reader?id=M4Cai2mKe1UC&pg=GBS.PA78&hl=ja).
Beaulac, Stephane (2004), *The power of language in the making of international law: The word sovereignty in Bodin and Vattel and the myth of Westphalia*, Martinus Nijhoff Publishers.
Butvin, Jozef (1974), "K otázke vzniku a formovania novodobého slovenského národa v rokoch 1780–1848", *Historický časopis*, 22-3.
Dickmann Fritz, (1960), *Der Westfälische Frieden*, Münster: Aschendorff.
Elliott, John H. (1992), "A Europe of composite monarchies", *Past and Present*, 137.
Gustafsson, Harald (1998), "The conglomerate state: A perspective on state formation in early modern Europe", *Scandinavian Journal of History*, 23-3, 4.
Judson, Pieter (2016), *The Habsburg empire: A new history*, The Belknap Press of Harvard University Press.
Koenigsberger, Helmut G. (1975), *Dominium regale or dominium politicum et regale: Monarchies and parliaments in early modern Europe: Inaugural lecture in the chair of History at University of London King's College 25th February 1975*, King's College London.
Osiander, Andreas (2001), "Sovereignty, international relations, and the Westphalian myth", *International Organization*, 55-2.
Quaritsch, Helmut (1986), *Souveränität: Entstehung und Entwicklung des Begriffs in Frankreich und Deutschland vom 13. Jh. bis 1806*, Berlin: Duncker & Humblot.

目　次

序章　主権という概念の歴史性

近藤和彦

一、歴史的で今日的な問題

主権とは、今日の法学・政治学において、国家を構成する三要素、国民・領土・主権の一つで、ある領土の国民を統治する独立した最高権力／絶対的権威であるとされる。近現代に主権とはすなわち国家の主権であり、これは一方で「主権国家群のシステム」をなす国際社会において、外からの干渉を排除し、他国に従属せず、独立してことを決定し、何かがあっても対等に交渉できる力を備える。他方で国内の政治社会においては、だれがその統治権の主体(主権者)なのか、一君か、別の特権集団か、万民(有権者たち)か、それらの複合なのか(モンテスキュー 一九八九、近藤 二〇二二)。そうした主権者の秩序意識が「国のかたち」に反映する。

今日、主権は争点としてきわだつ。ロシア連邦(プーチン大統領)、イスラエル国(ネタニヤフ首相)、そして中華人民共和国(習国家主席)のそれぞれ隣接地域にたいする侵攻と住民への暴虐については言葉を失うが、こうした事態を批判すると、当該政権からは強い糾弾が返ってくる。その地のいわゆる「犯罪者」「叛乱分子」「テロリスト」を容認すること自体が、国家主権の侵害にあたるという「強者の論理」である。さらに今、トランプ第二期政権は歴史も国際法もなきがごとく、独特の「主権」を主張して世界を驚愕させている。

これほど切迫した事態にはまだなっていないが、今日のイギリス(連合王国)も主権問題で揺れている。くりかえされた戦禍の反省をこめて、第二次世界大戦後にヨーロッパ経済共同体(EEC)が提唱され、一九七三年にはイギリス、アイルランド、デンマークなども加わった拡大EECに発展した。さらに周囲の諸国も加えて政治・文化の統合もめざすヨーロッパ連合(EU)が一九九三年に実現した。ところが、党利党略、誤認とデマゴギーが錯綜するなか、二〇一六年のレファレンダムをへて、イギリスは二〇二〇年にEUから離脱した。

ジョンスン、ファラージといったポピュリスト政治家の言説のうちには、かつてヘンリ八世がイングランドの主権を宣明し、国教会を成立させてローマ教皇庁からみずからを解放したのと同様に、二一世紀のイギリス国民は「ローマ＝ヨーロッパの支配」からブレクシット(Brexit)により主権を回復する、というものさえあった！ ローマ教会に代わって支配していたのは「ヨーロッパ官僚」とされる(近藤 二〇一七)。こうした詭弁が訴求したのは、連合王国の国民(有権者)全体というよりイングランドの白人プロテスタントで、この集塊こそブレクシットの岩盤支持層である。EU離脱により、連合王国各地の自治も経済も文化も大学も揺さぶられている。二一世紀はじめのイギリスは「主権」という魔性のことばの虜《とりこ》となり、自縄自縛のまま迷走している。

この序章では、現今の政治情況と討論、関連文献からも励起されつつ、[1]「主権」という概念を歴史的に再考し、研究史の筋道をたどりなおそう。第二次世界大戦後しばらくのあいだ日本の——憲法学は別にして——歴史学において、主権は、なぜか国民経済、生産力、革命、国民文化のように学界を席巻するほどのテーマとはならなかった。あるいは「帝国主義と民族」といった論点に吸収されてしまい、わずかに残余の識者が堅実に討論する政治思想／国制史のキーワードにとどまったというべきか。[2]

主権も主権国家も——国民国家も——今日の現実的なイシューであり、また最近の歴史学において、とりわけ中近世から近代について関連研究はめざましい。歴史学研究会大会は二〇一八年から四年間にわたって「主権国家」の再考をテーマに掲げて合同部会を催した。[3] タイムリな企画であったし、合同部会では「再検討」

「脱構築」といった語がとびかい、あざやかに論点が呈示され、聴く者にも知的高揚感がもたらされた。わたしも参加しておおいに啓発された。叙述に大会の余韻はのこるが、議論の構えを拡げて述べてゆきたい。

確認しておきたいが、主権とは超歴史的な、普遍・不変の価値ではない。せいぜいこの数百年間にしだいに形をなし、議論され、正当性を獲得してきた概念である。最初にも述べたとおり、国民・領土・主権は国家の三要件とされるが、じつは三要件はいずれも歴史的産物であり、前近代にこれらは曖昧なままであったり、似て非なるものが時に応じて変容したりした。このうち主権は「統治権原」「最高権力」「大権」「法をつくる力」などと表現されてきたものにかかわり、そこに「国のかたち」の認識がある。また主権者は自国内だけでなく、外の世界の秩序システムにたいして有効に交渉し対応する能力を証さなければ無力である。

本章もまた他の各章も明らかにするとおり、主権らしき観念はヨーロッパの中世末〜近世の争乱の時代におおいに議論され、やがて定着した。言い換えるなら、一五〇〇年ころに統治権原や最高権力をあらわす語はいくつかあったが「主権」という単一の語はないので、論者は後でみるような複数の語を重ねることによって主権らしきもの／ことを表現しようとした。その後、近世約三〇〇年間の争いと議論をへて sovereignty という用語が定着する。そうした近世の真ん中、一六四八年に調印されたウェストファリアの講和でも、慎重に souveraineté et supériorité と二つの語を重ねて表現したりした(Brunner et al. hrsg. 1990: esp. 116–117)。主権は、近代政治と近代アカデミズムの時代に確立する概念／理念であるが、本書はそれを相対視して、ヨーロッパ史の星雲状態に分け入り、また非ヨーロッパ世界における事情に注目する。

二、東アジアと「主権国家体制」なるもの

「主権」という概念は、東アジアには一九世紀に到来した。周知のとおり、H・ホウィートン『国際法の基

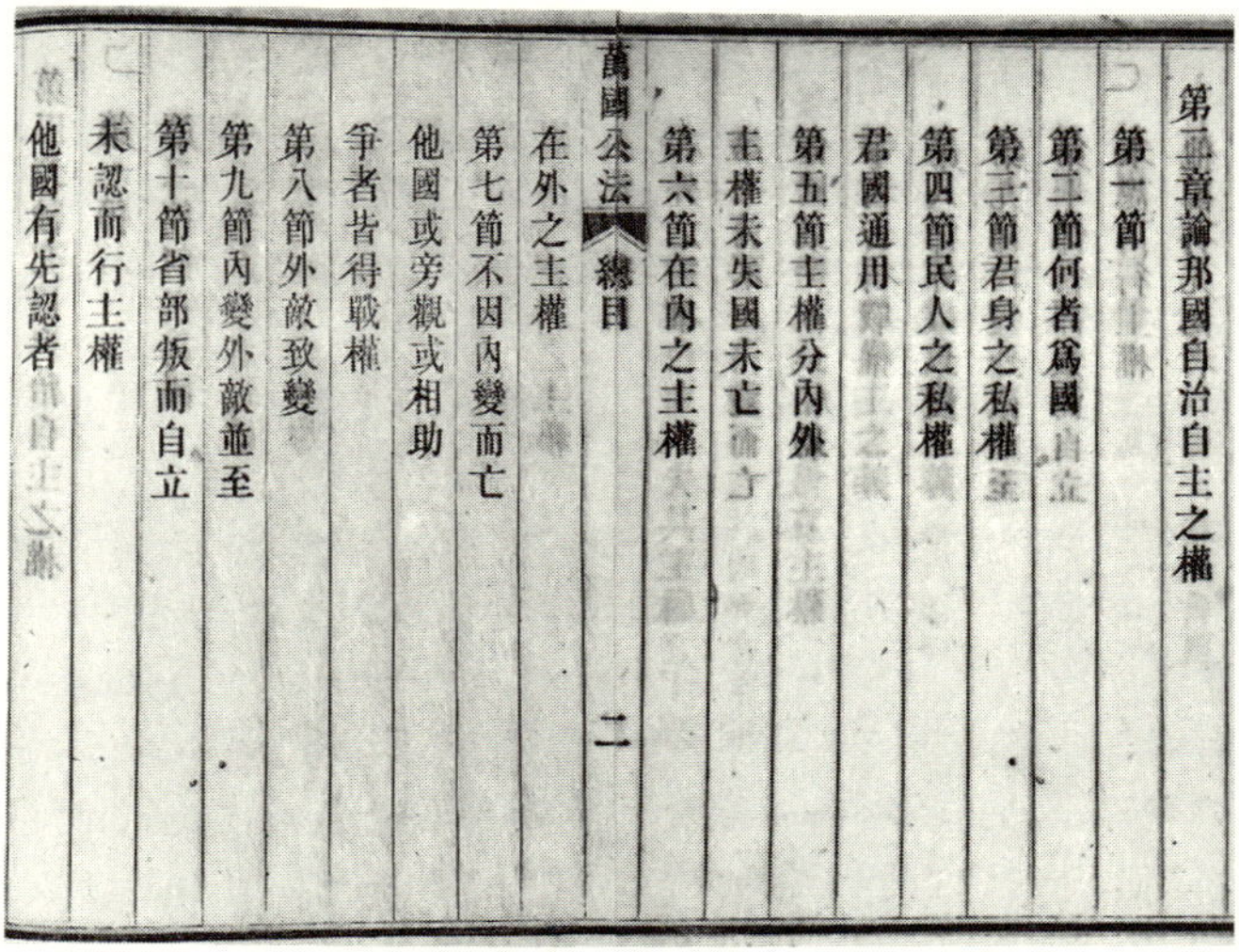
第二章論邦國自治自主之權
第一節
第二節何者爲國
第三節君身之私權
第四節民人之私權
君國通用
第五節主權分內外
主權未失國未亡
第六節在內之主權
萬國公法　總目　二
在外之主權
第七節不因內變而亡
他國或旁觀或相助
爭者皆得戰權
第八節外敵致變
第九節內變外敵並至
第十節省部叛而自立
未認而行主權
他國有先認者

図1　『萬國公法』もくじ(部分)

本』(初版、一八三六年。以後増刷・改版をくりかえす)が欧米でもよく読まれ、漢訳『萬國公法』(一八六四)[図1]により、また数々の異版を通じて、一九世紀後半の東アジアで、幕末・明治の日本で、しだいに知識人の基礎知識となった(Wheaton 1836/1857)。[4] ホウィートンの第六版(一八五七年)と漢訳『萬國公法』を比較してみると、相違点にも意味があるように思われる。第一部第二章のタイトル Nations and Sovereign States は「論邦國自治自主之權」と意訳され、その第五節 Sovereignty defined の題目は漢訳版では直訳することなく、最初から「主權分內外」として主権を内と外に分け、以下「在內之主權」「在外之主權」を別々に説明する。漢訳刊行にかかわった者たちは、原著のままでは不足と考えたのだろう。これはそもそも東西の政治秩序(観)のズレ・軋轢《あつれき》に由来する問題である(加藤・丸山校注 一九九一)。[5]

さらに、ホウィートン『国際法の基本』は一九世紀前半までの欧米の事実をふまえて、内外の暴力、条約、州ないし植民地の独立、主権国家、半主権国家、属国、同君連合、併合、連邦なども立ち入って考察し、戦争と和平のプロセスについても論述して、開明的である。なんと compositive state(複合的国家)という用語さえあり(Wheaton 1857: I, chap. 2)、漢訳者は明らかに苦慮している。[6]

二〇一九年の歴史学研究会大会における岡本隆司の報告「近代東アジアの「主権」を再検討する――藩属と中国」は、合同部会にふさわしく、日本史・東洋史・西洋史といった枠をこえて世界史の問題として議論した(岡本 二〇一九：修文のうえ本書第13章として所収)。その意味と広がりを受けとめるためには、その前に東洋史／中国史研究の古典として西嶋定生の「冊封体制」論と、フェアバンクの「朝貢のシステム」対「条約のシステム」という範式に触れなければならない。

中国古代史の西嶋定生によれば、「東アジア世界」は「中国文明を中心とする自己完結的な文明圏を形成」し、「それ自体が自律的発展性をもつ歴史的世界」をなしたという(西嶋の所説の総括的な整理として[西嶋 一九七〇]による)。この「東アジア世界」の領域は流動的で、他の世界とも接触はしたが、「しかし近代以前においてはその影響は中国文明を変質させるものではなく、〔……〕「東アジア世界」の自己完結性は存続している」。これは漢字、儒教、律令制、仏教といった文化的指標をもっていたが、そうした文化的諸現象が「中国王朝の政治的権力ないしは権威に媒介されることによって伝播され拡延された」ことに西嶋は注意をうながす。

春秋・戦国時代に華夷の思想や「礼」、封建制の考えかたが理想化され、秦代には君主の称号として「皇帝」が採用され、漢代から皇帝が周辺の首長に王や侯といった爵位を与えて東アジアの政治秩序が形成される。三～六世紀の王朝分立時代に、周辺諸国はたがいに抗争し中国王朝に通使・朝貢して庇護を求め、王朝側もよろこんで朝貢をうけ、諸国を冊封した、すなわち諸国の君主に中国の官号爵位を与えて外臣とした。隋・唐の時代(六～八世紀)に、それまでの錯綜した冊封システムは一元化し、東アジアの政治秩序は一体となる。皇帝制度と徳治主義が結びついて、華夷と封建の思想が中国王朝と外民族との関係を定式化したのである。宋以降に政治的動揺はあったが、東アジア世界の文化的・経済的なまとまり、そのなかでの中国王朝の中心性は維持された。自律的な東アジア世界は清代に最大・最強となるが、その自律的な東アジア世界は一九世紀にヨーロッパ資本主義のインパクトにより崩壊する。とはいえその後も、「「東アジア世界」の歴史的性格は〔……〕この地域のひとびとの意識や行動形態を支配するのである。たとえば〔……〕明治末年の日韓併合の際には、日韓併合の条約書のほかに、日本の天皇が韓国王を冊封するという冊封詔書が作成されているのであって、そこにも「東アジア世界」の歴史によって生み出された〔秩序の〕亡霊の声を聞くことができるのである」(西嶋 一九七〇：一九頁。以下、引用文中の〔 〕は筆者による中略、補筆)と西嶋は「総説」を締める。

近代中国の西洋との関係や東アジアにおける秩序問題を考えるさいに、しばしば参照され応用されてきたのは「朝貢のシステム」と「条約のシステム」との対立・衝突という仮説で、これはハーヴァード大学のJ・K・フェアバンクが一九四二年二月、すなわち太平洋戦争の開戦直後に呈示したものである(Fairbank 1942)。フェアバンクは前年に中国外交の史料集を編纂刊行していたが、四二年の論文ではその「暫定的な解釈・仮説」を示した。これによると、中国・東アジアには歴史的に tributary system と呼ぶべき、朝貢によって結ばれた秩序が存在したのにたいし、近代に東アジアに進出した西洋人が前提としていたのは treaty system と呼ぶべき、条約によって結ばれた国際関係であった。前者は「華夷の秩序」の中心＝中華の皇帝とそこに恭順する諸王侯の同心円的な秩序であり、後者はいわゆる「主権国家体制」、法の下では対等な国と国の関係である。両者は異質で、相容れない。

フェアバンクの仮説と西嶋の所論は時代枠は異なるが、両説は矛盾せず、補完しうる関係にある。西嶋の場合は古代の東アジア世界に形成された世界秩序(観)が意味を変えつつ近代まで存続したという。フェアバンクの問題意識は、一九世紀から二〇世紀初めまでの清朝と西洋列強のあいだの政治的・軍事的・文化的な衝突、アヘン戦争・南京条約から、アロー戦争、太平天国、日清戦争、清朝の崩壊へとつづき顕在化した無理解と軋轢が、どのように、なぜ生じたのか、ということであった。フェアバンクのシェーマは包括的な説明の枠組みとして受けとめられ、多くの人に採用され、批判されてきた(Fairbank ed. 1968)。(7)

岡本の別著『中国の誕生』によれば、フェアバンクの説について「このうち動かしがたい前提としてあるのは、近代・「条約体制」のほうである」「いわゆる「朝貢」「朝貢体制」は、〔……〕あくまで「条約」「条約体制」の対概念にほかならない」という（岡本 二〇一七：七―八頁）。これと照応する論点を日本対外関係史の松方冬子も提起していて、「〔フェアバンクの語は〕曖昧かつ便利で、〔……〕tributary system の覆う範囲は論者の都合により「中国」「東アジア」「アジア」と伸び縮みし、しかもその内容は非対等（＝ヨーロッパとは違う）ことに留まりがちである」。たいする研究者の批判も、「そんなに単純なものではない」といったレベルの実証的修正に留まるという（松方編 二〇一九：一一―一二頁）。

近代東アジアに進出した西洋人は在来の歴史的な秩序に闖入《ちんにゅう》し、安定していたとみえた東アジアを混乱させ、とりわけアヘン戦争・南京条約以降は破壊的な衝撃をもたらした。清朝は従来と同じく自己中心の対応をつづけ、西洋人からみれば破局を運命づけられていた。大会における岡本報告は、ここからさらに清朝の層をなす秩序体系を論じ、琉球処分や下関条約にいたる日本との交渉記録まで紹介した。そして「皇帝」という中華の象徴的な核を失って以後も、西洋的な価値／世界観とは異なる自己完結性を保持しつづける、いわば「中国性」問題が浮かびあがってくる（岡本 二〇一七、二〇二〇）[8]。

「東アジア」「ユーラシア」「海域アジア」をめぐる研究史について、岡本はすでに別途、明快に整理していた。これを前提に、二〇一九年の大会報告では、清朝の秩序体系をなした「直省」「属国」「藩部」「互市」の四カテゴリのうち、とくに前三者が近代の西洋人にどう受けとめられ、いかなるヨーロッパ語に翻訳されたかを考察した。東西関係のキーワードの翻訳に注目し、その含意とありうるズレを考察するのは、すでに岡本の編著『宗主権の世界史』（二〇一四年）で展開された、比較理解のために有効な方法である。属国と藩部にたいする宗主権（suzerainty）の行使といった問題は、その編著で論述されているので、ここでは直省（中国プロパー）が provinces と訳され、主権（sovereignty）のおよぶ範囲とされた点について立ち入ってみよう。

直省＝royaume＝provinces とする翻訳について「おおむね正確というべきものだろう」という岡本の判断

に、西洋史研究者も賛同できる。問題はその先、清朝そして絶対王政のイメージである。中国・西洋のいずれについてもこれが「「デスポット」的政体であった」というのは旧説で、「近年の研究成果により廃れたか無意味になってしまった観点の産物」(カー 二〇二二：二〇三頁)ではないか。むしろ絶対王政とは数々の地域的・身分的な特権や慣習が折りなし、複合的にできあがった政治社会であり、だからこそ特権や慣習をこえた「絶対的」な統治のイデオロギーが必要とされた、というのが近年の研究の到達点である。

旧体制下の州(province)はラテン語、ローマ属州由来の制度で、個性ゆたかな在地の諸関係の結合体であり、現地の裁量がきいた。言い換えれば「旧弊」が生きていた。さらには、ローマ教会の大司教管区およびイングランド国教会の大主教管区もまたprovince (archdiocese)と呼ばれた。だからこそ、啓蒙をへたフランス革命は州を改組改称して共和国の均一的な県(département)とし、改変に反対した者を反革命として処罰したのだ。アメリカ革命でも州は連邦政府の下の近代的な邦(state, commonwealth)へと改組改称されなければならず、これに反対した者は英領北アメリカ／カナダへと逃れた。今もカナダの州はprovinceである。日本近代史における廃藩置県とその抵抗に似ていなくもない。

一九世紀の西洋人が清の直省をみてprovinceという語を連想した裏には、彼の出身本国における地方制度についての歴史感覚があったのではないか。清朝国制は、放っておくと「二〇世紀に入ると分立、割拠の形勢に転化して、各省独立の辛亥革命・軍閥混戦の民国時期に入っていった」(岡本 二〇一九：一九五頁)といった事態に転じてしまう契機を内包していた。そうした危うい直省・属州であればこそ、中央／本国《メトロポール》の統治権／最高権力(の意志とイデオロギー)を貫徹する必要が強く認識された。広大で歴史的な地域性をもつ中国本土《チャイナ・プロパー》の直省(複数)にprovinces、行きわたるべき統治権原にsovereigntyという訳語をあてた近代西洋人の国制感覚は、いわく秀逸なものがあったようだ。

なお連邦主義国家における主権について、とくに各邦の権利(state right)をめぐってアメリカ合衆国憲法の制定・批准時の議論がある(有賀ほか 一九九四：一八〇—一九一頁、Greene & Pole eds. 2004)。『萬國公法』の原著『国際法の基本』でもアメリカ合衆国の国制は、主権国家・複合国家についての論述のなかで——南北戦争の直前の一八五七年版をみると——、ドイツ連邦(一八一五—六六)とスイス盟約者団に前後をはさまれて、七頁にわたり記述される。漢訳では「会盟連横」か「会盟為一」かといった苦心の翻訳がなされている(Wheaton 1857: I, 59-79;『萬國公法』第一部第二章第二一、二二節)。

そこで次に、ひるがえって近世から近代にヨーロッパ人の主権をめぐる歴史意識はどのように定まってきたのかを問うことにしよう。

三、ヨーロッパ近世史における「主権」

「主権国家」再考をとなえる合同部会は、ヨーロッパ中近世史の成果をふまえて、二〇一八年大会から主権および国のかたちを歴史的に再考して有意義であった。とはいえ最初の瑕疵《かし》は、三つの歴史的用語 sovereignty, imperium, maiestas(それぞれの異形・異綴をふくむ)に順に「主権」「排他的命令権」「至上権」といった一対一対応の訳語を無理にもあてはめようとした点にあった。文脈によって、たとえば最高権力、統治権(のおよぶ範囲)、威厳などと訳し、さらには訳語を入れ替えることさえ可能なほどなのに、無理なあてはめによって議論は窮屈になってしまった。これについてはすでに大会特集号で後藤はる美が指摘したとおり、むしろそれらの「[近世ヨーロッパにおける]意味範囲は流動的であり、〔……〕主権概念がまだ醸成途上にあることを示している」(後藤 二〇一八：一六一、一六九、一九五頁。修文のうえ本書第2章として所収)といった修正的理解によらないかぎり、討論の進展は望めない。

ここで後論のために imperium について念を入れて確認しておくと、これは動詞 impero(命令する)から来た名詞で、古代ローマの司令権／統治権、そのおよぶ範囲／領土を意味した。これはのちに帝国／皇帝の統治にかかわる語となり、近代英語 empire はもっぱら帝国／皇帝の統治(の圏域)ないし帝政を意味する。だが、ローマ史家吉村忠典が早くから指摘しているとおり、imperium Romanum(英語で Roman empire)は共和政ローマの統治権原のおよぶ範囲／版図であって、属州をふくむが、帝国となるかどうかは別の問題である。(9) この含意は、はるかのちの時代まで消えずに残る。一五七六年、四六歳のジャン・ボダンは『国家論六篇』の第一篇第八章で「[……]いまや主権の定義に向かわねばならない。というのは、国家を論じるにあたって主権は主要なポイントであり、一番に説明を要するポイントであるにもかかわらず、従来の法学者や政治哲学者はだれもこれを定義してこなかったからである」と自負をこめて述べているが、まさしくこの主権をテーマとして若きボダンの著した論考が、*De imperio*(すなわち「imperium について」)と題されていたのである。残念ながらこの論考は現存しない(Bodin 1992: 88, 135)。

こうした醸成途上の問題に対応して、さらに論点を照らし出したのが、二〇一九年大会における皆川卓の報告「近世イタリア諸国の「主権」を脱構築する――神聖ローマ皇帝とジェノヴァ共和国」で、「脱構築」というにふさわしく、あざやかな批判的議論が開示された(修文のうえ本書第11章として所収)。じつはこれに先立つ二〇一八年には、青谷秀紀の報告「ブルゴーニュ複合君主政下のネーデルラント諸邦と主権」があり、一五世紀後半～一六世紀前半のブルゴーニュ公と公国、神聖ローマ皇帝(ハプスブルク家)と帝国のありかたを、フランス王権との対抗関係において明らかにしていた(修文のうえ本書第3章として所収)。そうした帝国北西側のネーデルラントに照応するように、皆川報告は帝国南側のイタリアにおける争点を呈示し、さらに議論は中世末から一六・一七・一八世紀にまでおよぶ。この北イタリア(帝国イタリア)政治をめぐる具体的かつ衝撃的な報告により、近代国家と主権は相対化された。

というのはこうである。サヴォイア、ジェノヴァ、ミラーノ、トスカーナといった「帝国イタリア」諸邦は帝国封である。そこでは情況と必要に応じて(皆川の大会当日の言及順によるなら)libertà, signoria, maiestas, summa potestas, soprano, sovranità, dignitas, imperium, auctoritas といった語が用いられたが、それらは皇帝という権威を前提にした、条件つきの至上権であって、G・マティンリがルネサンス外交と題して論じようとした「主権国家群のシステム」におけるモダンな主権がとなえられたわけではない。ボダンの『国家論六篇』のイタリア語訳は一五八八年に出たが、皆川によれば一五八六年のラテン語版と同様に、そこで主権(sovranità)という語は用いられない。たしかに一六・一七世紀に sovrano, sovranità というイタリア語はあり、これらは近現代には「主権にふさわしい/主権者」「主権」という意味になる。しかし、近世にはボダンの主権と同級ながら異義で(!)、ただ伝統的な統治権や権力を言い換えたにすぎない。近代に主権を意味する語が一六・一七世紀に出現したからといって、即イタリアにおける「主権」概念の登場とみなすわけにゆかないという(皆川二〇一九：一八二頁)。これは目の覚めるような指摘である。(10)

もし皆川の説くとおりだとすると、こうした事態は「帝国イタリア」や神聖ローマ帝国の範囲内に限定されるのだろうか。帝国の外にあったイングランド王国やフランス王国ではどうだったのか、という問いがただちに生じる。わたしのフィールドでは一六世紀前半のイングランドにおいて内外にたいして――ロンドン駐在の外国使節をも意識しつつ――独立の統治権を宣明した歴史的証言がある。一五三三年、ヘンリ八世と議会による「上訴禁止法」がその代表である。行政官トマス・クロムウェルと聖職者トマス・クランマの協力によって作成されたこの法律の前文は、「そもそも、さまざまの古記録や年代誌から明白で、宣明されている事実であるが」と根拠を示したうえで、こう述べる。

「このイングランド王国はインパイア(impire)であり、インペリアルな冠にふさわしい威厳/統治権原(dignitie)と王の身分を有する最高の一主君(oon supreme heede)・国王によって統治されており、そう世間は承知している。聖俗のあらゆる種類と身分の人民からなる政体(body politike)は、そうした国王にたいして神に次ぐほどの、生まれながらの謙虚な忠誠心を抱いている。その国王は、王国領域内で生じた国内の全ての人々・住民・臣民のあらゆる訴訟・事案・論争・紛議について裁きをおこない最終的決着をつけるための完全で全面的な権力・卓越性・権威・特権・司法権(power, preemynence, auctoritie, prerogatyve and jurisdiccion)を全能の神の恵みにより賦与され備えている」(24 Henry 8, c. 12, 一五三三年の法律第一二号)[11]。

王朝の安定と正嫡の王子を望む――そのためにアン・ブーリンと結婚したい――ヘンリ八世はキャサリン妃との結婚の無効を教皇庁に申し立てたのだが、交渉は不首尾で、そうした事態に対処すべく制定された法律である。すなわち、聖俗の係争事案が生じた場合に、もはや教皇庁や皇帝など外国の権威に頼ることなく、国王の統治するこのインパイアのなかで裁き、最終的に解決するのが正当である、という一六世紀の主権国家宣言であった[12]。続けて翌一五三四年に「国王至上法(首長法)」を成立させ、イングランド王国の主権と、それにともなう国教会＝信教国家の体制が宣言される。大陸における「アウクスブルク和議」(一五五五年)よりも前のマニフェストである。指摘しておきたいのは、第一にイングランドの場合、これが議会の立法、すなわち「政治共同体と王による統治」の行為として実現したこと(近藤編 二〇〇二：五、二五頁、近藤 二〇一三：七七、一四二頁、古谷・近藤編 二〇一六：八、二二頁)、第二にこの法文に皆川報告におけるキーワードのほとんどが――ラテン語・英語の異形もふくめて――使用されているが、しかし superano/sovereign は派生語をふくめて出現しないことである。

上の一五三三年法でも三四年法でもまだ sovereign/sovereignty といった語は使わず、「インペリアルな冠にふさわしい統治権原」とか「権力・卓越性・権威・特権・司法権」といった類似の語を重ねる修辞法によって、聖俗の主権を内外に宣言した。こうした作法は近現代人からみると回りくどくもどかしいが、一六世紀前半(ボダン以前)の修辞としては、十分に曖昧さを排した、明瞭な主権国家宣言だった――とジェフリ・エルトン以来理解されてきた(Elton 1982: 341, 353)[13]。

だがしかし、皆川報告の含意によれば imperium/impire をはじめ上記の語が使われたからといって――帝国イタリアでは――帝権を排除して独立の統治権原を主張したことにはならない。はたして一五二一年に教皇レオ一〇世から信仰の擁護者(fidei defensor)という名誉ある称号をおくられ、喜んで正規の国王称号に採りいれたヘンリ八世としては、教皇にも皇帝にも戦いを挑むつもりはない。一五三三年法の意味について、かつてわたしは「イングランド王国は聖俗の係争問題が生じた場合に、教皇庁や諸外国に左右されずに国内で解決すべし、イングランドはそうした至上権力《インペリウム》が隅々におよぶ主権国家《インパイア》であるというだけの、しかし決死の、主権国家宣言、つまりローマからの独立宣言なのだった」(近藤 二〇一三：八五頁に傍点を追加)としたためたのだが、はたしてどれほどの決死度だったのか。一五三三年の上訴禁止法はたしかにテューダ朝の主権国家宣言で、教皇・皇帝にたいする独立宣言であるが、あえて紛争を誘発しないように、先の法文の引用箇所の直後には、慎重に「この世のいかなる外国の王公や権力者にも制約や挑発をもたらすことなし」と明記していた。

ボダンの『国家論六篇』が宗教戦争のさなか、一五七六年に刊行されたことは、本質的な意味をもつ。フランス王国は皇帝・ハプスブルク家と対立していたうえに、血で血をあらう宗教内戦がいつ止むともしれず続いていた。フランス王国の運命を憂慮する人文主義法学者ジャン・ボダンにとって、république(国家・公共政体)も souveraineté(主権)もほとんど命をかけた概念であったろう。

ところが、ヘンリ八世と重臣たちは、隣邦アイルランドであいつぐ反乱に対処するために、一五四一年の「アイルランド王冠法」により、みずからをアイルランド王と称して上位権・宗主権を宣言するにいたる(33 Henry 8, c. 1, 一五四一年の法律第一号)。この法律でも imperial という語が用いられるが、主権国家イングランドは隣邦の平穏を求めるあまり、みずからの権勢の膨張、隣邦の支配を制度化したのである。このように、インペリアルという語が主権者/主権国家の属性とともに、さらに帝政的権勢をもあらわす語に転変してゆく点は、事態が成熟し切迫する一八世紀初めの二つの出版において明らかである。

四、主権と帝国

ジェイムズ・アンダスン著『スコットランドの王冠および王国はインペリアルであり独立であることを明らかにする史論』[14]は、一七〇五年にエディンバラで刊行された三八六頁の本である[図2]。著者アンダスンはスコットランド女王付の事務弁護士(Writer to Her Majesties Signet)、すなわち法務官であった。タイトルにいう「インペリアル」とは、一五三三年、上訴禁止法におけるインパイアおよびインペリアルの用法のまま、統治権原をもつ主権国家／主権者にふさわしいといった意味で、さらに「独立である」と畳みかけている。ボダンの主権および imperium の用例とも合致する。

ところがこの書は、表紙にも序文にも明記されているとおり、前年にニューヨーク帰りのイングランド人＝ウィリアム・アトウッドがロンドンで著した『イングランドのインペリアルな王冠は、スコットランドの王冠および王国にたいして上位にあり直接の支配権をもつ』[15]という挑発的な六〇四頁の本があり、これに憤慨したアンダスンが反駁する書であった。両書あいまって、イングランドとスコットランド、同一の君主をいただく両独立王国のあいだのデリケートな関係が、それぞれの立場から議論される。しかも、両国の主権をめぐる議論において imperial という語の意味するところが争点となり、ヘンリ八世以来の近世的な主権の独立性・絶対性と、他邦にたいする支配・従属が、たがいに相容れることなく、議論されたのである。

まず出版順に『イングランドのインペリアルな王冠は〔……〕』からみてゆくと、著者アトウッドは本文の最初から端的に、インペリアルという語は、(1)いかなる王国や封からも独立していること(independency)だけでなく、(2)他の王冠や公国にたいする優位性(superiority)を意味すると記す。しかも語義(2)については念を入れて、イングランド王国がウェールズ公国を臣従させたように、と例示する。そして史料とされるものをあげながら、スコットランド王はイングランド王の封建的臣下・家臣・被庇護者であり、スコットランド人はイングランド王国に従属するという説を全面展開する。

これにたいして翌年の『スコットランドの王冠および王国は〔……〕』でアンダスンは、法務文書を扱う職務上、エディンバラばかりでなくロンドンの史料にも通じていると自称したうえで、アトウッドのあげた史料なるものはフェイクか、さもなければ曲解であると批判し、巻末に正しい史料として九六頁にわたる付録を収める。

歴史的に早くは「スコットランド人の鎚《ハンマ》」という渾名《あだな》のエドワード長脛王（在位 一二七二―一三〇七）以来、中世のイングランド王はスコットランド王を支配し服従させようとしてきた。スコットランド側はこれに対抗して戦火を交えたり、フランスと同盟したりした。一六〇三年にはイングランドとの同君連合にいたったが、これはスコットランド王国の独立性をそこなうものではなかった。一七世紀半ばにイングランド、スコットランド、アイルランドの三王国のあいだの戦争と革命を経験したあとも、独自の教会、独自の議会、独自の司法がスコットランド人のアイデンティティを支えていたのである。

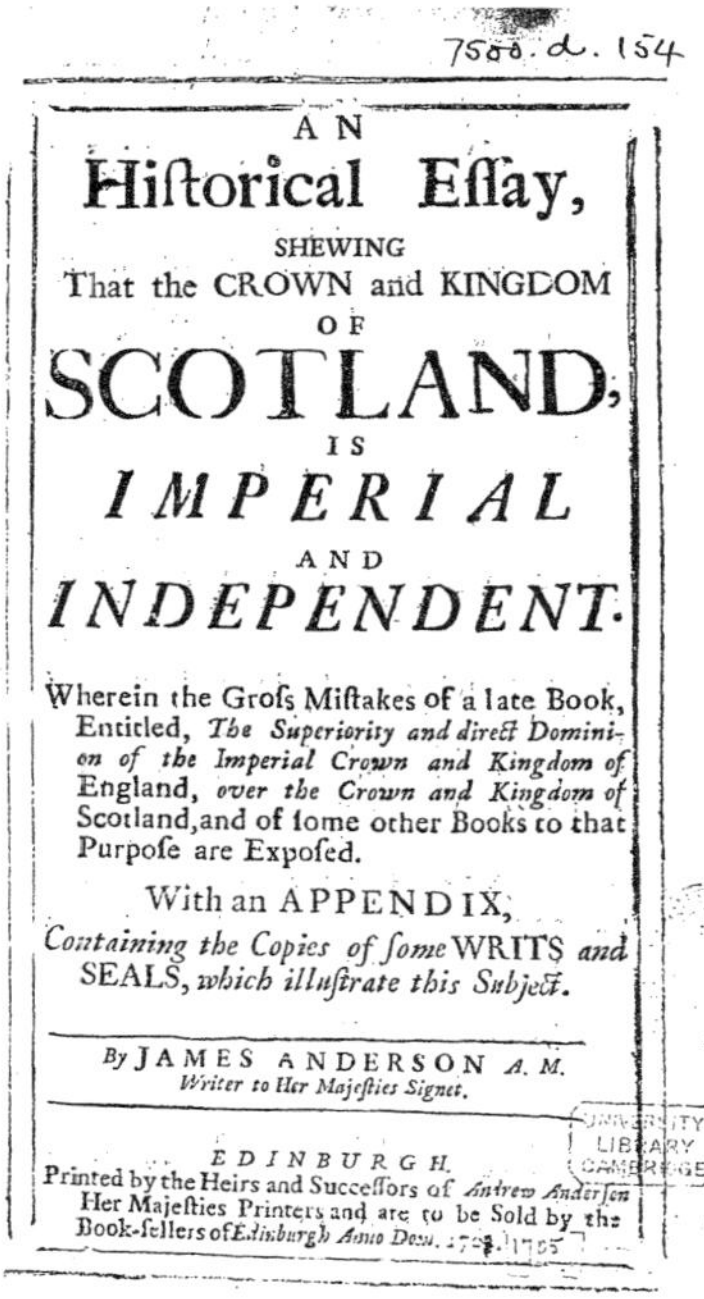

AN
Hiſtorical Eſſay,
SHEWING
That the CROWN and KINGDOM
OF
SCOTLAND,
IS
IMPERIAL
AND
INDEPENDENT.

Wherein the Groſs Miſtakes of a late Book, Entitled, *The Superiority and direct Dominion of the Imperial Crown and Kingdom of* England, *over the Crown and Kingdom of* Scotland, and of ſome other Books to that Purpoſe are Expoſed.

With an APPENDIX, *Containing the Copies of ſome* WRITS *and* SEALS, *which illuſtrate this Subject.*

By JAMES ANDERSON *A. M.*
Writer to Her Majeſties Signet.

EDINBURGH,
Printed by the Heirs and Succeſſors of *Andrew Anderſon* Her Majeſties Printers and are to be Sold by the Book-ſellers of *Edinburgh Anno Dom.* 1705.

図2　James Anderson（1705）の表紙

論争の詳細にここで立ち入る必要はないだろう。このあとまもなく一七〇七年に両国は合邦してスコットランド議会はロンドン・ウェストミンスタに吸収されてしまう。すなわち――イギリスは議会主権の国なので――スコットランドは主権を失う。二人の論争は、そうした切迫した情況における産物であった。

ここで研究史的に意義深いのは、「複合君主政のヨーロッパ」のJ・H・エリオットが指摘していた複合国家の二つの類型――「従属的な合同」と「対等な合同」――である（エリオット 二〇一六：とくに五八―七四頁から引用）[16]。礫岩のような近世ヨーロッパで、一方を従属させる合同はあまり賢明でなく、むしろ各国の現状を受け入れ、アイデンティティと地位を保全する（対等な）合同のほうが実際的であった。対等な合同の「最大の利点は、慣習法と制度の存続を保証することで〔……〕住民が受け入れ」やすくなることである。一六〇三年のスコットランドとイングランドの同君連合の場合は、ほとんど対等な合同であったが、ただしイングランドのほうが相対的に大きく豊かであった。「自国よりも強大な国と合同した国が感じ取った最初の、そして最重要の変化とは、宮廷が去り、中心都市が首都の地位を失い、君主の代わりに総督や副王がおかれたことであった」。「その代わりに、各地のエリートはある程度有益なかたちで放置されつつ自治を享受していた」。

そうした合同に決定的な転換をもたらすのは、海外植民地の獲得だとエリオットはいう。「イングランド人もアメリカ植民地の獲得によって、一方ではスコットランド人とのあいだに、他方ではアイルランド人とのあいだに越えがたい溝が広がったと考えた。〔……〕帝国支配と複合君主政は相性が悪かった。連合のなかの一方が海外帝国を領有すれば、その連合そのものを支配と従属の観点からとらえるようになった」。じつはスコットランド独自の「ダリエン植民計画」も試みられたのだがこれは失敗し、イングランドの北米植民地は成長し栄えていた。

エリオットはここでアトウッドとアンダスンの論争を参照しているわけではない。おそらく二つの出版を知らなかったのだろう。だが、彼の「複合君主政のなかの一国が権力と財力において他の構成国を明らかに上回っているだけでなく、そのようなものとして振る舞う場合には、他の構成国はおのずと自らのアイデンティティが攻撃を受けつつあると感じるようになった」という一文があるが、これはあたかもニューヨーク帰りのイングランド人＝アトウッドの攻撃的な著書に接して、反駁の筆をとったスコットランド人＝アンダスンの立場を評しているかのようだ。近世のヨーロッパとインディアスをよく知るエリオットは、近世ヨーロッパの多様性と柔軟性が変質し、「凝集力のある単一国家を建設する」方向へと転換し始めた一八世紀のうごめきを凝視している。その過程は植民地支配によって促進されたというのである。

註

（1）緊急事態に応じて広い読者むけに知的な出版が実現した。きわだつものとして、小山・藤原（二〇二二）、岡・小山・藤原（二〇二四）、池田（二〇二四）。また『思想』〈帝国論再考〉特集、一二〇三号（二〇二四）も、本序章における imperium 概念に関係する。

（2）たとえば尾高（一九四七／二〇一九）、佐々木（一九七三）。戦後の学問も民主主義も一九四五―五一年、連合国（マッカーサ総司令官）の占領＝間接統治下に始まったという事実を考えると、このことは奇妙な沈黙（忖度？　自主規制？）ではないか。大石（一九九五／二〇二〇）も参照。

（3）各大会特集号は次のとおり。『歴史学研究』九七六号（二〇一八）、九八九号（二〇一九）、一〇〇七号（二〇二〇）、一〇一五号（二〇二一）。

（4）漢籍でホウィートンは恵頓「フイドン」と表記される。漢訳『萬國公法』（一八六四年）につぎ、日本で刊行された『萬國公法』の異版は多い。なおホウィートンの原著は一巻本で、Part First, Part Second... といった四部構成をとるが、漢訳・和訳ではこれを第一巻、第二巻と表記する。わたしは誤解を避けるため「部」と記すことにする。

（5）加藤・丸山校注（一九九一）。この巻には『萬國公法』の特定箇所について英文・漢訳・重野和訳が一覧例示され、ジャニン・ジャン「『万国公法』成立事情と翻訳問題」、そして文献解題がある。また村田編（二〇一〇）も有益。

（6）古谷・近藤編（二〇一六）で複合国家・複合君主政などを論じたときには、不明にしてそこまで認識していなかった。J・H・エリオットの議論にかかわる本序章末も参照。

（7）書評のうち、すでに J. W. Lewis in *American Political Science Review*, 63, 2 (1969)は、フェアバンクが朝貢・華夷のイデオロギー性を看過し、中国史の不変定常な本質であるかのように過度に強調していると指摘し批判していた。Barret (1988); Jansen (1992)も参照。

(8) この(地政的な?)連続性といった論点は、Carr(1956)の問題意識とも通底する。

(9) なおブライケン(一九八四)でも、共訳者は注意深く imperium を「最高命令権」、imperium Romanum を「大ローマ国家」と訳し、帝国という訳語を避けている。

(10) Oresco et al. (eds.), 1997, pp. 10–11にも同じ趣意の議論が――一六四八年以後のドイツにおける、重なり合い、定義の定まらない主権情況として――記されていた。

(11) ここはとくに一六世紀の書式を可能なかぎり生かして刊行された *Halsbury's Statutes of England*, VI (Butterworth, 1929)により引用する。

(12) *Oxford English Dictionary* (Online)もこの法律の最初のセンテンスを引用して、imperial とは「〔神聖ローマ〕帝国にも並ぶような独立性と重要性を備えた主権国家にかかる」形容詞であると説明する。

(13) このエルトンによる史料集はホールズベリ版(本章註(11))と異なり、史料の綴りをモダナイズする方式なので impire は empire と印字されるが、だからといって意味も「帝国」となるわけではない。エルトンはその編註36に簡潔ながら、「empire とは、主権を有する領域単位のこと」と記す。これはまた一八世紀後半のオクスフォード大学法学教授 William Blackstone の英法評釈とも一致する。「法律で empire や imperial といった語がイングランド王国および王冠について用いられる場合、それはただわが国王が国内で――いかなる帝国における皇帝とも同様に――主権者であり独立であり、他のいかなる地上の権力者にも全然従属しないととなえているにすぎない」。*Commentaries on the Laws of England*, I (Oxford, 1765), p. 235.

(14) ケインブリッジ大学図書館所蔵(ECCO の原本)。スコットランドの主要図書館計五館など、他も所蔵する。

(15) ロンドン大学図書館ゴールドスミス文庫所蔵(MoMW の原本)。他館の所蔵は未確認。なお扉に著者名はないが匿名出版というわけではなく、本文の前の献辞(dedication)に著者の記名がある。

(16) エリオットは近世イベリア史の専門家だが、ヨーロッパ史全体を見通して論じる。対等な合同(union aeque principaliter)は『萬國公法』漢訳であれば「会盟連横」にあたるか。

参考文献

有賀貞ほか(一九九四)『世界歴史大系　アメリカ史2』、山川出版社。

池田嘉郎(二〇二四)『ロシアとは何ものか――過去が貫く現在』中公選書。

エリオット、J・H(二〇一六)「複合君主政のヨーロッパ」内村俊太訳、古谷・近藤編『礫岩のようなヨーロッパ』山川出版社。

大石眞(一九九五/二〇二〇)『日本憲法史』有斐閣/講談社学術文庫。

岡真理・小山哲・藤原辰史(二〇二四)『中学生から知りたい　パレスチナのこと』ミシマ社。

岡本隆司編(二〇一四)『宗主権の世界史——東西アジアの近代と翻訳概念』名古屋大学出版会(Okamoto Takashi, (ed.), *A World History of Suzerainty: A modern history of East and West Asia and translated concepts*, Toyo Bunko, 2019)。

岡本隆司(二〇一六)「東アジアとユーラシア——「近世」「近代」の研究史をめぐって」『歴史評論』七九九号。

岡本隆司(二〇一七)『中国の誕生——東アジアの近代外交と国家形成』名古屋大学出版会。

岡本隆司(二〇一九)「近代東アジアの「主権」を再検討する——藩属と中国」『歴史学研究』九八九号。

岡本隆司(二〇二〇)『「中国」の形成　現代への展望』〈シリーズ　中国の歴史5〉、岩波新書。

尾高朝雄(一九四七/二〇一九)『国民主権と天皇制』講談社学術文庫。

カー、E・H(二〇二二)『歴史とは何か　新版』近藤和彦訳、岩波書店。

加藤周一・丸山真男校注(一九九一)『日本近代思想大系　翻訳の思想』岩波書店。

コザンデ、ファニー&ロベール・デシモン(二〇二一)『フランス絶対主義——歴史と史学史』フランス絶対主義研究会訳、岩波書店。

後藤はる美(二〇一八)「一七世紀ブリテン諸島における礫岩国家・主権・法の支配」『歴史学研究』九七六号。

小山哲・藤原辰史(二〇二二)『中学生から知りたい　ウクライナのこと』ミシマ社。

近藤和彦編(二〇〇二)『長い一八世紀のイギリス——その政治社会』山川出版社。

近藤和彦(二〇一三)『イギリス史10講』岩波新書。

近藤和彦(二〇一七)「EUと別れる?——イギリスのレファレンダムと憲政の伝統」『図書』八一五号。

近藤和彦(二〇二二)「研究史から見えてくるもの」中澤達哉編『王のいる共和政——ジャコバン再考』岩波書店。

佐々木毅(一九七三)『主権・抵抗権・寛容——ジャン・ボダンの国家哲学』岩波書店。

西嶋定生(一九七〇)「東アジア世界の形成　総説」『岩波講座　世界歴史4　古代4　東アジア世界の形成Ⅰ』岩波書店。

二宮宏之(一九七九)「フランス絶対王政の統治構造」吉岡昭彦・成瀬治編『近代国家形成の諸問題』木鐸社。

『萬國公法』(一八六四)北京。

『萬國公法』(刊行年不明)鹿兒嶋藩、重野安繹訳述、東京大学青洲文庫。

ブライケン、J(一九八四)『ローマの共和政』村上淳一・石井紫郎訳、山川出版社。

古谷大輔・近藤和彦編(二〇一六)『礫岩のようなヨーロッパ』山川出版社。

松方冬子編(二〇一九)『国書がむすぶ外交』東京大学出版会。

皆川卓(二〇一九)「近世イタリア諸国の「主権」を脱構築する——神聖ローマ皇帝とジェノヴァ共和国」『歴史学研究』九八九号。

村田雄二郎編(二〇一〇)『新編　原典中国近代思想史2　万国公法の時代』岩波書店。

モンテスキュー(一九八九)『法の精神』(全3冊)、野田良之ほか訳、岩波文庫。

吉村忠典(一九九九)「「帝国」という概念について」『史学雑誌』一〇八編三号。

吉村忠典(二〇〇三)『古代ローマ帝国の研究』岩波書店。

Anderson, James (1705), *An Historical Essay, shewing that the Crown and Kingdom of Scotland is Imperial and Independent...*, Edinburgh.

Atwood, William (1704), *The Superiority and Direct Dominion of the Imperial Crown of England, over the Crown and Kingdom of Scotland...*, London.

Barret, D. P. (1988), 'Review', *Pacific Affairs*, 61, 3.

Bodin, Jean (1992), *On Sovereignty*, edited & translated by J. H. Franklin, Cambridge U. P.

Brunner, Otto et al. (hrsg.) (1990), 'Staat und Souveränität', in *Geschichtliche Grundbegriffe: Historisches Lexikon zur politisch-sozialen Sprache in Deutschland*, VI, Klett-Cotta.

Carr, E. H. (1956), "Russia and Europe" as a theme of Russian history', in R. Pares & A. J. P. Taylor (eds.), *Essays presented to Sir Lewis Namier*, Macmillan.

Elliott, J. H. (1992), 'A Europe of composite monarchies', *Past & Present*, no. 137.

Elton, G. (1982), *The Tudor Constitution*, 2nd ed., Cambridge U. P.

Fairbank, J. K. (1942), 'Tributary trade and China's relations with the West', *Far Eastern Quarterly*, I, 2. Feb.

Fairbank, J. K. (ed.) (1968), *The Chinese World Order: Traditional China's Foreign Relations*, Harvard U. P.

Greene, Jack & J. P. Pole (eds.) (2004), *A Companion to the American Revolution*, Blackwell.

Jansen, M. B. (1992), 'Obituary', *Journal of Asian Studies*, 51, 1.

Lewis, J. W. (1969), 'Review', *American Political Science Review*, 63, 2.

Mattingly, Garrett (1955), *Renaissance Diplomacy*, Houghton Mifflin.

Oresco, Robert et al. (eds.) (1997), *Royal and Republican Sovereignty in Early Modern Europe: Essays in Memory of Ragnhild Hatton*, Cambridge U. P.

Wheaton, Henry (1836/6th ed., 1857), *Elements of International Law*, Boston & London.

第Ⅰ部

複合君主政／礫岩国家

――近世主権国家

第1章 君主政の狭間から見る近世的主権国家
――スコーネ住民と「正しき統治」

古谷大輔

はじめに

主権国家のイメージは長らく領域性を前提に紡がれてきた。主権国家は、ある一定の領域内に住む人々に対して法の拘束から解放された主権者によって営まれ、その管轄権には領域外の公権力は介入できないといったイメージである。これに対して、近年の近世ヨーロッパ史研究は、国制だけでなく、集合的な表象や伝統的な価値観などに垣間見られる慣習化された住民の行動に焦点を当てながら、領域性を前提としない近世に独特な国家の姿を明らかにしつつある。

近年の研究で注目されている近世国家の特徴のひとつは、複数の政治秩序を束ねた君主政の姿だろう。たとえば、二〇一六年に公刊された『礫岩のようなヨーロッパ』は、ある地域が直面した「非常事態」とも呼ぶべき情況を背景に、複数の君主政と交渉する住民の姿を検討しながら、さまざまな個性をもった地方の政治秩序が「礫岩」のように入り組んだ近世国家の特徴を明らかにしている。複数の君主政を天秤にかけた住民たちの能動的な姿は、近代以降の国民国家に生きた国民のように自らの属性を領域性に結びつけた姿とは異なっている。

そうした近年の研究の特徴は、複数の政治秩序の複合を単に指摘する点にとどまるのではなく、多様な政治秩序の複合を生んだ背景に切り込もうとしている点に認められるだろう。『礫岩のようなヨーロッパ』を例にあげれば、エリオットらが「複合君主政(composite monarchy)」と呼んだ近世国家の変動は、「正しき統治」を求めて交渉を繰り返した「君主と政治共同体の統治」の結果であることが指摘されている(古谷・近藤編 二〇一六：二七頁)。そして、そのような権力の共有状態は、「法の拘束から解放された主権者によって運営される」とされた従来の主権国家のイメージと対峙するものである。

かつてマイネッケが「クラートス(力)とエートス(倫理)が一緒になって国家を建設し、歴史を創る」と述べたように、政治思想史の分野では主権の絶対性と統治の制約性の両立をめぐる問題が常に意識されてきたようにみえる(マイネッケ 一九七六：五頁)。そうした問題をふまえるならば、主権国家の研究も、法や制度のみならず、権力の行使や権利の維持をめぐってさまざまな理解をもつ住民たちが躍動した舞台へと分析の領野を拡げ、近世国家における主権の絶対性と統治の制約性の両立が具体的にどのように展開されていたのかについて検討されるべき時点にあるといえるだろう。

近年の政治思想史の概説では、一四世紀の危機や一六世紀の宗教動乱を契機としたヨーロッパの変動を背景としながら、中世以来のローマ法解釈や法慣習を改めつつ、新たに思想の整理が図られた結果として主権の成立が説明されるようになっている。本章は、こうした動向をふまえ、一六―一七世紀後半に至る時期を君主と住民の関係の再定義の時期としてとらえ、「君主と政治共同体の統治」と呼ばれた多権力な政治社会のなかで「正しき統治」を求めた住民たちに焦点を当てながら、近世ヨーロッパの実態に即した主権国家の姿を析出することを目標とする。

その際、本章は、近世スカンディナヴィアに実現されたふたつの複合君主政(スウェーデン君主政[1]とデンマーク君主政[2])を例に、その狭間に位置したスカンディナヴィア半島南端のスコーネからみえる主権国家の姿に焦点を当てる。スコーネは、一六五八年のロスキレ条約によってデンマーク君主政からスウェーデン君主政へと帰属が変更され、スウェーデン王をスコーネ公とする国家が新たに形成されることになった地域である。

ふたつの君主政の狭間に位置したスコーネの経験は、多権力な政治社会の存在を踏まえながら主権国家を再検討しようとする私たちに興味深い問題を示してくれるだろう。第一に、スウェーデン君主政内に新たに設けられたスコーネ公領の「主権」は、ボダンが言うような「他人の同意を得ることなくすべての人々あるいは個人に法を与える権力(Bodin 1986: I, 8, 179)」だったかという問題である。この問題はスコーネ公領の形成過程を扱う第二節でふれられる。第二に、「礫岩」のようなスウェーデン君主政においてスウェーデン王に認められていた「主権」とスコーネ公に認められていた「主権」の間でどのような異同があったのかという問題である。この問題はスコーネ住民が「主権」者に求めた行動を扱う第三節でふれられる。こうした問題を辿りながら、「礫岩のような国家」を構成した一地方の政治社会から垣間見える主権国家の姿を確認することとしたい。

一、近世スカンディナヴィアにおける「主権」の姿

「主権」に相当する近世北欧語の概念

スコーネ住民の目に映った主権国家の姿を論じる前に、近世スカンディナヴィアの言語運用において「主権」に相当する複数の概念を確認しておこう。英語の sovereignty に相当するスヴェレニテート suveränitet〔スウェーデン語〕／suverænitet〔デンマーク語〕は、北欧語においても特定の君主に結びついた専制的な権力という意味で用いられている。しかしスヴェレニテートは、一六六〇年代以降のデンマーク君主政における「オレンボー絶対王政」や一六八〇年代以降のスウェーデン君主政における「カール絶対王政」などにおいて、諸身分の承認を得て実現された「一元化された権力(envälde/enevælden)」を呼称する際に、ようやく用いられた概念である(Lindeberg 2006: 88–94)。

歴史的にみてスヴェレニテートよりも古くから用いられた概念としてマイェスタス majestas がある。マイェスタスは王国に付随する永続性をもった最高権力を意味し、「至上権」とでも理解すべきものだろう。一七世紀スウェーデンを代表する政治思想家M・イュルデンストルペ(Michael Wexionius Gyldenstolpe)は、彼の主著『ポリティカ』において、マイェスタスを「あらゆる法と国家の存立を基礎づける集積された権力」と定義し、「君主政がマイェスタスをもつように、民主政もマイェスタスをもつ」と説明し、マイェスタスが君主にのみ属するのではなく、王国に属するものとして住民にも認めている(Gyldenstolpe 1657: 179-180)。さらに彼は、「マイェスタスのみが暴力による処罰の権限だけでなく、住民の財産を差配する権限をもつ」とも述べ、住民の財産に関する権限は君主ではなく、王国に属すると考えられている(Gyldenstolpe 1657: 183)。彼のこうしたマイェスタスへの理解は、国権が君主と王国議会を軸とした政治共同体とによって共有されてきた一五世紀以降のスカンディナヴィアの経験を反映したもの(3)と理解すべきだろう。

一六世紀以降のバルト海世界において頻発した戦争を背景として多用されるようになった概念が、インペリウム imperium である。特定の王国内における「至上権」を意味したマイェスタスに対し、たとえば一五八七年にスウェーデン王国とポーランド王国との間で約定されたカルマル条項(Kalmar stadgar)において「ふたつの王国はひとりの君主のインペリウムのもとに服する」(Hildebrand 1899: 777)と謳われたように、インペリウムは、複数の政治共同体を保護する名目で君主に認められた排他的な命令権として用いられていた。

スカンディナヴィアでも、中世以来、王領地と関税徴収権や貨幣鋳造権などのレガーリエン(王に認められた諸特権)によって営まれた王の行政は、領主らのドミニウム(私的支配権／私的所有権)へは干渉不能とされていた。しかし、ボダンが「王はすべてのものをインペリウムによって所有し、個人はドミニウムによって所有する」(Bodin 1986: I, 8, 157)と述べたように、一六世紀以降のスカンディナヴィアの言語運用でもインペリウムのような概念が多用されていった事実は、王に排他的な命令権が承認されることで、王の行政がドミニウムに及ぶ変化が到来していたことを想起させる。

ふたつの君主政における「主権」者

このような「主権」に相当する概念が併用される一方で、スカンディナヴィアのふたつの君主政において「主権」者がどのように定義されていたかについて、各々の君主政の中核に位置したスウェーデン王国、デンマーク王国の基本法にもとづきながら整理しておこう。

本章が対象とする一七世紀にあって、スウェーデン王国の基本法は一四四二年に制定されたクリストフェル王の王国法(Kristofers landslag)である。王国の基本的な国制については一六三四年に新たに統治章典(1634 års regeringsform)が制定されたが、クリストフェル王の王国法は、一七三四年に民法典が制定されるまで諸身分に認められた権利関係の基本法として効力をもった。クリストフェル王の王国法は、「王の章」第一条で「スウェーデン王国はスヴェーアとユータがともに住む司教領と法域から構成される」と王国の構成地域を定義したうえで、第二条で「スウェーデン王国は王と王冠のもとにあり、すべての住民は法に従う王のもとにある」としている(Hildebrand 1891: 269)。さらに一六三四年政体法の第三条では「王は法の述べるところに従い、王を承認する者と共に国土と王国を適正に統治するもの」と規定されている(Hildebrand 1891: 7)。上述した近世北欧での「主権」に相当するふたつの概念をふまえるならば、スウェーデンを統べるマイェスタスは王国に帰せられるものであり、「主権」者はその制約を受けながら、複数の政治共同体へのインペリウムを承認された者だったとみなすべきだろう。

デンマーク君主政の中核にあったデンマーク王国でも、一二八二年のエーリク五世登位以来、選挙王と選挙人との間で約定された「合意(håndfæstning)」を例に「君主と政治共同体の統治」の姿は存在していた(Matzen 1889: passim)。しかしスコーネ喪失後の一六六〇年政変を機に、諸身分の合意をもって翌一六六一年に認められた専制政体令(Enevoldsarveregeringsakten, 一般的にはスヴェレニテート令 Suverænitetsakten とも称される)と一六六五年に制定された国王法(Kongeloven)をもって、王を「主権」者と認める国制が実現されていった(佐保 二〇〇五)。国王法は、中世以来の諸地方法を整理した一六八三年のデンマーク法(Danske Lov)とともに、一八四九年まで基本法を構成し、後述するスコーネ住民の目にはデンマーク王国の根幹をなす法として映るものだった。

国王法では、その第一条において「すべての幸福は神とともに始まる。その最初は神が命じることを欲したこの国王法を定めることから始まる」ことが謳われ、「デンマークとノルウェーは連合する王国としてあり、すべての臣民は、神によって聖俗の問題が裁かれる至高の法廷のもと」(第二条)にあり、「王は、正義の王国を定める法としてこの法を発することで、あらゆる法令に善意を与え、説明、改廃、策定する至高の権力を有する」(第三条)ことが定義されている(Jørgensen 1886: 43–44)。一七世紀後半のデンマーク王国にあっては、ノルウェーとの合同を実現する前提から、神に由来する法の論法に従ってマイェスタスとインペリウムをともに承認された「主権」者としての王の姿が明確に謳われていたといえよう。

スウェーデン君主政の「かたち」をめぐる議論

これらの「主権」や「主権」者の理解を前提としながら、一七世紀後半にスコーネ住民が選択したスウェーデン君主政の「かたち」については、どのような議論がなされていたのだろうか。今日のスウェーデンにおける政治思想史研究の成果を整理すれば、近世におけるスウェーデン国制の議論には中世以来の王と王国を区分する観念が継続され、「マイェスタスは王から分離する」との主張が繰り返されている点に特徴がみられる。一六世紀後半に王国参事や王国宰相を歴任したE・スパッレ(Erik Sparre)らは、ローマ法に言う"Princeps legibus solutus est(元首は法に拘束されず)"から人格を排除し、「マイェスタスは神の法と自然の法にのみ従う」と述べ、「国家がもつ権力は至上であるが、王には属さない」ことが強調されていた(Lindberg 2006: 88)。

スパッレらの議論は、一六三四年の統治章典制定につながるグスタヴ二世アドルフの治世(一六一一―三二)に継承された。たとえばウップサーラ大学総長を歴任し、王国宰相Ａ・オクセンシェーナ(Axel Gustafsson Oxenstierna)の政策顧問として知られたＪ・マグニ(Jonas Wexionensis Magni)は『至上の権力者あるいは至上の権力』を一六二五年に上梓し、「至上の権力者はローマ法の"legibus solutus"のように正当化されるものではなく、自由な人民と彼らの財産に対して剣を振るうことはできない」と述べている(Magni 1625: 8)。これらの議論の影響下にあったグスタヴ王自身、「王のマイェスタスは真正のマイェスタスに属するものであり、王の人格に属するものではない」と断ずる言葉を残している(Lindberg 2006: 91)。

加えて、同時期にスウェーデンに流入した政治思想のうち、Ｊ・アルトジウス(Johannes Althusius)の主張した混合政体／混合統治[4]の姿を政治実践の場で求める傾向も強かった。とりわけアルトジウスの『政治方法摘要』は、若き日のグスタヴ二世アドルフをはじめ、スウェーデンで広く読者を得た著作である。「君主政は貴族政と民主政と融合すべきである」(Althusius 1932: 93)といったアルトジウスの主張は、「君主と政治共同体の統治」を制度化した一六三四年の統治章典を経て、一六三〇―四〇年代までにスウェーデン国制の根幹に定着した。上述のイュルデンストルペは『ポリティカ』のなかで「国家権力の源は、神と人民に発するものである」(Gyldenstolpe 1657: 183)と述べているが、マイェスタスを君主の人格から分離させ、混合政体／混合統治を制度化させた一七世紀スウェーデンの経験は、一八世紀半ば以降、大陸ヨーロッパの啓蒙思想とは別文脈で、君主政における「人民の主権(folksuveränitet)」論を発展させる淵源ともなった。

二、近世スカンディナヴィアにおける「主権国家」の陶冶
――スコーネの政治社会とスコーネ公領の形成

以上のように「主権」や「主権」者の姿が議論されていた近世スカンディナヴィアにおいて主権国家はどのような過程で築かれ、スカンディナヴィアの政治社会に生きた者たちは主権国家をどのようにイメージしていたのだろうか。以下に、スコーネを例としながら議論を進めてみよう。

スコーネの政治社会とロスキレ条約

一六五八年のロスキレ条約以前、スコーネのデンマーク君主政における国制上の位置づけは、一三世紀に起源を有するスコーネ法を根拠とするデンマーク王国東部の一司法域にすぎなかった。一七世紀当時にもスコーネ住民から提起された訴訟を審理する地方集会 landsting は存続していたが、スコーネ一円に統一された行政・立法上の枠組みはなく、地域としてのスコーネの一体性は希薄だったとされている。それは国制上の問題としてだけではなく、スコーネの政治社会に生きた者たちが、デンマーク王と結んだ個別の権利関係にもとづきつつ自らの生活資源を担保したため、スコーネはさまざまな自権者たちから構成される政治社会だったからでもある(古谷・近藤編 二〇一六：一三六—一五七頁)。

スコーネ貴族はデンマーク王から所領と特権を安堵された身分だが、宗教改革を通じてデンマーク王がスコーネに獲得した旧ローマ・カトリック教会の所領と王都コペンハーゲンの位置するシェラン島にあった貴族領との領地交換が進められた結果、スコーネに領地替えとなった貴族が流入し、スコーネとの地縁が希薄な家門が増加していた。スコーネの諸都市に生きた市民は、各々の都市の経済事情の違いによってデンマーク王から認められた特権に相違があり、身分としての一体性を欠いていた。スコーネに生きた農民は、自ら農地を所有

する農民と王領地や貴族領に属する農民に分かれ、農民としての権利と慣習は自らが属する農地の性格によって異なるものだった。

ふたつの君主政間でのロスキレ条約の締結とスウェーデン王によるスコーネ公領の設置(一六六二年)は、スウェーデン王のインペリウムのもと、スコーネ公領という政体から発するマイエスタスをもってスコーネ住民も政治に参画するレス・プブリカを歴史上はじめて誕生させ、デンマーク君主政の時代には各々に事情の異なる自権者たちで構成されていたスコーネの政治社会の性格を一変させることになる。

スコーネ形成の出発点

スコーネにおけるレス・プブリカの形成は、ロスキレ条約締結へ至る交渉の場から出発した(Sanders 2008; Sanders 2009)。条約交渉には、スウェーデン君主の代理人として海軍提督S・ビールケ(Sten Bielke)が全権として、王国参事会員P・J・コイエット(Peter Julius Coyet)が全権代理として参加した。コイエットは第一六代／第二一代の長崎オランダ商館長やオランダ領台湾の最後の行政長官を歴任したF・コイエット(Fredrik Coyet)の兄としても知られるが、ここでは護国卿政府時代のイングランドにスウェーデン大使として派遣された人物としてロスキレ条約の締結に枢要な役回りを果たすことになる。デンマーク君主の代理人として宮廷長官J・ゲアスドーフ(Joachim Gersdorf)、デンマーク君主の全権代理として王国参事会員C・スキール(Christen Skeel)が名を連ね、加えてイングランドの護国卿政府からは政府秘書官P・ミードウ(Philipe Meadows)、フランス王国からは駐デンマーク大使H・テルロン(Hugues Terlon)らが仲介人として参加した。

ロスキレ条約の交渉と締結にスコーネの住民代表が招聘されることはなく、これがスウェーデン王のインペリウムの所掌事項だったことをうかがわせる。しかしながら、ロスキレ条約で定められたスコーネの帰属変更は、スウェーデン王のインペリウムの専権事項として決定されたわけではない。たとえば、条約交渉の初期には、スコーネをスウェーデン王に、北ユトランドを護国卿に、南ユトランドをゴットープ公に委ねるデンマーク王国の解体も議論されていた。スウェーデン王国はデンマーク時代に認められたスコーネ諸身分の特権廃止を加えて要求したが、フランス王国が、デンマーク王国からイングランドへの北ユトランド譲渡を阻止する目的で、スウェーデン王国にデンマーク王国への妥協を求めた結果、ロスキレ条約では「デンマーク王に保証された古来の権利は保障される」(第九条)ことが決定された(Laursen 1920: 234)。スウェーデン王のインペリウムに属するスコーネ公領の誕生は、こうした主権国家間の駆引と承認から始まったのである。

スウェーデン君主政とスコーネ公領

ロスキレ条約以降、デンマーク君主政下に設置されていたデンマーク王麾下のスコーネ連隊はすみやかに解体された。その後は、スコーネ公領として独自の軍事力が再設定されることはなく、スウェーデン軍に直属するスコーネ騎兵連隊の設置とその扶養がスコーネ農村に割り当てられた(Åberg 1947: passim)。兵権の観点からみればスコーネはスウェーデン王のインペリウムに服したといえるが、これを除けばスコーネにおけるレス・プブリカの制度設計は、当時のスウェーデン王国におけるマイエスタスの議論を引き継ぎながら進められたように思われる。

スコーネのレス・プブリカとして公領の設置を約定した一六六二年のマルメー協定は、スコーネ住民代表を招聘し、新たな保護者たるスウェーデン王とスコーネ住民の「合意(håndfæstning)」という形式で妥結された(Tham 1891: 290)。「合意」は上述したようにデンマーク王国において王の即位時に選挙王と選挙人が結んだ約定の形式であり、マイエスタスがスコーネ公ではなくスコーネ公領に属し、法の支配を受けるスコーネ公の姿を暗示するものでもあった。ここにスコーネ公領は、スコーネ公に対峙するかたちでスコーネ住民をひとつに束ねる枠組みとして登場し、スコーネの中核都市であるマルメーにはスコーネ公の代理としてスコーネ総督が派遣された。マルメーのスコーネ総督府は、スウェーデン王国においてマイェスタスを共有する王国議会で承認された法の執行機関だった。他方、スコーネ住民代表はスウェーデン王国議会への参加が認められ、スコーネ公たるスウェーデン王とマイェスタスを共有する王国議会の上訴機関としての機能を活用しながら、公領の制度設計に参画するようになる(古谷・近藤編 二〇一六：一三六―一五七頁)。

このようにスウェーデン王のインペリウムに服したスコーネ公領に対して、スウェーデン王の絶対的なスヴェレニテートが認められなかった背景は、王国議会を舞台にスウェーデン王国のマイェスタスへの共有意識が強かったスウェーデン貴族側に「国王専政」の前例をつくりだすことへの懸念があったためである。翻って、一六六〇―七〇年代のスウェーデン王国議会におけるスコーネ公領の制度設計は、これに参加したスコーネ住民代表による立法戦略を通じ、デンマーク時代に安堵されていた権利の回復を果たすこととなる。貴族の農場管理権や農民への週日労働の課役権、牧師任免権、あるいはルンド大学設置、騎兵扶養義務基盤の再評価、労役供出の軽減、外国貿易関税の軽減など、スコーネにのみ認められた措置を積み重ねることで、スコーネはスウェーデン君主政に服した他の地域とは異なる政治的な属性を獲得することになった(Sanders 2008: passim)。

三、近世スカンディナヴィアにおける「主権国家」の姿
――スコーネ住民と「正しき統治」

スウェーデン王のインペリウムに服したスコーネ住民の代表は、王に属さないマイェスタス(あるいは法に従う王)という論理を援用することで、結果的に「スコーネ」という独特な個性をもつ地域を形成することになった。ここで私たちは、スコーネのレス・プブリカに属した住民が、スコーネ公領の「主権者」たるスコーネ公に対し、複数の回路をもって「正しき統治」を求めていた点にも注目すべきだろう。

スコーネの貴族にとって「正しき統治」とは、デンマーク時代にデンマーク王から認められていた諸特権を回復し維持することにほかならない。彼らの多くは、スウェーデン王国議会への参加と上訴を「回路」としながら、マイェスタスへの意識を共有した王国議会の議員たちとともにスコーネ公領の制度設計に関わった。他方で、王国議会への「回路」を持たなかった市民や農民は、マイェスタスにもとづいた法の執行機関であるマルメー総督府への請願を通じて、「正しき統治」を求めることとなった。彼らにとっての「正しき統治」とはどのようなものだったのだろうか。

表1は、ルンド大学歴史学研究所のグスタフソンが行った一六六一―九九年にスコーネ総督府へ寄せられた請願の整理である(Gustafsson 2007: 78–115)。グスタフソンの研究によれば、請願のなかで税の減免要請が多くを占めている。この税の減免要求については、「一六五八年以前の水準を上回る課税は不法である」との訴えがおおよそ共通している。また、「不法な税負担は農村の瓦解や農民の離散などを引き起こすことから、スコーネの安寧への脅威である」といった文言に一定の様式も認められる。グスタフソンは、これら請願を提出した者が、請願のなかで自らを「貧しき民」や「神の法を求める民」などと表現することで、総督府に対して「貧者への相互扶助」を求める戦略を採っていたと解釈している。そこでは、女性も「未亡人」などと自らを表現することで、スコーネ公による保護の対象として主張を展開している。

成瀬治は、近世の君主にインペリウムが認められ、その行政がドミニウムに及んだ結果、市民は「プロプリエタス(所有権／財産権)によるドミニウム」の主体へ転化したと論じている(成瀬 一九八四：五五頁)。グスタフソンによる請願の研究でも、スコーネの市民や農民にとっての「正しき統治」が、税の減免など、私的な所有権の主体者としての観点から主張されていたことが示されている。しかし、それはスコーネ公を兼ねたスウェーデン王のインペリウムにスコーネ住民が服した訳ではなく、私的な所有権の維持という観点から「正しき統治」を求め、スコーネ公領のマイェスタスに関与する主体に転化したとみなすべきだろう。

他方で、スコーネ住民は、「正しき統治」を求めうるもうひとつの選択肢であったデンマーク君主政に対して、どのようなイメージを抱いていただろうか。ロスキレ条約以降も、スコーネはスウェーデン君主政とデンマーク君主政との対立の最前線に位置し、その帰属をめぐって一六七六―七九年には両君主政の間で再び戦端が開かれた(スコーネ戦争)。戦時下のスコーネでは、デンマーク軍が占領した地域を統治するためにデンマーク王クリスチャン五世の直轄組織として戦時総監府が設置され、再びデンマーク王の統治が復活した(Erlandsson 1967: passim)。そこで、スコーネ戦争の情勢下におけるスコーネ住民の行動から、彼らが求めた「正しき統治」への両君主政の対応の差を考えてみよう。

スコーネ戦争下のスコーネ住民は、「正しき統治」を求める申し立てとして、おおよそふたつの行動を採った。公式的な行動は、スウェーデン君主政ならばマルメー総督府へ、デンマーク君主政ならば戦時総監府への請願の提出である。他方、非公式な行動は、デンマーク軍を支援したゲリラ活動のような実力行使である。今日のスコーネ独立主義者によって「義兵(snapphanar)」と呼称されているゲリラたちは、デンマーク軍の編成上は「遊撃兵(friskyttar)」と呼ばれたものの、実際には北東スコーネの森林地帯に潜んだ野盗たちを主体としていた(Sörensson 1916; 古谷 二〇〇三、Vadenbring 2010)。

表2は、デンマーク王立文書館に所蔵されている戦時総監府関連史料をもとに、スコーネ戦争期にデンマーク君主政へ寄せられた請願を整理したものである。このなかでも、スコーネ戦争の先端が開かれた一六七六年以降、とりわけ税の減免要請について請願数が激減している点は、スコーネ住民にと

表1　1661-99年にスコーネ総督府(1682-98年は閉鎖)へ寄せられた請願

請願の種類	1661-81年	1699年	計	%	女性からの請願	集団請願
税の減免要請	34	9	43	30	4	39
物資の支援要請	11	19	30	20	4	10
役人への苦情	8	4	12	8	1	2
係争解決の要請	7	17	24	16	4	7
法的問題	5	6	11	7	4	0
その他	8	21	29	19	2	6
計	73	76	149	100	19	44

出典：Gustafsson 2007: 90

表2　スコーネ戦争期に戦時総監府(デンマーク)へ寄せられた請願

請願の種類	1676	1677	1678	1679	日付不明	計	%	女性からの請願	集団請願
税の減免要請	50	1	1	1	4	57	47	2	46
物資の支援要請	3	5	14	3	8	33	27	7	12
役人への苦情	4	0	0	0	0	4	3	1	2
係争解決の要請	7	0	0	0	0	7	6	2	2
法的問題	8	2	2	2	4	18	15	4	5
その他	2	0	1	0	0	3	2	2	1
計	74	8	18	6	16	122	100	18	68

出典：デンマーク王立文書館に所蔵されている Generalkrigskommissariatet 1674-1679, *indkomne breve*, supplikationer; Krigskollegiet 1660-1679, *indkomne breve*; Krigskancelliet 1660-1763, *indkomne sager* より作成(分類番号なし)

っての「正しき統治」と「主権」者の選択を考えるうえで注目に値する。これは、デンマーク側には国王法で「王国の安全を軍事的に保証する目的ならば王は徴税を認められる」との条項(Jørgensen 1886: 45)があったことから軍税の挑発が続き、スコーネ住民からの保護要請も不法行為を認定された役人や略奪行為を認定された兵士の処罰といった対応に限られ、税の減免には対応しなかった結果と考えられる。私的な所有権の主体者の観点からすれば、スコーネの農村に焼き討ちを繰り返したゲリラたちへの掃討作戦を展開したスウェーデン軍の行動は、スコーネ住民が求める「正しき統治」を実現する対応として、支持を集めた。

おわりに

スコーネ戦争の頃にルンド大学へ招聘され、スウェーデン王室やスウェーデン政府と交流をもったプーフェンドルフは、『自然法にもとづく人間と市民の義務』のなかで、「国家は多くの者との契約により全員の意思と結びつけられているがために、個々の力を共同の平和と安全のために使い得る」ものであり、「国家の行為の源ともいえる国家の意思は、主権がひとりの人間かあるいは一個の合議体を通じて表明される」と述べている(プーフェンドルフ 二〇一六：二〇〇―二〇五頁)。彼の言葉に示された国家は、あたかもスコーネ住民が「正しき統治」を求めて選択したスウェーデン君主政の姿を描いているかのようにみえる。実際のところ、スコーネ住民の目に映ったふたつの君主政の姿は、近世にみられた主権国家のふたつのヴァリエーションと呼ぶべきものだったろう。ふたつの君主政における「主権」者と住民の関係は対照的だった。マイエスタスが王国に帰属し、インペリウムを有する王でさえも法に従うことが求められたスウェーデン君主政には、スウェーデン王（あるいはスコーネ公）と王国議会や総督府を通じて交渉する回路が存在し、スコーネ住民は私的な所有権の主体者として「正しき統治」を求める可能性が開かれていた。これに対して、マイエスタスとインペリウムがともにデンマーク王に帰せられたデンマーク君主政では、スコーネ戦争時の戦時総監府の対応にみられるように、住民は、王国の安全を名目とした「主権」者たる王の行政に併呑される存在だった。

スコーネ住民が選択したスウェーデン君主政の「主権」は、プーフェンドルフの言葉にあるように「全員の意思」と結びつけられながら、スウェーデン王（あるいはスコーネ公）という「ひとりの人間」か、王国議会という「一個の合議体」かを通じて実現されていた。これは、ボダンが述べた「他人の同意を得ることなくすべての人々あるいは個人に法を与える権力」とは異なるヴァリエーションである。スカンディナヴィアの地平に見える近世的主権国家の姿は、従来の一元的な主権国家のイメージに帰せられるべきものではなく、それに複数の可能性があったことを私たちに想起させる。

近世スカンディナヴィアにおける「主権」は、マイエスタス、インペリウム、スヴェレニテートといった概念の使い分けがあり、「礫岩」のようにみえる君主政の姿はそれら概念の複合という観点から説明できるものかもしれない。君主政の結び目にある「諸王の王」としてスウェーデン王に認められた「主権」は、唯一インペリウムに限られる。他方、スコーネ公領をはじめ、この君主政に属した諸々の国家の「主権」者は、スウェーデン王と同一人格ではあるものの、君主政の中核に位置したスウェーデン王国における「マイエスタスのみが暴力の処罰や財産の分配を行いうる」といった理解を継受して、住民とともにマイエスタスを行使する。

「礫岩のような国家」は、そこで生きた人々の立場の違いによって主張されたマイェスタス、インペリウム、スヴェレニテートといった「主権」概念のモザイク状態の結果でもあった。

最後に、スコーネにおける近世的主権国家の経験と遺産にも言及しておこう。上述したグスタフソンの研究によれば、一六六一—七八年にスコーネ総督府に寄せられた請願書の多くはデンマーク語で記述されていたものの(デンマーク語四五件、スウェーデン語一二件)、スコーネ戦争後にはスウェーデン語での記述が急増している(デンマーク語〇件、スウェーデン語七六件)(Gustafsson 2007: 102)。この事実は、スコーネ住民の属性が言語によって先験的に規定されたものではないことを示している。スコーネのレス・プブリカに生きる住民としての集合意識は、むしろスウェーデン王国議会での交渉やマルメー総督府への請願といった経験を通じて陶冶されたものだったのである。

今日のスコーネではスウェーデン王国からの独立を主張する者たちが存在し、「スウェーデンに併合されたスコーネ」という物語に依拠しながら、「スウェーデンとスコーネの対立」を主張している。そうした解釈はスウェーデンやスコーネといった領域性を前提とする近代的な国家解釈にもとづく「神話」であり、実際には「スコーネはスウェーデンによって陶冶された」(Gustafsson 2003: 56–57)のである。ふたつの君主政の狭間にあったスコーネの例に鑑みれば、複数の政治秩序を結びつけた「礫岩のような国家」の経験は、今日に至る独特な地域性を育む契機にもなっていたと言える。この点が近世的主権国家のもたらした遺産であることを指摘して、本章を閉じることとする。

註

(1)　スウェーデン君主政は、一六世紀後半以降、スウェーデン王に認められたインペリウムのもとにエストニア公領、リヴォニア公領、ポンメルン公領、スコーネ公領などが属してバルト海域に築かれた支配圏である。全体をまとめる正式な名称はないが、外交文書などでは「バルト海帝国(Dominium maris baltici)」との表記も確認できる。

（2）デンマーク君主政は、カルマル合同(連合)からスウェーデン王国が離脱した一六世紀前半以降、デンマーク王に認められたインペリウム／マイエスタスのもとにノルウェー王国、シュレスヴィッヒ公領、ホルシュタイン公領などが属して築かれた広域支配圏である。一五六〇年代にデンマーク王フレゼリク二世が北海から北極海にかけての権益を主張したことから、「北海帝国(Dominium maris septentrionalis)」と通称されることもある。

（3）ボダンの主権論では、「主権」についてフランス語 souveraineté では「一国の絶対かつ永遠の権能」、ラテン語 maiestas では「法により制約されない、市民および臣民に対する最高の権力」と説明される。ボダンの議論は一六世紀後半にはスパッレらを通じてスウェーデン王国でも知られていたが、混合政体／混合統治の実現を目的としながらスウェーデン語の majestas が「あらゆる法と国家の存立を基礎づける集積された権力」であるとの理解が強められていった点で、ボダンの議論と異なる。

（4）混合政体／混合統治は、君主による専制政治、貴族らによる寡頭政治、住民の衆愚政治など、レス・プブリカの実現を口実とした権力の腐敗状態を回避する目的で、君主政、貴族政、民主政が相互に権力濫用を監視する政治の仕組みであり、スウェーデン王国では、一六三四年の統治章典でその制度化が図られたとされている。

参考文献

佐保吉一(二〇〇五)「デンマーク法(一六八三年)にみられるデンマークの絶対主義――国王法(一六六五年)との比較において」『関学西洋史論集』二八号。

成瀬治(一九八四)『近代市民社会の成立――社会思想史的考察』東京大学出版会。

プーフェンドルフ、ザムエル(二〇一六)『自然法にもとづく人間と市民の義務』前田俊文訳、京都大学学術出版会。

古谷大輔(二〇〇三)「バルト海帝国とスコーネの「スウェーデン化」」『IDUN』一五号。

古谷大輔・近藤和彦編(二〇一六)『礫岩のようなヨーロッパ』山川出版社。

マイネッケ、フリードリッヒ(一九七六)『近代史における国家理性の理念』菊池英夫・生松敬三訳、みすず書房。

Althusius, Johannes (1932), *Politica methsodice digesta*, Harvard University Press.

Bodin, Jean (1986), *Les six livres de la République*, Fayard.

Erlandsson, Alf (1967), *Skånska generalguvernementet 1658–1693 och dess arkiv: förvaltnings- och arkivhistoriska undersökningar*, C. W. K. Gleerup.

Gustafsson, Harald (2003), “Att göra svenskar av danskar? Den svenska integrationspolitikens föreställningsvärld 1658–1693”,

Karl-Erik Frandsen & Jens Chr. V. Johansen red., *Da Østdanmark blev til Sydsverige. Otte studier i dansk-svenske relationer i 1600-tallet*, Skippershoved.

Gustafsson, Harald (2007), "Att draga till Malmö och skaffa sig rätt: Undersåter, överhet och identitetsföreställningar i Skånska suppliker 1661–1699", Fredrik Nilsson & Hanne Sanders & Ylva Stubbergaard red., *Öresundsgränser: rörelser, möten och visioner i tid och rum*, Makadam förlag.

Gyldenstolpe, Michael Olai (1657), *Politica, ad modernum imperij Sueo-gothici statum accomodata*, Aboæ excusa â Petro Hansonio acad. typogr.

Hildebrand, Emil, utg. (1891), *Sveriges regeringsformer, 1634–1809, samt Konungaförsäkringar 1611–1800*, P. A. Norstedt & Söner.

Hildebrand, Emil, utg. (1899), *Svenska riksdagsakter jämte andra handlingar som höra till statsförfattningens historia: Under tidehvarfvet 1521–1718*, 2. del., P. A. Norstedt & Söner.

Jørgensen, A. D., udg. (1886), *Kongeloven og dens forhistorie: Aktstykker udgivne af de under kirke- og undervisningsministeriet samlede arkiver*, C. A. Reitzel.

Knarrström, Bo & Stefan Larsson (2008), *Hans Majestäts friskyttar av Danmark*, Riksantikvarieämbetet.

Laursen, Laurs, udg. (1920), *Danmark-Norges Traktater 1523–1750*, 5. Bd., Nielsen & Lydiche.

Lindeberg, Bo (2006), *Den antika skevheten: Politiska ord och begrepp i det tidig-moderna Sverige*, Almqvist & Wiksell international.

Magni, Jonas Wexionensis (1625), *De summo magistratu, seu de majestate*, Eschillus Matthiæ.

Matzen, Henning (1889), *Danske kongers håndfæstninger*, J. H. Schultz.

Sanders, Hanne (2008), *Efter Roskildefreden 1658: Skånelandskapen och Sverige i krig och fred*, Makadam förlag.

Sanders, Hanne & Per Karlsson (2009), *Roskildefreden 1658: i perspektiv*, Roskilde Museums Forlag.

Sveriges ridderskaps och adels riksdagsprotokoll 1664.

Sörensson, Per (1916), "Friskyttarna (snapphanarna) under skånska kriget (1676–79): deras organisation och militära betydelse", *Karolinska förbundets årsbok*.

Tham, Wilhelm, utg. (1891), *Sveriges ridderskaps och adels riksdagsprotokoll 1664*, P. A. Norstedt & Söner.

Vadenbring, Jojan (2010), "Mogens Swave och snapphanarna", *Ale: Historisk tidskrift för Halland och Blekinge*.

Åberg, Alf (1947), *Indelningen av rytteriet i Skåne åren 1658–1700: försvenskningsproblemet i belysning av det militära organisationsarbetet*, C. W. K. Gleerup.

第２章　一七世紀ブリテン諸島における礫岩国家・主権・法の支配

後藤はる美

はじめに

一七世紀半ばにブリテン諸島で展開した内戦は、近年では「ピューリタン革命」にかわって「三王国戦争」を通じた「ブリテン革命」として再解釈が進んでいる（後藤 二〇二三ａ）。一人の君主のもとで礫岩のような国家を成したイングランド、スコットランド、アイルランドは、近代的な主権国家像といかに交差するのか。本章は、ブリテン諸島の複数の地域の「主権」の問題が三王国戦争のなかで先鋭化する過程を、法に注目して考察する。

近世ヨーロッパの国制に関しては、近年その多元性を重視する「礫岩のような国家」や「複合君主政」のありかたに新たな関心が向けられている（古谷・近藤編 二〇〇六、立石編 二〇一八、von Friedeburg and Morrill 2017）。Ｊ・Ｈ・エリオットの提唱する複合君主政は「近代国家の草創期に、その原理（主権・領域）を相対化する政治秩序」の一つとも位置づけられている（服部 二〇〇三：一四〇頁、内村 二〇一八：一六頁）。他方で、主権国家あるいは主権国家体制については、ウェストファリア条約を画期に成立したという理解が定説とされ、近代の国際関係論の前提ともなってきた。しかし近年、ドイツ史家のあいだでは、これを「神話」として退ける研究が勢いを得ている（伊藤 二〇〇五、明石 二〇〇九、皆川 二〇一八）。本章は、これらの研究動向をふまえつつ、主権と国家／

ネイションの問題を一七世紀ブリテン諸島の事例から再考する。

近年の研究を総合すると、礫岩のような国家がせめぎ合うヨーロッパ近世の特徴は、以下の三点に整理できる。第一に、領域が凝集するプロセスが進行すること、第二に、君主(およびそれに代わる合議体)と複数の地域がしばしば異なるやり方で多元的に結びつくこと、第三に、礫岩国家同士、あるいはそのなかの構成員となる王国／政体が、互いに必ずしも明確な上下関係になく競合していることである。この複合的な国家編成は、宗教的権威の深刻なゆらぎと、それに続く反乱・戦争によって繰り返し再編されることになる。こうした状況下において、不均質な複数の地域を一人の君主が統治する礫岩のような国家という体制と、ボダンが説いた、主権を中心に形成される単一的な「主権国家」の理想は、どのように共存しえるのだろうか。

近世国家とsovereignty, imperium, majesty

一七世紀初頭に至るまで、ブリテン諸島において主権(sovereignty)という用語をもちい、その国制や権力を論じた事例は多くはない。それに対して同時代の言葉で顕著に現れるのは、排他的命令権(imperium)や至上権(majesty)であり、それらは王に属するものとされた。なお、以下ではこれらの語を便宜的に訳し分けるが、同時代における意味範囲は流動的であり、そのこと自体が、主権概念がいまだ醸成途上にあることを示している。

インペリウムを主張した例としてよく知られるのは、ヘンリ八世による一五三三年の上訴禁止法である。教皇庁への上訴を禁じ、教皇権を否定したこの議会法の前文には以下のようにある。「イングランドは帝国(empire)であり〔……〕その帝冠(imperial crown)の権威と王の身分を有する首長たる王によって統治されている。〔……〕全能の神の善意と寛容によって王は、この彼の王国のあらゆる住民と臣民に公平な裁きをもたらし最終的な決定を下す、完全で欠くことない全ての権力、卓越権、権限、大権、司法権を有する」。

この「インペリウムを有する王」という主張は、一五四一年に議会を通過したアイルランド王冠法にも踏襲されている。同法律は、「アイルランド王国昇格法」と意訳されることもあるもので、ヘンリ八世がアイルランド王であることが宣言され、アイルランドはヘンリ八世を「宗主」とする封建的領土ではなく、名目上は「王国」となった(山本 二〇〇七)。同法律には、「イングランド王は常に、このアイルランドの地の王であることを定める。〔……〕王とその継承者、後継者は、アイルランド王の名と称号、肩書、名誉を有し、帝権を有する王(a king imperial)の身分と至上権(majesty)に属し付随する、あらゆる名誉、卓越権、権威とその他の一切を有する」とある。この立法の背景には、イングランド王のアイルランドに対する宗主権が一二世紀の教皇勅書にその権威を依拠していたため、ヘンリ八世がローマと断絶するにあたって、改めて支配の正当化を必要としたという事情があった。

上記の二法律にみられるインペリウムの主張は、一四～一五世紀にローマ法学者が論じた議論を踏襲したものである。すなわち、王は王国内において最高司令官(imperator)であり、領有権(dominium)をもとに立法権を有するというものだ(ガイ 二〇一〇：一六〇頁)。序章第三節で近藤和彦が論じるように、これらの史料にみられる「エンパイア」は、史料言語上の連続性をもちつつも、近代の帝国とは同義ではない。この語はここではローマ以来の用法に沿って「インペリウムの及ぶ範囲」をさしている。しかも、ヘンリ八世やエリザベス一世は、ルネサンス君主にふさわしくダビデ王やコンスタンティヌス帝の後継者を自任した。これは宗教改革というコンテクストにおいて、至上権をもって真の宗教を保護する王という表象を形成した。彼らの主張は、ルネサンス人文主義と宗教改革の影響下で、ローマ皇帝以来の帝権を継承する(あるいはそれと匹敵する)排他的命令権・至上権を、内外に主張したものであった。

他方で、インペリウムあるいは主権がどこに存するかには同時代から論争があった。王に属するとされる諸権力は神に由来し、王は神の代理人として国家と民の保護のためにそれらの権力を付与されるという前提があるからである。これは一七世紀の国制論争において、誰が法の上に立つのか――王は法の制限を受けるか否か

――の問題として表出した。たとえば一六一〇年に法学者ジョン・セルデンは、イングランドにおける「議会のなかの王(king in parliament)」の古来の伝統を辿り、君主と議会が主権を共有するという議論を展開した(Christianson 1984)。主権の共有は、近世に一般的にみられた現象としてH・G・ケーニヒスバーガが指摘する点でもある(古谷・近藤編 二〇一六：二七頁)。

「礫岩のような国家」と三王国戦争

上述の上訴禁止法と、続く国王至上法(首長令)によって、ヘンリ八世はまずイングランドの聖俗に対するインペリウムを宣言し、その二年後には、議会でウェールズ合同法を成立させた。同法は既存の六州に加えて七州を新たに設置し、ウェールズ全域を司法・行政的に組み入れ、イングランドの州と変わらぬレベルで併合したものである(岩井 二〇二二：四三頁)。さらに一五四一年には上述のアイルランド王冠法が通過し、アイルランドの王国化／植民地化が進んだ(山本 二〇二二)。同法律はイングランドのウェストミンスタ議会のみならず、アイルランド議会の議会法として制定された。アイルランド議会は一三世紀半ば以降ダブリンで開催されており、ポイニングス法(一四九四年)以来、立法権は技術的にイングランド王冠に付随していた。この結果、あらゆる議会法はまずイングランドでの承認を必須としたことから、アイルランドは従属的な「植民地」の傾向を強くもち続けた。さらに宗教改革が進展すると、圧倒的多数のゲール系およびオールド・イングランド系カトリック住民を少数のイングランド系プロテスタント入植者が支配するという、いびつな支配体制が築かれることとなった。

これらに対して、スコットランド王国との連合は、血統を根拠にした世襲原理をもとに、最終的にはエリザベス一世の指名によって実現した。一六〇三年のテューダ朝断絶時にすでに長らくスコットランド王であったステュアート家のジェイムズ六世が、イングランド王ジェイムズ一世として迎えられたのである。ジェイムズは父方・母方の両系統がヘンリ七世の娘につながるが、ヘンリ八世はこの血筋のイングランド王位継承権を議会法によって明示的に排除していた。この意味で、この同君連合は、君主の生死や婚姻に依存する多分に偶発的な「王朝のルーレット」により発生した事態であった(モリル 二〇〇四b：八三頁)。

一六二五年に父ジェイムズからスコットランド、イングランド、アイルランドの三つの王冠を同時に引き継いだチャールズ一世は各地域との軋轢《あつれき》を引き起こし、スコットランドにおける祈禱書暴動から同国との主教戦争(一六三七年)、アイルランドのカトリック叛乱(一六四一年)をへて、イングランド内戦開戦(一六四二年)に至る。この詳細は省略するが、ここでは、少なくとも一六三七年から五一年まで(あるいはより長期的にみて一七二〇年代まで)続くブリテン諸島を舞台に展開する三王国戦争が、イングランド・スコットランド・アイルランドのそれぞれの内戦として展開すると同時に、ステュアート朝ブリテンが礫岩のような国家であったがゆえに発生し、ブリテンの内戦としての側面をもったことを強調しておきたい。この戦いは、連結した複数の戦争であると同時に、単一の三王国戦争――あるいはフランスとスペインを入れれば五王国戦争――でもあった。

主権という観点からは、王国内の主権の問題に、王国間の主権の問題が重なって引き起こされた戦争であったともいえる。複数形にして単数形の戦争の諸局面で、主権の問題が先鋭化したからである。とりわけ国王処刑を機に事態は新たな様相を迎え、そのなかで法の合同論が浮上した。以下では、前提として不可欠な一六〇三年のスコットランド・イングランドの同君連合形成時の法の合同論を第一節でみたうえで、第二節、第三節で国王処刑に続く一六五〇年代のスコットランド・アイルランドの法改革と主権の問題を考えたい。

一、イングランド・スコットランド同君連合と法の合同論（一六〇四―〇五年）

ジェイムズ六世／一世のグレートブリテン構想

ジェイムズ六世／一世が、スコットランドとイングランドをグレートブリテン王国として統合しようとしたことはよく知られている（小林 二〇〇七）。同王は即位に際して「一つの宗教、完全に統治された一つの王国、統一された一つの法」の実現を理想として掲げ、最初のイングランド議会の召集に際しては、「一つの宗教、一つの言語、〔……〕一つの島の一つの共同体で〔……〕いま一人の頭のもとに統合されて誠実で完璧な合同に参加して合体し、一つの体内から生れた双子のごとく〔……〕一つに」なるように、と述べた（引用は、デイヴィス 二〇〇六：六八七―六八九頁）。彼にとって両王国は宗教、言語、法において完璧に合同すべき彼の身体であり、主権は彼の元にある一元的なものであった。しかし、グレートブリテン構想は、現実的には両国の現状と臣民の心情の双方からかけ離れており、議会における合同に関する審議に向けて、賛否を問う多くの論考が一六〇四―〇五年間に寄せられた。

法の合同論と主権

合同論争で問題となった項目は複数あるが、主権の問題を考えるうえでとくに重要なのは、両国の法の合同に関するものである。慣習法体系のイングランドと大陸法体系のスコットランドという法体系の違いは、一七世紀当時から認識はされていた。しかし、その差異が本質的か否かについては意見が分かれた。近年の法制史研究によれば、二つの法体系の峻別は、一七世紀初頭の時点ではまだ完全に決定的とはいえないという。むしろ一七世紀の論争を通じた、イングランド慣習法の不変性／先進性という主張との対抗のなかでこそ、スコットランド大陸法の独立性が明らかになり、法自体の体系化もこの時に初めて進んだというのである(詳しくは、後藤 二〇一六：一六〇―一六二頁)。

B・レヴァックは、スコットランド側の合同反対者は、「主権の喪失」を恐れていたと指摘する(Levack 1987: 86)。ここで「主権」と一括されるのは、両国の特権や国制の維持という観点での議論であるようだ。たとえば、一七世紀のスコットランド人法曹ジョン・ラッセルによる長大な論考はその好例である。ラッセルは、血統によるジェイムズのイングランド王位継承と合同に「神意」を見出して、合同自体は熱狂的に推奨した人物である。しかし、彼の認める合同はあくまで両王国の対等な合同であって、スコットランドの法と特権の変更は、インペリウムとコモンウェルスの破壊、併合／隷属につながるとして断固反対の立場をとった。いわく、「〔……〕別の王国との合同という口実によって、一王国の〔……〕確立され長く守られてきた古来の身分、法、制定法、国制を転換、変化、変更することは、古き帝国(empire)の完全な転覆と破壊にほかならない。それどころか、法と古来の身分の最小の変化でさえ、変化させられたコモンウェルスの絶滅に等しい」(Russell 1604: 90)。さらに論考の末尾では、合同の条件として以下を提案した。「五、この合同は、他方の王国の公的身分、宗教、政策、法、司法権、特権、自由、不可侵性を全体的にも部分的にも変更しないこと。六、二つの古来の王国が心から合同し、単一の至高の君主政(one sovereign monarchy)に人びとを結びつけ、またそれを拡大し維持すべく、同合同は同等かつ協調の原則において進めること」(Russell 1604: 136)。

これらの引用からも、ラッセルが固有の諸特権を保全するために、同君連合を構成する王国ごとの支配権、ことに法を重視していることは明らかである。ただし、論考を通じて主権の概念や主権の所在の詳細は言語化されていない。しかし、「単一の至高の君主政」という言葉遣いは、国内で完結した支配権をもった――近代的な意味で「主権国家」的な――二つの王国が、一つの君主政を成すという多元的な国制観を現しているようにも思える。両国の臣民はむしろこの感覚を共有していたようだ。グレートブリテン構想は間もなく両国によって退けられ、二つの王国は一人の君主を戴くものの別個の王国として並立する、純粋に連邦的な同君連合の状態が保たれた。

第二節では、同君連合の要であり、場合によっては主権の源であった王の政治的・自然的身体を複合君主政のなかの一王国が一方的に放棄したとき、礫岩のような国家に何が起きたかを検討する。

二、一六五〇年代スコットランドにおける法改革

国王処刑と礫岩国家の再編

チャールズ一世の処刑は、ブリテン内戦を背景としつつも、端的にはイングランド内戦の局面で発生した独立派軍部の独断専行による事件である。あらゆる譲歩を拒否したチャールズ一世と軍部の決裂が決定的となり、軍部は約一週間の裁判をへて一六四九年一月末に王を処刑するに至った。この行為の正当化の過程で、国制上、重要な政治思想が生まれた。これは国王軍に対する挙兵から戦争遂行の過程で形成され、国王裁判に至って結晶化したものである。裁判で用いられた、王の政治的身体と自然的身体とを分離させ、王の政治的身体から離れたチャールズを人民に対する「大逆罪」の咎で断罪する、という論理を支えたのは、コモン・ローに根差したイングランド人の自由と政治共同体の統治の伝統であった。この議論は、王の二身体の別の認識のみならず、国家を王の人格から切り離して想定するうえで重要な基盤となったと考えられる(Orr 2002; Hart 2003; Little and Smith 2007)。

処刑に続いて即座に必要となったのは、権原の書き換えである。これまで王が発令していた全令状の発令者は「議会の権威にもとづくイングランドの自由の管理者(Keepers of the Liberty of England, by Authority of Parliament)」に変更となり、共和国国璽が新たに作成された。これはロンドンのエリートにのみ関わる事態ではない。王の

権力の裾野は教区レベルの日常にまで及んでいた。とりわけ法の執行には実務レベルで地域住民が深く関与しており、権威の源泉の大転換は否応なく影響を及ぼしたからである。

これをよく示すのが、一六四九年三月という決定的な時期に行われたフランシス・ソープ判事による「大陪審への説示」である(Thorpe 1649; 後藤 二〇一五: 一一二―一一五頁)。大陪審への説示とは、中央から派遣され巡回法廷を主宰する判事が開廷の際に行う演説である。地域住民から選ばれる陪審に法律のエッセンスを説くことを主目的とするが、その内容は往々にして中央政府の意を反映するものだった。演説が行われた当時は、管轄内の砦には国王軍が籠城しており、地域住民の理解と協力は秩序維持に不可欠であった。説示の政治的重要性は、同演説が開催地のヨークで刊行されたことにも現れている。

演説は以下のような文章から始まる。「このたび我らに委任された令状の称号と肩書が「イングランド王チャールズ」から「議会の権威にもとづくイングランドの自由の管理者」へと変更されたことは、人びとの気分と精神にさまざまな影響を与えることに疑いはない」(Thorpe 1649: 5)。そのため、「いかなる根拠と理由によって、わが国において国王職が無用かつ危険だと議会が判断するのか、また、なぜもはや一人物の頭上に王冠を委託せず、乱用するやもしれぬ者にイングランドとイングランド人の自由の管理権を渡さぬのか〔……〕」(Thorpe 1649: 13)を説くことが、説示の目的となっている。さらに、法律の解説部では大逆罪に関連して、「個人として彼〔チャールズ一世〕が議会を捨てたとき、彼は王と王権を置き去りにした。彼は王の役職とその権力から去っていた。〔……〕しかし〔……〕すべての人が王の政治的身体と自然的身体のあいだの、この差異を理解してはいない」(Thorpe 1649: 15)ために、議会派は王党派に与した者にも寛容に対処している、と述べる。この展開は本質的にイングランド内戦の結果であり、ある意味でチャールズが統べた他の王国の介入を否定して、イングランドが自ら国制を選択する「主権」を表明したものであった。

他方で、国王処刑がブリテン内戦の局面でもった意味合いが顕著に現れるのは、スコットランドとの関係である。スコットランドの契約派とイングランドの議会派は、開戦当初の一六四三年に、三王国における長老主義教会の樹立を目指して、「厳粛なる同盟と契約」とよばれる軍事同盟を結んだ。しかし、独立派の台頭のなかで両派の紐帯であった長老主義の理想は失われ、さらに一六四九年の国王裁判・処刑に至っては、スコットランドは直接関与せぬままに自らの王を喪失するという事態に直面した。

国王処刑の直後に、イングランドとアイルランドにおける王政廃止と共和政が宣言されたが、スコットランドに言及はなく、この時点でスコットランドは別個の王国として別の道をゆく選択肢もあった。しかし、スコットランドは即座に亡命中のチャールズ二世を「グレートブリテン王」と指名し、あくまで「厳粛なる同盟と契約」を維持して第三次内戦に突入した。クロムウェルは事態収拾のために、まずアイルランド、次いでスコットランドに遠征し、一六五一年に国王軍を壊滅させて戦闘を終了させた。こうしてスコットランドは共和政下に組み入れられ、一六五四年には正式に「イングランド・スコットランド・アイルランド共和国」の名称が出現した。これはかつての連邦的な同君連合ではなく、征服による併合的合同であった。一六五〇年代の課題は、三王国の結節点である王を処刑したあとの三国の関係再編と、戦時から平時への移行という要素をあわせもった。恒常的な秩序の形成とその物理的・思想的基盤が求められるなかで、王冠のない「護国卿」による統治下で、法の合同論が再燃することになる。

スコットランドにおける法改革

法改革の進展は、王政廃止の過程で王に付随する機構が廃止されたことと直結している。スコットランドの枢密院は司法上の上告機関でもあったため、司法組織の再編は不可避であった。そこでまず一六五二年に、在スコットランド司法委員会が創設された。委員会の通称が「イングランド判事団(English Judges)」であったことからも、これがイングランド化の試みであることは明らかだった。委員はイングランド人四名、スコットランド人三名から成り、彼らのもとで各州にシェリフが派遣されたが、全体としては、最上部の枢密院と中央の法廷に司法委員会が取って替わり、伝統的なスコットランドの地方法廷をイングランド式の治安判事法廷に置き換える構想であった(Smith 1979: 262–263)。総じて目指されたのは、ジェイムズの合同論の際には主権を脅かすものとして恐れられた、イングランドへの漸次的同化であった。ただし、「スコットランドの状況が許す範囲での」という譲歩が付いたことで、法自体の合同や基本法に関わる部分が実質的に除外されたことは、先の合同論争を反映した措置ともいえる(Levack 1987: 97–101)。

現場対応が先行するなか、一六五四年に始まった護国卿議会において、法改革を盛り込んだスコットランド合同法案の審議が行われた。護国卿議会は、一六五三年末に統治章典を受諾して護国卿に就任したクロムウェルのもとで開かれた。これはイングランド三七四議席、ウェールズ二六議席、スコットランド・アイルランド各三〇議席から成る一院制の議会であり、名目的にではあれ四つのネイションを代表する「ブリテン議会」であった。

スコットランド合同法案は、一六五四年時点で「条例」として結ばれていた条件をもとにしつつも、二国の関係性を定義し直す契機となった。法改革はその重要な関心事の一つであったが、審議は議会での他の重要案件の煽りを受けて度々挫折し、最終的にほぼ一六五四年の合同条例を踏襲する形で一六五七年六月に可決された。これと並行する動きとして興味深いのが、アイルランド議員による同様のロビー活動である。次節では、一六五〇年代アイルランドにおける法改革について考察する。

三、一六五〇年代アイルランドにおける法改革

法改革とアイルランド合同法案

国王処刑ののち、議会派は即座にアイルランドでも王政廃止と共和政を宣言したが、カトリック同盟を基盤とした王党派残党の抵抗は根強かった（カトリック同盟はアイルランドにおけるカトリック復権を期待して、国王裁判直前に王党派と結んでいた）。クロムウェルは一六四九年にアイルランド征服に向かい、武力制圧を押し進めた。他方で、アイルランドの法体系と司法運営は、一六四九年以前にすでにかなりのイングランド化が進んでおり、スコットランドとは出発点が異なっていた。同地にとってより深刻な問題は、カトリックと王党派の一掃後に人員の不足を補い、当局が信頼できる人員を送り込むことであった。

具体的には、一六五一年にダブリン、レンスタに司法委員会が派遣され、イングランド式の四つの中央法廷を代行し、その下に旧来の治安判事に加えて、大半が一六四九年以降に送り込まれた新参の「財務委員」を配置する形をとった。さらに、マンスタには評議会内に司法権が付与され、クロムウェルの信頼のもとで独立派の判事ジョン・クックが独自の脱中央集権的改革に着手し、一定の成果を上げた（Barnard 1975: ch. IX）。

しかし、一連の改革は一六五五年に方針転換し、結局、旧来の四法廷と治安判事による体制が復活した。これは軍部と新参プロテスタントに与したチャールズ・フリートウッドに代わり、ヘンリ・クロムウェルがアイルランド総督に着任したことと連動していた。新任者は一六四九年以前からのプロテスタント入植者（T・バーナードのいう「オールド・プロテスタント」――すなわち第一、第二世代の「ニュー・イングリッシュ」）と協調する路線をとった。アイルランドにおいては、カトリックはもとより、プロテスタントも一枚岩ではなかったのである。

他方で、ロンドンの護国卿議会ではアイルランド合同法案が提出され、審議が進んでいた。この時期のアイ

ルランド議員の動向を調査した議会史家Ｐ・リトルらによれば，動議はスコットランド合同法案と並行して行われ，度々一組のものとして扱われたという。法案は，古参のイングランド系入植者「オールド・プロテスタント」議員によって推進されており，その背後ではアイルランドの有力者ブローギル卿ロジャー・ボイルが影響力を行使していた。議事からは，アイルランドがスコットランドの動向を横目にみて，スコットランドと同等の条件を求めて交渉に臨んでいた様子が垣間見られるという。しかし，同法案はスコットランドのそれよりも困難な道を辿り，第一次・第二次護国卿議会ともに審議は頓挫したままで議会解散を迎えた。この失敗は，アイルランドの議会代表自体の法的基盤を危うくしかねず，実際にアイルランド議員の投票が「違法」であるとの批判も受けた(Little 2000; Little and Smith 2007: ch. 12)。

クロムウェル戴冠論

合同法の審議延期の原因は，一六五七年初頭に浮上したクロムウェル戴冠論に審議時間を奪われたからであった。戴冠論の背景には，第一に，直前の軍政官による軍人支配への不満がつのり，文民統治への回帰が目指されたこと，第二に，ネイラー論争がある。後者は，瀆神罪《とくしん》に問われたクエーカー教徒ネイラーの訴追に際して，かつて上院がもっていた上訴を審議する司法権を一院制の護国卿議会が有するか否かをめぐって起きた論争であり，そこから上告機関としても機能する「別院」が提案された。この動きは，三月に「謙虚なる請願と勧告」として結実し，クロムウェルの戴冠が求められた(Little and Smith 2007: ch. 8)。

クロムウェルに王号を与える構想が生まれた重要な背景には，法学者による懸念があった。このとき，法曹たちは以下のように議論している。「護国卿の称号は法に知られていない新規の称号」であり，それに対して王号は「イングランド法によって長きにわたって知られており，このネイションの法により適合的である」。「それは単なる称号という以上の重みをもつ［……］法の全命脈に通ずるものだ」(Whitelocke 1660: 10–11)。古来の諸法は、王という存在を複雑に織り込んで成立しており、そのために王の存在は不可欠である、という。対して、クロムウェルが帯びた「護国卿」は、直前には幼少の王の摂政に与えられた称号であり、法体系上で王に代えて位置づけられる役職ではなかった。まさに、名実ともに王を戴く必要が説かれたのである(この点については、後藤 二〇二三b)。

他方で、「謙虚なる請願と勧告」の動議が、これまでみてきた二つの法改革との関係で興味深いのは、アイルランド、スコットランド議員の約半数がこれを支持したことにある。背後にはスコットランド統治委員も務めたブローギル卿の影響があり、アイルランド・スコットランド議員の「ブロック投票」ともみなされた。リトルは、アイルランド議員の支持理由を、挫折した合同法案よりも「謙虚なる請願と勧告」の目指す君主政的解決に有効性を認めたためと分析し、「オールド・プロテスタント」をアイルランドの最初の「ユニオニスト」と位置づけている。彼によれば、史上初のブリテン議会という場において、スコットランドと同数の議席をもったアイルランド議員が、「植民地」からの脱却とブリテンとの新たな連合に期待を寄せたのだった。「謙虚なる請願と勧告」の言葉遣いは、それまでの公式声明に比しても、イングランド、スコットランド、アイルランドの三国を並列に置く「ネイションズ(these nations)」の共和国への志向――戴冠論ということを加味すれば、「ネイションズ」の王国への志向――を顕わにするものであったという(Little 2000: 52)。アイルランドのオールド・プロテスタントは彼らの活路をそこに見出したのである。総じて、一六五〇年代のスコットランド、アイルランドと護国卿議会で進展した法改革は、一院制議会のもとでの法の合同をゆるやかに実現しつつあり、ブリテンは礫岩のような君主政から、単一の主権国家への道を歩み始めていた。

戴冠論は結局のところ、クロムウェル自身が王の称号を拒否したことで頓挫した。興味深いのは、君主的権力の不在を補うかのように、クロムウェルが護国卿への就任式を再度盛大に執り行ったことである。R・シャーウッドが示すように、一六五三年の一度目の就任式に比べても、この式典はずっと君主政的色彩が強いものだった(Sherwood 1997: 95)。王冠とそれを授ける大主教こそ不在だったものの、紫のマント、権力を象徴する職杖、文民統治を約する剣に加えて、現在の戴冠式においても欠かせない舞台装置となるエドワード王の戴冠椅子が登場した。

シャーウッドは、クロムウェルは「称号以外、あらゆる意味で王」だったと主張する。しかし、上述のように、王の称号は「単なる称号以上の重み」をもつものだった。この最終局面において興味深いのは、戴冠論の失敗ののちに、再び法の合同の強化が主張されることである。これは別稿で詳細に扱った事例であるが(後藤二〇一六：一六五―一六八頁)、第四節でこの点を簡単に確認し、結びにつなげたい。

四、再燃する法の合同論(一六五八年)

紹介するのは、民訴裁判所主席判事であったオリヴァ・シンジョンが、一六五八年三月に行った「大陪審への説示」である。前述のとおり、これは巡回法廷での演説であり、内戦期を通じて穏健派の法律顧問として議会派の中枢にあった彼の立ち位置からも、政府の方針を多分に反映した演説と想定できる(St. John 1658)。演説の趣旨は明確で、「国家の合同は、法の合同にかかっている。それ以外に合同を成せるものはない」との一言に要約できる。しかもこれは法の合同がより大きな変革を意味した、スコットランドとの合同の文脈での主張である。彼によれば、征服、同君連合による合同は不十分であり、完璧な合同には法の合同が不可欠であるという。シンジョンは戴冠論の賛同者でもあり、「何らかの君主的権力」が必要であるとの発言も知られている。彼にとって「法の合同」はクロムウェル戴冠の代替案であったと位置づけられよう。

こう考えると、クロムウェルの晩年の統治を「独裁」「反動」とする見方には修正が求められるかもしれない。クロムウェルの戴冠拒否と護国卿政権のありかたは、独裁ではなく、議会の監督のもとでの一人物(single person)による統治を志向するものであり、さらにその前提には法の支配の原則があった。そもそも、クロムウェルが一六五三年末に受諾した「統治章典」の第一条は、以下のように護国卿の権威を定めていた。「第一条　イングランド、スコットランド、アイルランドおよびそれに属するドミニオンの至高の立法権は一人物と議会に集う人びとに存し、その人物の称号は、イングランド・スコットランド・アイルランド共和国の護国卿とすべし」。この統治章典の原案は、じつは国王処刑が定まる前にチャールズ一世との交渉のなかで起草されたものでもあり、統治章典の草稿段階では「一人物」の代わりに「王」の称号を含んだという説もある(Sherwood 1997 : 2)。これは、名誉革命において確定する「議会のなかの王」、すなわち議会と分かちがたく結びついた王を主権者とする、特殊ブリテン的な主権の処理へとつながるとも考えられる。

おわりに

ブリテン革命は、一六五八年に向かって礫岩のような君主政から離れ、単一の主権国家の形成を可能にする新たな国家システムへと舵を取り始めていたのかもしれない。国家(と主権)は為政者の人格から分離し、法の支配の優越のもとに再編成されつつあった。この点において、一六五八年の法の合同論は、ブリテンが「君主のいない共和国」となる潜在的な分岐点であった。同時に、王朝的礫岩は、一院制の議会にもとづく単一の主権国家「ブリテン共和国」へと変貌しつつあった。

ただし、これは三王国がいずれ連合王国(UK)となる必然の道の里程標ではなく、国王処刑という「考えられぬこと」のあとに起こった、最も急進的な国制実験であった。J・モリルがいうように、一七世紀の動乱のなかで人びとはそれぞれが属するネイションのアイデンティティをより明確に意識し出した(モリル 二〇〇四b：とくに八六―八七頁)。それと同時に、人びとは三王国戦争のなかでの諸実験の経緯を記憶し、それが部分的にその後の合同の形を定めていくことになる（スコットランドとの教会の統一や法の合同は、一七〇七年時点では選択肢から外されていた）。本章で検討したブリテン諸島にまたがる主権と法の問題は、帝国的拡大のなかでさらに複雑化することになる。植民地における多元的な法の実践や、そこでの主権と法というテーマは、今後の有益な比較研究の課題となるだろう（稲垣 二〇二四）。

同時に、チャールズ二世の王政復古（一六六〇年）により実現したステュアート朝三王国の再建は、ブリテンの人びとにとって唯一の選択肢ではなかったことも強調しておきたい。近世のスコーネがそうしたように、礫岩のようなヨーロッパにおいては、ネイションが自らの利害にしたがって君主替えを行う潜在的な可能性が存在した。この点において、三王国戦争は五王国戦争であったというアイルランド史家Ｊ・オーマイヤの議論は示唆的である（Ohlmeyer 1995: 89–112）。オーマイヤはブリテンの三王国にスペインとフランスを加えて、五王国の問題としてブリテン内戦を考える視角を提示した。同研究では、一六四〇年代のアイルランドでカトリック同盟が独自の交渉権を行使し、疑似外交を行っていた事例が報告されている。彼らはチャールズ一世と独自に交渉したのみならず、スペインやフランスをはじめ各国の使節を遇し、フランス王やスペイン王と契約して軍隊を大陸戦争に派遣するなどした。ただし、カトリック同盟の外交権はどの国の王からも完全に認められることはなかった。とりわけ本章が主に扱った一六五〇年代には、諸外国は各自の事情でカトリック同盟と距離を保っており、アイルランドのカトリック・ネイションがこのとき君主替えをする余地はなかった。この選択肢を再浮上させたのは、名誉革命以降のジャコバイトである。モリルは、ヘンリ七世の娘がスコットランド王に嫁した一五〇四年から一七四六年のジャコバイトの最終的な敗北までを視野に入れ、これを二つの王朝間の戦争と位置づけている（モリル 二〇一二：九五頁）。

以上では、三王国戦争下において、ブリテン内の複数の王国／ネイション間の主権の争いと、一王国（イングランド）内での主権の争い（王とネイション）が、連結して展開する過程を考察してきた。ここで鍵となったのは、主権につながる「固有の／古来の諸権利」という言説とともに、実態を取り始めるブリテン諸島の「ネイション(ズ)」である。主権の共有・競合状態とそのせめぎ合いのなかで、ネイションと主権概念の関係や、礫となるネイションの組み換えが起きた。これは、一七世紀のイングランドが主権をもつ単一国家であると前提する伝統的理解では見過ごされてきた観点である。他方でこの議論は、ニュージーランド育ちの思想史家J・G・A・ポーコックが論じるように(ポーコック 二〇一三)、現在新たな形で問い直されている、国家内の複数のネイションと彼らの主権主張(たとえばニュージーランドのマオリの主権)といった現代的問題にも通ずる。

ブリテンの例から明らかになったもう一つの点は、礫岩的な国家編成と一王国内の主権は必ずしも共存不可能なものではないが、それが不断の緊張関係を生み出すことである。複数の地域が多元的に結び付けられた礫岩のような国家において、統合とパッチワークという二つの異なるベクトルをもつ統治戦略は、決してどちらかには決しない。ボダンの主権論の遠景には、こうした不安定な均衡に揺れる礫岩のようなヨーロッパがあったと位置づけられるだろう。

残される問いは、「国家」に単一の主権を与える「主権国家」が、歴史上いつどのようにして理想型として広く受け入れられるのかである。同問題を考える手がかりとなりえるのが、礫岩のようなヨーロッパには、複数の複合君主政が並び立ち競合していたこと、また、本書第1章の扱う北欧で端的にみられたように、ある一つの礫岩君主政内の問題を複数の礫岩間の国際条約として処理するやりかたが、この時期にしばしばみられることである。単一にして至上の支配権を平等にもつ「主権国家」から成るヨーロッパや、それを理想的な体制とする思想は、少なくともウェストファリアを成立させた背景としてではなく、その後に展開するものではないか。これは近年のドイツ史におけるウェストファリア条約／体制の再考とも通ずる観点である。これらは、主権や主権国家が明確に認識され始める過程として一七世紀後半以降の政治秩序形成を再考する、有益な出発点となるはずである。

参考文献

〈一次史料〉

Russell, John (1604), 'A Treatise of the Happie and Blissed Union', in B. R. Galloway and B. P. Levack (eds.), *The Jacobean Union: Six Tracts of 1604*, Scottish History Society, 1985.

St. John, Oliver (1658), 'The Introduction to My Charge att ye Assises att Thetford in Norfolke, the 21 March 1657 (1658)', British Library, Add. MS 25276.

Thorpe, Francis (1649), *Sergeant Thorpe Judge of Assize for Northern Circuit, His Charge*, York.

Whitelocke, Bulstrode (attrib.) (1660), *Monarchy Asserted*, London.

明石欽司(二〇〇九)『ウェストファリア条約――その実像と神話』慶應義塾大学出版会。

伊藤宏二(二〇〇五)『ヴェストファーレン条約と神聖ローマ帝国』九州大学出版会。

稲垣春樹(二〇二四)「イギリス帝国と法」『思想』一二〇三号、岩波書店。

岩井淳(二〇二一)「ウェールズと合同――紐帯と地域連鎖」岩井淳・道重一郎編『複合国家イギリスの地域と紐帯』刀水書房。

内村俊太(二〇一八)「複合君主政論の射程」立石博高編『スペイン帝国と複合君主政』昭和堂。

ガイ、J(二〇一〇)「君主制と助言制度」井内太郎訳『オックスフォード　ブリテン諸島の歴史』第六巻、慶應義塾大学出版会。

後藤はる美(二〇一五)「「考えられぬこと」が起きたとき」近藤和彦編『ヨーロッパ史講義』山川出版社。

後藤はる美(二〇一六)「ヨーロッパのなかの礫岩」古谷大輔・近藤和彦編『礫岩のようなヨーロッパ』山川出版社。

後藤はる美(二〇二三a)「ブリテン諸島における革命」木畑洋一・安村直己責任編集『岩波講座　世界歴史15　主権国家と革命　一五～一八世紀』岩波書店。

後藤はる美(二〇二三b)「君主号とブリテン革命――護国卿、あるいはオリヴァ王?」佐川英治編『君主号と歴史世界』山川出版社。

小林麻衣子(二〇〇七)「ジェイムズ一世の「グレイト・ブリテン王国構想」」指昭博編『王はいかに受け入れられたか』刀水書房。

立石博高編(二〇一八)『スペイン帝国と複合君主政』昭和堂。

デイヴィス、N(二〇〇六)『アイルズ――西の島の歴史』別宮貞徳訳、共同通信社。

富田理恵(二〇一二)「ブリテンの国制構想とスコットランド・イングランド」岩井淳編『複合国家イギリスの宗教と社会――ブ

リテン国家の創出』ミネルヴァ書房。
服部良久(二〇〇三)「地域と国家──非「国民国家」型統合」谷川稔編『歴史としてのヨーロッパ・アイデンティティ』山川出版社。
古谷大輔・近藤和彦編(二〇一六)『礫岩のようなヨーロッパ』山川出版社。
ポーコック、J・G・A(二〇一三)『島々の発見──「新しいブリテン史」と政治思想』犬塚元監訳、名古屋大学出版会。
皆川卓(二〇一八)「神聖ローマ帝国の多宗派化と三十年戦争」踊共二編『記憶と忘却のドイツ宗教改革──語りなおす歴史 一五一七─二〇一七』ミネルヴァ書房。
モリル、J・S(二〇〇四a)「一七世紀ブリテンの革命再考」富田理恵訳『思想』九六四号、岩波書店。
モリル、J・S(二〇〇四b)「ブリテンの複合君主制 一五〇〇─一七〇〇年」後藤はる美訳、『思想』九六四号、岩波書店。
山本正(二〇〇二)『「王国」と「植民地」──近世イギリス帝国のなかのアイルランド』思文閣出版。
山本正(二〇〇七)「「アイルランド国王」であること」指昭博編『王はいかに受け入れられたか』刀水書房。
Barnard, T. C. (1975), *Cromwellian Ireland*, Oxford University Press.
Barnard, T. C. (1995), 'Protestant Interest, 1641–1660', in J. H. Ohlmeyer (ed.), *Ireland from Independence to Occupation, 1641–1660*, Cambridge University Press.
Christianson, P. (1984), 'Young John Selden and the Ancient Constitution, ca. 1610–18', *Proceedings of the American Philosophical Society*, 128–4.
von Friedeburg, R. and J. Morrill (2017), *Monarchy Transformed*, Cambridge University Press.
Hart, J. S. Jr. (2003), *The Rule of Law 1603–1660*, Longman.
Levack, B. P. (1980), 'English Law, Scots Law and the Union, 1603–1707', in A. Harding (ed.), *Law-Making and Law-Makers in British History*, Royal Historical Society.
Levack, B. P. (1987), *The Formation of the British State: England, Scotland, and the Union, 1603–1707*, Clarendon Press.
Little, P. (2000), 'The First Unionists? Irish Protestant Attitudes to Union with England, 1653–9', *Irish Historical Studies*, 32.
Little, P. and D. L. Smith (2007), *Parliament and Politics during the Cromwellian Protectorate*, Cambridge University Press.
Ohlmeyer, J. H. (ed.) (1995), *Ireland from Independence to Occupation, 1641–1660*, Cambridge University Press.
Orr, D. A. (2002), *Treason and the State: Law, Politics and Ideology in the English Civil War*, Cambridge University Press.
Sherwood, R. (1997), *Oliver Cromwell: King in All but Name 1653–1658*, Sutton Publishing.
Smith, L. M. (1979), 'Scotland and Cromwell: A Study in Early Modern Government', unpublished D. Phil., Oxford University.

第3章 ブルゴーニュ国家のかたち
――複合君主政のネーデルラント的経験

青谷秀紀

はじめに

一五〇〇年二月二四日、フランス王国最北端に位置するフランドル伯領の都市ヘントでヴァロワ・ブルゴーニュ公家の末裔が誕生した。曾祖父シャルル・ル・テメレールから名前を譲り受けたこの男児は、神聖ローマ帝国領内のオランダ語圏に属するブラバント都市ブリュッセルやメヘレンの宮廷で、フランス語を母語として養育される。そして、ネーデルラント全国議会の承認を得て一五年には親政を開始する。同年の上半期は、ブルゴーニュ公の肩書にブラバント公やフランドル伯の称号を加えるべく、ネーデルラント諸邦の主要都市で即位の入市儀礼を行うこととなるだろう。

ここに描かれた人物は、一五一九年に神聖ローマ皇帝となるハプスブルク家のカール五世である。以上のようなあまりにも多くの属性に彩られたカールの姿は、一般に想起される皇帝としての威厳溢れる絶対者のイメージとは対照的に映る。しかし、広大なハプスブルク領の一部、ネーデルラントの政治的現実を照らし出しているのは、この様々な肩書と複雑なアイデンティティを抱えるカールの方である。H・G・ケーニヒスバーガは、一六世紀の全国議会の分析を通じて、ネーデルラントはカール五世の「複数的君主政」の一部をなすだけでなく、それ自体が「複合国家」であったと指摘している。それと同時に、この地では「政治共同体と王による統治」の原則に基づく主権の共有が確認されるとも論じている。ここに、絶対的な君主による一円的支配は存在しなかったということである(Koenigsberger 1994; 2001; ケーニヒスバーガ 二〇一六、川口 一九九五)。

そうした統治のあり方は、カール以前のブルゴーニュ公の時代に起源をもつ。R・ステインによれば、一四世紀後半～一五世紀後半、フランス・ヴァロワ王家出身のブルゴーニュ公が独仏間に形成した「ブルゴーニュ公国」[図1]の北部、ネーデルラントにおいて、それぞれ固有の法や慣習をもつ諸邦が同一君主を載く複合君主政はすでに実現されていた。各地の領邦諸身分が、財政難に陥る君主家系に代わる存在として公家を次々と受け入れてゆくボトムアップ的な動きは、司法、行財政機構、議会など多様な領域において確認できるのである(Stein 2014)。もっとも、ステインの研究では、この地の支配権が公家からハプスブルク家へと移った一四八〇年頃以降のことが議論されていない。先に触れたケーニヒスバーガやこれに触発された川口博の研究は一五世紀の動向にも触れているが、それらも専ら議会を中心としたものである。カールの治世に至るまでのネーデルラント複合君主政の政治史には埋めるべき広大な空白が存在するのだ。

ところで、近年のブルゴーニュ期ネーデルラント史研究において、こうした複合君主政の議論は決して主流ではなかった。むしろ、一五世紀中葉以降、強大な諸都市の自立主義と対峙しつつ進められたブルゴーニュ公の集権的な国家形成の動きに多くの関心が払われてきたのである。もともとネーデルラントの各地域では、一二世紀以来、高品質な毛織物の生産とその国際的な販売を通じて都市が大きく発展しており、一三～一四世紀にかけて領主である領邦君主の権力が弱体化すると、これらの都市は自立的な傾向を示すようになる。それらの君主に取って代わったブルゴーニュ公は、対内的にこうした諸都市の政治的台頭を抑制し、対外的には独仏の帝権および王権の影響下から離脱することを目的として集権的政策を推進した。そして、このような政策は、婚姻関係を通じてネーデルラントを獲得したハプスブルク家のもとでも公家の遺産として継承される。ブルゴーニュ時代に一応の区切りが打たれるのは、カールの治世下にある一五二九年にフランドル伯領がフランス王

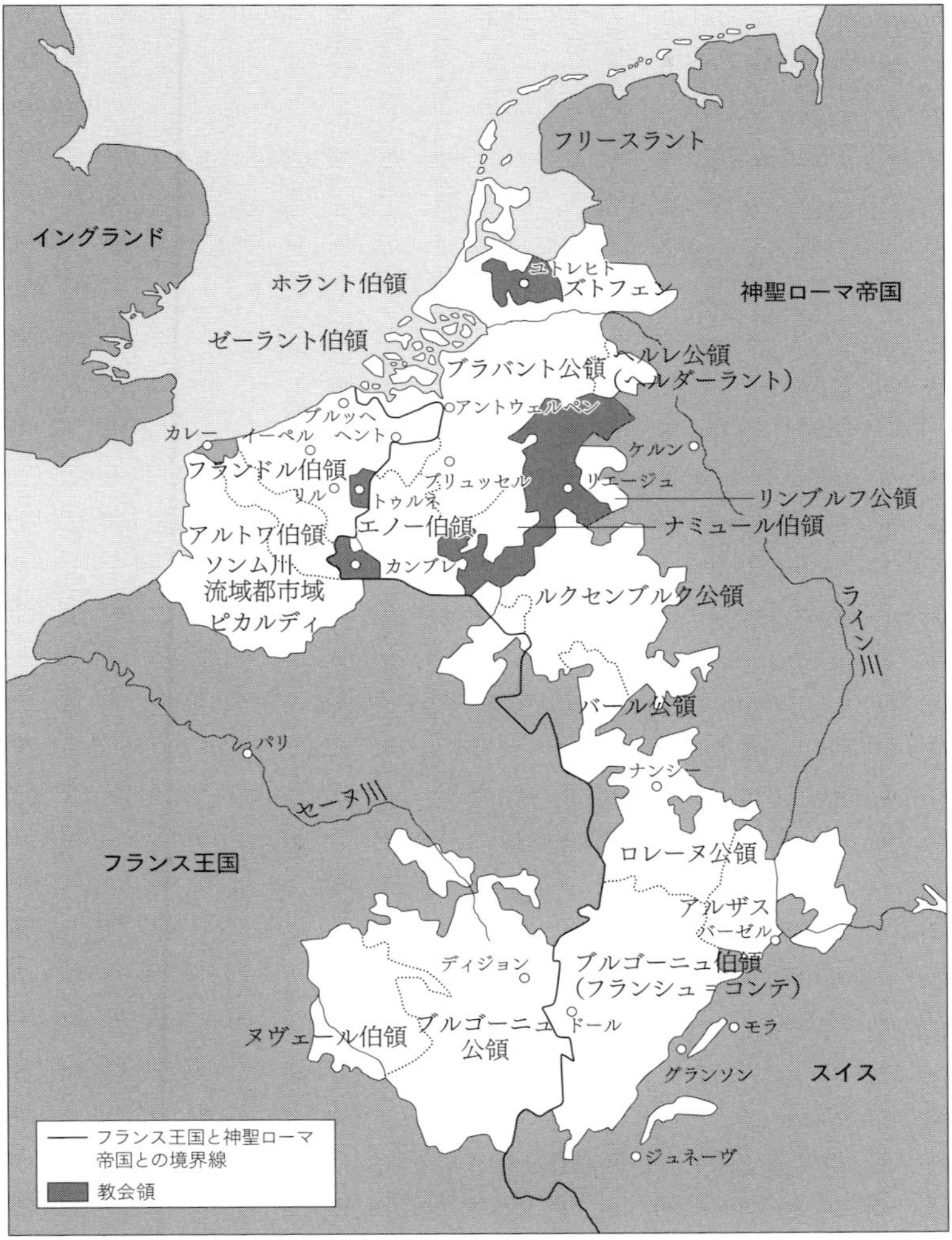

図１　最盛期（15 世紀後半）のブルゴーニュ国家（1477 年以降は，ブルゴーニュ公領やピカルディ地方がフランス王権の支配下に置かれる）

ボーネ（2016）140 頁をもとに加筆修正

国から切り離され、三一年にネーデルラント全域を統括する諸顧問会がブリュッセルに設置される前後のことである。こうしてネーデルラントが纏まった形を成すまでの集権化の動きに注目する議論が、従来の近世的主権国家発展のヴィジョンと親和性の高いものであることは言うまでもない。ただし、一五三〇年頃までを連続的に捉えるこの研究の流れにおいても、一六世紀初頭についての考察は手薄である(Blockmans and Prevenier 1999; ボーネ 二〇一三、二〇一六)。

公国史研究という枠でみるなら、以上のような国家形成史観と、先に見た複合君主政論は咬み合わせが悪い。前者は君主の集権政策と都市自立主義の対立に焦点を当てることが多いのに対して、後者は地域ごとの事情に基づく領民の自発的な君主支配の受容に着目するからである。しかし、君主が自己の権力と権威の強化を目指し、それが領民の利益に反しない限り地域に受容されるというのは何も不思議な話ではない。対立の諸相だけでなく、君主と領民が、それぞれの統治をめぐるヴィジョンにおいてどこに落としどころを見出していたのかを検討することで、二つの研究の流れを接合することは可能であろう。以下、時期的には一五世紀半ばから研究の乏しいカールの治世初期までを、地理的には都市化が最も進んだフランドルとブラバントを対象に、複合君主政の枠組みにおけるブルゴーニュ支配の理念とその受容の諸側面を明らかにしてゆきたい。

一、広域君主か、領邦君主か

従来の国家形成史観において、第三代フィリップ・ル・ボンの治世は画期をなしている。フィリップは、一四二〇年代から四〇年代にかけて、父から相続したフランス王国のフランドルやアルトワに加え、戦争や買収など様々な手段でナミュールやブラバント、エノーやホラントといった神聖ローマ帝国領内のネーデルラント諸邦を次々に獲得し、公国統治の拠点を南部のブルゴーニュ公領から北方へと移した。そして、顧問会・会計院など地方の司法・行財政機構や、大顧問会・宮廷顧問会といった全国統括組織を中心に集権政策を展開する。第四代シャルル・ル・テメレールは、七三年に王号の獲得を目指し皇帝との交渉に臨むと同時に、大顧問会をネーデルラント全体の最上級審であるメヘレン高等法院に改組し、王権や帝権からの政治的・司法的独立性を獲得しようと試みるなど、父の政策を急進的に推し進めた。

こうした公たちの政策を理念の上で支えたのが、権力の至上性をめぐる概念である。当時、souveraineté の語は、必ずしも現代のように「主権」を意味するとは限らず、特定のヒエラルキーにおける至上性を意味することが多かった。それでも、ブルゴーニュ公が対外的に自らの政治的・司法的権限を主張すべくこれとその周辺の語を用いる場合、公国の独立性と君主の排他的権力といった主権的なニュアンスがそこに纏わりつくことになる。フィリップが一四四七年に帝国側に派遣した使節への指示においては、公国の王国への昇格に関して、皇帝が帝国内の公家支配下諸邦全域を王国となし、王国の称号、王冠とともに、主権(souveraineté)やそれら諸地域で公に属するもの全てを彼に譲るべきと述べられている(Jongkees 1980: 329)。そして、その息子シャルルが七三年に高等法院設置の勅令を発布した際には、「こちらに位置するわれらが地すべての至高の裁き(la justice souveraine)」という表現で公権力の至上性・独立性が訴えられたのである(Van Rompaey 1973: 494)。

こうした「主権」が及ぶブルゴーニュ国家は、神の摂理のもとにある有機体のイメージで語られることもあった。一四七三年初頭のネーデルラント全国議会において、公の官房長ギョーム・ユゴネは、民主政、貴族政、君主政のうちもっとも実り多く、神意にかなうものとして君主政を挙げている。そして、「君主に対する家臣は頭に対する四肢、理性に対する意志や欲求、さらに唯一の創造主である神に対する全被造物の総体のごときものなのである」と主張する(Bartier 1942: 136–138)。七五年七月には、フランドルの諸身分代表を前にしてシャルル自らが、臣下ではなく神が君主に権力を与えたことは聖書の『列王記』に記されているのだと説いている(*Collection* 1833: 257–258)。これらの言説に表明される神に直接由来する権力の主張は、一五世紀後半における大逆罪観念の発展、異端の迫害や男色の摘発など宗教色を帯びた政策と連動していることも忘れてはならない(ボーネ 二〇一三：一四一―一七二頁)。

もっとも、こうした絶対的な広域君主の像は、せいぜい公とその周辺でしか受け入れられていなかったといってよい。基本的にブルゴーニュ公は、諸邦のそれぞれにおいて一領邦君主としてしか認識されていなかった。その点をもっともよく窺い知ることができるのは、歴史叙述の領域である。フランドルでは一二世紀以来、ブラバントでは一三世紀以来、君主家系の伝説的・神話的な祖先の系譜を軸にし、空間的には領邦を枠組みとした歴史叙述が連綿と書き継がれてゆく。一四世紀以降、都市的環境のなか俗語のオランダ語やフランス語で記されたそれらの領邦年代記は、ときに君主に献呈されもしたが、あくまでも市民が自らのイニシアティヴのもと執筆し、都市もしくは領邦アイデンティティを表明する媒体であった。そうした叙述において、ブルゴーニュ公はあくまでも中世初期の英雄的な森番リーデリクの子孫たるフランドル伯であり、トロイア人、そしてカロリング家の子孫たるブラバント公に過ぎなかった。その点で、ネーデルラント全国議会準備中のブラバント代表団による君主宛書状(一五〇八年)はきわめて興味深い。このとき、フランドルとブラバントの代表団は議会での上席権を争っていたのだが、同書状では、ブラバント公領がはるか古の存在であり、数多《あまた》の皇帝や王が輩出した地であるのに対し「フランドル伯領は、まったく新しき存在に過ぎませぬ。フランス王の森番により支配される所領であったときより、さほど年月は経っておらぬのですから」と主張されている。ブラバント代表団は、自らの君主の血筋を揶揄することとなるにもかかわらず、森番を始祖とするフランドルの出自神話を馬鹿にしているのである(青谷 二〇一一)。

では、神に由来する君主権力という公周辺のイデオロギーと、一領邦君主たるブルゴーニュ公という領民の間でのイメージは、交わることなく併存していただけなのだろうか。その点について考察する手がかりとなるのが、一五一五年四月一八日にブルッヘで実施されたフランドル伯シャルル、つまり後のカール五世の入市式である。一九八〇年代以来の「ブルゴーニュ劇場国家論」は、君臣間で支配と服従、友好と敵対のメッセージが交換される象徴的コミュニケーションの手段として、儀礼が公国の政治秩序の形成に果たした役割を明らかにしてきた。そうした儀礼の代表的なものが、フィリップとシャルルの治世だけで一三〇回以上も実施されたという入市式である。この儀礼は、君主の即位や結婚、反乱後の和解などの際に実施され、君主と都市が関係を結ぶ、あるいは結び直す場として機能した(河原 二〇二〇)。そうした入市式における君臣間のコミュニケーションで重要な役割を果たしたのが、君主の入市ルートに沿って設置された活人画舞台であった。

カールの入市式においても、都市政府主導のもと、市内の各ギルドが出資する一一の活人画舞台が用意された。各舞台は左右に分割され、フランドルの年代記的伝統に基づいた君主家系を軸とする法や秩序にまつわる歴史が右側で、これに対応する旧約聖書や古典のエピソードが左側で提示された。宗教的にはヨシュアやモーセに関係づけることで超越的な君主像が打ち出されている点は、一五世紀以来の伝統を引き継いでいるといえよう。ただ、それらの舞台の右側では、広域君主ではなく、あくまでもフランドル伯の姿が表現されている。これは、同時に上演された、古代的モチーフにより君主の世界帝国的な理想や野望を表現したブルッヘ在住のスペインやイタリアの商人団による複数の舞台と鮮明な対比をなしている。すでにこの時点でスペイン王や皇帝の地位が視野に入っていたカールにとって、ネーデルラントにおける独立国家の建設はさほどの意味をもたなかったはずであり、この地においては複合国家を構成する一領邦の君主として権威付けがなされていれば十分だったであろう。ちなみに、ブラバントではこれと異なる形で君主の宗教的な権威が示されている。一五世紀中葉以降、ブリュッセルでは毎年の宗教行列に歴代のブラバント公に扮した人物が加わり、これに際して聖母を中心とした宗教劇も演じられた。また、同時期の年代記では公家の祖先を旧約聖書にまで遡らせる試みも見られる。こうして聖俗の歴史の融合により、君主に聖なる性格が付与されたのである(青谷 二〇一一)。

以上のように、ブルゴーニュ公たちのもとで見られた王位獲得と主権的権力確立に向けての強い野心、そしてこれを体現する強大な君主像の背後には、あくまでも公たちを領邦君主として仰ぐ人々のアイデンティティが横たわっていた。カールが成人を迎えた一六世紀初頭では、神的な君主イメージもそうした領邦のコンパクトなまとまりのなかで形成されていたのである。ただし、領民における聖なる君主像の受容が単なる受け身のものに過ぎなかったと考えるのは誤りである。じつのところ、一五一五年のブルッヘ入市式の最大の目的は、商業の衰退に苦しむ都市からのカールに対する庇護の訴えであった。その意図は、都市が用意した最後の舞台によく現れている。同舞台のモチーフは、カールが「運命」の歯車を回すことで「商業」を好転させ、荒廃したエルサレムに準《なぞら》えられるブルッヘを聖なる都に戻すというものであった。君主イデオロギーは、領民が自らの現実的な要求を実現するために我が物として流用する道具であったとも考えられるのである。

二、公共善とネーデルラントの政治社会

前節では君主の表象に焦点を当てたが、以下では、より政治的実践に近い領域において統治理念のあり方を検証しよう。その際に鍵となるのが、ラテン語では bonum commune, res publica, utilitas publica などの語で、俗語では bien commun や chose publique(仏語)、gemene orbore や gemeen dinc(蘭語)といった言葉で表現される「公共善」の理念である。

一三世紀以降の西欧世界では、アリストテレス哲学やローマ法の復興を背景として君主政治の正当化に公共善の理念が用いられるようになるが、ブルゴーニュ公のネーデルラント統治においてもこれは同様である。先に見た一四七三年一月のネーデルラント全国議会における官房長ユゴネの演説は、君主政の正統性、神により定められた至高にして唯一の君主の存在を訴えた後「君主の威厳、権威、支配といったものが自然に最もかなっており、神の意志やその模範とも一致し、何よりも公共善(la chose publique)の保全・改善に相応《ふさわ》しいのであ

る」と語りかける(Bartier 1942: 138)。さらに、やはり先に触れた同年のメヘレン高等法院設置勅令でも「〔ネーデルラントの〕統一と公的な秩序は正義によってのみ維持されうるのであり、その正義とは公共善(la chose public)の魂であり、精神なのである」と公共善の擁護者たるシャルルの存在が打ち出されているのである(Van Rompaey 1973: 494,〔　〕内は筆者)。そのシャルルが成人した一四五二年頃、父フィリップがフランス語に訳させた一三世紀後半のエギディウス・ロマヌスの君主鑑『王政論』の、訳者ジャン・ヴォークランによる序文では「神の共通にして公共の福利(le bien divin commun et publicque)」との語句が見られる(Vanderjagt 1981: 75)。シャルルは、若かりし頃より、こうした神に由来する権力と公共善の理念を自己の統治イデオロギーとしてものにしていたわけである。

しかし、ネーデルラントにおいて「公共善」の理念は君主の専売特許ではなかった。むしろ、都市世界の方が先にこの理念を打ち出していた。しかも、これは君臣間の主権的権力の共有や相互契約の思想を支えるものとして用いられてきたのである。フランドルでは、すでに一二世紀以来、公共善の理念のもと君主の暴政を拒絶する伝統が形成されていた。一一二七年の君主暗殺時に「公共の福利」や「祖国の福利」といった理念が登場し、市民によって新たな君主候補者に提示されていたのである。それらに反する行為があった場合、統治を認めないとする貴族・市民と君主の間で交渉が展開され、二八年には実際に暴君に対する臣従誓約の解除も行われた(青谷 二〇一一)。ブラバントでも、公共善の言葉こそ登場しないものの相互契約の思想は一四世紀以降確認される。一三五六年発布の「即位大典」はブラバントの「マグナ・カルタ」とも呼ばれ、弱体化したブラバント公権力と領邦諸身分の間で合意された憲章であった。ここには、君主が公正な統治を行うという誓約に違反した場合、領民にはいかなる奉仕も服従も求められないとする契約的思想が明白に表現されている。即位の入市に際し必要とされるこの誓約を、ブルゴーニュ公のみならず、カールやフェリペ二世すら行ったのである(川口 一九九五)。じつのところ、フランドルでも入市において君主はよき統治の誓いを行うが、詳細にテクスト化されている点がブラバントの特色といえよう。

こうした伝統を背景として、公共善をめぐる言説は暴政に対する被支配者側の抵抗の手段ともなりえた。一四八八年四月二八日、ハプスブルク家のマクシミリアンに対する反乱の最中、フランドル三大都市の代表ウィレム・ズーテは、ネーデルラント諸身分の代表を前に、アリストテレスや聖書、伯領の古い歴史に言及しつつ、フランドルの共通の利益が「個別の利益(singulieren proffyte)」を追求する外国人支配により食い物にされていると訴える。そして、君主の務めとして、法と正義をなすこと、無辜《むこ》の者の血が流されぬようにすること、さらに貧者から抑圧や不条理な重荷を取り除くことが挙げられる。「もし、それに背くことをなすならば、神の怒りと災厄が彼らに降りかかり、民は反旗を翻すに十分な理由を得るのです」と語るズーテの論理は、神に由来する君主権力が公共善に基づき公国の秩序を維持するという公家の主張を下敷きにしたものであった(*Correspondance* 1853: XXXVI)。

ところで、公共善理念と統治の関係はこうした君主と都市の政治的闘争において顔を覗かせるだけではない。一五世紀半ばに完成したブリュッセルの市庁舎では、法廷が開かれる部屋にロヒール・ファン・デル・ウェイデンによる絵画が飾られていた。そこには伝説的なブラバント公ヘルキンバルトによる公正で厳格な裁きと神による彼の救霊が描かれており、都市政府要人は君主によるよき統治のモデルを常に心に刻み付けていたということになる。さらに、同市庁舎の壁に刻まれた次の詩はいっそう興味深い。「都市を支配したい者は／〔……〕真摯に調和を目指し、／公共の福利(ghemene orbore)に思いをいたすこと。／〔……〕公共善(ghemeen dinc)についてしばしば語ること。／〔……〕貧者にも、裕福な者にも／同じように法を適用するのだ。／〔……〕悪しき者たちを追放すること。／領主に忠実でいること。／これは古よりの賢明な教えである」。領邦君主の政治と市政は、同じ厳正な法の支配と公共善の理想のもと調和を示していたのである(*De Bono Communi* 2010: 71–88)。

とはいえ、こうした君主や都市による峻厳な裁きの理想は、中世後期の司法的実態を反映したものではない。一四～一五世紀のネーデルラントの大都市には「仲裁人(paysierders：蘭語／apaiseurs：仏語)」と呼ばれる役人が存在し、市内における犯罪・暴力に起因する紛争の多くで当事者たちを仲裁し、示談で決着させていた。公的秩序の毀損を理由とした君主の司法役人との示談と併せるなら、ヘントでは最も多い時期でこうした解決は全体の八割以上にも上った。たしかに、一四三〇年代をピークに仲裁による示談の数は減少の傾向を示し、都市の参審人法廷による判決の数は増加する。それでも、ブルッへの事例によると、一五世紀後半においてもなお死刑や身体刑の数は極端に少なく、示談か罰金による金銭的な決着が中心となっていた。ブラバント都市ニヴェルでも、一五世紀中の九五％以上の紛争案件が金銭で解決されている。一四～一五世紀は「示談の時代」であり、厳格な裁きを軸とした「処罰の時代」の趨勢は一六世紀初頭以降徐々に形成されていくに過ぎない(Dupont 2012)。ブルゴーニュ公の裁きにおいてすら赦しの側面が強かったことは、一三八六―一五〇〇年の間に出された恩赦に関する文書が、リルの文書館に二三三九通も残っていることから明らかである(Arnade and Prevenier 2015)。

むしろ、中世後期のヨーロッパで最も都市化が進展したネーデルラント諸邦においては、そうした厳格な法の支配よりも、日常的な市民の生命や安全にかかわるレベルで公共善理念が打ち出され、政治社会の秩序が維持されていた。近年の研究によれば、中世後期のネーデルラント都市では、都市政府からギルドなどの中間団体、そして諸個人に至る様々なレベルで、ガレノス的な医学思想に基づき都市を一つの「身体(corpus)」と捉え、共同体の健康を疫病や災害、飢餓などから守る多様な生政治的取り組みがなされていた。一四六二年の大火災後にブラバント都市セルトーヘンボスの統治者らが「都市の身体(tcorpus vander stad)、その市民、住民たちは大いなる苦難と乗り越えがたい損害に苦しんでいるため、一刻も早く、よき方法で支援がなされねば」再建はかなわないというとき、この身体的メタファーと市民の生命・安全への配慮の結合が浮かび上がる。こうした見方を背景に、個人の人体とその健康を維持するための体液の流れおよびバランスを重視する考え方はそのまま都市に適用され、人やモノの流れを確保するためのインフラ整備、街路を清潔・安全に保つためのごみや汚物の処理など様々な策が市中で施されていった。一四三一年にヘントの都市政府は、食料品の運搬に困難をきたしている道路が「都市の公共善を危険に置く」状況であるゆえ、その修繕を命じている(Coomans 2021)。君主が頭となる政治的有機体のイメージとこれを支える神的な公共善理念の足元には、一つの社会的身体をなす都市像とその健康・安全を支える市民的公共善理念の沃野が広がりを見せていたのだ。

　では、以上のような環境をめぐる公共善の領域で君主と都市の思惑は交わることがなかったのだろうか。この点に関しては、再び一六世紀初頭の事例が参考になる。一五世紀後半以来の土砂の堆積により北海への河川ルートが大きく塞がれたブルッヘは、先に見た入市式直後に、商業的権益のため水利環境を改善すべく運河開削を承認するようカールに求めた。一方で、ヘント、イーペル、ブルッヘ周辺の農村地区は、環境変化による洪水への不安を理由としてこれに反対した。それに対し、カールは、現地視察や顧問会との協議のうえで「フランドル伯領の公共善(la chose publique)の礎たる商業の回復を左右するのが都市ブルッヘであるゆえ」、その要望を認める回答を提示する(*Recueil* 1893: 393)。ここでは、君主が、物流に支えられた商業の発展を内実とする市民的な公共善理念に寄り添いつつ都市を援助しており、この理念が君臣間を繋ぐものとして機能しているのを確認することができる。そして、先に見たヘントの道路修繕に関する公共善理念とカールのそれが響きあっている点も明らかだろう。

　もっとも、ここで、国際商業都市ブルッヘの衰退が、河川への土砂の堆積のみならず、先に述べた一四八〇年代のマクシミリアン(カールの祖父)に対する同市の激烈な反乱にも起因していた点は思い出しておいてもよかろう。この反乱が、ブルッヘからアントウェルペンへの外国商人団の拠点の大規模な移設を引き起こしたことを考えるなら、カールが、ブルッヘに恩顧を与える直前の二月、国際商業都市として空前の成長を遂げるアントウェルペンで、君臣間の相互契約的思想に貫かれた「即位大典」の誓いを市民に立てている点は皮肉でもある。領邦ごとに、君主と領民が取り結ぶ関係は様々であった。

三、君主・領邦・教会

最後に、これまでの議論で見たイデオロギー的な展開の現実的基盤を、さらに掘り下げて検討する。とりわけ、ここでは教会の問題を取り上げてみたい。中世後期のフランスでは「いともキリスト教的な国王」という君主イメージが打ち出され、これと同時に王国の枠内での教会の囲い込み、つまりガリカニスムが進展した。これについては一定の研究が存在する。一方で、ブルゴーニュ公もまた一四四一年の教皇との協定によって自身の推挙する人物以外ネーデルラントの司教に任命されないという権限を獲得し、この地域の司教座は公の親族・側近によって独占されるようになる(Fühner 2004)。しかしながら、こうした公の宗教政策が議論されることは少ない。公国史においても君主が教会と宗教的事案をいかに統御しようとしたのかは重要な論点となるはずであり、神的な君主権力を論ずる本章においては、なおさらこの点を無視しえないだろう。

以下では、本章の対象とされる時代に様々な紛争の舞台となるトゥルネ司教管区とフランドル伯領に絞って議論を進めたい。中世後期のフランドル伯領は複数の司教管区に分割されていたが、なかでもトゥルネ管区はヘントやブルッヘ、リルといった主要都市を含む伯領の中核地域を管轄下に収めていた。そうした地域において、トゥルネ司教は、世俗裁判権を行使することはないものの、民事案件を中心に教会裁判権を行使しており、同管区では、一五世紀初頭以来、聖俗の裁判権の線引きをめぐってしばしば俗人と司教(役人)が対立していた。一四四三年に、地方の統治・司法機関であるフランドル顧問会は、司教法廷役人による破門の頻発が君主の裁判権を侵害しているとして司教に抗議を行っている。また、ティールトを管轄する君主の司法役人コルネリス・ブラースフェルトは「教会裁判権への憎しみと蔑みから、トゥルネ法廷の権威によって破門されたヤン・デ・ハネなる者(の死体)を」司教法廷役人の住居入り口前に埋葬させ、破門されたが、四九年の顧問会および大顧問会による審議・調停の結果、この教会罰は解除された(Vleeschouwers-Van Melkebeek 1983: 304)。

司教陣営との対立は、世俗の統治機関や役人だけに限定されるものではない。なかでも、ヘント、ブルッヘ、イーペルの三大都市とともにフランドルでもっとも強力な審議機関である四者会議の一者を構成するブルッヘ周辺の農村地区と歴代司教たちの対立は激しく、同農村地区はたびたびフランドル顧問会や大顧問会に司教を訴えている。この対立で興味深いのは、顧問会やブルゴーニュ公たちが、一時的に司教の裁判権を承認することはあるものの、最終的には司教側の主張を却下するに至ることである。これは、ジャン・シュヴロ、ギョーム・フィラストルといった公の顧問会で長を務め、金羊毛騎士団でも官房長の地位を占めるような司教たちの在任期間にも当てはまる。一四七七年二月には、公シャルル死後の混乱のなか、領民の要求によって伯領内での俗人同士の案件に関するトゥルネ司教の教会裁判権が完全に否定されることとなる。その二カ月後、ブルッヘ周辺の農村地区は、宗教的事案以外では領民が司教法廷に召喚されないとの特権を獲得し、八〇年七月にはフランドル三大都市も、伯領の全住民に対して、俗事に関して司教法廷に赴くことを禁じる共通の法令を公布するに至る。これに対し、トゥルネ司教を中心としたネーデルラントの司教同盟が大顧問会に訴えるも、八一年、顧問長によって審議は停止された。八六年、次いで九六年にはハプスブルク家の君主たちもこれを承認する(Vleeschouwers-Van Melkebeek 1983: 121-375; 2004: 231-254)。こうして、公らは、あくまでも調停者的に振る舞いつつ、領民側による自発的な聖俗裁判権の線引きの動きを引き受ける形で司法体系の整理を試みようとしたのである。

しかし、その間に、こうした試みを根底から覆すような事態が進行していた。一四八四年にトゥルネ司教管区はシスマ(教会分裂)に見舞われるのである。そもそも、トゥルネは中世盛期以来、ネーデルラントにおけるフランス王の飛び地的な直轄領土であった。その王権の影響下でこの分裂は引き起こされた。シスマは一五〇六年にいったん解消されるものの、一三年には再び大混乱が生じる。同年六月にフランス系のルイ・ギャールが教皇レオ一〇世から司教として承認された直後、トゥルネの街がイングランド軍に征服されたからである。フランス王を自称するヘンリ八世の側近トマス・ウルジが教皇により司教管区の管財人に任命されるが、これを受けて司教法廷はブルッヘへ移転してしまう。ウルジの代理人リチャード・サムソンがハプスブルク家、フランドル顧問会、ブルッヘやヘントの都市政府との間で重ねた状況改善に向けての交渉は、市民の反感もあってすべて徒労に終わった。一五一五年四月一八日のカールによるブルッヘ入市式が行われたのも、この混乱のただ中においてのことである。入市式の直後には、ブルッヘの街を中心に、英仏双方による破門合戦が繰り広げられる。交渉の末、一九年にトゥルネがフランスへ返還されるが、最終的には二二年にカールがこれを武力でフランドル伯領に併合し、事態は解決を見た(青谷 二〇二二)。

以上のようにフランドルがトゥルネ教会の分裂に揺れる最中の一五一五年九月、カールは興味深い宗教政策を実施している。この年、教皇はローマのサン・ピエトロ大聖堂建築のために贖宥《しょくゆう》を大々的に販売していたが、ネーデルラントにおいては、その収入の三分の二が、以後三年間にわたってホラントやフランドルなど諸邦の堤防改修資金にあてられることになったのである。これらの地域の北海沿岸部では、一五〇八年、〇九年、一四年の高潮で多くの堤防が決壊しており、そうした危機に対処するためカールが教皇に依頼し実現したのが、この「堤防の贖宥」であった。そして、これは同時代的な要求に応える措置であるとともに、ブルゴーニュ公の伝統を継承する宗教政策の一環でもあった。一四五〇～六〇年代にかけて、公たちは、ローマに赴かずとも聖年の贖宥や十字軍贖宥を獲得しうるよう、ネーデルラント全体における擬似ローマを創出しており、メヘレンやヘントといった都市は公国の聖地として多くの巡礼を集めた。問題は、「堤防の贖宥」がもはやネーデルラント全体の擬似ローマを設定していないことである。教皇の全権代理および彼の任命した者たちが指定する各地の教会や祭壇が訪れるべき場所とされており、フランドルに関する一七年の勅令からはヘント、ブルッヘ、イーペルその他伯領各地の聖所が巡礼者の目的地となっていたことがわかる。さらに、その布告が、トゥルネ司教ではなくフランドル顧問会という君主の統治機関から出されている点も重要である（青谷 二〇二二）。背景にはトゥルネ司教管区の混乱があり、この贖宥が布告された時点では英仏両陣営で破門合戦が展開されていた。教会裁判どころか、日常的な典礼活動すら保証されないなか、この贖宥は住民の救霊にまつわる不安を鎮める役割も少なからず果たしたことだろう。

さらに、ここで、先に見た運河開削問題で、ブルッヘ以外の大都市が、洪水の不安に苛まれていた点も思い出す必要がある。つまり、公共善の基盤たる商業のためにブルッヘには運河の開削を認める一方、洪水に怯える他の伯領民には堤防の贖宥により治水対策と信仰の両面で配慮をなしていたというわけである。ここからは、対外的な緊張関係のなか、カールがブルゴーニュ公の伝統を引き継ぎ宗教的事案への介入を通じて神の公共善の体現者としての務めを果たしていること、しかし、それがかつてのようにネーデルラント全体を対象とするのではなく、複合君主政的現実に見合ったものとなっていたことがわかる。

以上のように、ネーデルラントにおける国家建設に重要な聖俗司法権の線引きと体系化においては、ともに教会の影響力を削ごうとする君臣間の協働関係が見られた。こうした現実があってこそ、教会を経ずに神に直接権力を負うとするブルゴーニュ公たちのイデオロギーはある程度受け入れられたわけである。そして、教会の混乱に揺れる中、多面的な公共善への配慮のもと信仰の擁護者として振る舞ったカールを支えていたのも、宗教政策におけるブルゴーニュ的な伝統であったといえよう。

おわりに

カールは、君主の表象や宗教政策といった様々な領域でブルゴーニュ公家から多くのものを引き継いでいた。文書で自らも「ブルゴーニュ公」を名乗り、「シャルル」と署名したカールは、やはり公たちの系譜に位置づけられるのである。しかしながら、新たに君主となったカールにとって、曾祖父シャルルが熱望したような独仏間に独立国家を形成するという野心はもはや必要なかった。また、ネーデルラントは様々な内外の危機に見舞われてもいた。こうした状況において、カールとネーデルラント諸邦は複合君主政の現実に見合う形で折り合いをつけ、前者は、後者が求める公共善の伝統に基づく統治に従事したのである。

ただし、公たちの時代以来、その政策が領民の利益を損なう場合、ネーデルラント都市に根付いた統治の理想に背馳する者として君主が反旗を翻される可能性は常に存在した。国家なきネーデルラントに国家を創出しようとしたブルゴーニュ公の君主イデオロギー、そして領邦ごとの強固な伝統を持つ都市的な契約の思想は、相互を試し、鍛えあいながら、お互いに許容可能な主権的ヴィジョンのあり方を探っていたといえよう。そのせめぎ合いがネーデルラント史にきわめて動態的な性格と独特の緊張感を付与しているのであり、これがカールの様々な政治的判断の背後にも存在したことを忘れないでおきたい。

その点に関連して若干の展望を示すとき、一五三一年のカールによる弟フェルディナント宛ての書簡は好都合である。そこで、この皇帝は、ネーデルラントでは「皆が余の主権(hauteur)に反する諸特権を要求しており、まるで、余が連中の仲間であって、君主ではないかのようである」と記している(*Die Korrespondenz Ferdinands I.* 1977: 548)。このとき、カールは主権的権力をめぐるネーデルラントの状況を正しく理解していたのだ。また、その息子フェリペ二世にネーデルラント諸邦が反乱を展開し、アンジュー公が新君主として迎えられていた八三年に、公の顧問ジャン・ボダンはアントウェルペンから知人に宛てた書簡で、ネーデルラント人がこれまで「君主の主人であろうとして」武力を保有してきたため、「決して分割を許すことのない主権は君主とその臣下の間で共有される事態となり、これは国家の破滅を引き起こすだろう」と予見していたことを伝えている。公とアントウェルペン市民の衝突後という緊迫した状況下でこのように綴る彼もまた、この地の主権的権力のあり方を深く認識していたことになる("Lettre de Jean Bodin" 1859: 463)。一六世紀中に依然として続くこうした主権の共有が、北部と分裂した後の南ネーデルラントにおいてどのような展開を見るのかについては今後の研究が待たれる。

複合君主政下の政体認識に関しても展望を示しておこう。ネーデルラント全域を統括する諸顧問会がブリュッセルに置かれた一五三一年、「フランドル史の父」と呼ばれる人文主義者ヤコブス・メイエルスは『フランドル一〇誌』を刊行した。同地方の歴史や風土、民族的特質や習俗についてラテン語で記した書物である。同時代に他地域でも同様な著作が多く記されたが、ここで指摘しておきたいのは、ヘントやブルッヘ、イーペルといった伯領の大都市が古典的で共和政的な意味合いの強い「都市国家(Respublica)」と表現され、それらに対する称揚が系譜に基づく君主(政)への賛美と矛盾なく一つの叙述を構成している点である。もちろん他地域の人文主義者による類書の影響は否めないものの、中世フランドルの歴史叙述を徹底的に調査し分析したメイエルスが、強い自覚のもと単なる「都市(civitas)」ではなくこの言葉を採用したと考えることはできる。こうした人文主義的な著作は一七世紀にも見られるが、これらにおける領邦的な政体認識のありようは、さらなる考察の対象となるだろう。

参考文献

青谷秀紀(二〇一一)『記憶のなかのベルギー中世――歴史叙述にみる領邦アイデンティティの生成』京都大学学術出版会。

青谷秀紀（二〇二三）「「堤防の贖宥」（一五一五年）とその周辺――ブルゴーニュ＝ハプスブルク家の宗教政策とフランドルの都市社会」『中世後期ヨーロッパ世界と贖罪・規律・権力　科学研究費成果報告書』。
川口博（一九九五）『身分制国家とネーデルランドの反乱』彩流社。
河原温（二〇二〇）「一五世紀ブルゴーニュ公国の世界――宮廷・都市・儀礼」『ヨーロッパ前近代の複合国家』愛知大学人文科学研究所。
ケーニヒスバーガ、H・G（二〇一六）「複合国家・代表議会・アメリカ革命」後藤はる美訳、古谷大輔・近藤和彦編『礫岩のようなヨーロッパ』山川出版社。
ボーネ、マルク（二〇一三）『中世末期ネーデルラントの都市社会――近代市民性の史的探究』ブルゴーニュ公国史研究会訳、八朔社。
ボーネ、マルク（二〇一六）『中世ヨーロッパの都市と国家――ブルゴーニュ公国時代のネーデルラント』河原温編、山川出版社。
Arnade, P. and W. Prevenier (2015), *Honor, Vengeance, and Social Trouble: Pardon Letters in the Burgundian Low Countries*, Ithaca and London: Cornell University Press.
Bartier, J. (1942), “Un discours du chancelier Hugonet aux États Généraux de 1473”, *Bulletin de la Commission royale d’histoire* 107.
Billen, C. (2010), “Dire le Bien Commun dans l’espace public: Matérialité épigraphique et monumentale du bien commun dans les villes des Pays-Bas, à la fin du Moyen Âge”, E. Lecuppre-Desjardin and A.-L. Van Bruaene (eds.), *De Bono Communi: The Discourse and Practice of the Common Good in the European City (13th–16th c.)*, Turnhoud: Brepols.
Blockmans, W. and W. Prevenier (1999), *The Promised Lands: The Low Countries Under Burgundian Rule, 1369–1530*, Philadelphia: University of Pensylvania.
Collection de documens inédits concernant l’histoire de la Belgique (1833), L. P. Gachard (ed.), tom. 1, Bruxelles, L. Hauman et comp.
Coomans, J. (2021), *Community, Urban Health and Environment in the Late Medieval Low Countries*, Cambridge: Cambridge University Press.
Correspondance des magistrats d’Ypres, députés à Gand et à Bruges, pendant les troubles de Flandre sous Maximilien (1853), 1488, I. Diegerick (ed.), tom. 2, Bruges: Vandecasteele-Werbrouck.
Dupont, G. (2012), “Le temps des compositions: Pratiques judiciaires à Bruges et à Gand du XIVe au XVIe siècle (Partie I)”, in: *Préférant miséricorde à rigueur de justice: Pratiques de la grâce (XIIIe–XVIIe siècles)*, B. Dauven and X. Rousseaux (eds.), Louvain-la-Neuve: Presses universitaires de Louvain; *ibid.* (Partie II), in: *Amender, sanctionner et punir. Histoire de la peine du*

Moyen Âge au XXe siècle, M.-A. Bourguignon, B. Dauven and X. Rousseaux (eds.), Louvain-la-Neuve: Presses universitaires de Louvain.

Führer, J. A. (2004), *Die Kirchen- Und Die Antireformatorische Religionspolitik Kaiser Karls V. In Den Siebzehn Provinzen Der Niederlande 1515–1555*, Leiden and Boston: Brill.

Jongkees, A. G. (1980), "Charles le Téméraire et la souveraineté: Quelques considerations", *BMGN - Low Countries Historical Review*, 95–2.

Koenigsberger, H. G. (1994), "Prince and States General: Charles V and the Netherlands (1506–1555)", *Transactions of the Royal Historical Society*, 4.

Koenigsberger, H. G. (2001), *Monarchies, States Generals and Parliaments: The Netherlands in the Fifteenth and Sixteenth Centuries*, Cambridge: Cambridge Unirevsity Press.

Die Korrespondenz Ferdinands I. vol. 3–2 (1977), H. Wolfram and C. Thomas (eds.), Wien: Böhlau.

"Lettre de Jean Bodin sur l'entreprise du duc d'Anjou contre la ville d'Anvers" (1859), L. P. Gachard (ed.), *Compte rendu des séance de la Commission Royale d'histoire ou recueil de ses bulletins*, 2 series, 12.

Recueil des anciennes ordonances des Pays-Bas: Deuxème série – 1506–1700, tom. 1, (1893), M. Ch. Laurent (ed.), Bruxelles: J. Goemaere.

Van Rompaey, J. (1973), *De grote raad van de hertogen van Boergondie en het parlement van Mechelen*, Brussel: Palais des Académies.

Stein, R. (2014), *De hertog en zijn staten: De eenwording van de Bourgondische Nederlanden ca. 1380–ca. 1480*, Hilversum: Verloren.

Vanderjagt, A. (1981), *Qui sa vertu anoblist: The Concepts of* noblesse *and* chose publicque *in Burgundian Political Thought*, Groningen: Jean Miélot & Co.

Vleeschouwers-Van Melkebeek, M. (1983), "Het archief van de bisschoppen van Doornik: een inventaris uit 1477", *Bulletin de la Commission royale d'histoire*, 149/3–4.

Vleeschouwers-Van Melkebeek, M. (2004), "L'officialité de Tournai aux prises avec les juridictions séculières au XVe siècle: un lent effritement", *De Pise à Trente: la réforme de l'Église en gestion: Regards croisés entre Escaut et Meuse*, M. Maillard-Luypaert and J.-M. Cauchies (eds.), Bruxelles: Facultes Universitaires Saint-Louis.

第II部

帝国論の再定位

――近世～近代主権国家①

第４章 イギリス帝国とインド
――主権を分有する帝国

稲垣春樹

はじめに――インド藩王国、主権、間接統治

ヨーロッパ諸国による植民地支配の歴史において、主権という観念はどのような歴史的意義を持っていたのか。近年の帝国史研究者は、様々な時代・地域における植民地支配の現場において、主権という言説がいかなる役割を果たしたのかに関心を寄せてきた。世界史における帝国についての通史を書いたＪ・バーバンクとＦ・クーパーは、諸帝国にみられた様々な主権のあり方（レパートリー）を分析するのは、その類型論それ自体に意味があるからではなく、それらのレパートリーのなかから自分の都合に合わせて特定の主権の理念を採用して統治や抵抗の仕方を考えていた当時の支配者および被支配者の実践について考える上で重要であるからだと指摘した（Burbank and Cooper 2010）。諸帝国の多元的な法体系が生み出す様々な実践に関心を持つ歴史家Ｌ・ベントンは、半主権（semi-sovereignty）、至上権（paramountcy）、保護領（protectorate）、間接統治（indirect rule）などといった様々な言葉で表現されてきた帝国支配のあり方について、準主権（quasi-sovereignty）という分析概念であえてひとくくりにすることで、一五世紀から一九世紀に至るイギリスおよびスペイン帝国における準主権をめぐる実践についての比較史を試みた（Benton 2010）。Ｊ・ウィルソンとＡ・ディリーもまた、現在のイギリス帝国史において主権の要素が等閑視されていると警鐘をならしつつ、歴史的な文脈の中で、相矛盾する「主権の

イディオム」の利用が生み出した政治的な帰結について検討すべきだと主張している(Wilson and Dilly 2023)。本章は、インドにおけるイギリス帝国を事例として、この課題に取り組む。

植民地期のインドにおける主権の問題は、イギリスの宗主権下において半独立的に存続した藩王国(princely states)に関する問題として議論されてきた(Ramusack 1978; Ramusack 2004; Copland 1982; Copland 1997)。イギリスは、一九世紀前半までに、インド亜大陸の面積の五分の二、人口の三分の一、六〇〇あまりを数える藩王国との間で、その対外的な主権(戦争・外交権)を制限しつつ、領域内における対内的な主権(警察・裁判権)の行使を認める間接統治の体制を敷いた。インドにおけるイギリス帝国は、対外主権を独占しつつも、対内主権を藩王国と分有(シェア)する帝国であった。藩王国についての先行研究は、このような政治体制の中で、藩王国がどの程度まで自立的あるいは従属的であったのかを検討してきた。N・ダークスの古典的研究は、植民地支配により藩王国は対外主権のみならず実質的には対内主権も失い、「空虚な王権」となったと指摘した(Dirks 1986)。しかし近年は、藩王国における宗教的なシンボルや儀礼、美術といった文化の次元に着目して、西洋近代とは異なる独自の近代性を追求していた存在として、藩王国の自立性と主体性を再評価するものが主流となっている(Nair 2011; Ikegame 2013; Beverley 2015)。主権という言説をめぐる実践という本章の関心に照らして特に重要であるのは、ベントンらの法社会史研究、および、国際法史における植民地主義の重要性を強調する「第三世界アプローチ」を参照しつつ、主権という言説をめぐるイギリス側と藩王国側の双方の実践を分析したP・サクセナの研究である。サクセナは、一九世紀後半から二〇世紀前半にかけて、イギリスによる藩王国への内政干渉に藩王国が反発した事例を分析する中で、イギリスと藩王国とがそれぞれに異なる「主権」の観念を構築し、自らのために利用していたことを指摘した(Saksena 2023)。本章は、このサクセナの議論にヒントを得つつ、一九世紀前半の展開も視野に入れながら、植民地期のインドにおいて主権という言説をめぐる様々な主体の実践が果たした役割について検討していく。なお本章では、イギリス本国の帝国政府を「イギリス政府」、カルカッタ(のちデリー)に置かれた最高政庁を「インド政府」、ボンベイやマドラスの地方政府を「ボンベイ政府」「マドラス政府」と呼んで議論を進める。

一、主権の分有と内政不干渉――一八世紀後半～インド大反乱まで

イギリスのインド帝国は、イギリスが直轄統治する英領インドと、インド人君主を通じて間接統治を行う藩王国から構成され、両者が複雑に入り組む礫岩状態をなしていた。藩王国の主権がどう観念されたかを検討するに当たって、英領インドの内部にも多様な法・法域・管轄権が存在したことは重要である。英領インドでは、インド総督が立法権・行政権・司法権を一元的(専制的)に保持した。そのうち、ベンガル・マドラス・ボンベイの三管区には裁判所が設置されて文官による統治が行われたが、新規征服領土においては軍人・行政官が裁判所を兼ねる軍政が敷かれた。管区都市(カルカッタ・マドラス・ボンベイ)ではイングランド法(コモン・ロー)が適用されたが、管区都市外の領域(一括して「地方 mofussil」と呼ばれた)では、管区独自の政令(regulations)が適用された。一九世紀半ば以降、法典化による集権化が進められたが、私法・家族法の領域においてはヒンドゥー教徒にはヒンドゥー法が、ムスリムにはイスラーム法が適用されるなど、法的多元性が維持された。立法権、軍事権も一八三四年までは管区ごとに独立に運用された。本国における東インド会社とインド監督庁の二重支配体制も一八五八年まで継続した(山崎 二〇〇〇)。これから見ていくように、このように礫岩的に構成された英領インドと藩王国をどの程度まで連続的・一体的なものとみなすかは、インド帝国における主権をめぐる政治において重要な要素となっていた。

一八世紀後半から一九世紀前半のインドでは、東インド会社が現地の有力な武装勢力との間に同盟を結びながら軍事的な征服を進めることで、イギリス植民地国家の支配領域が拡大していった。B・ラムサックに倣っ

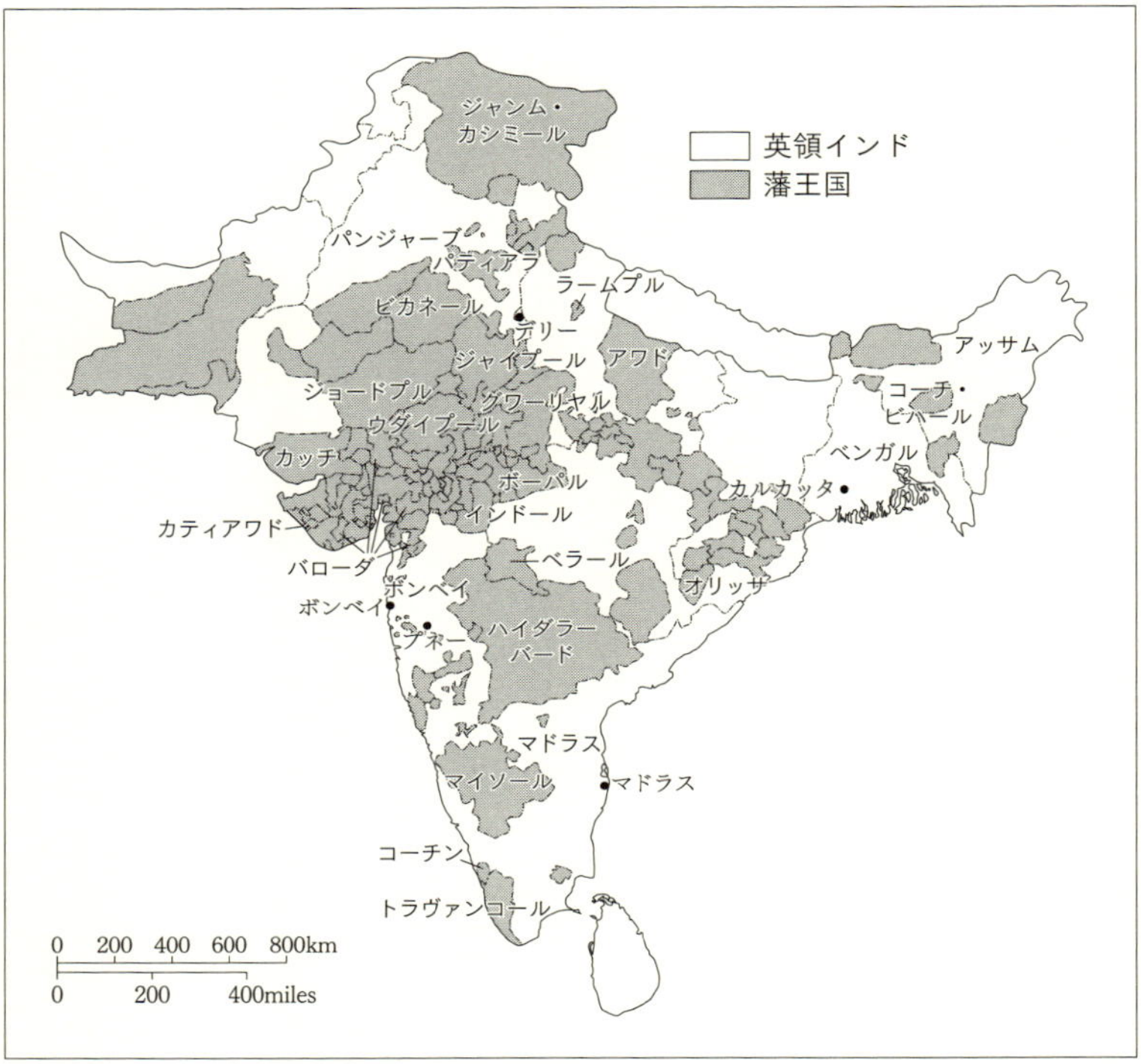

図 1　藩王国とイギリス領インド(1912 年)
Ramusack (2004), p. xiv をもとに加筆修正

て時代を区分すると、一八世紀後半の総督ヘイスティングズや総督コーンウォリスの時代の藩王との関係は、戦略的な重要性を最優先とする対等な同盟者というものであった。しかし一九世紀には、拡張を続ける英領インドに対する藩王国の従属が強まっていく。一七九八年から一八〇五年までの総督ウェルズリー時代は、第二次マラータ戦争などによる領土の大幅な拡張期であり、イギリス優位の間接統治体制の原型となった軍事保護同盟(subsidiary alliance)の形成期である。一八〇七年から一三年までの総督ミントー時代、一八一三年から二三年までの総督ヘイスティングズ侯時代においても、グジャラートやデカンにおける領土拡張が進んだ。一八三〇年代以降、

このような内政不干渉政策は次第に介入的な政策に変化していった。「改革の時代」と呼ばれる一八三〇年代から五〇年代のインド大反乱直前までの時期においては、トマス・バビントン・マコーリーやジェイムズ・ミルなど東インド会社の行政官が主張する干渉論が強まった。総督ダルハウジーは、継承者を欠く藩王国を直轄地とする「失権ドクトリン(doctrine of lapse)」を採用して、次々に藩王国を併合した(Ramusack 2004: 48-87)。

ただし、一九世紀前半において、主権を分有する藩王国に対する植民地政府の基本政策が内政に対する不干渉であったことは、その後の変化を考える際に重要である。一九世紀前半において、現地の有力武装勢力であった藩王国に対するイギリス植民地国家の軍事的な優位は必ずしも確立していなかった。少なくとも現地の軍人＝行政官にとってそれは自明ではなかった。そのためカルカッタ・ボンベイ・マドラス政府は、藩王による警察権や刑事裁判権などの対内的な主権行使を実質化するために、主権分有論に依拠した内政不干渉政策を推進した。これが最も明確に見られたのは、イギリスの裁判所において藩王に主権免除を認めるかどうかという問題においてであった。一九世紀前半において、対内主権を認められた藩王は東インド会社の裁判所の管轄権から免除されることになっていたが、彼らに不満を持つ領内のインド人有力農民や、君主の債権者であるインド人商人層が、東インド会社とは別の国王特許状に基づいてカルカッタ・マドラス・ボンベイに設置されていた「国王裁判所(King's Court)」において、藩王に対する訴訟を起こすという事例が相次いだ。その際、インド政府およびカルカッタ・ボンベイ・マドラス政府は、藩王の対内的な主権が侵害されることは藩王国内の秩序維持にとって重大な問題を引き起こすとして、国王裁判所の司法手続きにしばしば政治的に介入したのである(Inagaki 2021; 稲垣 二〇二四b)。

このように、間接統治政策において主権分有の範囲を確定することは重要な要素であったため、イギリスは、藩王国が有する主権の程度を細かく分類・整理しようとした。例えばボンベイの行政官ジョン・クルーンズが編纂した藩王国についてのガイドブックは、藩王および英領インド内の有力貴族を、年金生活者(stipendiary)、軍事保護同盟(subsidiary)、保護国(protected)、貢納国(tributary)、従属国(feudatory)に分類した(Clunes 1833)。ここにおいて、英領インド内部の有力貴族と藩王とが区別されずに一つのリストにまとめられたことは重要である。英領インドにおいても、政令によって「インド人貴族(native aristocrats)」を新たに創出してランク付けすることにより主権の追認・整理を行う一方、イギリスが植民地支配を開始する以前においては主権を持つと考えられていた山岳部族の一部については、その主権を認めずに征討作戦の対象とする政策が採られた。支配地域の治安維持を第一の関心とする植民地政府は、英領インド内のインド人有力者と藩王国とを、分有する主権の程度に応じて、グラデーションの中に位置付けて理解していたのである(Inagaki 2021: 65–90)。

ただし、一九世紀前半において、藩王国の内政における自主権に対するイギリスの介入が全く存在しなかったわけではなかった。それが日常的に問題となったのは、藩王国内において罪を犯したヨーロッパ人に対する刑事管轄権(治外法権)をイギリスが主張しつづけたことであった。藩王国は、相互的な引き渡し協定の締結を要求したが、東インド会社の理事会は、文明度の差を理由として、片務的な条件を正当化した。ただし、状況に応じて、藩王国の言い分を認めることもあった。むしろイギリス側の姿勢に顕著だったのは、引き渡しに関する規則の明確化を忌避する姿勢であった。このように、状況に応じて分有する主権の度合いを裁量的に決定する姿勢は、一八四〇年代における藩王国の相続問題への介入においても見られた(Saksena 2023: 31–44)。そのような裁量的な(藩王国からすれば恣意的な)内政干渉の積み重なりは、一九世紀後半以降の内政干渉の問題を先取りするものであった。

二、「分割可能な主権」の定式化と藩王国の抵抗――一九世紀後半

インドにおける主権をめぐる政治は、一八五七―五八年のインド大反乱によって新たな展開を迎える。イギ

リス人行政官は、再び反乱を生じさせないためには、現地の有力者に対して宥和的な政策を採ることが必要不可欠であると考えた。たとえば旧アワド藩王国が反乱の中心となったのは、アワドが「失権ドクトリン」により併合され、土地所有者(タールクダール)に対する土地接収が強化されたからであるとみなした。そのため、大反乱ののちに着任した総督チャールズ・カニングやボンベイ知事バートル・フリアなどは、藩王や英領内の有力貴族に対する特権付与政策を推し進めた(Metcalf 1965)。たとえばパティアラ、ラームプル、グワーリヤル、ハイダラーバード、ボーパルらの藩王国には領土が与えられ、コーチ・ビハールは新たに藩王国として認められ(一八七三年)、マイソールではワディーヤル家が復古した(一八八一年)(Ramusack 2004: 105–106)。ただし本節でみるように、このような大規模な「集塊の整序」は、内政不干渉政策への回帰ではなく、むしろ新たな内政干渉政策の開始を意味していた。この変化を考える上で、G・ベルケメルとM・フレンツが指摘するように、大反乱以後、藩王国と東インド会社の取り決めが条約(treaties)を通じたものから勅令(sanad)を通じたものへと変化したということは重要である(Berkemer and Frenz 2005)。それは両者の関係が、国際法ではなく国内法により規定されることを意味した。これに対して藩王国は、一九世紀後半以降、国際法における主体としての地位を主張して、イギリスによる内政干渉に対抗していく。

この藩王国の対内主権をめぐって、イギリス人行政官と藩王との間に重要な立場の違いが生じた。イギリス人行政官は、現地のさまざまな政体を支配体制の中に取り込みつつ、それらに対する最終的な支配権を保持するために、主権は分有可能であるが宗主権はイギリスが保持するという「分割可能な主権(divisible sovereignty)」の観念を掲げた。この観念を体系化したのは、インド政府の法務委員であったヘンリー・メイン、チャールズ・ルイス・タッパー、ウィリアム・リー・ウォーナーら、インド政府において藩王国に関する法務を担ったイギリス人行政官であった。その体系化の端緒となったヘンリー・メインの『覚書』(一八六四年)は、インド北西部カティアワド地方の藩王国をインド政府の刑事管轄権下に置くという内政干渉政策を擁護するものであった(稲垣 二〇二〇：三四頁)。その中でメインは、以下のように主権を定義した。主権は、国際法においては、戦争・和平の権利、民事・刑事の裁判権、立法の権利などといった「別々の権限あるいは特権の集合体」を意味し、「常に分割可能であるとみなされてきた」。その権利の集合体の全体を保有する主権者は「独立主権者(independent sovereign)」と呼ばれ、それはインドにおいてはただインド政府のみである。インド政府と特定の藩王国がどのような形でどの程度の主権を分有するかは、常に個別の事例に応じて決定されるべきものであり、その際に適用されるべき一般的な原則は存在しない。カティアワドについて、インド政府が「社会の秩序と人民の幸福のため」に介入することは可能である(Maine 1892：38–39)。このように、メインが「分割可能な主権」の観念を藩王国への介入を支持するために用いたことは、一九世紀前半において藩王国の対内主権が不干渉政策とセットであったことからの明確な変化を示している。以後、「分割可能な主権」の観念はタッパーやリー・ウォーナーにより「インド政治法(Indian Political Law)」として定式化され、行政マニュアルとしてまとめられることで、藩王国への介入を正当化する根拠として用いられた(Tupper 1893; Tupper 1895; Lee-Warner 1910; Benton 2010：244; Saksena 2023：59–65)。

藩王国の側は、このような内政干渉を可能とする「分割可能な主権」の観念を批判するために、対外主権の制限は認めつつも、藩王は藩王国内における「独立主権者」であり、「絶対的」「排他的」「領域的」な主権を有すると主張した。そのような事例として有名なものの一つが、トラヴァンコールの刑事管轄権をめぐるジョン・リデル事件(一八六八—七三年)である(Kawashima 1996：67–72; Saksena 2023：65–74)。ここでは、藩王国がイギリス人に対する刑事管轄権を有するかどうかが問題となった。リデルは、イギリス人としてマドラス高等裁判所において裁判を受ける権利を主張した。これに対して、トラヴァンコールの宰相T・マダヴァ・ラーオは、イギリス人に対する刑事管轄権は「トラヴァンコールが主権国家として有する、主権に由来する権利」であるとして、法学者ヘンリー・ホウィートンやエメール・ド・ヴァッテルの議論を援用しながら、以下のように主張した。

国家が領域内に有する管轄権は排他的かつ絶対的(exclusive and absolute)であり、自身による以外の制限を受けない。もし外部からそれが制限されるとすれば、それはその分だけ、主権が縮小され、制限を課した側に主権が移譲されたことを意味する。領域内において国家が有する完全かつ完結した権力(full and complete power)に対するすべての例外は、国家の同意による以外には、いかなるものであっても認められない。

さて、トラヴァンコールは、いつ、その管轄権を放棄することに同意したのであったか(Madhava Rao to the Resident, 20 Oct. 1868 in Tupper 1895, vol. 1: 3)。

このようなラーオの主張について、インド政府が最も問題視したのは、イギリスと藩王国との関係に国際法が適用されることを含意していたことであった。この点について、マドラス政府およびインド政府は、法務委員メインおよびJ・F・スティーヴンの議論を援用しつつ、宗主国(paramount power)であるイギリスが藩王国の内政に介入する権利を持つこと、両者の関係は国際法により制限されないことを指摘して、これを拒絶した。この際、メインは、管轄権問題は「抽象的な権利の問題ではなく政策の問題である」と指摘し、スティーヴンは、藩王国が条約により明示的に放棄していないすべての主権的権利を主張し始めることの政治的な危険性を指摘した(Tupper 1895, vol. 1: 3–6)。このようにして、イギリスは、分割可能な主権という観念に基づいて、藩王国の対内主権の一部を分有する権限を主張した。

このようなインド政府の主張は、軍事(藩王国内の武器庫や駐屯地の位置など)、治安維持、財政(アヘン密輸の阻止など)に関する事柄だけでなく、全インド的に整備されつつあった郵便、鉄道、電信といった事柄に関しても、藩王国の対内主権に対して干渉する権利を主張するものであった(Tupper 1895, vol. 1: 144–210)。例えば郵便について、藩王国は領域内において郵便物の強盗事件が生じた場合の損失補償の義務や、領域内に帝国郵便の郵便局を設置する義務があるとされたため、しばしばその設置や廃止をめぐってインド政府と対立した(Tupper 1895, vol. 1: 173–183)。一八八四年にバローダ藩王国における電信ケーブルの設置が問題になった際にも、バローダの宰相カーズィー・シャハーブッディーンは、帝国的な利害を理由として電信ケーブルの管理権を主張するイギリスに対して、藩王国が対内的には絶対的な領域主権を有していることを主張して対抗した(Tupper 1895, vol. 1: 194–195; Saksena 2003: 74–79)。

このようにして、一九世紀後半には、イギリス側が「分割可能な主権」を定式化して藩王国への内政干渉を強化し、それに藩王国が絶対的な領域主権の観念を用いて対抗する様子が見られた。このような主権の観念を利用した交渉は、二〇世紀初頭まで継続することになる。

三、藩王国による「分割可能な主権」の利用——一九世紀末〜二〇世紀初頭

インドにおける主権をめぐる政治は、一九世紀末から二〇世紀初頭にかけての反英ナショナリズムの高まりの中で再び変化する。藩王国は、過激な反英ナショナリズムを抑制するイギリスの同盟者として振る舞う一方で、イギリスによる内政干渉に反発する姿勢を強めていた(Ramusack 1978: 95–99; Copland 1997: 30; Saksena 2023: 99)。この際、帝国内における自立性の拡大を目指す藩王国は、それまでの領域主権の観念に変わって「分割可能な主権」の観念を採用しつつ、宗主国からの内政干渉を排しようとした。

新たに内政干渉が強まるきっかけとなったインド総督ミントー卿(在任一九〇五—一〇)は、一九世紀後半におけるのと同様に「分割可能な主権」の観念に依拠して藩王国の内政への不干渉(「自由放任」)を唱えつつ、「鉄道や電信などの帝国的な性格を有する事柄については、インド政府がインドの公衆および宗主国の利害を全体と

して保障する」必要があるとして、藩王国への内政干渉を積極的に容認した(PP 1929: 19)。『政治部局マニュアル』(一九〇九年)は、そのような「帝国的な性格を有する事柄」の例として、植民地国家によるヨーロッパ人・アメリカ人・オーストラリア人の雇用、鉱山の掘削権、貨幣と通貨、軍事的協力、郵便・電話・電信、鉄道の敷設と管理、アヘンに関する事項などを列挙している。これらの「帝国的利害」の範囲は状況によって変わることが想定されていたから、イギリス植民地国家による藩王国への干渉の範囲はむしろ拡大した(Copland 1982: 239–240; Copland 1997: 31; Saksena 2023: 94–97)。

このような介入主義的な態度は、一九二〇年代に大きな問題となった(Ramusack 1978: 143–152; Copland 1997: 65–71)。総督レディング卿(在任一九二一—二六)は、藩王に対するナショナリストの攻撃を予防するための一九一〇年出版法を突然停止すると発表したのに続いて、藩王国に対する介入政策を次々に発表したことで、藩王国の反発を買ったのである。藩王国はインド政府に対して、両者の問題を議論するために常設の組織を設置するよう継続的に働きかけた。その成果は、第一に、モンタギュー＝チェルムスフォード報告(一九一九年)における勧告に基づいて一九二一年に設置された、藩王国の全インド的な利害団体である藩王国会議(Chamber of Princes)であった。これは一〇八人の常任委員と一二人の小首長代表により構成される組織で、大国であるハイダラーバード、マイソール、インドールなどは不参加だったものの、藩王国としての利害を代表することのできる全国組織がインドにおいて初めて結成された点で画期的なものであった。また、総督アーウィン(在任一九二六—三一)は、藩王国側の不満の高まりに対処するために、一九二七年に議会特別委員会として「インド藩王国委員会(バトラー委員会 Indian States Committee)」を設置した。ハーコート・バトラーを委員長とし、著名な法学者ウィリアム・ホールズワースを委員とするこの委員会は、一九二八年にインド各地を巡行して藩王への聞き取り調査を行い、翌年に報告書を出版した(PP 1929)。この一連の動向の中で藩王側の窓口の役割を果たしたのは、藩王国が雇用していたヨーロッパ人およびインド人の法律顧問であった。グワーリヤルのK・

N・ハクサール、パティアラの外相ローレンス・ラッシュブルック・ウィリアムズ、カシミールのラージャの法律顧問K・M・パニッカル、保守党で枢密院議員のレズリー・スコットなどである。また、藩王国会議は、バトラー委員会の調査の過程で収集された情報を『イギリスの王冠とインド藩王国』(一九二九年)という冊子にまとめて出版した(*BCIS* 1929)。藩王国が問題視したのは、全インド的な事柄の意思決定に関わることができていないこと、イギリスと藩王国との紛争を取り扱う第三者的な司法機関が存在しないこと、そしてインド政府が政治部局(Political Department)を通じて藩王国に対する恣意的な内政干渉を繰り返していることであった(*BCIS* 1929 : xii)。

この一連の動きの中で重要なのは、藩王国側が、それまでの領域主権の観念に代えて「分割可能な主権」の観念を採用しつつ、それをイギリスの内政干渉を拒絶するための道具として利用したことである。藩王国側を代表してレズリー・スコットらがバトラー委員会に提出した「合同意見書」は、「完全な主権は藩王とイギリス君主との間で分割(divided)された」という言い方で「分割可能な主権」の観念を表明しつつ、藩王国の主権の譲渡は条約という国際法上の契約に基づいて法的に行われたのであり、条約において譲渡されていない主権の「残余」の部分は全て藩王国側が保持しているのであるから、イギリスが法的規定のない「帝国的利害」に基づいて内政干渉を行うことは認められないと主張した("Joint Opinion", in PP 1929 : 59–73; Saksena 2023 : 107–108)。また、『イギリスの王冠とインド藩王国』は、「帝国的利害」「帝国的必要」を根拠として内政干渉を正当化するインド政府の論理を逆転させ、関税、塩、鉄道、造幣、所得税、間接税といった費目において藩王国がインド財政に大きな貢献をしているのを示すことで、それに見合う政治的な権利を要求するとともに、イギリスと藩王国との関係を調停するために、「藩王国の権利を恒久的に保障するための永続的な政治的機構」が設置されることが望ましいと主張した(*BCIS* 1929: xxvi–xxvii, 212–215)。パティアラのマハーラージャも、バトラー委員会の報告書の介入主義的な姿勢を藩王国会議において厳しく批判した(Sever 1985 : 458–463)。同様の論理で、藩王国は個別の内政干渉を拒否した。これについて有名なのは、ハイダラーバードのベラール地方の領有をめぐる問題である。綿花の生産拠点であり、鉄道網の拠点としても重要であったベラール地方は、一八五三年に会社への軍事保護条約にかかる軍隊の駐屯費の支払い分として東インド会社の管理下に置かれたのち、総督カーゾンが一九〇二年に英領に編入していた。そのベラールについて、ハイダラーバードのニザーム(君主)は、一九二五年、ベラールの完全な主権を回復することを宣言するとともに、対内的には完全なる主権者である藩王国はイギリスと対等に交渉する立場にあるのだから、両者の紛争を解決するための第三者委員会が設置されるべきだと主張した(Nizam to Reading, 20 Sep. 1925, in PP 1926: 2–17)。

総督レディングは、このような藩王国側の主張を拒絶した。レディングによれば、「イギリス君主の主権はインドにおいて至上であり、インドの藩王国の統治者はいかなる場合でもイギリス政府と対等な立場で正当に交渉することはできない」のであり、その至上権に基づく権利と義務は、特定の条約や協定の内容とは無関係である(Reading to Nizam, 27 Mar. 1926, in PP 1926: 19)。このように、「分割可能な主権」という観念について、どんな主権をどの程度分有するかの決定権はイギリス政府が独占するというのが、イギリス側の認識であった(Ramusack 1978: 128–133; Copland 1997: 53–54; Saksena 2023: 98)。ここで、そのような政治的な決定権が、藩王国全体に適用される何らかの法令や布告に基づくのではなく、あくまで個々の藩王国とイギリスとの個別の関係の中で決定されるべきだとされたことは重要である。イギリスは、宗主国としてイギリスが行使することのできる権限をあえて規定しなかった(PP 1929: 23, 25, 51–52; Saksena 2023: 111)。バトラー委員会の報告書は、「宗主権行使のあり方を規定する何らかの公式」が存在しない理由を、以下のように説明する。

変化し続ける社会の中で、その諸条件もめまぐるしく変化している。帝国において対処すべき緊急の課題(imperial necessity)や、様々な諸条件が常に新たに生み出されており、予想外の状況が生じている。宗主国には、常に最高権力としてその責務を全うすることが求められる。そのためには、時とともに変化する帝国の諸問題(necessities of the time)や、漸次進歩する藩王国の発展に応じて、自らを定義しなおしたり、状況に適応したりしなければならない(PP 1929: 31)。

このようにしてインド政府は、宗主権行使のあり方は帝国における必要性に対処するために裁量的に決定されるべきだという政治的な論理に依拠することで、恣意的な内政干渉を法的に制限しようとする藩王国の要求を拒絶したのである(Copland 1982: 220; Saksena 2023: 112–115)。

おわりに——主権という観念を利用する帝国

本章では、イギリスのインド帝国において、現地のイギリス人行政官と藩王国との双方が、主権という言葉に異なる意味を与え、それを自らの政治的な意図の実現のために利用していたことを確認してきた。一八世紀後半から一九世紀前半にかけて、イギリスは藩王国との間に条約に基づく主権分有体制を築き上げた。イギリス人行政官は、藩王国の主権に対する内政干渉は反乱や暴動の原因となるとみなして、内政不干渉の方針を採った。藩王もこれに同意し、対外的主権を放棄する代わりに、対内的な主権は保持した。この対内主権が脅かされることがあれば、藩王国はイギリス政府に保護を要請した。一九世紀後半、イギリスは、藩王国と主権を分有するという従前の態度をとりつつ、藩王国への内政不干渉のための主権分有というそれまでの姿勢を変更し、至上権を有するイギリスが藩王国の内政に干渉するための方便として、メインらが定式化した「分割可能な主権」の観念を用いた。これに対して藩王国側は、藩王国の領域主権は絶対不可侵であり、イギリス政府は対内主権に干渉することはできないと主張した。二〇世紀前半になると、イギリス側は「帝国的利害」あるいは「帝国的必要」を掲げて、藩王国への内政干渉を強めた。これを受けて、藩王国の側は、「分割可能な主権」の観念を採用した上で、それをあくまで条約に基づく法的な契約として位置付けることで、条約において譲渡された以外の「残余」の主権に対するイギリスの介入を批判した。このように、インドにおけるイギリス帝国において、主権という観念は、イギリスにとっても藩王国にとっても、政治的な目的のために利用可能なレパートリーを提供するものであった。

イギリスと藩王国との関係は多面的で複雑であり、一八世紀後半〜二〇世紀初頭の展開について、本章で扱えなかった事例は多い。また、前後の時代との連続性と断絶についても、今後の検討課題である。たとえば一九三〇〜四〇年代以降の連邦制をめぐる議論や第二次世界大戦後の脱植民地化をめぐる動向について、主権という言説の利用という視点から再検討してみる価値は大きいだろう。また、近世ユーラシアの諸帝国における主権分有論との比較史・関係史は、今後の研究の進展が最も期待される分野の一つである（稲垣 二〇二四ａ）。主権という言説が植民地支配の現場において果たした役割の検討は、現在の帝国史研究における重要課題である。

※本研究は、JSPS 科研費 JP20K13217, JP21H00561 の助成を受けたものです。

参考文献

稲垣春樹（二〇二〇）「インドの伝統社会とリベラルなイギリスの植民地支配――一八三〇〜一九〇〇年代における行政と司法の対立に着目して」『メトロポリタン史学』一六号。

稲垣春樹（二〇二四ａ）「イギリス帝国と法」『思想』一二〇三号、岩波書店。

稲垣春樹（二〇二四ｂ）「一九世紀前半イギリス領インド植民地における法、主権、間接統治」『青山史学』四二号。

山崎利男（二〇〇〇）「イギリスのインド統治機構の再編成――一八五八―七二年」中央大学人文科学研究所編『アジア史におけ

る法と国家』中央大学出版部。

Benton, Lauren (2010), *A Search for Sovereignty: Law and Geography in European Empires 1400–1900*, Cambridge: Cambridge University Press.

Berkemer, Georg and Margaret Frenz (2005), "Little Kingdoms or Princely States? Trajectories Towards a (Theoretical) Conception", *Indian Historical Review*, 32(2).

Beverley, Eric Lewis (2015), *Hyderabad, British India, and the World: Muslim Networks and Minor Sovereign c. 1850–1950*, Cambridge: Cambridge University Press.

Burbank, Jane and Frederick Cooper (2010), *Empires in World History: Power and the Politics of Difference*, Princeton, NJ: Princeton University Press.

Clunes, John (1833), *An Historical Sketch of the Princes of India: Stipendiary, Subsidiary, Protected, Tributary, and Feudatory, with a Sketch of the Origin and Progress of British Power in India*, Edinburgh: Shortrede.

Copland, Ian (1982), *The British Raj and the Indian Princes: Paramountcy in Western India, 1857–1930*, Bombay: Oriental Longman.

Copland, Ian (1997), *The Princes of India in the Endgame of Empire, 1917–1947*, Cambridge: Cambridge University Press.

Dirks, Nicholas B. (1986), *The Hollow Crown: The Ethnohistory of a Little Kingdom in South India*, Cambridge: Cambridge University Press.

Ikegame, Aya (2013), *Princely India Reimagined: A Historical Anthropology of Mysore from 1799 to the Present*, London: Routledge.

Inagaki, Haruki (2021), *The Rule of Law and Emergency in Colonial India: Judicial Politics in the Early Nineteenth Century*, Cham: Palgrave Macmillan.

Kawashima, Koji (1996), "Missionaries, the Hindu State and British Paramountcy in Travancore and Cochin, 1858–1936", Univ. of London PhD. Thesis.

Lee-Warner, William (1910), *The Native States of India*, London: Macmillan.

Maine, Henry (1892), Minute, 22 Mar. 1864, Proceedings, Foreign Department, Political, A, April 1864, No. 17, in *Minute by Sir H. S. Maine, 1862–69*, British Library, India Office Records, V/27/100/3: Calcutta: The Government of India.

Metcalf, Thomas R. (1965), *The Aftermath of Revolt: India 1857–1870*, Princeton, NJ: Princeton University Press.

Nair, Janaki (2011), *Mysore Modern: Rethinking the Region Under Princely Rule*, Minneapolis: University of Minnesota Press.

PP [Parliamentary Papers] (1926) (Cmd. 2621), East India (Hyderabad), *Further Correspondence Regarding the Claim of the*

Nizam of Hyderabad to the Restoration of the Province of Berar, London: HMSO.

PP (1929) (Cmd. 3302), East India (Indian States), *Report of the Indian States Committee, 1928–1929*, London: HMSO.

Ramusack, Barbara (1978), *The Princes of India in the Twilight of Empire: Dissolution of a Patron-Client System, 1914–1939*, Columbus, OH: Ohio State University Press.

Ramusack, Barbara (2004), *The Indian Princes and Their States*, Cambridge: Cambridge University Press.

Saksena, Priyasha (2023), *Sovereignty, International Law, and the Princely States of Colonial South Asia*, Oxford: Oxford University Press.

Sever, Adrian (1985), *Documents and Speeches on the Indian Princely States*, 2 vols., Delhi: B. R. Publishing Corporation.

The Directorate of the Chamber's Special Organisation (1929), *The British Crown and the Indian States: An Outline Sketch Drawn Up on Behalf of the Standing Committee of the Chamber of Princes*, London: P. S. King and Son. [*BCIS* と略記]

Tupper, C. L. (1893), *Our Indian Protectorate: An Introduction to the Study of the Relations Between the British Government and its Indian Feudatories*, London: Longmans, Green and Co.

Tupper, C. L. (1895), *Indian Political Practices: A Collection of the Decisions of the Government of India in Political Cases*, 4 vols., Calcutta: The Government of India.

Wilson, Jon and Andrew Dilly (2023), "The Incoherence of Empire: Or, the Pitfalls of Ignoring Sovereignty in the History of the British Empire", *Transactions of the Royal Historical Society*, 1.

第5章

ロシア帝国
——専制・臣民・領域

青島陽子

はじめに

一八三二年、ロシア帝国で国家基本法が制定された。その第一節「最高専制権力(verkhovnaia samoderzhavnaia vlast')の核心」の第一条には「全ロシアの皇帝は専制かつ無制限の君主である。その最高権力には、恐怖のみならず良心によって服するよう、神ご自身が命じ給う」とある(C3. 1832. T. 1)。この一節について、編纂者のミハイル・スペランスキーは、ロシア帝国は君主国であり、国家統治権のあらゆる要素が皇帝の人格に統合されている、と述べている。専制にして無制限の皇帝の権力とは、「地上のいかなる他の権力」も、「帝国の外からであれ、中からであれ、ロシア専制君主の最高権力に対して制限を加え得ない」ことを意味する(Сперанский 1835–37: 369–371)。つまり、ロシア専制君主には帝国の対外的主権および対内的主権が完全な形で備わっているのである。(1) このスペランスキーの解釈は、後々までロシア帝国の皇帝、官僚、法学者たちを縛るものとなった。

一、独自の国家体制としての無制限専制

ロシア帝国の法体系の整備を大きく前進させたのは、ニコライ一世期(在位一八二五—五五)における『ロシア

帝国法令全書』(一八三〇年)及び『ロシア帝国法律集成』(一八三二年)である。前者は一六四九年『会議法典』以降の法令を年代順に収録したものであり、後者はそのなかから現在機能している法規範を、出典を記した上で整理して配列したものである。そのため、『集成』およびその冒頭に置かれた国家基本法は、法典としての内的一貫性を欠く面もあったが、ロシア帝国の現行法にシステマティックな外観を与えることには役立った(Коркунов 1898: 77–96; 高橋 一九九九)。一方で、ニコライ期の厳格な体制のなかで、『集成』の刊行はむしろ新たな法典編纂への機運を萎ませ、体制批判につながりかねない国法の理論的研究も停滞した(Коркунов 1892: 112–113)。

ニコライ一世死後にアレクサンドル二世(在位一八五五—八一)が即位すると、「農奴解放」(一八六一年)をはじめ、地方自治制度、司法制度、軍制度などの国家・社会制度を大きく変革する「大改革」の時代が到来した。重要な新法が矢継ぎ早に出されたことで旧治世の『集成』のシステムは瓦解したが、一八四二年版、一八五七年版の後は新版の包括的『集成』は成らず、帝政末期までテーマごとに法令を収集した個別巻の出版のみが続いた(Градовский 1875: 45; Коркунов 1898: 94–96)。他方、ロシア帝国は『集成』の成立以降も、中央アジアや極東に領土を拡大し続けており、その意味で、帝国の制度だけでなく外形もまた変容を続けていた。

他方、「大改革」期に教育・検閲の規制が緩和され、一八六三年の新大学令によって大学に「国法学」講座が設けられたため、新しく登場した国法学者たちは体系的な国法理解に取り組むことになった(ПСЗ. Собр. II. №39752 (1863/6/18))。首都のサンクト・ペテルブルク大学で国法学を担当したイヴァン・アンドレーエフスキーは、さっそく一八六六年に講義をもとに『ロシア国法学』を出版した。アンドレーエフスキーによれば、一八六一年に農民が土地貴族から人格的に解放されたことで、「国家の最高権力」が「多数のナロード(民衆・人民・民族などの多義的意味をもつ語)の自由」と結合して「失われていた国家的統一」が回復し、「独自のロシア国家の型」が生み出されつつあるという(Андреевский 1866: 40)。萌芽期の国法学者の課題は、前治世の遺産

――サヴィニーなど歴史学派の法理論の影響(Коркунов 1892: 112; 高橋 一九九九：二三―三〇、五六頁)や『全書』『集成』などの整理された法規範――を引き継ぎつつ、その一方で、「大改革」によって変化する国家制度、拡張する領土など、帝国の形が変容し続けるなかで、ロシア独自の国家の型を見出すことにあった。アンドレーエフスキーは、「解放皇帝」によって「偉大な諸改革」が成し遂げられた現代こそ、過去の制度との比較分析をする「ロシア国法の歴史的研究」こそがもっとも有益であると述べている(Андреевский 1866: II)。その二〇年後、聖ヴラジーミル(キーウ)大学のアレクサンドル・ロマノヴィッチ＝スラヴァチンスキーもまた、ロシア国法学の課題は「ロシア国家体制の特性」の解明にあるとした。「ロシア・ナロード大衆の何世紀にもわたる苦しみ」によって獲得された諸制度は、彼らの「世界観、志向、要求」に適合したものであり、そうしたロシア国家体制への理解と敬意を促進することがロシア国法学のなすべきことだという(Романович-Славатинский 1886: C. I–II, IV, 1–2)。このように国法学者たちは、ロシアの最高権力とその諸制度、それらとナロードとの独自の結びつきを、その歴史的基盤から分析することを自らの課題としたのである。

国法学者が議論の基軸としたのは無制限専制概念であり、国法学者はそれを西欧の君主概念と同種と見なして異同を論じる一方、その歴史的基盤を強調することでロシア独自の体制として本質化する側面もあった。アンドレーエフスキーは、ロシア国家が西欧諸国家と異なる点として、①「ローマ世界の遺構」やレーエン的関係(封土を媒介とする君臣の契約関係)が欠如していること、西欧中世的な社団が存在しないこと、②(カトリックとは異なり)正教においては国家と教会が二重権力の状態に置かれていないこと、③モンゴルなどの東方の諸民族と恒常的に衝突する運命にあること、などを挙げている。東方の諸民族との衝突はロシアの国家発展を長く阻害していたが、一五世紀までに「モンゴル」との闘争のなかから、ロシアの諸侯は「無制限専制」という「最高国家権力」の形態を生み出した。その過程で、ナロードの市民的自由が失われたが、一八六一年の農民解放によって、このナロードの自由が復活することになった。このように、アンドレーエフスキーは、専制権力が形成されたことによる市民的自由の欠如を指摘しながらも、専制権力のイニシアチヴにこそ「ロシア・ナロード」の解放の契機も見出していた(Андреевский 1866: II, 37–40, 129)。一九世紀末にモスクワ大学国法学講座で教鞭をとったアレクサンドル・アレクセーエフもまた、ロシア皇帝と諸侯が協力してロシア国家をまず形成し、その国家の庇護のもとでロシア・ナロードが生み出されたとして、ロシア皇帝の専制権力の基盤にあるのは、何らかの法規範ではなく「ロシア・ナロードのあらゆる歴史的過去である」と述べている(Алексеев 1897: 221)。

二、無制限専制と「適法性」

こうした無制限の最高権力は、いかに「恣意的な独裁」と異なり、「法治」の性格を備えうるのか。アンドレーエフスキーの後を継いだアレクサンドル・グラドフスキーの学問的課題はそこにあった。グラドフスキーによれば、無制限専制とは、①皇帝の意志が上位の法規範によって拘束されず、②皇帝が国内のいかなる機関や身分団体(soslovie)とも最高権力を分有しないことを指した。その一方、国家基本法四七条によれば、ロシア帝国は専制権力が発する法律の「堅固な基盤」の上に統治されるとあり、これはロシア国家体制の「法治」性を表しているという(Градовский 1875: 1–3)。そのためにグラドフスキーは、皇帝から発せられる多様な「国家権力の意志」のなかで何が法律として認められるのか、その条件を法の作成・審議・発布過程や内容・形態などから、詳細に示すことに注力した。

グラドフスキーの後継者であるニコライ・コルクノーフは、こうした「適法性(zakonnost')」の根拠が、最高権力の発する法律による「自制」という形しか取りえないという、特殊な「適法性」意識の歴史的基盤を、代議的君主制が形成された西欧との比較において言及している。コルクノーフによれば、西欧では、王権は地方の世襲領地を基盤とする諸侯と常に対峙し、譲歩と制限を余儀なくされた。社会の側でも比較的人口密度が高く逃げ場所もないため、身分団体を組織して自らの自由と権利を擁護せねばならず、必然的に臣民の主体的権利が権力を制限することになった。それに対してロシアでは、諸侯は世襲領地に基づく地域的利益を主張することなく、むしろ皆が「国民統合(natsional'noe edinstvo)」の代表を主張したため、互いに対立することがなかった。さらに、社会の不満分子は権力と闘争することなく、広大な空間へ、辺境を取り巻くステップへと逃走・植民した。そのため国家権力の課題は、諸侯や諸身分団体との闘争ではなく、半定住の住民を秩序づけることとなった。こうしたことからロシアでは、「適法性」は、諸身分団体や社会的諸階級による自らの権利を巡る闘争の所産ではなく、秩序の客観的要請によって生み出されたものであり、権力への制限ではなく、権力による創造物であった。そのためにロシアでは、「適法性」、私有財産の保障、独立の裁判所、地方自治をもちつつも、西欧とは異なり、その基盤に政治的権利が存在しない、という(Коркунов 1892: 155-160)。

ロシアの国法学者は、無制限専制が「独裁」とは異なるという根拠を、専制君主が法律を発しつつ自らもそれに従って統治するという、専制君主の「自制」に見出した。そして、こうした独特な「適法性」の意識を歴史的発展の経緯から根拠づけたのである。

三、一九〇六年国家基本法と専制の歴史性

一九〇四―〇五年の日露戦争と国内の革命情勢に対応すべく、皇帝から様々なマニフェストが出されたが、そこでは専制の法的な正当性以上にその歴史的な神聖性が強く表明された。外敵打破と内乱鎮圧への協力を訴えた一九〇五年二月一八日のマニフェストは、「ロシアの人々」に対し、玉座の周りに一致団結し、「祖国の旧習に忠実」に国家秩序の改善にあたることを呼びかけ、神に対し「真の専制政治の一層の強化」を祈った。この時、反乱の指導者たちは、「過去との自然な繋がり」を断ち切り、「わが祖国に固有の諸原則」に基づかない

新しい国家統治を志向する者たちとして批判された(ПСЗ. Собр. III. №25852 (1905/2/18))。一九〇五年八月六日の国会開設宣言では、「ロシア国家」が「皇帝とナロード、ナロードと皇帝の切り離せない一体性」によって生まれたことを強調しつつ、「専制権力の核心」に関する国家基本法の「不可侵性」を維持するという条件のもとで、国会を開設すると述べた(ПСЗ. Собр. III. №26656 (1905/8/6))。

しかし、こうしたマニフェストに反するかのように、翌年一九〇六年四月二三日の新国家基本法は、法律の制定のためには、皇帝の承認のみならず、国家評議会(上院)と国会(下院)での可決が必要不可欠であると規定した(ПСЗ. Собр. III. №27805 (1906/4/23))。それにあわせて、「最高専制権力の核心」の規定からは「無制限」が消え、「全ロシアの皇帝には最高専制権力が属する」という文言に変わった。これをもって伝統的な専制権力の理解は変更され、皇帝は立法権力を国家評議会、国会と分有することになった。そして、君主の有する最高権力の規定から「無制限」が失われ、「専制」という文言のみが残されたのである(СЗ. 1906. Т. 1. Ст. 4)。

では、この無制限でない「専制」とは何か。この点を明確にするために、一九〇六年の新国家基本法は、「最高専制権力の核心」において、皇帝の個々の権能を初めて列挙することになった。国家基本法改正の発議権は皇帝のみが持ち(八条)、行政権はロシア国家の全範囲において全面的に皇帝に属する(一〇条)、皇帝は外交の最高責任者として外交政策の方向を決定し、宣戦布告、講和、条約の締結を行う(一二・一三条)。さらに皇帝はロシア陸海軍の統帥者であり(一四条)、また貨幣鋳造権や、高官の任免権も有する(一六・一七条)。司法権は皇帝の名において行使され、裁判所の判決は皇帝の名において執行され(二二条)、皇帝には恩赦の権利も属する(二三条)。大臣は個別に皇帝に責任を負う(一二三条)。立法に関しても、国会の閉会中に「非常事態」で立法審議が必要である場合、大臣評議会は皇帝に直接に法案を提出することができる。ただし、国家基本法、国家評議会・国会の制度、その選挙法についてはこの方法で変更できないという制限も設けられた(八七条)。このように従来通り広範な権力が皇帝に属したが、かつて「無制限」のみだった専制権力の説明が、個々の権能を列挙してその範囲を可視化するものへと変化したことは、専制権力に一定の制限を加える機能を果たすことになったとも考えうる(ПСЗ. Собр. III. №27805；加納 二〇〇一：一九九―二〇一頁)。

しかしさらに翌年、一九〇七年六月三日に左派勢力が多数を占めた第二回国会を皇帝が解散した際、同時に、国会での審議を経ずに選挙法をも改正した。これは明確に既述の八七条に違反する措置である。そのマニフェストでは、「わがナロードに対するツァーリの権力」は「主たる神」から与えられたものであるとしつつ、「最初に選挙法を下賜した権力、ロシア・ツァーリの歴史的権力のみが、それを廃止し新しいものに取り換える権利を満たすことができる」と述べ、皇帝の「歴史的権力」がもつ「権利」という説明によって、この違法な措置を正当化した(ПСЗ. Собр. III. №29240（1907/6/3)；池田 二〇二四：三九頁)。

政治家でもありモスクワ大学の国法学者でもあったセルゲイ・コトリャレフスキーは、通常、君主の地位には法的根拠よりも遥かに深い歴史的根拠が存在するものだが、「専制」概念にも、切れ目のない歴史的継承やツァーリ権力の神秘的基盤といった、形式的な「無制限」性を超えたイメージが付随していたと述べている。コトリャレフスキーは一九一二年の論考において、一九〇七年六月三日のマニフェストを適法的秩序の侵害として厳しく批判するが、とくに君主の立法権の制限という近代国家に不可欠な仕組みを壊し、それを「ロシア・ツァーリの歴史的権力」という「メタ法的根拠」を用いて正当化したことを問題とした。一九〇六年の新国家基本法でようやく踏み出した無制限専制の制度的制限と立憲体制への漸進的移行という動きは、「高次の歴史的使命」の名のもとに易々と反故にされたのである(Котляревский 1912：130–162)。

ロシア国法学は、ロシア独自の国家体制の核心を成す概念として無制限専制を捉え、この無制限専制を制御する法的機制を追求しつつも、その基盤を歴史的な形成過程から論じることで無制限専制を本質化してもいた。二〇世紀初頭の変革の時代、改革派は専制君主を説得して、国会・国家評議会との立法権の分有を基本法に盛り込み、専制概念から無制限性を取り払った。しかし直後に、保守派は専制君主に働きかけて、自らが発した法を一方的に破るという恣意的権力を発動させた。国法学者が望んだ専制権力の「適法性」の制度化は、同じく国法学者が論じてきた専制の歴史性を根拠に崩されることになったのである。

四、専制と臣民

国法学のもう一つの課題は、最高権力と「それに臣従するナロードあるいは社会」との関係を明らかにすることであった(Андреевский 1886: 80–81)。しかし、国法学の議論の中心を占めたのはロシア固有の最高権力の形態である無制限専制であって、ナロードに関する議論の発展は遅れた。実際、一八三二年の国家基本法には最高権力の規定しかなく、編纂者のスペランスキー自身、「国家と市民」の関係を明らかにしなかったと言われる(Коркунов 1898: 101)。アンドレーエフスキーもまた、一八六六年に『ロシア国法』第一巻「政府について」を出版した後、予定していた「ナロードについて」に関する巻を出版することはついになかった。グラドフスキーの世代になるとようやく、一八七五年の『ロシア国法の諸原則』第一巻「国家構造」の巻に臣民の法的地位についての記述が収められた(ちなみに、コルクノーフによれば、「市民」は市民的権利と政治的権利を両方持ち、「臣民」は市民権のみをもつ。住民が「臣民」である国家は「専制(avtokratiia)」であり、「市民」の場合は「共和制(respublika)」である(Коркунов 1892: 41))。グラドフスキーは、最高権力が発する法律が、社会における個々人の自由の程度と、国家から彼らへの要求の限度を規定すると考える(Градовский 1875: 12)。それに対してコルクノーフは、国家の強制権力を客体、専制君主・臣民の双方を含む住民全体を、範囲や程度はそれぞれ異なれども、権力行使への参加の権利と服従の義務をもつ主体であると捉える(Коркунов 1892: 15)(2)。国家における最高権力と臣民の関係の捉え方は両者で異なるが、両者とも、ロシアにおける臣民の法的地位が著しく多様であるという理解は共通していた。

臣民の多様な法的地位について、『集成』第九巻(一八九九年版)「法的身分(sostoianii)」法で確認してみよう。まず第一条において、国家内の住民の諸権利は、(一)都市・農村住民を構成する自然の住民、(二)異族人(inorodtsy)、(三)外国人に分類される。

(二)の異族人は特殊なカテゴリーである。ここには「非ロシア出自だがロシアに従属するすべての人々」(グラドフスキー)(Градовский 1875: 206)、「一般の臣民大衆から文化の程度が大きく異なる部族」(コルクノーフ)が含まれ、特別な法的地位に置かれていた。コルクノーフによれば、異族人は大きくは「ユダヤ人」と「東方異族人」の二つのカテゴリーに分けられる。前者は「部族的出自」のみならず、宗教でも条件づけられているため、キリスト教に改宗したら異族人ではなくなるが、後者は「部族的出自」のみで区分されているので、改宗しても異族人のままであるという(Коркунов 1892: 242–244)。一八九九年版の『集成』では「東方異族人」もまた①シベリアの異族人、②アルハンゲリスク県のサモエド、③スタヴロポリ県の遊牧異族人、④アストラハンとスタヴロポリ県を遊牧するカルムイク、⑤内オルダのキルギス(カザフ遊牧民)、⑥アクモリンスク、セミパラチンスク、セミレチエ、オラル、トゥルガイの異族人、⑦ザカスピ州の異族人、といった形で多様な集団が列挙され、それぞれが異なる法的状態に置かれていた(СЗ. 1899. Т. 9. Ст. 769)。

(一)の「自然の住民」には、ロシア帝国に住む、異族人以外の多民族の臣民すべてが含まれるが、これもまた、貴族、聖職者、都市住民、農村住民に分けられ、さらにこの四つのカテゴリーのなかも細分化され、それぞれ異なる法的地位に置かれた[3]。第四条では、身分団体に属する者は皆、それに応じた権利を享受すると規定される。こうした身分法制に関して国法学者たちは、ロシアでは西欧とは違って近代になっても古い身分制が残存したとは考えず、ロシア社会にとって異質な制度が相対的に遅く西欧から持ち込まれたと捉えていた。グラドフスキーによれば、西欧社会では強力な地主貴族の身分団体の権利が王権と対立したのに対して、ロシアでは身分団体は存在せず、専制権力と対峙したのは全ナロードを代表する民会(veche)であった。そのため専制体制の構築に伴って社会の全階層の隷属体制が確立した。ロシアでは諸身分は主に国家への義務負担の区分として形成されたが、エカチェリーナ二世期に貴族への恩恵状が出されると、徐々に国家への義務から、諸身分が脱隷属化するプロセスが始まった、という(Градовский 1875: 312–315)。コルクノーフは、ロシア社会にとっての身分制の外来性をさらに強調しつつ、西欧ではすでに身分的区分が完全に消滅したのに、ロシアは「わが国の歴史とは異質な」身分的区分を維持しているが、「大改革」期の農民改革でその「最後の支え」を失ったと論じる。いまだに身分制的原則が残るものの、現実のロシアの生活には適合しておらず、自分がどの身分に属しているか知らない人も稀ではない、という(Коркунов 1892: 198–199)。

確かに、一九世紀後半には、コルクノーフが述べるように「市民的平等への漸進的な移行」が徐々に進んでいたと言えるかもしれないが、実際に臣民一般の権利・義務がようやく明記されたのは、一九〇五年一〇月一七日のマニフェストに基づく、一九〇六年の国家基本法第八章であった(「ロシア臣民の権利と義務」として、「王位と祖国」の防衛義務(七〇条)、納税・兵役義務(七一条)が規定される一方、住居の不可侵(七五条)、職業・居住地選択や財産処分の自由(七六条)、財産の不可侵(七七条)、集会・言論・出版・結社の自由(七八・七九・八〇条)、信仰の自由(八一条)などが規定された)。その一方、身分別の法制もまた帝政末期まで生き続けた。

皇帝の権威は神に由来するが、「臣民の忠誠」によっても支えられていることになっていた。一八三二年の国家基本法第四章では、新帝の即位に際して、一二歳に達した農民以外のすべての男性の臣民が、それぞれ近隣の大聖堂、修道院、教会に赴き、軍・文当局の長を介して「それぞれの信仰と法に従って宣誓を行う」必要があるとされている。元老院が用意した宣誓書には、「忠実に誠意をもって奉仕し、すべてにおいて服従し、血の最後の一滴まで命を惜しまず」皇帝陛下を助けることを誓うと記されている(СЗ. 1832. Т. 1. Ст. 34)。一九世紀半ばの「農奴解放」以降、「農民以外」の文言が外され、一二歳以上のすべての男性臣民が宣誓することとなった(СЗ. 1906. Т. 1. Ст. 56; Барыкина 2015)。

この宣誓が「それぞれの信仰と法に従って」なされるとする条文には、宗教が臣民の忠誠の基盤にあることが示されている。一八三二年の国家基本法は、一方で正教をロシア帝国の「支配的な信仰」であるとし、皇帝は必ず正教徒でなければならないと規定したが(四〇・四一条)、その一方で「信仰の自由は異国宗派のキリスト教徒だけではなく、ユダヤ教徒、マホメット教徒(ムスリム)、多神教徒(iazychniki)にも認められている」とした(四五条)。しかし、ここで言う「信仰の自由」は個人の良心の自由を保障するものではなく、あくまで信仰が臣民個々人から皇帝への忠誠の回路として認められていることを指す。一時滞在の外国人も含めて、「ロシアにいるすべての諸ナロード」は、「全能の神を多様な言語で自らの祖先の法と信仰に沿って賛美し、ロシアの君主を祝福し、創造主に対して帝国の平穏を促し活力を強化するよう祈る」こととなっていたのである(四五条)。

他方で信仰は、最高権力が臣民個々に作用する回路でもあった。皇帝は正教信仰の「最高の守護者」であり、教会の管理においては、専制権力が自ら設立した聖宗務院を通じて作用する(四二・四三条)。この体制は他の宗派・宗教にも及ぶ。正教以外のキリスト教諸宗派や非キリスト教の宗務もまた、最高権力が命じる「宗務権力や特別管理機関」が管掌するとされた(四六条)。このように宗派・宗教は、正教も含めて、最高権力が臣民に及ぶ統治のチャンネルでもあった。こうした体制は基本的に帝政末期まで続いたが、これを現代の歴史家であるポール・ワースは「多信教公認体制」と呼んだ(4)。

とはいえ、諸宗派・宗教の扱いは平等ではなかった。ロシア国内では他宗派・宗教から正教への改宗が強く推奨される一方、正教から別の宗派・宗教への改宗は認められなかった。キリスト教から非キリスト教への改宗も認められず、ある非正教のキリスト教宗派から別の宗派への改宗は可能ではあったが、申請によって内務大臣が許可することになっており、宗教・宗派の移動はかなり制限されていた(C3. 1896. T. 11. Ч. 1. Ст. 4–6)。

一九〇五年四月一七日の「宗教的寛容原則の強化について」が発布されると、状況は大きく変化した。正教から他のキリスト教宗派に改宗することが認められ、あるキリスト教宗派から別の宗派への改宗も自由になった(一・二条)。各「異国キリスト教の諸宗派」には、財産所有や礼拝所の建設の権利、「神の法」を子供たちの「自然の言語」(母語)で宗派の聖職者が教える権利などが認められた(一三・一四条)。とくに地位が大きく変更されたのは「古儀式派」である。古い祈禱の様式を保持する正教徒内の「分離派」と呼ばれたこの集団は正式に「古儀式派」と呼ばれることになり、宗教指導者に聖職者としての地位が認められるなど、認定された宗派へと格上げされた(七―一一条)。また、「ラマ教徒」を「偶像崇拝者や多信教徒」と呼ぶことが禁止され、ムスリムとともに、法的権利の強化が目指された(一五・一六条)。こうした諸政策は、個人の良心の自由を認めたというより、国家の認定宗教の範囲を拡大したという側面が大きい(ПС3. Cобр. III. №26125(1905/4/17))。

五、専制と領域

ロシア帝国の支配領域は、歴史的な併合地域や継承地域に対する皇帝の称号の列挙によって表現された。そのなかで、「全ロシアの皇帝の玉座は、ポーランド王国とフィンランド大公国の玉座と不可分である」と別記されているように、この二地域のみは特別な位置づけにあった(C3. 1832. T. 1. Ст. 4, 37)。一八六三―六四年の一月蜂起以降、ポーランド王国の特別な地位は徐々に失われて「沿ヴィスワ地域」と呼ばれるようになっていくが、フィンランド大公国は帝政末期まで特別な地位を維持し続けた。とはいえ、一九〇六年の国家基本法の第一条は、無制限専制という皇帝に関する規定から、「ロシア国家は単一にして不可分である」という国家に関する規定に変わり、玉座の不可分性ではなく、国家としての単一性が強調されるようになった。続く第二条では、フィンランド大公国は、「ロシア国家の不可分の一部」であると述べられ、その特別な地位を認めつつもロシア国家との不可分性が強調された。さらに第三条では、ロシア語は「国家言語」であり、すべての国家機関や公的機関において使用が義務づけられる一方で，「地方言語」の使用は特別法によって定められると規定された。

国際法の専門家・官吏・政治家でもあったボリス・ノリデによれば，この「単一にして不可分」という文言は，一九〇五—〇六年の「遠心的な運動の危険性」の認識から，「フランス革命の政治用語を借用」して規定されたものだという。ノリデはこの条文を「ロシア国家領域の割譲禁止」の規定と解釈する(Нольде 1911: 226–227, 242–246)。一方で，コルクノーフは，一九〇六年の国家基本法の制定以前から，ロシアの「単一国家」としての特質を強調していた。コルクノーフによれば，ロシア権力は，その漸進的な領域拡大に伴って，併合地域に地方法や地域の諸制度を残しながら広い自治を与えてきたため，併合地域の学者のなかには，ロシア国家と併合地域の関係が独立国家同士の連合だと考える者もいる。しかし，併合地域はあくまで従属地域であり，ロシアは連邦も連合も構成しない。皇帝の権力は単一であり，その無制限の専制権力があらゆる地域に遍《あまね》く効力をもつ。「小ロシア」(ウクライナ)は主従関係の従属地域，ポーランド王国はロシア権力の創作物であり，フィンランド大公国もまた併合された地域である(5)。また，ヒヴァ，ブハラなどの「アジア国家」が保護領になることがあるが，これは国家が別の国家に従属する国際法上の契約関係であって，一つの政治体を構成するものではない，という(Коркунов 1982: 133–151)(6)。

こうした「単一」の国家について，コルクノーフは皇帝の称号の集積ではなく国家の形態として論じようとし，ノリデやコトリャレフスキーは，その国際法上の主体は君主ではなく国家としてのロシアであると強調する。しかし，一九〇六年の国家基本法で初めて登場した，国際関係における皇帝の全権という条文は，コトリャレフスキーが指摘するように，国内における皇帝の無制限の権力と連動しているようでもあった(Котляревский 1912: 152)。結局，一九〇六年の国家基本法の制定の後も，皇帝が対内的・対外的な無制限の権利を保持し，その皇帝を媒介して多様な領域が一元的に統合される従来の国家像が，新たな形で再生されたようにも見える。

　領域の不可分性は、地方法の扱いにも見られる。一八三〇年代初頭の『全書』と『集成』の編纂作業によって、帝国一般法が整備されるとともに地方法も認識された。とはいえ、スペランスキーは征服・併合された土地には、原則としてロシア法が適用されるべきであると考えていた(Raeff 1969: 341)。地方法は帝国法の補助にすぎないと捉えられていたため、その扱いには一貫性がなかった。西部諸県のように地方法の効力が停止され帝国一般法に吸収されていく場合もあれば、コーカサスのように地方法の一部が帝国一般法に組み込まれる場合もあった。沿バルト諸県やフィンランド大公国のように地方法の集成が承認される場合もあれば、ベッサラビア州のように地方法の集成が編纂されても承認されないこともあった。対応も時代によって異なり、帝国全体でみれば常に複雑な法的モザイクが構成されていた。しかし、ロシア法を優先するという基本的態度のために、地方法の根拠は脆弱となり、その実用的な価値は限定的なものであり続けたという(Кодан 2014、Raeff 1969: 340–342)。

　併合地域には一般の行政制度ではなく総督府が置かれて特別な統治体制が敷かれたが、この総督府は必ずしも制度化されたものではなかった(Мацузато 2004)。「大改革」期の地方自治制度改革以降、ゼムストヴォと呼ばれる新しい地方自治組織が導入された県が帝国の中核/内地と考えられるようになり(ПСЗ. Собр. II. №40457 (1864/1/1))、ゼムストヴォを導入しない辺境地域と区別されるようになった。この辺境地域には帝政最後まで総督府が残されたが、その一方で、この内地/辺境地域の区分が国家の構成として制度化されることはなく、内地の制度を漸進的に拡大する傾向が続いた。専制権力は内地でも辺境地域でも一様の効力をもち、それを前提として領域的な単一・不可分という概念が保たれ続けたのである。

おわりに

帝政期において、ロシア帝国の主権を論じることは、「最高専制権力」の「核心」を論じることに他ならなかった。この専制君主の対外的・対内的な絶対的権力について、ロシアの国法学は、それに制度的な枠を与えて制御しようともしたが、ロシア・ナロードの歴史的生成物として神話化することで強化もした。一八三〇年代以降にロシア帝国の法体系が整備され、一八六〇年代以降に国法学が制度化されたことで、無制限専制という最高権力の形態がロシア国家の独自の国家体制の根幹を成すとみなされ、歴史的形成過程から説明され概念化されていった。最高権力の制限は、「自制」のなかにのみ存在すると考えられたが、一九〇六年には漸く立法権力の議会との分有という形で制限が制度化された。しかし、その刹那に、この制限は「より高い歴史的使命の名のもとに」、「メタ法的根拠」でひっくり返されることになったのである。

この専制権力に対し、臣民個々人はそれぞれの宗教を介して皇帝に個人的に忠誠を誓い、全領域は皇帝個人を媒介として「不可分」なものとして統合されると考えられた。とはいえ、実体として皇帝が人と領域を全面的に統制できていたということではもちろんない。むしろ専制権力は多様な従属機関を通じて、様々な社会集団や個々人に異なる基準で働きかけており、社会集団や個人の側も多様な場面で権力との複雑な交渉を続けていた(青島 二〇二二)。問題はこの複雑な交渉の連鎖の連結点が専制権力に集中していたことであり、それを分散させるような国家体制を十分に構想することも、制度化することもできなかったことにある。この専制権力の過負荷の状態は、一九一七年の専制権力の突然の瓦解(皇帝の退位)を引き起こし、その後の著しい無秩序にもつながった。

註

(1)　大江泰一郎によれば、ロシア国法学体系にはロシアにおける「主権」という主題設定が欠けていたが、「専制」概念の分析によって自己充足していたという(大江 二〇一六：九六頁)。

(2)　当時は特異な理論とされたが(Ивановский 1893)、国家を法的関係性の総体とみる見方は、現代の歴史家であるジェーン・バーバンクの議論にもつながる(Burbank 2006)。

(3)　一八九九年版の『集成』によれば、貴族(一代、世襲)、聖職者(正教、ローマ・カトリック、プロテスタント、アルメニア・グレゴリウス派、アルメニア・カトリック)、都市住民(名誉市民、商人、町人、職人)、農村住民(農民、植民者、自営農、多様な種類の労働者などの他、小ロシア・コサック、上級身分でないベッサラビア県のレゼシ、タヴリーダ県のタタールなど、多様な地域の多様な集団が列挙される)といったように、細かく分けられている。

(4)　正教以外の宗教・宗派については、内務省管下の異国信教宗務庁のもと、キリスト教諸宗派の他、ユダヤ教、ムスリム、ラマ教・多神教徒なども、個々の宗務行政機関に分かれて管理された(Werth 2014; 青島 二〇一五、磯貝・磯貝 二〇二二)。

(5)　コルクノーフは臣民のカテゴリーを①自然の臣民、②異族人、③フィンランド民と分類しており、フィンランド大公国の独自の地位をかなり意識していた(Коркунов 1982: 198)。フィンランド側の議論については吉田(二〇二三)を参照。

(6)　ワルシャワ大学で国法学を教えたアレクサンドル・ブローク(詩人アレクサンドル・ブロークの父)は、ロシア国家・社会における多様性を孕んだ統一性について、多様な民族性の融合という観点から論じている。ブロークによれば、「ロシア帝国の広大な空間」では、一つの民族が支配的とならず、多様な民族性が相互に適応しつつ融合・同化し、徐々に「全ロシア(vserossiiskii)」タイプ、ひいては「全人類的」タイプの人々を生み出すと考えた。この「間ナロード的性格」が西欧と異なる東欧の特質であるという(Блок 1884: 7–11)。国法学者は、社会のあり方に関してもまた、多民族の融合による一つの統合された社会という神話を構築しようとしていたとも言える。

参考文献

青島陽子(二〇一五)「ロシア帝国の「宗派工学」にみる帝国統治のパラダイム」池田嘉郎・草野佳矢子編著『国制史は躍動する――ヨーロッパとロシアの対話』刀水書房。

青島陽子(二〇二二)「帝政ロシア史研究における「帝国論的転回」――ロシア帝国西部境界地域を中心に」『史学雑誌』第一三一編第七号。

池田嘉郎(二〇二四)「ロシアにおける主権と議会――その歴史的文脈」『ロシア史研究』一一二号。

磯貝真澄・磯貝健一編(二〇二二)『帝国ロシアとムスリムの法』昭和堂。

大江泰一郎(二〇一六)「国家的所有権の誕生」『静岡法務雑誌』第八号。

加納格(二〇〇一)『ロシア帝国の民主化と国家統合——二十世紀初頭の改革と革命』御茶の水書房。

堀川徹・大江泰一郎・磯貝健一編(二〇一四)『シャリーアとロシア帝国——近代中央ユーラシアの法と社会』臨川書店。

高橋一彦(一九九九)「近代ロシア法学史序説——帝政ロシアの知の断層」『神戸市外国語大学外国学研究所研究年報』第三六号。

吉田眞生子(二〇二三)「ロシア帝国におけるフィンランド大公国と「フィンランド・フォルク」概念——一九世紀前半の知識人の議論において」『北欧史研究』第四〇号。

Алексеев А. С. (1897), *Русское государственное право,* М.

Андреевский И. Е. (1866), *Русское государственное право,* Т. 1, СПб./М.

Барыкина И. Е. (2015), “Проблема престолонаследия в системе государственного управления российской империи середины XIX века: присяга на верность подданства как экстраординарный механизм”, *Вестник Русской христианской гуманитарной академии,* Т. 16, Вып. 1.

Блок А. Л. (1884), *Политическая литература в России и о России,* Варшава.

Градовский А. Д. (1875), *Начала русского государственного права,* Т. 1, Изд. 1, СПб.

Ивановский В. В. (1893), *Государства, как юридическое отношение: По поводу книги Н. М. Коркунова «Русское государственное право»,* Казань.

Кодан С. В. и Февралев С. А. (2014), *Местное право национальных регионов в российской империи (второй половина XVII-начало XXв.),* М.

Коркунов Н. М. (1892), *Русское государственное право,* Т. 1, Изд. 1, СПб.

Коркунов Н. М. (1898), *Сборник Статей Н. М. Коркунова 1877-1897,* СПб.

Котляревский С. А. (1912), *Юридические предпосылки русских основных законов,* М.

Мацузато, Кимитака (2004), “Генерал-губернаторства в Российской империи: от этнического к пространственному подходу”, *Новая имперская история постсоветского пространства,* ред. И. В. Герасимов и др, Казань.

Нольде Б. Э. (1911), *Очерки русского государственного права,* СПб.

Полное Собрание Законов Российской Империи (ПСЗ).

Романович-Славатинский А. В. (1886), *Система русского государственного права,* Ч. 1, Киев.

Свод законов российской империи (СЗ).

Сперанский М. М. (1835–37), “О законах”, *Сборник императорского русского исторического общества,* Т. XXX, СПб.

1877.
Burbank, Jane (2006), "An Imperial Rights Regime: Law and Citizenship in the Russian Empire", *Kritika* 7-3.
Raef, Marc (1969), *Michael Speransky: Statesman of Imperial Russia 1772–1839*, 2nd revised edition, Martinus Nijhoff.
Werth, Paul W. (2014), *The Tsar's Foreign Faiths: Toleration and the Fate of Religious Freedom in Imperial Russia*, Oxford University Press.

第6章

近世「帝国」としての大清帝国
――マンジュ(満洲)による集塊とその構造

杉山清彦

はじめに

「主権国家」を歴史的に再考するとき焦点となるのは、それが形成された「近世」という時代と、それと対照的な存在として想定されている「帝国」という国家形態とであろう。

私の理解では、「主権国家」をめぐる近年の潮流は、近世ヨーロッパの国家形態を、近代を基準として理念化された「主権国家」の初期形態や不完全型とみなすのではなく、近世という時代とヨーロッパの地域性とに即して、「近世主権国家」という一つの型として切り出そうとするものであるように思われる。

そこで描かれる近世ヨーロッパの国家は、内外に主権をとなえるという点では中世の封建国家とは異なるものの、その内実は、独自の法や権利をもつ自律的な邦国や政体の寄せ集めであり、法的にも経済的にも一元化されていない権力の集合体であった。しかもそれは、婚姻・相続や戦争・条約によってたえず組み替わる不定形なもので、君主の統治下にある領土・領民は流動的で不均質であった――このような理解は、明確な輪郭と中心をもった国家が並び立ち、水平的な関係が取り結ばれていたという従来のイメージを大きく塗り替えるものである(古谷・近藤編 二〇一六、近藤 二〇一八)。

他方、近代の理念的「主権国家」に対置されるもう一つの国家形態である「帝国」もまた、理解が刷新されている。近年あらためて提起されている「帝国」像は、近代の帝国主義国家や、皇帝を元首とする君主国という意味ではなく、単一の権力のもとに多様な地域や民族を複合的かつ差等的に統合した政体をいう。このような理解に基づいて対比するならば、「帝国」は一面において「近世主権国家」と連続性をもってとらえることができるように思われるし、またそれゆえに、新たな相違の発見が期待されるところであろう[1]。

では、そこに「アジア」ないし「ユーラシア」というもう一つの比較の軸を持ち出したとき、どのような像が浮かぶだろうか。本章では、アジアにおける「近世」の「帝国」として大清《だいしん》帝国（清朝、一六三六―一九一二年）を取り上げ、近世ユーラシアの帝国という観点から、国制の特質とその背景にある歴史的文脈を整理したい[2]。

一、「大清」という近世「帝国」

清は、一般には「最後の中国王朝」とみられていよう。すなわちその歴史は、明《みん》（一三六八―一六四四年）の周辺に興起した「女真《じょしん》人の異民族国家」から始まり、やがて明に取って代って「中華帝国の繁栄」の時代を築き、しかし一九世紀に入ると体制が動揺して、外からは「落日の中華帝国」とみなされ、内においては「異民族王朝の打倒」が叫ばれて滅亡に至る。その体制は、明から地位を受け継いだ皇帝のもと、明の制度をほぼそのまま継承して科挙官僚を用いて統治に当らせるというもので、それ以外に軍機処・理藩院・内務府などいくつかの独自の制度を附加したにすぎず、また内外に対しても儒教を奉じる皇帝として臨み、中華の文化の浸透していない藩部地域に対しては間接統治をしいた、と。

しかし、このような理解は、漢人の社会と価値観、そしてそれに基づく王朝像を基準とし、それに当てはまらない要素を「漢化」という文化同化言説で接合したものにすぎず、この帝国それ自体に即した説明ではない。

周知の通り、この国家を建設したのは漢人ではなく、マンチュリア(満洲)に住まうツングース系民族である女真＝満洲人であった。そこで、まず彼らの立場からみた略史を確認しておこう。

満洲とは部族名のマンジュ(Manju)という語の漢字音写で、一六三五年に、金〜明代のジュシェン(Jušen 女真、女直)に代えて民族名として名乗るようになったものである。以下では、原語によってジュシェン、マンジュと表記しよう。彼らは、モンゴルと同じく騎射戦術を長技とするものの遊牧民ではなく、集落をつくって畑作を主生業としながら狩猟・採集に勤しむ人びとであった。たとえていえば、遊牧のフンに対するゲルマン農牧民のようなものといえよう。文化的にもモンゴルに近く、自分たちのマンジュ語(ジュシェン語)を、当初はモンゴル文に訳して、後にはモンゴル文字を借用したマンジュ文字で書き表し、漢字・漢文は用いなかった。

一六世紀末、その中から現れたアイシン＝ギョロ(愛新覚羅)氏の一首長ヌルハチ(一五五九—一六二六年)がマンジュ国《グルン》(グルン gurun はモンゴル語のウルスと同じで、くにたみ、くにの意)を建て、一六一六年にハン[3]位に即《つ》いて全ジュシェンを統一した(後金《こうきん》)。ついで子のホンタイジ(在位一六二六—四三)が、モンゴル宗家の北元《ほくげん》の大ハーン家を降《くだ》したのを契機として一六三六年に皇帝位に即き、新たにマンジュ語でダイチン＝グルン(Daicing gurun)、モンゴル語でダイチン＝ウルス(Dayičing ulus)、漢語で大清国という三言語の国号を定めた[4]。これがいわゆる清の成立である。さらに一六四四年には、内乱による明の自滅に乗じて北京に入り(入関《にゅうかん》)、以後およそ四〇年をかけて、康熙《こうき》帝(在位一六六一—一七二二)のときに旧明領の漢地を平定した。

他方、同じく一六八〇年代に北方でロシアと対決してネルチンスク条約を結び、黒龍江流域からこれを閉め出した。西方では、西モンゴルの遊牧国家ジューンガルと対峙し、一六九一年までに南北モンゴル(内外モンゴル)、そして一七五九年までに青海《せいかい》・ジュンガリア・東トルキスタンの地を支配下におさめるとともに、チベットを保護下においた。こうして、パミール高原以東の大半を領する大版図《はんと》を現出したのである。その領域は、森林地帯の故地マンチュリアから始まって、仏教信仰が広がるモンゴルの草原地帯とチベットの高原地帯、ト

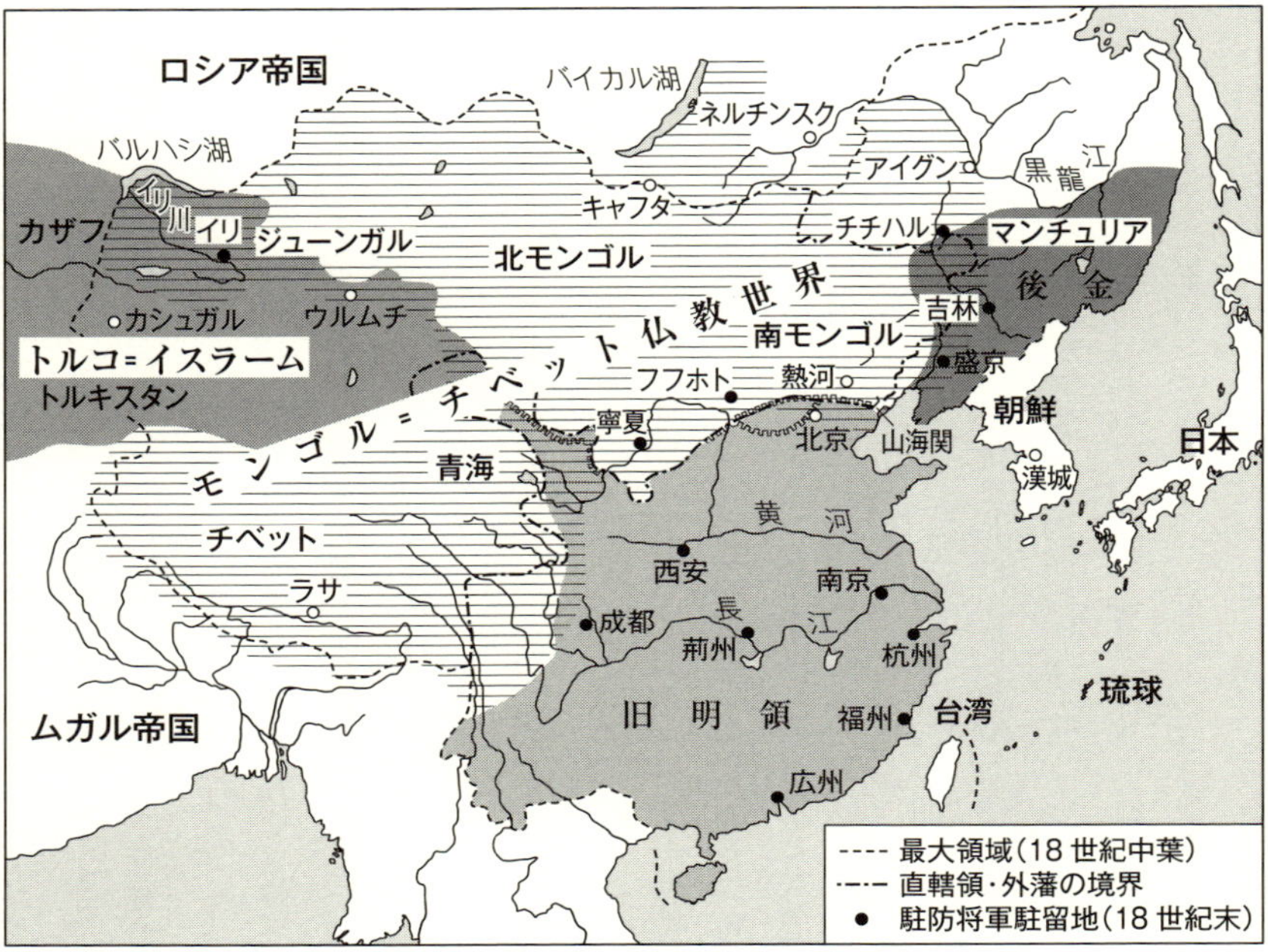

図１　大清帝国の支配領域とその構造（杉山 2022 より）

ルコ系ムスリムを主とするオアシス地帯、そして膨大な人口を擁する漢地といった、環境・生業や信仰・言語文化を異にする複数の地域にまたがる広大・多様なものであった［図１］。これは、近世世界を見渡したとき、陸域の「帝国」としてとらえるにふさわしいであろう。

本章でこの国家を大清帝国と呼ぶのは、このように〈「大清／ダイチン」を国号とし、マンジュ人を支配層とするユーラシア東方の広域帝国〉ととらえる視点からである[5]。では、治下の広域かつ多様な地域・集団を君主のもとに結びつける正統性・統治機構・人的資源・軍事力を、彼らはどのようにして調達し、いかに組織していたであろうか。以下では、近世主権国家との対比を意識しながら、ユーラシアの「大清帝国」の姿を、形成と拡大、構造と運営、そして変容という三つの面に即してまとめたい。

二、大清帝国の形成と拡大

「ジュシェン国」意識と多元的世界観

まず、大清帝国の形成・拡大過程とその構図について、彼ら自身がどのような枠組みで把握していたかを見てみよう。

中国王朝であれば、自らを文化的中心たる「華」とし、周囲を劣位にある「夷」とみなして同心円的に位置づける華夷思想によって世界を説明し、周囲の諸国でも、朝鮮や琉球はその枠組みの中に自己を位置づけていた。しかし、漢字・漢文を共有しないジュシェン＝マンジュ人やモンゴル人は、そのような枠組みを受け入れていたわけではない。

ヌルハチ・ホンタイジ両代の事績を記したマンジュ文年代記『満文老檔《まんぶんろうとう》』の原資料である『満文原檔』は、一六一九年のヌルハチによる全ジュシェン統合を寿いで、「漢人の国《ニカン＝グルン》から東のかた日の浮かぶ海〔日本海〕に至るまでの、高麗国《ソルホ＝グルン》以北、モンゴル国以南の、ジュシェン語の国をことごとく討ち従えた」と誇らしげに記す(6)。

ここに示されるように、彼らは自分たちの世界を、「漢人の国」すなわち明、「高麗国」すなわち朝鮮、それにモンゴルと接し、言語によってそれらと区別される一つのまとまりをなすものと認識しており、それを「ジュシェン語を話す同族のくに」という意味で「ジュシェン国」――ヨーロッパでいえば、民族的・文化的まとまりとしての「ドイツ」に当るといえようか――と呼んでいた。その世界観を表したものが図2である。

ジュシェン国は、観念上はジュシェン人自身のハンのもとに統べられるべき一つの国でありながら、一三世紀の金の滅亡以来、モンゴルや明の支配や干渉を受けているものと考えられていた。現実には、当時のジュシェン国はヌルハチのマンジュ国などいくつもの政権に分かれており、その統合は、最後まで対立したイェへ国

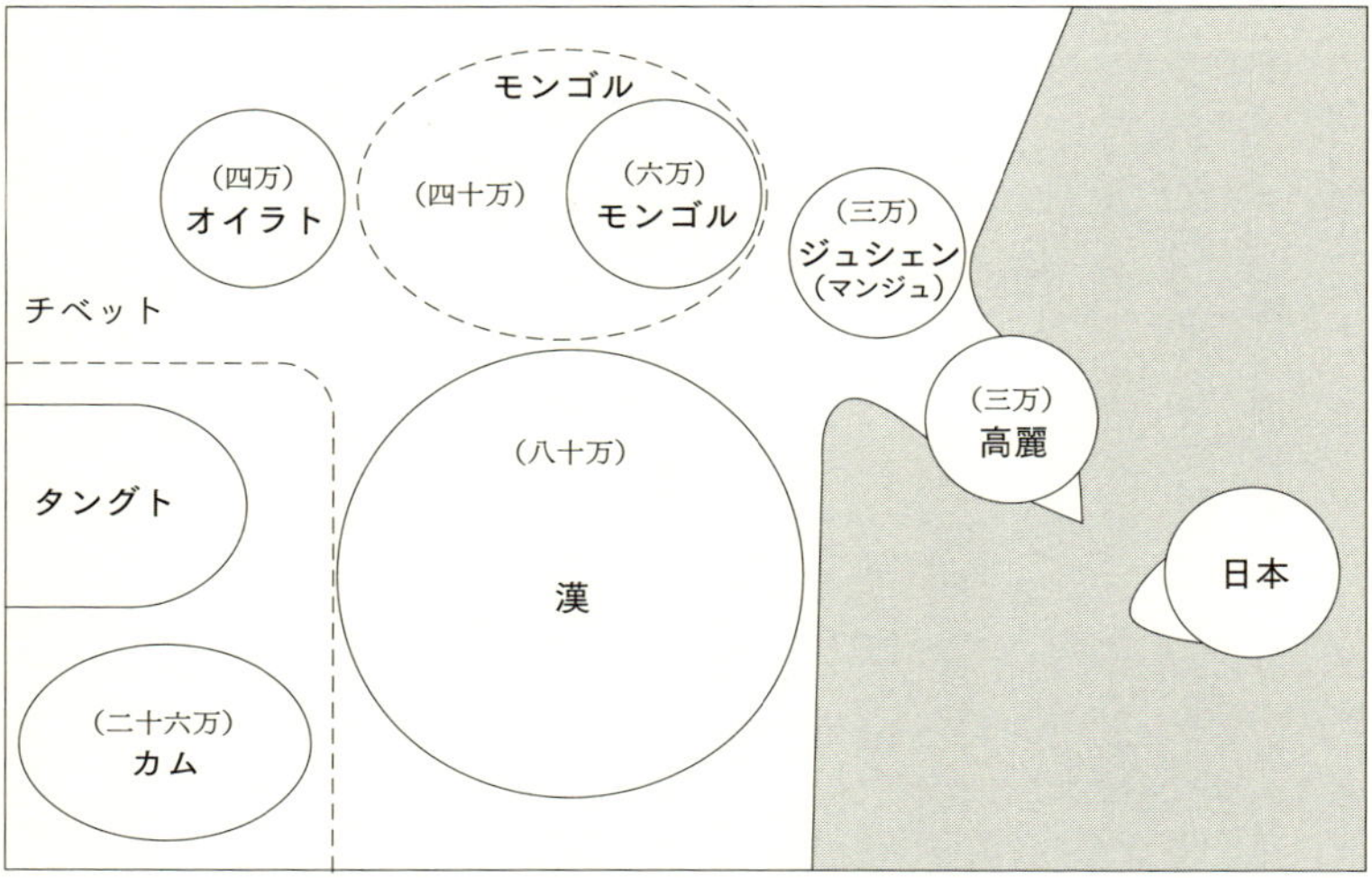

図２　マンジュ・モンゴルの王統(「政」)観念と世界観(杉山 2015 より)

の討滅によって果される。(7)

イエへの諸王が四代にわたって国にハンとして過した政《まつりごと》(doro)は、ギンタイシ王父子・ブヤング王兄弟〔イエへ国最後の君主たち〕が、はなはだしく異なった言葉の漢人《ニカン》のハンとモンゴルのハンに頼っていき、ほしいままに過したので、政は亡んだ。

ここに成し遂げられたヌルハチの覇権は、マンジュ国によるジュシェン国の政治的統合を実現したものであり、これを寿いだのが、先掲の『満文原檔』の讃辞であった。

このようなまとまりの意識は、ジュシェン＝マンジュ人に限られるものではない。モンゴルを中心にインド・チベット・モンゴル・マンジュ・漢の王統史を記したモンゴル文の年代記『蒙古源流』(一六六二年成立)では、歿したばかりの順治《じゅんち》帝(在位一六四三—六一)の治世を、

それなる順治皇帝は、〔……〕甲申の年〔一六四四年〕に漢の大明皇帝《ダイミン＝ハーン》の黄金の玉座の上に坐って、順治皇帝としてあらゆる方向に有名になって、南の八十万《トゥメン》の漢、

西方の終りのカム〔東チベット〕の二十六万チベット、北の四万オイラト〔西モンゴル〕、東方の三万の白い高麗、中央の四省のマンジュ、六万モンゴルなどを自分の力に入れ、〔……〕きわめて大きな国人《ウルス》をはじめて治め、宝のような大きな政《まつりごと》(törü)を平和にした。

と表現している。[8] ここでも、規模の大小はあれど世界にはモンゴル・チベット・漢などが並立しているという認識が語られており、モンゴル人は、それらがマンジュの順治帝の治下に入ったとみなしていたのである。またそれぞれの規模は、**図2**中に示したように、モンゴル帝国時代の軍制の最大単位に起源する「万戸《トゥメン》」(騎兵一万、およびそれを供出する集団の単位)の数で表現されており、ジュシェン人の異称も「三万《イラン＝トゥメン》ジュシェン」であった。すなわちジュシェン国もまた、モンゴルのハーンと漢人の皇帝からは劣位にあるとはいえ、独自の君主を戴くべき一つのまとまりとして、その一角を占めると観念されていたのである。

〝政〟の並立とその集塊

このように、マンジュ人やモンゴル人は、〈華－夷〉によって序列づけられた儒教的な同心円的世界観ではなく、天下には大小はあれど文化的同質性や歴史的連続性に根拠づけられた政治的まとまりが並立しており、それぞれに君主がいて歴代その支配権の授受が行なわれてきた、と考えていた。彼らは、このような王統・支配権を、先掲の満・蒙文史料にあるように、古代トルコ語に由来する語で「政」(マンジュ語でドロ、モンゴル語でトゥル)と呼んでいた(Doerfer 1967: 264-265; Elverskog 2006: Capter I)。

前項の『満文原檔』にあったように、ヌルハチの覇業とは、イェへなどジュシェン国の下の他国の「政」を奪って自らのマンジュの「政」に統合していく過程であり、大清の帝国形成とは、『蒙古源流』に示されていたように、独自の王冠を戴く諸国の「政」をも統べていくことであった。『蒙古源流』は、モンゴルの王統の併呑について、「〔北元最後のリンダン＝ハーンは〕道理に外れた行ないが多くなったとき、太平の政(törü)を力によって従えることができず〔……〕六つの大いなる国人《ウルス》を大清の政(dayičing törü)に集めた」と表現し、また明についても、「〔明最後の〕崇禎《すうてい》皇帝は〔……〕甲申の年にマンジュの順治皇帝が政を奪った」と記しており[9]、この直後に前項で引いた順治帝の頌が続くのである。

　ここに示されるように、モンゴルには「元・明の南北朝」から「元清交替」へ、というべき史観があり、チンギス＝カン以来の大ハーンの系譜は、明朝成立に関わりなく漠北で続いてリンダンに至ると認識していた(森川 二〇二三)。そしてリンダンの死後その「政」がマンジュのハンであるホンタイジに引き継がれ、さらに北元と対峙してきた明の「政」も、順治帝の下に入ったと考えていたのである。「天命」観に基づく唯一の「正統」の系譜が元・明・清と受け継がれたと考えるのは、漢人の歴史観による一解釈にすぎないのである。

　この「政」の並立と統合という観点に立てば、大清帝国の形成と拡大は、マンジュの「政」を統べたヌルハチの王統が、モンゴルや漢人の「政」をも統合し、朝鮮やチベットの「政」を従属させていく過程ということができる。大清帝国の発展過程は、マンジュ王権によるユーラシア東方の諸王権の〝集塊〟だったといえよう。そしてマンジュ人・モンゴル人は、それを漢人の天命観とは異なる天(マンジュ語でアブカ、モンゴル語でテングリ)の意志の表れとして正当化した。

　ただし、これはマンジュ＝大清の「政」への諸王権の合一であり、集塊された各々の「政」の王冠を皇帝が兼ねるという形態をとるものではなかった。したがって、統べられたモンゴルの大ハーン位や漢地の皇帝位は大清皇帝位に一体化されており、他方、臣属したのであって吸収されたわけではない朝鮮国王や琉球国王の位は、外臣の王位としてそのまま存続したのである。

　このように、一六―一八世紀のユーラシア東方の構図が、華夷思想とは異なる王統の並立観念と、それを前提とした上での大清皇帝による大統合ととらえうるとき、広域の秩序理念として浮上してくるのは、チベット仏教世界の観念である（石濱 二〇〇一）。一六世紀後半以降、チベット仏教は中央ユーラシア東部に急速に弘まり、南北モンゴル・オイラト諸部に浸透・定着するとともに、東方のマンジュ人にも及んだ。その特徴は、宗教的・思想的な世界観・価値体系を説きつつも単一の天子＝皇帝の支配に収斂《しゅうれん》して並立を認めない儒教的世界観とは異なり、複数の王権の併存・交渉を許容するものであるところにある。それゆえ、最終的には乾隆帝《けんりゅう》（在位一七三五―九六）のときにチベット仏教世界全体を統べることになるものの、それ以前においては大清皇帝はジューンガルの君主らと並立する関係にあったし、それ以降も、観音菩薩の化身《けしん》であるダライ＝ラマや阿弥陀仏の化身であるパンチェン＝ラマに対し、文殊菩薩の化身として仏教上の神格をもつ者同士で並び立つ――上下の関係でなく――ことができたのである。

このように、大清帝国の建設者であるマンジュ人自身や、同盟者であるモンゴル人・チベット人の世界観は、〈華－夷〉や〈中央－周辺〉のモデルではなく、それぞれの文化的・歴史的まとまりに根拠をもち、仏教的解釈で支えられた、王統・王権の併存としてとらえることができるのである。一般に知られる華夷思想は、版図内において漢人に向けての振舞いは規定したが、広域の秩序理念としては、帝国そのものよりはむしろ、域外の朝貢国との関係の整序において機能したといえよう。

三、大清帝国の構造と運営

王権の複合的性格――皇帝の〝いくつもの顔〟

では、このような観念のもとに集塊されていた大清帝国は、具体的にはどのような構造をとり、いかに統合・統治されていただろうか。

すでにみたように、帝国を構成する各地域・諸集団は、帰属した経緯もその服属形態もそれぞれ異なってお

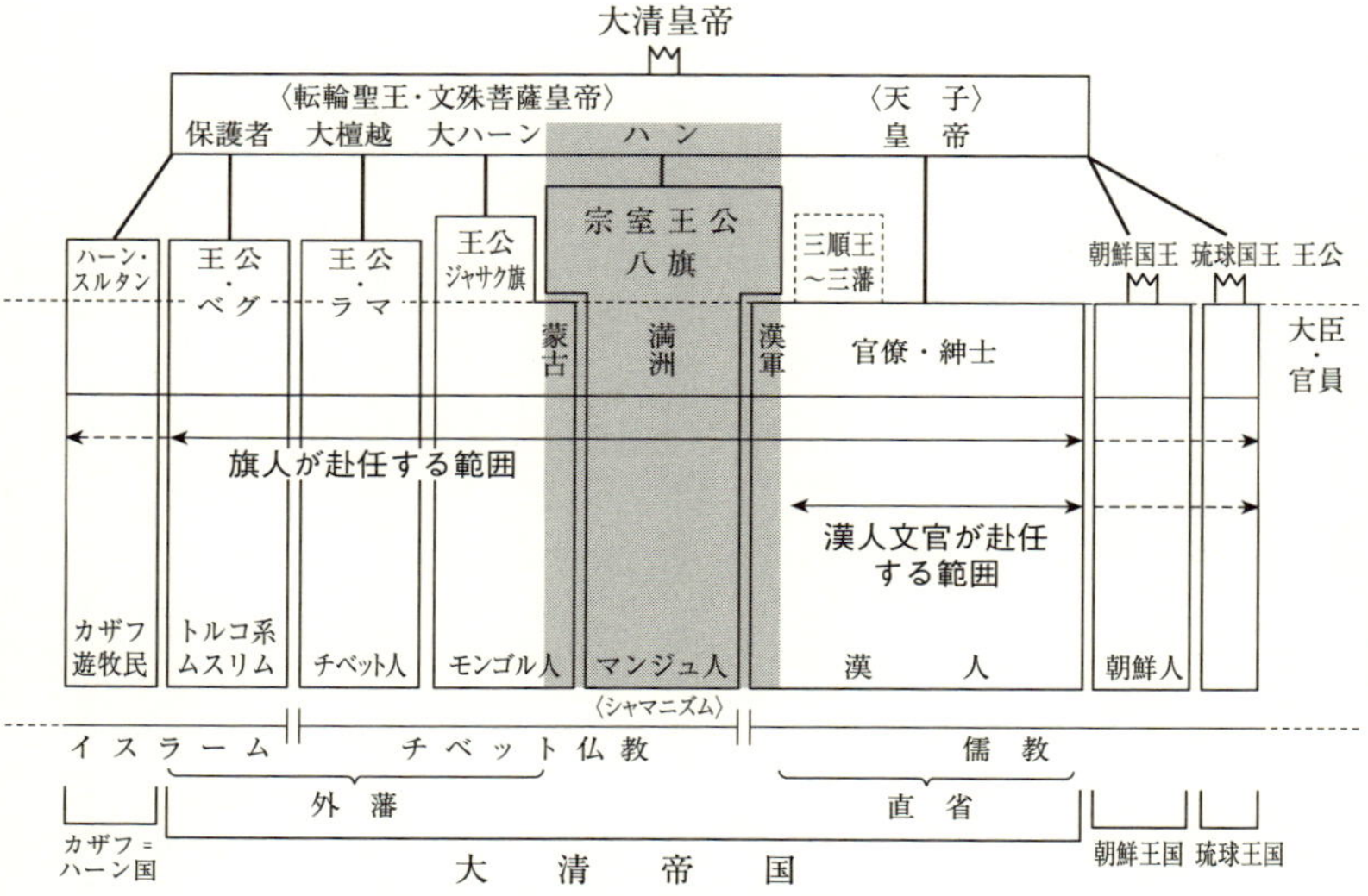

図 3　大清帝国の支配構造と「行政的巡礼」圏(杉山 2022 より)

り、これを束ねるのは、大清皇帝と各集団との間の個別の君臣関係にすぎなかった。集塊された多様な地域の人びとは、マンジュ人の大清皇帝を共通の君主として戴くことによってのみ統合されていたのである。

それゆえ、大清皇帝は一般に考えられているような中華の皇帝ではなく、それをもその一つとする、さまざまな顔をもっていた[図3]。すなわち、八旗《はっき》を率いるマンジュ人のハン、明皇帝を継承して儒教を奉じる天子、モンゴル君長たちを従える大ハーン、チベット仏教の大檀越《だいだんおつ》(檀家)にして仏法を護る転輪聖王《てんりんじょうおう》、そして異教徒ながらムスリムの信仰を是認する君主——大清皇帝は、支配下のさまざまな人びとに対し、それぞれに対応した〝いくつもの顔〟をもつことによって君臨・統合していたのである。

注意せねばならないのは、皇帝のもつこのように複合的で多様な性格は、はっきりとは分けられないということである。これら〝いくつもの顔〟は、別々の顔を使い分けるというものではなく、皇帝個人の一つの人格のうちに体現されていた。ある扉をくぐればハンから皇帝に変るというわけではなく、また天子なりハーンなりの資格で対象ごとに法令を発したり特権を付与したりしているのでもないのである。このことと対応して、君主号はハン、皇帝といったシンプルなもので、ハプスブルク家やロマノフ家の君主のように延々と称号を連ねることも、統治対象ごとに資格を使い分けることもなかった。それゆえ図３では、各集団に君臨するのである。「大清皇帝」には、さまざまな性格は示されているけれども、明確な区切りは設けられず一体となっているのである。そのような点では、同じく複合的でありながら、ヨーロッパにおける同君連合という形態や、礫岩君主といった存在様式とは形式を異にしている。むしろ、このように多元的でありながら一体であるという大清の皇帝権力のあり方こそ、多様な経緯・論理で支配を受け容れたさまざまな集団・地域を統合する秘訣であったといえよう。

またそれゆえ、皇帝支配を支える正統性の来源は、一つではない。帝国の多元性を反映して、支配権は天、チベット仏教、儒教など複数の論理で正統化されており、秩序の頂点に立つ皇帝は、まさに秩序と安寧を実現していること自体を根拠として君臨していたといえる。比べみるならば、ヨーロッパ近世史においても、普遍的権威に代る宗派化や主権国家形成という多様化の趨勢が論じられているが、ユーラシア規模で見渡すと、西方はあくまでキリスト教・ラテン文化の共有を前提とした上での多様化にとどまるのに対し、東方ではそもそも信仰体系・世界観・言語文化自体が多元的であることに大きな相違がある。

このような環境下においては、皇帝はさまざまな文脈から慣習的・道徳的な期待や制約を課されることになり――公正なる部族長、徳目を体現する明君、戦士たちの統領たる無双の武人、篤実な信仰の実践者・保護者など――、じじつ歴代皇帝はそれを実現するために並大抵でない努力を払った。

他方、いずれの文脈においても、皇帝は法によって規定・制約されるものとは観念されておらず、法規上その権力は無限定であった。浩瀚《こうかん》な国制総覧『大清会典《かいてん》』など数多《あまた》の政書・法典はあるけれども、そこに皇帝の権限に関する規定はみられない。本書第５章で論じられたロシア帝国では、国家基本法や訓令においてツァーりの専制権力の無制限性が明示されるのに対し、大清帝国の皇帝権力は、法によって規定されないがゆえに無制限なのである。(10) むろん、現実には康熙帝や乾隆帝といえどもモンゴル王公の動向や漢人士大夫《したいふ》の評判を常に気にかけながら政務を執っていたが、明文でそれを規定したり制約したりするものがあるわけではなく、歴代皇帝は、成文法の世界における専制性と慣習法の世界における有限性との間で、それぞれに立ち位置を探りながら手綱を操ったのである。

「固い」核と「柔らかい」ひろがり

では、帝国統治の実際は、どのように組み立てられていたか。このような複合性は、統治の現場にどう現れていたか。

まず、基幹をなしたマンジュ人自身は、軍事制度であるとともに行政・社会制度をも兼ねた組織である八旗制に編成されており、国家の軍事力の根幹をなすとともに、文武官員の人材供給源として支配の中核を担った(杉山 二〇一五)。大清帝国の統治は、この八旗に属する旗人《きじん》を核としつつ、さまざまな地域・集団との協同で行なわれていた。

第一の特徴は、現地支配エリートとの提携・協同である。外藩《がいはん》(11)と総称されるモンゴル・青海・チベット・東トルキスタンにおいては、モンゴルの遊牧君長や聖俗のチベット領主、ムスリムの都市有力者といった現地の支配層・有力者層が、官職や爵位を授けられて、送りこまれた駐屯軍や監督官と協同して統治に当った。ひるがえって旧明領の漢地では、明末の諸官制をほぼそのまま流用し、科挙を実施して漢人を文官に登用したが、これは見方を変えれば、在地レベルの統治を在地の指導層に委ね、在来のやり方で統治しているという点で、外藩統治と一脈通じるものということもできよう。

第二の特徴は、一面において「王公－属下」ユニットの連合という側面をもっていたことである。図3の右半＝東方を見ると、明代と変らぬ一君万民的支配と朝貢関係が展開しているが、左半＝西方に目を向けるならば、自己の家臣・領民を率いる首長たちが、皇帝に臣従して連合している姿を見出すことができる。

その核となったのは、マンジュ人自身の組織である八旗である。八旗はその名の通り八つの集団からなり、皇帝自ら三旗を直率するとともに、他の五旗は宗室王公(旗王)が分封《ぶんぽう》されて支配した。この組織法は帰順したモンゴル諸侯や漢人軍団にも適用され、集団の長を旗王と同格の地位に封《ほう》じ、属下を旗制に編成して組織化していった。漢人藩王は三藩の乱(一六七三―八一年)によって廃止されたが、モンゴル集団を編成したジャサク旗は国勢の拡大とともに増加していき、南モンゴル六盟四九旗・北モンゴル四部八六旗をはじめとする多数の旗が編成された(盟旗制)。これらの長は、宗室王公と同格の親王・郡王などの王公爵を与えられて序列化されており(岡 一九九四)、帝国は、一面において各自の属下・領民を支配する王公の連合ということができる。これらのモンゴル王公たちは、大清時代を通じて帝室アイシン＝ギョロ氏と緊密な通婚関係を結んでおり、君臣・主従の関係だけでなく姻族の間柄でもあった(杜 二〇一三)。王公の地位はきわめて高く、担当官庁の理藩院は、外藩を支配するものではなく事務を掌管するにすぎなかった。

このようにみるならば、非世襲・非血統原理の科挙官僚が皇帝に直接臣従しているという点で、漢地こそ異質な地域であったということもできよう。それを端的に示すのが、ベネディクト＝アンダーソンがいう「行政的巡礼」圏、すなわち行政官の養成・赴任範囲である(アンダーソン 二〇〇七)。図3に示したように、旗人官僚の「巡礼圏」が帝国全域にわたるのに対し、科挙官僚のそれは漢地に限られ、一九世紀まで原則として非漢地統治には関与を許されなかったのである。

総じていえば、帝国を構成する多様な集団・地域に対し、皇帝が個別にさまざまな役割を担うことで統合していたように、その統治においても、中央による統制と帰順以前の枠組みの踏襲とのバランスをとりつつ、相手ごとに個別的な対応がなされたといえよう。それゆえ、たとえばオーストリア諸邦とハンガリー王国の二政府からなるアウスグライヒ体制下の二重帝国や、植民地省が海外植民地を管轄したイギリス帝国など、明確な線引きのもとに組み立てられた形態とは異なって、これも第5章で論じられているように、不可分とされる国土を個別的な対応で統合したロシア帝国に近いものとみることができる。

ひるがえってユーラシアを見渡すならば、オスマン帝国にみられる、強靭な統治の組織とゆるやかな共存のシステムが相俟った、専制的でありながら柔軟な支配のありようを、かつて鈴木董《ただし》は「柔らかい専制」と呼んだ(鈴木 一九九二)。この表現をふまえつつ、岸本美緒は清朝支配を「柔らかい」体制と評しているが(岸本 二〇二一：七九―八〇頁など)、マンジュ王朝としての側面からみた姿をこれらに倣って表すならば、大清帝国は、八旗に代表される、形成・維持を担う「固い」核と、多様なものを受け入れ帝国の拡大・安定を支える「柔らかい」ひろがりという二面性によって説明できよう。そこにおいては、要職の満漢併用制、公用語マンジュ語、文字《もんじ》の獄(言論弾圧)などとして表れる、マンジュ人支配という「固い」原則が堅持される一方、在来の支配層の協力取りつけと統治方式の継承という「柔らかい」運用がなされた。このような「固さ」と「柔らかさ」はまた、右にみた皇帝の専制性と対応の個別性とに重なりあうものともいえよう。

統合の仕組み――数と広さとのバランス

統合における特徴にして最大の課題は、少数者による多数・広域に対する支配という点である。

大清の支配は、わずか数十万人のマンジュ人が、一億人以上の漢人と、ユーラシア東半を覆う広大な版図とを統治するという、少数者による多数・広域支配であった。このため、少数の支配者が埋没・同化してしまうことがないよう、権利とエスニシティの境界の維持に注意が払われた(Elliott 2001; エリオット 二〇〇九)。八旗は軍人・官員を出す世襲の身分集団を構成し、民戸《みんこ》に編成された漢人とは別の戸籍に登録された。居住地も区別され、農・工・商業への従事や民籍の漢人との通婚は禁じられた。

構成ブロック間でも、隔離の原則がとられた。マンチュリア・モンゴル・チベット・東トルキスタンでは、原則として漢人農民の入植や商工民の移住は禁じられ(封禁《ふうきん》)、また現地支配層と協同して統治・治安維持に当った監督官・駐留軍は、マンジュかモンゴルの官員・将兵であった。そのもとで在地の社会・文化には極力干渉しないという原則がとられ、イスラームやチベット仏教の信仰、遊牧生活は引き続き保障された。他方、逆に漢地においてモンゴル領主やチベット僧院が所領をもったり牧民が遊牧したりすることも認められていなかった。全体として一体でありながら、各部分に対しては個別に臨むという基本姿勢は、皇帝の役回りだけでなく現地統治においても同様だったのである。

そこにおいて、これら帝国の構成要素は、人間集団としても構成地域としても、ヨーロッパにおける社団や領邦と違って自立しうる単位ではない点に注意しなければならない。モンゴルのジャサク旗とその王公のように明確な区画や単一の長があっても、礫岩政体における「礫」とは異なって分離や結合の単位とはみなされておらず、その資格や権利も認められていないのである。外藩の王公たちは、一定の配慮はされるものの明確な輪郭をもった固有の特権を有しているわけではなく(これは宗室・八旗も同じである)、いかなる存在も皇帝と権力を分有してはいなかった。この点は、前項でみた皇帝権力の専制性と表裏をなすものといえよう。

このように、大清帝国の統合・統治は少数の支配集団によって不可分の広域・多数を支配しなければならないという非常に困難なものであり、歴代皇帝は専制的な力で以てこの課題に対処した。その政治指導のあり方は、次のような特徴にまとめられる。

第一に、直接の政治指導。皇帝は、御前会議や引見《いんけん》、賜宴《しえん》、あるいは奏摺《そうしょう》(臣下からの親展状)など、さまざまな場や手段を駆使して、多彩な臣下からの情報・意見に接した上で直接判断・指示を下す政治スタイルをとった。特定の宰相をおくことはなく、政務処理機関として有名な軍機処も、あくまで兼任・出向者で構成した補佐グループであった。

第二に、多様な人的リソースの併用。広大・多様な領域・集団からさまざまな人的資源を動員し、帝国統治のための手足とするとともに、帝国各部を皇帝のもとに結びつけた。旗人と科挙官僚を二本柱としつつ、モンゴル王公やチベット仏教僧、民間文化人など多様な人材を使い分け、西洋人宣教師もその一つとして活用した。

第三に、常時政務を指揮するための、移動する政府・宮廷。歴代皇帝は頻繁に動座しており、北京の紫禁城と円明園などの離宮、熱河《ねっか》の承徳《しょうとく》避暑山荘といった宮殿群を使い分けながら政務を執った。加えて、一九世紀初めまで、故地マンチュリアや江南など各地への巡幸も活発に行なった。その際、政府・宮廷の主要部も随行して移動しており、固定された紫禁城の宮殿ではなく随時の皇帝の居所こそが政治の中枢であり続けた。

第四に、これらをつらぬく、皇帝への〝近さ〟による序列という原則。〝近さ〟とは、個人・家系・集団と皇帝・王朝との関係の濃淡の度合いである。具体的には、血縁・姻縁の親疎、帰順時期の先後、空間的な近接・近侍といった諸条件であり、それが密な者ほど皇帝により近い存在、王朝において高い存在とされたのである。それゆえ、建国以来の功労集団である八旗や、帝室の姻族でもあるモンゴル王公が秩序の中枢に位置づけられたのであり、他方、王朝に対する寄与を認められた者を、より〝近い〟ところへ――図3でいえば、下から上へ、左右から中央へ――引き上げることで、恩寵を示したのである。

すなわち大清帝国の支配は、儒教や科挙官僚など単一の理念や資源を軸にしていたのではなく、多面性をもって全体を統合する皇帝が、帝国の構成各部それぞれから資源を動員しながら統御していたのであり、その構造の複合性と運用の柔軟さこそが、帝国の拡大と安定的統治を可能ならしめていたということができる。

このようにまとめるならば、大清帝国は、ヌルハチの子孫が玉座につくことによって統合された複合的な帝国という点で、〝アイシン＝ギョロ朝〟と表現することもできよう。そのようにとらえるとき、この帝国を「中国王朝」としてはじめから切り分けてしまうのではなく、マンジュ王朝としての独自性のみを強調するのでもなく、オスマン朝、サファヴィー朝、ムガル朝(インド＝ティムール朝)、ロマノフ朝、ハプスブルク朝などと並び立つ近世帝国として位置づける道が開かれるであろう。

むすびにかえて――近代における集塊の整序と帝国の変容

では、このような近世における諸王権の集塊としての大清帝国は、近代を迎える中でいかに整序されただろうか。最後に、近代における変容について、見通しのみふれておこう。それは一言でいえば、「ユーラシアの大清帝国」から「中国の清朝」への転換であった。

背景にあったのは、一八世紀後半から一九世紀にかけて生起した、国家システムをめぐる世界史的な構造転換である。[12] 古来ユーラシアで興亡してきた諸帝国は、騎馬軍事力の優位と少数者支配という効率のよさが強みであったが、産業革命・軍事革命を通した技術革新と、国民国家《ネイション＝ステート》という新たな国家システムの登場とによって、定住農耕社会・工業化社会との力関係が構造的に逆転したのである。

一九世紀に登場した国民国家は、「一つの国土に一つの国民」というフィクションのもと、「国民」を創出していくと同時に、その国民に納税・教育・兵役を一律に義務づけて、効率的に国力を動員するものであった。この国家システムのもとでは、人口こそ国力である。かくて、それまで〝少数精鋭〟を誇っていた遊牧民・狩猟民は、「人口は国力」とされる近代を迎えると、〝少数民族〟への転落を余儀なくされることになる。

さりとて、帝国がこの国家システムに乗り換えようとしても、それは容易なことではない。みたように、帝国とは、さまざまな地域や民族を並存させながら単一の権力のもとに統合した政体であり、その本質は、構成要素の多様性と統合のゆるやかさにあった。これに対し国民国家の特質は、主権の下にある構成員の一体性・均質性を標榜する代りに、多民族・多言語・多宗教の共存に不寛容だという点にあるが、求心力と動員力において極めて効率的であった。

このような状況に直面したマンジュ朝廷は、〝いくつもの顔〟を捨てて、圧倒的な人口・経済力をもつ漢人社会との提携に切り替え、「中国」の「皇帝」として帝国を再編成する道を選ぶことになる。しかし、原理の異なる国家システムを模倣することは、むしろ「帝国」の解体につながった。結局、漢人の支持が思うように得られない一方で、同盟者であったモンゴル人やチベット人の失望と反発を招き、一九一一年、漢地での武装蜂起をきっかけとして、マンジュ皇帝の支配は終焉を迎えることになる。多様で個別的な統治から緊密な一元的統治へ、というベクトルの転換――大清における近世的集塊の整序――は、かえって帝国崩壊の引き金となったのである。

このとき、モンゴルやチベットが独自の君主――ボグド＝ハーンとダライ＝ラマ――を立てて、合一したはずの「政」の分離に踏み出す一方で、大清皇帝が北京の玉座を退いてマンジュのハンとして残るという道は、もはや考えられもしなかった。もちろん、それは直接には現実の情勢や入関後の変容によるものであるが、理念的に考えれば、大清皇帝は合一した諸々の「政」を強力に統合していたがゆえに、ひとたびそれが揺らいだとき、全てを失うことになったとみることもできよう。それはまた、「多様にして一体」であるはずの大清皇帝の支配が、じつは臣属する側にとっては、可塑性をもつものと観念されていたといえるかもしれない。

註

（1）　近世のヨーロッパと複合的政体については古谷・近藤編（二〇一六）、近藤（二〇一八）など、帝国については山本編（二〇〇三）、クマー（二〇二四）などの議論を念頭においている。

（2）　本章全体の論旨は杉山（二〇二二）（二〇二三）（二〇二四ａ）（二〇二四ｂ）（二〇二五）などと関連しており、そのつどの注記はしない。

（3）　マンジュ語の最高君主号はトルコ・モンゴル起源のハン han である。モンゴルでは最高君主はハーン（カアン）qaγan を称し、その下の領邦君主であるハン（カン）qan と呼び分けられたが、マンジュにおいてはこの区別はない。

(4)「ダイチン」は堅固や卓越、また勇武を意味し、これに対応する「大清」は、したがって「大なる清」ではなく、モンゴルの「大元」に倣った二字国号と考えられる(杉山 二〇一五:第四章第二節)。

(5) なお、「大清帝国」は最末期において国号として用いられるようになるが、本章では、国制の比較を念頭においた近世における国家形態として「帝国」を用いており、その一つであるアイシン＝ギョロ氏の王権を、研究上の概念として「大清帝国」と呼ぶ。近代における大清国号と帝国の称については、千葉(二〇一〇)も参照。

(6)『満文原檔』「昃《しょく》字檔」天命四年八月条(第一冊、二九三頁:『満文老檔』Ⅰ、一八九頁)。〔　〕は引用者、以下同。

(7)『満文原檔』「昃字檔」同条(第一冊、二九二頁:『満文老檔』Ⅰ、一八八頁)。

(8)『蒙古源流』「清の順治皇帝」条(三三八頁、一部改訳)。

(9)『蒙古源流』「チャハルのリンダン・フトゥクト・ハーン」条(二四六頁)および「崇禎皇帝」条(三三六頁)。

(10) 皇帝権力と専制の性格については、岸本(二〇二一:第二章)で明晰に論じられている。

(11) 外藩の語彙と概念については、岡本(二〇一七:四三—四七頁)を参照。

(12)「帝国から国民国家へ」というテーゼは、近年、実態面から異議がとなえられているが(たとえばクマー 二〇二四:第四章など)、ここでは理念的な国家システムとして対比させて、転換としてとらえる。

参考文献

『満文原檔』全一〇冊、台北、国立故宮博物院、二〇〇五年。

『満文老檔』全七冊、満文老檔研究会訳註、財団法人東洋文庫、一九五五—六三年。

『蒙古源流』岡田英弘訳注、刀水書房、二〇〇四年。

アンダーソン、ベネディクト(二〇〇七)『定本 想像の共同体——ナショナリズムの起源と流行』白石隆・白石さや訳、書籍工房早山(初版一九八七年)。

石濱裕美子(二〇〇一)『チベット仏教世界の歴史的研究』東方書店。

エリオット、マーク(二〇〇九)「清代満洲人のアイデンティティと中国統治」楠木賢道編訳、岡田英弘編『清朝とは何か』(別冊環16)、藤原書店。

岡洋樹(一九九四)「清朝国家の性格とモンゴル王公」『史滴』一六号。

岡本隆司(二〇一七)『中国の誕生——東アジアの近代外交と国家形成』名古屋大学出版会。

岸本美緒(二〇二一)『明末清初中国と東アジア近世』岩波書店。

クマー、クリシャン(二〇二四)『帝国——その世界史的考察』立石博高・竹下和亮訳、岩波書店。

近藤和彦(二〇一八)『近世ヨーロッパ』〈世界史リブレット〉、山川出版社。

杉山清彦(二〇一五)『大清帝国の形成と八旗制』名古屋大学出版会。

杉山清彦(二〇二一)「大清帝国の王権と君主位——マンジュ王権としての一試論」伊東貴之編『東アジアの王権と秩序——思想・宗教・儀礼を中心として』汲古書院。

杉山清彦(二〇二二)「マンジュ大清国の支配構造」荒川正晴・弘末雅士責任編集『岩波講座 世界歴史12 東アジアと東南アジアの近世 一五～一八世紀』岩波書店。

杉山清彦(二〇二三)「ハン・ハーン・皇帝——中央ユーラシアと東アジアのなかの大清君主号」佐川英治編『君主号と歴史世界』山川出版社。

杉山清彦(二〇二四a)「大清帝国論——ユーラシアの帝国から中国の「清朝」へ」『思想』一二〇三号、岩波書店。

杉山清彦(二〇二四b)「大清帝国——ユーラシア東部の複合国家」岩井淳編『複合国家から読み解く世界史——「国民国家史観」再考』山川出版社。

杉山清彦(二〇二五刊行予定)「中央ユーラシアのなかのマンジュ大清国」岡洋樹編『中央ユーラシアにおけるマンジュ大清国の時代』古今書院。

鈴木董(一九九二)『オスマン帝国——イスラム世界の「柔らかい専制」』講談社現代新書。

千葉正史(二〇一〇)「天朝「大清国」から国民国家「大清帝国」へ——清末における政治体制再編と多民族ナショナリズムの起源」『メトロポリタン史学』六号。

古谷大輔・近藤和彦編(二〇一六)『礫岩のようなヨーロッパ』山川出版社。

森川哲雄(二〇二三)『一五世紀—一八世紀モンゴル史論考』中国書店。

山本有造編(二〇〇三)『帝国の研究——原理・類型・関係』名古屋大学出版会。

杜家驥(二〇一三)『清朝満蒙聯姻研究』上下、故宮出版社(初版二〇〇三年)。

Doerfer, Gerhard (1967), *Türkische und Mongolische Elemente im Neupersischen*, Bd. 3, Franz Steiner.

Elliott, Mark C. (2001), *The Manchu Way: The Eight Banners and Ethnic Identity in Late Imperial China*, Stanford University Press.

Elverskog, Johan (2006), *Our Great Qing: The Mongols, Buddhism and the State in Late Imperial China*, University of Hawai'i Press.

第Ⅲ部

国民国家の再点検

——近世〜近代主権国家②

第7章 競合する主権と国民国家
――アメリカ革命の風土

石川敬史

はじめに

あらゆる学術上の概念がそうであるように、主権という近世に徐々に形成されてきた概念もまた、地域的・歴史的・政治的文脈において、理念型とその用いられ方および語られ方には多様な位相の違いが存在する。本章は、アメリカ革命期における主権概念の理解と用いられ方を歴史的に再検討し、今日にも通底するアメリカにおける主権論のあり方に、一定の共通理解を提示するものである。

一、イギリス王国からの分離・独立における共通課題としての主権理論

ブリテン島から五万キロメートルの彼方に存在したイギリス領北アメリカ一三植民地は、おおよそ一七世紀初頭における入植から始まり、フレンチ・インディアン戦争が終結した一七六三年以降にイギリス本国政府との対立が始まるまで、ほぼ独立諸国のような歴史を重ねてきた。またそれら一三邦の人々は、その成立経緯から、自己をイギリス臣民と自認し、「アメリカ人」としての意識が存在していたわけではなく、イギリス国王がそれぞれの植民地に与えた勅許状に自らの権利の根拠を求めていた(Nelson 2014)。それゆえ、一七七六年の

大陸会議が決議したいわゆる「独立宣言」の正式名称が、「一七七六年七月四日、大陸会議における一三のアメリカ連合諸邦の全会一致の宣言」であり、一七七六年段階にあっては、それは一三の植民地諸邦のイギリス本国からの分離・独立に留まっていたことが分かる(石川 二〇二四：一四三頁)。

しかし、ジョン・ロックの『統治論』「第二論文」に記されていた自然権理論と社会契約説、および革命権を用いて、アメリカ諸邦のイギリス本国からの分離・独立を「独立宣言」によって正当化した大陸会議の前に立ちはだかったのが主権概念であった。例えばこの問題を考察した植民地側の忠誠派《ロイヤリスト》(1)の人物としてダニエル・レナードが挙げられよう(Thompson 1998: 39)。彼は主権問題について植民地知識人との書簡を集めた一七七六年の論考の中で、「一つの国民(nation)が、ある遠くのカントリーを所有し、そこに人を住まわせた時、例えばその国民の本土(principal establishment)や本国(mother country)から離れていたとしても当然にその国家の一部となる」と論じ、ウェールズやアイルランドが、現にイギリス議会の権威に従っている事実を挙げている(Leonard 2011: 33)。またイギリスの大法官ノーシングトン卿は、一七六六年の「宣言法」を制定する議論の中で、「すべての政府は、その臣民に対して意のままに法を課すことができる。君主政であろうと、貴族政であろうと、民主政であろうと、あるいは混合政であろうと、すべての国家には一つの至上権がなければならない」と主張していたという(McIlwain 1989: 5)(2)。

革命期を生きたアメリカの指導者層は、ヨーロッパにおける法学や政治思想の潮流に鋭敏だった。自分達の行為をいかに反逆とは異なる正当なものとするかに多くの知的労力を割いていた(3)。彼らのこうした知的労力を代表するものが一七七四年に発表されたジョン・アダムズの『ノヴァングルス』であり、本章ではその中の主権論の分析に注目してみたい。

同書の論点は下記の四つである。第一に「イギリス本国議会の権威はアメリカ植民地に及ぶか」、第二に「アメリカ植民地は誰に対して忠誠義務を負うか、特に本件の場合、それは王権(Crown)あるいは国王(King)に対してか、王国(Realm)に対してか、それとも議会(British Parliament)に対してか」、第三に「レナードの主張を読む限りイギリス国制を変質させた責任は、イギリス本国にあるのではないか」、第四に「一六八八年の名誉革命がもたらした合意は、アメリカ植民地にも適用できるのか否か」である。

アダムズの所論を概観してみよう。それはイギリス史と国制史についてのアダムズの理解を知る上でも重要である。アダムズによれば、ほぼすべてのアメリカ植民地人は「ポスト・ナティ」[4]であるという。つまりジェイムズ一世の即位とイングランドよるスコットランドの実質的支配が始まった一七世紀初頭に移住した者たちであり、かつ名誉革命が起こった一六八八年にはすで彼らは自律的植民地を形成していたのである。それゆえアメリカ植民地は、一七〇七年にイングランドとスコットランドが合同する前に成立しており、かつ国王大権による勅許状を権利の根拠にしているのであって、歴史的経緯からも法学的解釈からもイギリス本国議会が主張する「議会内の国王」あるいは「イギリス議会主権」という言説は、アメリカ植民地にとっては預かり知らない話だと論じている。[5]例えばマサチューセッツ邦にとっては、その勅許状の授与者であるチャールズ一世は、イングランドの君主であり、マサチューセッツ邦の君主だったのであり、この文脈においては、イギリス本国議会はアメリカ一三邦にとっては蚊帳の外の存在なのである。

さらにアダムズは、アメリカ植民地の位置づけをアイルランドやウェールズから類推するレナードのような人々の誤りを指摘する。それは彼の生きた時代には正当性を持っていた国家の征服権に関する問題であった。彼によれば、アイルランドやウェールズは、ともにイングランドに征服された土地であり、ウェールズはイギリス議会に議席を与えられることを条件にイングランド王国に併合されることに同意された地域であり、アイルランドは、イギリス議会に代表者を送る権利を持たずに服従することに同意した地域である。それらに対して、アメリカ植民地は、そもそも併合されたり征服されたりした地域ではなく、「発見」された地域であり、その後、購入と移住によって成り立った地域なのである。それゆえ、封建法に基づく征服権はアメリカ植民地には適用できない。このような植民地に対しては、リチャード一世とジェイムズ一世の統治を通して発展したコモン・ローには支配するための準備が何もないと論じるのである(*Papers* 2: 347–348)。そうであるにもかかわらずコモン・ローにない論理がまかり通るのは、「イギリス帝国」というコモン・ローにない言葉がもっともらしく使用されているからであるという。アダムズは、「イギリス帝国という用語は、コモン・ローの言葉ではなく、新聞や政治的パンフレットの言葉であり、「インペリアル・クラウン・オブ・グレイト・ブリテン」という言葉は、コモン・ローの言葉ではなく、宮廷のお追従の言葉である」(*Papers* 2: 250–251)と断じるのである。以上の論拠によって、イギリス国制を変質させた責任はひとえにイギリス議会にあるというのが彼の結論である。

では、「コモン・ローにはないイギリス帝国」における主権をイギリス本国とアメリカ植民地の間でどのように再定義すればよいのか。確かにレナードの論じるように主権というものは分割できない。しかし、アダムズによれば、本国と植民地の間の歴史を概観すれば、「平行的主権(parallel sovereignties)」というものは合意されてきたのではないかという(*Papers* 2: 250–251)。アメリカの各植民地議会はそれぞれアメリカにおける至上の権威であり、イギリス議会はイギリス本国の至上の権威であるが、アメリカ植民地諸邦はイギリス本国の海外貿易規制については、同意してきた。アメリカの各植民地は、国王との契約である勅許状と植民地の慣習によって、自らを統治してきたのであり、内政に関してはイギリス議会から完全に独立していたが、ただ海外貿易に関しては、自らの利益になるという判断からイギリス議会の規制に同意してきたのである。このイギリス議会の貿易規制は、あくまでも植民地側の同意によるものであって、「コモン・ローのいかなる原則にもよらないし、イギリス国制のいかなる原則にもよらない」(*Papers* 2: 261)。以上が、「コモン・ローにはないイギリス帝国」における主権の問題についてのアダムズの整理である。

ただし、このアダムズの主権論はイギリス本国の受け入れるところとはならなかった。名誉革命を経たイギリス本国にとっては、イギリス国制とはイギリス議会主権であり、イギリス国制が導き出す法とは、イギリス議会による制定法を意味した。一五〇年以上にわたり五万キロメートルの大洋に分たれたイギリス人の世界は、すでに異なる国民(nation)を形成していたのである。

二、コンヴェンションという憲法制定権力

前節で論じたように、アメリカ植民地諸邦の指導者層は、彼らが同意したイギリス議会による貿易規制を除いて、イギリス議会の制定法には拘束されないというコンセンサスを形成し始めていたが、これはイギリス本国側の見解とは相容れないものとなっていた。こうした中で、アダムズに知的な啓示を与えたのが、一七六一年の「ドクター・ボナム訴訟」におけるジェイムズ・オーチス判事の参考意見であった。オーチスは、「イギリスの税管吏に密輸を取り締まる一般令状を与えることは、イギリス国制の根本原則を侵害するものである」と論じていた(Thompson 1998: 81)。オーチス判事のいうイギリス国制の一般原則とは、「人間にとって家とは彼の城である。その家の内部では、彼は王侯が城の中でそうであるように、その権利は守られなければならない」(Worth and Zobel 1965: 2: 140)というものである。(6) つまりアメリカ植民地の内政にイギリス議会はみだりに干渉できないし、イギリス人の伝統的な権利を示すイギリス国制の根本原則を侵害することはできないという内容である。そうした上で、オーチス判事は「イギリス議会の立法について、イギリス国制に反する立法は無効である。本質的平等に反する立法は無効である。〔……〕もし〔イギリス議会の立法がそれらの原則に反するという〕訴えがあれば、法廷はそのような立法を廃さねばならない。コモン・ローという理性によって、イギリス議会の立法は制御されなければならない」(Worth and Zobel 1965: 2: 127–128)と論じている。

アダムズが強く確信したのは、憲法的(Constitutional)なものと、制定法的(Legal)なものとの間に区別がなされ、

後者が前者に反するということが訴訟の理由となるべきであり、イギリス本国政府がアメリカ植民地にとって専制的な存在となった理由は、この原則が守られていないからであるということである。専制に対しては、権利の問題としても義務の問題としても自由な国民は抵抗しなければならないのである。

しかし、制定法を規制する上位規範たる憲法は、いかなる権限によって、あるいは何者によって創られるべきであろうか。アメリカが「植民地」であれば、その上位規範は国王大権によって賦与された勅許状であった。しかし、イギリス本国議会は、「議会内の国王」という議会が国王の権利を制限する論理により、制定法によって勅許状の諸項目を事実上無効にすることを繰り返すようになった。アメリカ植民地の人々にとってはそれは理不尽なものに感じられたであろうが、国王大権という彼らの拠り所が、もはや時代錯誤なものとしてイギリス本国から一蹴されるような状況にアメリカ植民地の指導者たちは向き合わざるをえなかった。これがアメリカ植民地がイギリス本国からの分離・独立を「独立宣言」によって表明するまでに追い込まれた本質的な要因だが、それは勅許状というアメリカ植民地諸邦にとっての上位規範を手放すことを意味した。それゆえ正当性ある憲法はいかにして作られるべきかが問題となったのである。

この時、アダムズの念頭に浮かんだのは、まさにイギリスがかつて名誉革命に際して、現職の国王を追い出したホイッグたちが、新たに議会を構成するにあたって一六八九年に「コンヴェンション」を形成した先例だった(McIlwain 1947: 5)。それは既存の議会とは別の合議体でなければならないし、そこで憲法がつくられた後は、消え去らなければならない。憲法制定権力に必要なものは合法性ではなかったのである。

大陸会議は、アメリカ植民地各邦に対し新たな政府を創設することを勧告する。そして、一七七五年五月一五日、大陸会議は王権のもとに権威づけられるあらゆる種類の行為はすべて停止すべきこと、そして各植民地の人民の権威のもとにすべての政府の権力を行使するよう勧告することを決議した。アダムズはその決議に接し、「それは独立の宣言そのものである」と妻アビゲイルへの手紙で書いている(Butterfield 1963, ed. 1: 411)(7)。ただしこの時点で、政府を創設する憲法そのものをいかに制定するかについて明確な方策をもつ人々はほとんどいなかった。それゆえ各邦指導者からは、すでに政治理論家として高い名声を得ていたアダムズに質問が寄せられた。これに対してアダムズは、「最も賢明な著述家の理論を現実化し、人民(People)を招き入れる必要がある。そして最も大きな基礎の上に自分達自身の手で政府を作らなければならない。なぜなら人民は、すべての権威の源泉であり、すべての権力の起源だからである」。具体的には、「まず始めに、人民をして最も広い基礎の上に、彼ら自身の手で、全体を束ねる機関を起立せしめねばならない」とした上で、「これは、各邦の人民によって選ばれた代表者のコンヴェンションによってのみなされ得るものである」と構想を述べた。そして「そのコンヴェンションは、その憲法案を自らのタウンやカウンティーや地区の人民に送るだろう。そうすれば、人民はそれ(コンヴェンションでの行為)を自分自身の行為として受け入れることになるだろう」と論じている。アダムズがコンヴェンションの構想を表明したのはこの時期と考えられている(Butterfield 1963, ed. 3: 352–356)。ちなみにアダムズが「人民」という言葉をこれほど多く使用した事例は彼の政治生活にはない。特にアメリカ合衆国建国以降はほぼ皆無といってよいだろう。それが、「革命」というものの性格なのかもしれない。人民とは革命的な言葉であることがこの事例からもよく分かるのではないだろうか。憲法制定権力に必要なものは合法性ではなく、「人民」という抽象性の高い概念だったのである。

このコンヴェンションという概念には、当然それが本当に人民全体を代表し得ているものなのかについての疑い、機関としての不備な点への批判が最後まで付き纏うことにはなったが、歴史の示すところでは、「合衆国憲法制定会議」、各邦の「合衆国憲法批准会議」という形で「立法者」としての役割を果たしていく(8)。それは固定した既存の機関ではなく運動体であり、革命の始めに現れて根本法を制定し、議会(legislature)という制度体に引き継がれることで、革命は終結する(9)。そして「立法者」は消え去るのである(王寺 二〇一三)。

三、建国期アメリカに観る主権理論の混乱あるいはその政治性

一七八三年のパリ講和条約で、アメリカ合衆国の独立が国際的に承認され[10]、アメリカ合衆国は独立戦争後の混乱の中で、条約義務の履行と国内の平穏とは程遠い状況を解決すべく八七年五月からアメリカ合衆憲法制定のために動きはじめ、九月にはそれを公表し各州の合衆国憲法批准会議に付することになった。

アメリカ合衆国憲法制定の過程は、それ自体が多くの研究書・研究論文を生み出すほどに興味深い出来事の連続であったのは確かだが、それは政治哲学者ハンナ・アーレントのアメリカ革命論への情熱を悲嘆的にするものでもあった(アーレント 二〇二二)。この政治哲学者にとっては、アメリカ合衆国憲法の制定は革命精神の衰退の情景であった(森川 二〇二三)[11]。

その最も偉大にして最大の象徴が、アメリカ政治哲学の古典とされている『ザ・フェデラリスト』と言えよう。同書は、新たに制定されたアメリカ合衆国憲法を批准することをニューヨーク邦始めアメリカの人々に勧めた八五篇の連作論稿集だが、それは本質的に必要に迫られて作成されたアメリカ合衆国憲法をアメリカ諸邦の人々が受け入れるべきことを迫った党派性の強い政治文書であった(石川 二〇一二)。それ故、同書は重要な文献であることは確かであっても、アメリカ合衆国憲法およびアメリカの政治哲学を検討する文献としては常にその取り扱いに注意が必要である。その記述内容は見事ではあるが、明らかに概念操作が行われているのである。

一七七六年の「独立宣言」は、その主体は一三の諸邦であった。二節で述べた大陸会議による五月一五日の決議は、一三の諸邦に邦憲法制定を勧告するものであった。つまり、アメリカ植民地各邦は事実上、主権国家に準ずる統治体だったのである[12]。しかし、『ザ・フェデラリスト』においては、独立戦争期の認識が反転して

いる。アレグザンダー・ハミルトンは、「我々は国家的屈辱(national humiliation)の極限にいる」と断じている。国家的屈辱とは、パリ講和条約でアメリカ合衆国が受け入れた条約義務を何一つ履行できていないばかりか、そのために必要な法律も用意できていない状況にあることを指している。ハミルトンの主張によれば、「我々をこのような危険な状況に追いやったのは、憲法案に反対する諸邦の憲法に示される諸原理(maxims)や諸議会(councils)である」として、彼はアメリカの現在の不幸は、「国家内国家(imperium in imperio)」という魔法にアメリカの人々が取り憑かれているからであるとしている(*The Federalist*, No. 13)。同書に示されるハミルトンの現状認識は、その言葉の運用にもよく示されている。彼は、アメリカの現状の危機を諸邦による revolutions であるとし、頭文字が大文字の Revolution(革命)には言及せず、頭文字を小文字でかつ複数形にして、反乱(rebellions)あるいは騒乱(riot)と同様の意味で使用しているのである。こうなると、分担執筆者であるジェイムズ・マディソンの論考も再検討しなければならない。マディソンの「大きな共和国」論は、「小さな共和国〔この文脈では邦を指す〕」では多数者の専制が起こりやすいので、これを防ぐために多元的な連邦共和政という大きな枠組みを提示したと考えられている(*The Federalist*, No. 10)。共和政体は小さな国家でしか実現しないというモンテスキューの『ローマ帝国盛衰原因論』に対してある種の誤謬《ごびゅう》を突く、現代政治学でもしばしば援用される名高い論考である。しかし、同書の分担執筆者のハミルトンの立場を前提に読み返してみると、これは「分割して統治せよ(divide et impera)」という共和政ローマの帝国統治の原則を自国に当てはめたものと観ることは不自然ではないだろう。アメリカ合衆国の主権を確立する上で、最大の障壁が既存の諸邦であったと合衆国憲法の受け入れを勧める著者たちは考えていたのである。

そもそも合衆国憲法制定者たちが「連邦政府(Federal Government)」を望んでいたのかは、慎重に検討されなければならない。合衆国憲法制定会議の叩き台となったヴァジニア・プランを提起したエドマンド・ランドルフは、「同案は連邦政府(a federal government)を意図したものではなく〔……〕強力な統一的ユニオン(a consolidated

Union)であって、そこでは邦(States)という観念は廃止されるべきである」と述べているのである(Farrand 1911: 1: 22)。彼らは一つの主権を有する一つの国家的政府の創設を求めていたと観るべきである。

アダムズは、ジェファソンに対する書簡の中で次のように述べている。「新憲法案については、私には多くの反対する点があり、はなはだ困っています。〔……〕私は大統領にもっと多くの権限を与え、上院の権限を減らすようにするのが良いと思うのです。全ての官職の指名および任命は大統領自身が構成する諮問委員会によってのみ助言を求めるべきだと思います。〔……〕官職の分配に上院が投票するということになれば、党派争いや狂騒が必ず起こる結果になります」(Cappon 1988: 1: 213)。アダムズが述べているのは、「独立した行政権力(Magisterial power)」の必要性と、各邦が平等に二議席を与えられる上院の権限の縮小である。アダムズもまたハミルトンと同様に、強力な「執行権力(Administrative power)」の必要性を求め、諸邦の権限の縮小を望んでいたのである。アダムズは、アメリカ合衆国憲法が制定された一七八七年に、『アメリカ諸邦憲法擁護論』(*Works*: 4: 271–588, 5: 3–496, 6: 3: 550)という大部の著書を刊行している。それは、古代から同時代に至るまでのヨーロッパに出現した無数の統治体の法と歴史を渉猟し分析したものであるが、興味深いのは、「諸邦憲法擁護論」というタイトルでありながら、彼の歴史と法学の研究を通して得られた結論に照らし合わせて、諸邦の憲法を検討し、その欠陥を明らかにしていることである。彼が邦憲法を擁護する際の基準は、強力な執行権力が存在しているか、そして「国家内国家」の状態に陥る可能性が最小限であるかである。

近代行政学においては、行政権・立法権・司法権の純然たる「三権分立」は、ほぼ不可能なものであることは常識の範疇であり、例えば行政権とは立法府が作成した法律を粛々と実行する実務のみの機関としては現実の運用に対応できない。何らかの意味で相乗りする必要があるのである。しかし、アメリカ建国初期には大きく二つの問題があった。第一に近代行政学を表現する述語がまだ存在していなかった。アダムズは、ヨーロッパで検討が重ねられてきた「混合政体論」の言葉を用い、それをアメリカ化した上で、先に述べた統治理論を示そうと試みた(石川 二〇一九b)。しかしその試みは人々の理解するところとはならなかったと言わざるを得ない。第二に近代行政学の原則である三権に一定の重複を認めることが、イギリス議会主権と足掛け八年戦ってきた建国期アメリカにおいて政治的に正しいものとされたかどうかである。(13)イギリス議会という立法府に議席を持つ人々によって構成される内閣という行政権は、アメリカ植民地の多くの人々の目には、専制の象徴であった。それゆえ、合衆国憲法では、第一編［立法部］、第二編［行政部］、第三編［司法部］といったように、三権は厳密に分割した規定になっており、特に行政部のトップである大統領の権限は、厳しく限定されたものになっている。革命を運営してきた政治環境にあっては、近代行政学の言説をそのまま詳らかに述べることは極めて困難だったと考えられる。唯一の抜け道となったのは司法的な問題に関してのみだったのではなかろうか(Okayama 2016)。

事実、『ザ・フェデラリスト』の叙述は、マディソンに特に顕著であるが、「合衆国憲法がいかに安全なものか」、「諸邦の権限を脅かすことがないか」について多大なる配慮を示した叙述になっている。最も直裁的な表現を行ったハミルトンにおいてさえそれは当てはまる。彼は全国的な司法権の確立を通して主権の構想を示している(石川 二〇一九b)。アメリカ合衆国憲法制定会議に参集した人々の少なからずがヴァジニア・プランを持参したエドマンド・ランドルフのような人々であったとしても、アメリカ合衆国は、完全なる統合国家ではなく、連邦制を採用せざるを得なかったこと、そして統合国家を目指した人々が自らを「フェデラリスツ」と称したことは実に象徴的である。統合国家による主権というのは、一三の主権を持つ一八世紀末のアメリカでは、反革命的な印象を与える概念だったのである。

四、アメリカにおける主権概念の不適切性とその弊害

アメリカにおいて主権の問題が語られることは、実は今日に至るまで多くはない。本章で考察した通り、それは歴史的経緯によるものである。具体的には、おおよそ一世紀半におよぶ植民地時代が、アメリカ合衆国という新しい国にとっては、とても長い歴史的事実の積み重ねだった。植民地の人々の自己認識は、イギリス国王の臣民であることを前提とした上で、ヴァジニア人でありマサチューセッツ人だった。革命によって、イギリス国王の臣民であることをやめたとしても、それはあくまで政治的・法学的なものであり、社会という彼ら彼女らが属していた現実が大きく変わることはなかった。革命的熱情はむしろ、自身の属する邦への愛着を強めた。一七七五年の大陸会議による邦憲法制定の勧告は、一三諸邦を一種の革命機関にした。こうした存在が、独立戦争が終結したからといって国家的政府の地方自治体になるだろうか。完全な統合国家の創設による主権の確立を企図した人々の目的は、結局のところ連邦制という統治形態に収まり、中央政府による主権の確立には至らなかった。一七八九年以降は、アメリカ人は「連邦政府」という脆弱な中央政府と、アメリカの原風景たる植民地時代以来の歴史に根ざす「州政府」という二つの政府を持つ国民となった。そしてさらに興味深いのは、半ば強引に稼働させた連邦政府は、初代大統領にジョージ・ワシントン、第二代大統領にジョン・アダムズを戴くことになったが、第三代大統領のトマス・ジェファソン以降は、第四代大統領のジェイムズ・マディソン、第五代大統領のジェイムズ・モンローと、リパブリカンズが続く。

「リパブリカンズ」という党派の人々は、連邦政府の必要性を否定してはいないが、それはあくまで外交や戦争および州を超えた諸問題に対応するための道具なのであって、アメリカ人が日常の政治的、社会的問題に依拠するのは州であるという見解の持ち主である。そういった人々が連邦政府の大統領になり続けていたこと

は、見方によれば彼らが中央政府の監視を行ってきたという外観を与える。このような表現がやや大仰だとしても、リパブリカンズの人々を大統領に選出してきたのはアメリカ国民だったのであり、それがいわば「民意」であったと言って差し支えないだろう。ちなみに初期共和政体の最初の二人の大統領の時代を「フェデラリスト政権の時代」というが、フェデラリスツは一八一二年の米英戦争を機に消滅している(14)。

一八三〇年代にアメリカを訪れたフランスの法学者・政治思想家のアレクシ・ド・トクヴィルは次のように記している(トクヴィル 二〇〇五：二五四―二五五頁)。「アメリカでは、連邦が統治する対象は州ではなく、一般市民である。税を徴収するとき、マサチューセッツ州に命じるのではなく、マサチューセッツの住民一人一人に命じるのである」。さらにトクヴィルは次のように踏み込んだ考察を記している。「たしかに各州の州民意識と団体意識、そして地域的偏見は、このように構成された連邦政府の範囲をなおもいちじるしく限定しようとし、その意識に対する抵抗の拠点をつくろうとする傾向があろう。連邦は主権を制限されているだけに、主権を完全に有する権力のように強力ではありえまい。だがこれは連邦制度に固有の弊害である」。トクヴィルは明確にこれは連邦制度の「弊害」と述べている。ではその「弊害」とは何か。トクヴィルは次のように言う。「アメリカでは、各州にとって抵抗の機会と誘惑はずっと少なく、その気になったとしても、連邦の法律を公然と侵害し、法の通常の運用を妨げ、反抗の旗を高く掲げることなしにはこれを実行することはできない。一言でいえば、一挙に極端な立場を取らねばならず、これは人が容易に踏み切れぬことである」。

トクヴィルが訪れた時代のアメリカは、ジャクソニアン・デモクラシー期のアメリカだが、より広い歴史の枠組みでは、南北戦争前のアンテベラム(Antebellum)期のアメリカだったともいえる。彼は冷然と、連邦制度では主権を確立することはできないとした上で、そうであるがゆえに、反抗の旗を掲げる場合は、「一挙に極端な立場を取らねばならない」と論じるのである。トクヴィルがこうした洞察を示してからおよそ三〇年後、南部諸州はエイブラハム・リンカンの大統領当選を目にして「一挙に極端な立場」をとった。

おわりに

アメリカ植民地の人々は、統治体制としてはイギリス王政下の人々であったが、彼らが属していたのは、ジェントルマン階層の人々が緩やかに主導する共和政の社会であった。アメリカ革命を図式的に表現するならば、フレンチ・インディアン戦争終結以降、彼らの統治体制の表看板であった王政と彼らの社会の間に深刻な葛藤が生じた際に、アメリカ植民地の人々は、王政という統治体制を切り、自分たちが慣れ親しんだ社会の存続を選択したのである。しかし主権というのは政治的なものであり、社会的なものを選択したアメリカの人々には、困惑あるいは明瞭ならざる恐怖の対象であっただろう。

ここに歴史学的に興味深いもう一つの西洋史を観ることができる。主権という近世に形成された概念は、絶対主義をへて近代的な市民革命の苗床となった。しかし、アメリカは近世初期にヨーロッパ世界から離れた人々の世界である。五万キロメートルの大洋の彼方にいた人々にとっては、強力な君主も、教会の権威も、封建制度も実存を脅かすものではなかった。主権概念が多数者の平和にとって切実な問題であったヨーロッパと異なり、アメリカでは、図らずも選挙王政のアナロジーで語り得る大統領制の下、近世的な帝国を彷彿とさせる国家を形成することになった。「アメリカは近代から始まった国である」というのは史学的にはすでにアナクロニズムである。むしろアメリカは、中世以後の西洋史におけるオルタナティブと観るべきではないだろうか。そして、本章の叙述で明らかなように、アメリカは、革命前も革命後も、国民国家だったのである。市民革命によって、主権が君主から国民に移行し、国民国家が形成されたという通俗的な西洋史の定式からアメリカ革命は乖離していた。こうしたアメリカの事例は、西洋史、とりわけ西欧中心的な西洋史研究に新たな視座を提供するだろう。

註

(1) アメリカ植民地のイギリスからの分離・独立問題について独立を主張する派閥を愛国派(Patriots)、それに反対する派閥が忠誠派(Loyalists)とされていた。

(2) McIlwain の考察によれば、このノーシングトン卿の主張は、専制的な意図からなされたものではなく、名誉革命の成果が導き出した帰結であったという。

(3) アダムズの論考のタイトルである「ノヴァングルス(Novanglus)」とは「新しいイングランド人」を意味するアダムズの造語である。『ノヴァングルス』については以下に所収のテキストを使用する(*Papers* 2: 216-387)。

(4) ポスト・ナティ(Post-Nati)とは、ジェイムズ一世の即位後に生まれた人々のことである。ジェイムズ一世は、イングランド、スコットランドの人々に、相互の国籍を付与することと、アンテ・ナティ(Ante-Nati)という彼の即位前に生まれた人々にも同様の権利を付与することを定めた法令を制定しようとした。イギリス議会の庶民院がこれに反対したため、ジェイムズ一世は、議会によらず裁判所に判断をさせようとした。結局、裁判所の判断は、スコットランドのポスト・ナティはイギリス国王の臣下として正当な権利を持つことを認めた一方で、アンテ・ナティのスコットランド人にはそれを認めなかった(マッキルウェイン 一九六六：二五九頁)。

(5) イギリス本国においては、専制君主に対抗した論理がイギリス議会主権だとしても、アメリカ植民地にとっては、その論理が専制の論理になる。つまり「議会内の国王」というホイッグの論理が、国王の勅許状によって権利を保障されてきたアメリカ植民地にとっては「イギリス人の自由」と反対の効果をもつということである(*Papers* 2: 315)。

(6) コモン・ローに名高い「キャッスル理論」という法理である。

(7) 特に大陸会議による五月一五日の決議の重要性について指摘した研究者は、ゴードン・S・ウッドである(Wood 1969: 127-132)。

(8) 合衆国憲法制定会議は、連合規約の改正を名目としていたが、連合会議とは無関係に行われたものであり、各邦の合衆国憲法批准会議も、既存の邦議会とはまったく別の場で開催された会議である。いずれも既存の法的手続きの外で行われたものであり、本節の題目が示すように憲法制定権力とは何かを考察する上での普遍的事例を示している。

(9) このコンヴェンションのその後の動向についてウッドは次のように述べている。「結局アメリカにおいては、コンヴェンションは正規の議会とは異なり、あるいはそれ以上の憲法制定機関となった。アメリカ人は、名誉革命下のイギリス人のように、革命の生み出す自然状態において、その固有の権利として自ら選択したコンヴェンションを形成して、それを正規の議会以上のものとした。さらにそのコンヴェンションには、アメリカにおいては、永久に続く制度となり、革命が終わらずに続いている状態となった。革命運動の初めからアメリカ人は自分自身を組織する能力に依存し、群衆として、政治クラブとして、またコンヴェンションとして議院外で活動するようになった」(Wood 1969: 319)。

(10)　大陸会議およびその決議によって創設されたアメリカ植民地諸邦の横断的な正規軍である大陸軍は、一三諸邦の寄せ集めだったのであり、その運営は多大なる困難に見舞われていた。そこでより強力な連合を求めて一七七七年に連合規約が採択された。これにより大陸会議は連合会議と名称を改め、その規約の条文の最初に「連合の名称をアメリカ合衆国と定める」という文言があるが故に、連合規約以降のアメリカをアメリカ合衆国と呼称することになっている。しかしその内実は、連合諸邦による合議体だった大陸会議と大きな違いはなく、その理由として挙げられるのは、主権国家の要件である課税権と通商規制権がなかったからである(石川　二〇二二年：五六頁)。一七八三年のパリ講和会議でアメリカ合衆国がイギリスはじめヨーロッパ諸国と締結した諸条約を履行する主体はこの段階ではなかったといっても過言ではない。それ故、アメリカ合衆国憲法の制定が必要だったのである。

(11)　ハンナ・アーレントのアメリカ革命論については、主権論をテーマとする本書の目的とは別に検討すべき重大テーマなので本章では論述を省略する。特に森川論文が探求したのは、「独立宣言」に記される「幸福の追求」の「幸福」が、「公的幸福」という古典古代以来の政治的なるものであることをアダムズらが認識していたかという大命題であり、軽々に論じるのは適切ではない。

(12)　「連合規約」の第二条には、各邦はその主権・自由・独立および同規約が明文によって連合会議に委任していないいっさいの権限・管轄権・権利を保有することが明記されている。https://avalon.law.yale.edu/18th_century/artconf.asp

(13)　アメリカ合衆国が、革命によって誕生した国家であることを見落とすことはできない。革命のイデオロギーに反する言葉の使用は、政治家や言論人の職業人生に多大な影響を与えた。

(14)　第二代大統領ジョン・アダムズの息子であるジョン・クインジー・アダムズがリパブリカンズを母体として第六代大統領になったのはこのためである。すでにフェデラリスツは存在してさえいなかった。

参考文献

アーレント、ハンナ(二〇二二)『革命論』森一郎訳、みすず書房。

石川敬史(二〇一二)「『ザ・フェデラリスト』と建国期アメリカの思想対立」『政治思想研究』一二。

石川敬史(二〇一九a)「アメリカ革命期における主権の不可視性」『年報政治学』七〇―一号、筑摩書房。

石川敬史(二〇一九b)「ジョン・アダムズの混合政体論における近世と近代」『アメリカ研究』五三号、国際文献社。

石川敬史(二〇二二)「アメリカ合衆国はエンパイアの夢を見るか――一七〇年の自由の歴史から始まった国」『中央公論』七月号、中央公論新社。

石川敬史(二〇二四)「アメリカ独立革命史研究における帝国論」『思想』一二〇三号、岩波書店。
王寺賢太(二〇二三年)『消え去る立法者――フランス啓蒙における政治と歴史』名古屋大学出版会。
トクヴィル、アレクシ・ド(二〇〇五)『アメリカのデモクラシー』第一巻(上下)、松本礼二訳、岩波書店。
マッキルウェイン、C・H(一九六六)『立憲主義とその成立過程』森岡敬一郎訳、慶応通信株式会社。
森川輝一(二〇二二―二三)「〈公的幸福〉について(一)～(三)・完――アーレントの『革命について』の解説、あるいは解体」『法学論叢』一九一―六、一九三―一、一九三―二。

Adams, John (1971), *The Works of John Adams*, edited by Charles Francis Adams, 10 vols., New, AMS Press. 以下 *Works* と略記。

Adams, John (1977), *Papers of John Adams*, edited by Robert J. Taylor, 10 vols., Harvard University Press. 以下 *Papers* と略記。

Butterfield, L. H. (ed.) (1963), *Adams Family Correspondence*, 2 vols., Belknap Press: An Imprint of Harvard University Press.

Cappon, Lester J. (ed.) (1988), *The Adams-Jefferson Letters: The Complete Correspondence between Thomas Jefferson and Abigail and John Adams*, The University Press of North Carolina.

Cooke, Jacob E. (ed.) (1961), Alexander Hamilton, James Madison and John Jay, *The Federalist*, Wesleyan University Press. なお本書は引用の際には、*The Federalist* とする。

Farrand, Max (eds.) (1911), *The Records of the Federal Convention of 1787*, Yale University Press.

Leonard, Daniel (2011), *Massachusettenisis: Or a Series of Letters, containing a Faithful State and Striking Facts, Which Laid the Foundation of the Present Troubles in Province of the Massachusetts Bay*, Nabu Press.

McIlwain, Charles H. (1989), *The American Revolution: A Constitutional Interpretation*, Simon & Shuster.

McIlwain, Charles H. (1947), *Constitutionalism: Ancient and Modern*, Cornell University Press.

Nelson, Eric (2014), *The Royalist Revolution: Monarchy and the American Founding*, Harvard University Press.

Okayama, Hiroshi (2016), “The Interstate Commerce Commission and the Genesis of America’s Judicialized Administrative State”, *The Journal of the Gilded Age and Progressive Era*, 15, Cambridge University Press.

Thompson, C. Bradley (1998), *John Adams and the Spirit of Liberty*, University Press of Kansas.

Worth, Kinvin L. and Hiller B. Zobel (eds). (1965), Legal Papers of John Adams, 3 vols., Harvard University Press.

Wood, Gordon S. (1969), *The Creation of the American Republic 1776–1787*, The University of North Carolina Press.

第8章 帝国の一体性と諸国民の主権
――フランチシェク・パラツキーのハプスブルク帝国国制論

篠原　琢

一、予言？

一八四八年四月、ボヘミアの歴史家、フランチシェク・パラツキー(František Palacký)は、ドイツ統一を討議する国民議会の準備のためにフランクフルトに招聘された。パラツキーはこの招聘を拒絶する「手紙」を書き、統一ドイツ国家の建設がオーストリア帝国の解体につながると主張して、帝国の存在意義を次のように述べている。

オーストリアの保全、その一体性を保つこと、それを強国にしておくことは、わが国民の問題だけであるばかりでなく、ヨーロッパ全体にとって、さらには人道そのもの、文明そのものにとって重要なことであり、重要なことであらざるをえないのです。

オーストリアの存在理由は、その下に統合されているすべての諸国民、すべての信仰を同じように尊重し、同じように権利を与えることです。〔……〕ヨーロッパの安寧のために、ウィーンは地方都市の地位に落ち込んではならないのです！（「ボヘミアとオーストリアのドイツ国家との関係について」一八四八年四月一一日）

(Palacký 1898,『世界史史料』二〇〇七：一七九頁)

中央ヨーロッパにおける一八四八年革命はハンガリー独立戦争の敗北で幕を下ろした。ドイツ国家の建設も、オーストリアの諸国民に同権を与えることも儚い夢に終わった。一八四九年一二月、それでもオーストリアの連邦化を論じるパラツキーは次のように書きつけている。

今日、国民には関心もなく無縁だという人々や地域があったとしても、特にオーストリアでは、一〇年、二〇年、あるいは三〇年たてばそうではなくなる。いままで国民をめぐる状況は軽いものに見えているかもしれないが、やがて国家を揺るがす力となり、その重要性はますます増していくだろう（「合同――集権化でも連邦制でもなく」一八四九年一二月二一日）(Palacký 1874, このドイツ語版は結局発表されず、チェコ語版「オーストリアにおける集権化と諸国民の同権」として新聞に発表された→Palacký 1898)。

こうしてオーストリアの連邦化を唱えるパラツキーを革命中から批判していた人物のひとりに、同じボヘミア出身の歴史家ヨーゼフ・ヘルファート(Josef Helfert)がいる。

〔パラツキーの同権理念を純粋、完全に実現しようというなら〕君主国の諸地域で全面的な住民移動を行い、同じ種族の者たちが一つの領域に集住し、他の国民と混ざらないようにするか、あるいは〔パラツキーの主張するように〕オーストリアを七つではなく、無数の国民の小グループにわけるしかない。〔……〕それぞれの種族が国家行政の最高段階にいたるまで国民語で話し、書き、執行しなければならないと要求するなら〔……〕、オーストリアを解体し、国民国家に分割せざるをえないだろう(Helfert 1850,〔　〕内は筆者。以下同)。

パラツキーの僚友で、これもボヘミア出身の民俗学者カール・チェルニヒ(Carl Czoernig)は一八四八年革命期の帝国憲法制定過程で論じられた人民主権論を次のように批判した。

クレムジール〔一八四八年一〇月のウィーンの革命騒擾の結果、帝国議会はウィーンからモラヴィアのこの町に移転して審議を継続した〕の帝国議会ではまだ、人民主権の原則が論じられていた。人民主権をオーストリアで論じるなら、一〇にのぼる主権者としての人民が形成されざるをえない。政権の力が挫かれ、損耗しながら、新しい権力の形は見いだせず、確立することもなかった(Czoernig 1857)。

一八四八年革命から一世紀半以上の時を経る間、特に二〇世紀の経験から考えて、オーストリアの国制改革論のなかで互いに異なる立場に立ったこの三人の観察はあたかも予言のように受けとめられる。事実、「国民は〔……〕国家を揺るがす力となり」、「一〇にのぼる主権者としての人民」が登場し、オーストリアは「国民国家に分割」され、あまつさえ「全面的な住民移動」さえ行われた。今日でも帝国の崩壊の原因は帝国国制改革の失敗に求められ、それは帝国が最後まで、文化的個性を持つ国民に「固有の政治的主体性」を認めなかったからだとする議論が広く行われる。一八四八年革命はしばしば「諸国民の春」と称されるが、果たして革命期、さらにその後にも、「国民」は政治的・社会的現実だった、あるいは現実に「なった」のだろうか。ここに引用した国民とその主権をめぐる三人の論説は、帝国の将来に対する「予言」、洞察というより、むしろ帝国社会の政治文化を認識し、語る解釈枠組み、叙述法を提供したものと考える方がよい。連邦的な国制を議論する場合、連邦国家を統合する国家と連邦構成単位のどちらがより本質的な主権を持つのかが大きな議論になるが、一九世紀ハプスブルク帝国の場合、連邦構成単位の主権をめぐる議論は錯綜していた。「諸国民の春」という表現からは遠くへだたって、諸国民のすがたはいくえにも輪郭が折り重なって茫洋としていた。皇帝大権と全体国家の一体性は、それぞれに諸身分の議会を持ち君主をいただく王冠諸領邦とどのように調和するべきなのか。歴史的経緯から規模も地理的状況も国制上の権利も多様な諸領邦は互いにどのような関係に立つのか。共通の言語と文化とを根拠とする新しい国民像と諸身分の議会が代表する「国民」とはどのような関係に立つのか。そしてなによりも人民主権概念は諸国民にどのように体現されるのか。一八四八年革命期の憲法・国制改革論議で、こうしたさまざまな問題が現実の政治的・社会的諸力の衝突のなかではじめて公に論じられるようになった。本章では、帝国秩序の再編と、人民主権を実現するべき共和政的な祖国、パトリアの模索、公共圏の構築との関係を問い、革命期の憲法論議、国制改革をめぐって、国民という主権者の政治的「型」がどのように創造されたのか検討する。主人公は帝国議会の憲法制定委員会の中心人物であったフランチシェク・パラツキーである。

二、近世から近代へ——主権者としての国民の創造／想像

ハプスブルク帝国は長らく、その多民族性、国制の多元性(多様な伝統を持つ諸王国・諸邦の複合体)ゆえに、国民国家に帰結するヨーロッパ諸国の例外、あるいは近代にあっては、時代錯誤的存在と見なされてきた。西洋近世史研究では、この間、近世における複合国家・礫岩国家的構成の諸相が明らかにされてきた。ここでは、ヨーロッパ近世国家における君主と諸社団(地域社団、諸身分)による権力の分有・交渉過程に焦点が当てられ、場合によっては君主と諸社団、または諸社団間の抗争、国家秩序への参入、合一、あるいは離脱のさまざまなあり方が研究されてきた。「長い一八世紀」を通じて、国家が集権化を進めて主権を確立し、やがて、単一の主権の下、市民として権利を保持する住民、そして確定された領域からなる「国民国家」が成立する、そのような発展を規範とする歴史像に対して、批判的アプローチが定着しつつある。こうして近世ヨーロッパの国制

が複合性によって特徴づけられるなら、解体まで国制の多元性を保ったハプスブルク国家は、ヨーロッパ史における「例外」ではなく、「極端な典型」と捉えることができる（篠原 二〇一二）。それでもこの国家の多元性それ自体が諸国民の運動を生み出したわけではないし、まして帝国解体の条件となったわけでもない。ハプスブルク帝国は、その古めかしい象徴体系にもかかわらず、古い国制を残したまま一九世紀を迎えたのではなかった。ここでは、近世史研究の成果をうけて一八世紀史から一九世紀史への橋渡しの必要性が改めて問われなければならないのである。

国民社会の形成は、市民社会の具体的な構築、身分制からの解放の枠組みとして構想された新たなパトリアを創造し、その主権を担う主体を構築する運動であった。ここでは「国民」自体を運動として捉えることが重要である。それでは、そのような理念と運動は、帝国秩序、帝国国制のなかで、具体的に主権者として、どのような「形」を与えられていったのだろうか。「主権の担い手としての国民」という前提を一つのイデオロギーとして留保し、本章では主権者の「型」の形成、帝国国制のなかでの「型」の模索を考えてみよう。一八四八年革命はいわゆる啓蒙専制期以来の国家建設、帝国建設の一つの帰結とみなせるが、その方向のなかで、潜在していた帝国建設の新しいアクターが人民主権をかかげて名乗りをあげた瞬間と考えることもできる。

三、革命前のボヘミア王国議会改革論

パラツキーは「国民の父（otec národa）」と称され、晩年には公論のなかで国民を領導し国民に貢献するまさに厳父のように振る舞った（Šťaif 2009）。それでもパラツキーはボヘミア社会では「周縁の人」である。モラヴィア北東部の山稜で「隠れプロテスタント」の家系に生まれ、最初ルター派の司牧となるべくハンガリー王国のプレスブルク／ポジョニ（現在のブラチスラヴァ）に学び、プラハに移ったのはその後のことである。プラハで

はボヘミア貴族社団の「歴史編纂者」として歴史研究に従事し、古代から一五二六年、すなわちハプスブルク朝のボヘミア統治前夜までを扱った『ボヘミア史』(ドイツ語版、一八四八―七二年)／『ボヘミアとモラヴィアにおけるチェコ国民の歴史』(チェコ語版、一八四八―七二年、どちらも全五巻・一〇冊)を発表している。一八四七年にウィーンでオーストリア帝室科学アカデミーが設立されると、即座にそのメンバーとなった。

一八四八年革命期、パラツキーはボヘミア貴族と市民的活動家の間を往還し、政治的指導者として活躍した。パラツキーはみずからの政治行動を、チェコ国民史の研究と叙述によって根拠づけており、その参照の系譜は未来にも連なっていた。そのため、彼は自分自身の生きた一九世紀からその後に続く国民史の、いわば解釈コードを与えることになった。帝国の知識人・政治家として、パラツキーが位置づけられることが乏しいゆえんである。

一八四八年革命の直前、ボヘミア諸身分はハプスブルク君主に対してボヘミア王国の歴史的権利を主張するため、ボヘミア領邦国制の改革を検討しはじめていた。ハンガリー王国では改革議会が白熱し、貴族的反対派が市民層とともにハンガリー国制の改革をさかんに論じていたころであり、またガリツィアでは大規模な農民叛乱が起こって旧ポーランド王国地域に対する帝国支配が再編された時期である。ボヘミアの諸身分もすでに救貧、教育、農業などの分野でボヘミア議会が果たしうる役割を模索しつつあった。領邦国制の課題に応えるため、パラツキーは、ボヘミア貴族の指導者、フリードリヒ・ダイム伯(Friedrich Deym)の求めに応じて、その改革に関する覚書を提出した。ここにはパラツキーの帝国論の祖型が現れている(「ボヘミアの領邦国制改革のための覚書」一八四六年一二月)(Palacký 1874)。

パラツキーはボヘミアと帝国との関係をまず歴史的にたどることによってあるべき改革の方向性を位置づける。彼は前提として次のように述べる。「世界史における集権化の進展は明らかであり、世界史の中核をなしている。集権化と文明とは手をたずさえて進展し、たがいに支え合っている」。この認識に基づいて、パラツキーはボヘミアの国制史を三段階に区分した。最初は「古スラヴの国制期」で、「ボヘミアには諸身分の間に政治的差異はなく、どのような特権も免税権もなく、法の前に諸階級は等しく平等であり、どの階級もおなじ政治的権利を持った」。パラツキーの古スラヴ社会論はスラヴ主義の強い影響を受けており、後に偽作と証明される「古代チェコの手稿」も参照して、この部分は実のところは空想的である。第二段階はオタカル二世の治世からの二〇〇年間で、「封建制」が確立してボヘミアの国家体制が成立する時期である。第三段階はハプスブルク朝のフェルディナント二世以降の時期で、パラツキーはこれを「絶対主義の時代」としている。

帝国論にとって重要なのは「絶対主義」の評価である。三十年戦争の初期、プロテスタントの国王を奉じたボヘミア諸身分がビーラー・ホラの戦闘で皇帝軍に敗れた結果、新訂領邦令(一六二七年)によってボヘミア諸身分は君主に対する自立性を失い、またボヘミア諸邦では非カトリック諸宗派の信仰は禁じられることになった。「絶対主義」は彼によれば文明化とともに進展する「世界史の集権化」の過程の顕現である。

通常、ビーラー・ホラの戦い(一六二〇年)は偶然の軍事的勝利がもたらした新しい時代の始まり、つまりその後の状況、発展の原因としかみなされておりません。しかし歴史を知悉《ちしつ》する人なら、それは原因であるばかりでなく、それ以前に進んでいた時代精神の作用、文明と手をたずさえて進んだ集権化の働きの結果と認めるに違いないのです。中世末期に大きく進んだ器械の進歩、火薬の使用、巨大な世界交易、印刷術などは、社会関係に新たな原動力と力を与え、個々人の持つ身体的力(封建制はこれに立脚しています)を後景に押しやり、多くの国々で中央権力はそれをためらうことなく使って、封建的諸身分との協力関係から脱しようとしました。フェルディナント二世が、その父祖たちを苦しめてきたボヘミア諸身分の抵抗を断固として片付けるためにどのような方策を使ったのかここで論じる必要はありません。

しかし、パラツキーによれば、世界史には常に「永遠の両極性」、作用・反作用という自然法則が働いている。この場合は「集権化」に対する「遠心力」の作用である。

国家権力の集権化というテーマにもう一度立ち戻ることをお許しください。集権化は今日、その頂点に達しただけでなく、すでに頂点を越えてしまったようです。そう結論するのは、一見、無限に亢進する国家の中央権力は両極性という永遠の自然法によって、それに対抗するより強力な力を現前させることになったからです。すなわち公論の力です。そして何より二つの状況から、私はすでにこの力は国家の中央権力にまさりつつあると確信します。第一に、文明の進歩は中央権力より公論の発展に作用するでしょう。第二に公論の胎内から、まさに両極性の法によって、世界史の新しく力強い要素、すなわち国民性の原則が発展しはじめ、集権化による画一化の力に対して均衡を迫っています。私がただ言いたいことは、封建的・身分制的社団を当然のように存続させ、生き生きと発展させることは、完全に不可能です。ボヘミアの諸身分が、まだそれを残したいとするなら、次の三つの原則のどれかに拠らざるをえないのです。国家の中央権力の原則に立って公論に対抗するか、その逆か、または国民性の原則に拠るのか。これは二つの極にたいするいわば均衡点です。

ここには一八四八年革命期にさらに展開される発想がすでにはっきりと現れている。「両極性の法則」という一種の弁証法から導かれる「国民性」という概念である。「パトリア」としてのパラツキーの国民の原像は、彼自身が描くフス戦争期のプラハという「神権共和国」にあった。そこでは「最高権力は「大共同体」にあり、すべての支配権力が集中された。その構成員は市民や家主だけでなく、下人や職人たちもプラハで独立して生きる限りはその一員で」、そこに「強い共鳴、国民感情が生まれる」(Palacký 1850)。パラツキーの歴史像では、フス戦争期のプラハやターボルに端的に表現されたパトリアは、後に両義聖餐派が領導する諸身分の「貴族の共和国」に受け継がれ、やがて「世界史の集権化」を体現する帝国秩序のなかで「国民性の原理」に転じていく。

現実には、革命期、さらに一九、二〇世紀を通じて、「国民性」の原則に法的・政治的な「型」を与えるためのさまざまな模索が行われ、それは思想としても運動としても、帝国国制、君主と諸身分による協約(「歴史的権利」)、公論の登場と拡大に条件づけられながら常に変化していった。その条件は帝国各地域によって大きく異なっており、「政治的型」が模索されるなかでは、各地域間の相互引用・参照が非常に大きな意味を持った。帝国国制全体の整備をめぐる議論は、相互引用・参照・対抗のアリーナとなったが、それは帝国の一体性を前提とするばかりでなく、ますます帝国観念を強化していった。

四、一八四八年革命期の国制論——「国民性」に形を与える

ウィーンでの騒擾を前にメッテルニヒが逃亡して旧体制が崩壊すると、一八四八年三月一五日、オーストリア皇帝フェルディナント一世(ボヘミア国王としては五世)は憲法の発布、言論の自由、国民衛兵の設置を約束する勅令を発した。パラツキーはさっそく『プラハ新聞』紙上に「憲法とは何か」という論説を発表し、帝国国制の再編の課題を論じている(「憲法とは何か」一八四八年三月一七日)(Palacký 1898)。

憲法という法、国制の下では、君主・権力者は法をただその大臣・官僚たちとともにのみ制定するのではなく、国の一般法・秩序に関するすべてのことについて、まずは全国民の要求と意志に耳を傾け、それを尊重しなければならない。要約すれば、憲法の統べるところ、立法権は君主と官僚が独占するのではな

く、君主と国民とが共有するのである。〔……〕オーストリア帝国、およびボヘミアに皇帝・国王フェルディナント五世が憲法を宣言された。こうしてみずからの全能の権力の一部を、服属する諸国民の幸福のために放棄し、二〇〇年以上にわたってボヘミア、モラヴィアから奪われ、行使できなかった重い権利を返してくださったのである。〔……〕

ボヘミアとモラヴィアにおける国民の問題に注意を向けてみよう。ドイツ人はチェコ人より優位に立つことはなく、両国民は平等であり、学校ではドイツ語とチェコ語が教えられ、官吏が人々の理解できない言語で話し職務を行うことはなくなるだろう。チェコ語のようにみえるが意味の判然としない混合言語が役所で用いられることもなくなるだろう。そのかわりに国民語としてのチェコ語が導入される。

この論説は、憲法勅令の発布によって、三十年戦争以来、君主と領邦との関係を規定してきた「新訂領邦令」が無効になり、ボヘミアとモラヴィアに「重要な権利」が「返された」と書いているが、ここで展開される「市民の権利と自由」についての議論や、先のボヘミア諸身分への覚書を参照すれば、君主と主権を分有する「国民」の「要求と意志」は「公論」によって表明されるものであり、身分制議会に代表される貴族特権にもとづく「国民」のものではない。一方、「国民性」は言語問題として提出されるのみであり、またこの一九世紀なかばの段階では、チェコ語による学校教育、行政は、およそ社会的現実ではなかったことにも注意しなければならない。ただし、言語問題は「公論」の実現(政治参加の保証)と思想的に深く関わっていた。

帝国国制の改編は第一には失われた領邦の権利の問題として考えられているが、これをより具体的に述べたのが、ボヘミア諸身分の声明案である(「実現しなかった声明」一八四八年四月二日)(Palacký 1874)。この声明案は以下を主張していた。一、フェルディナント五世による憲法勅令によって、一六二七年に発布された新訂領邦令は廃棄されボヘミアの基本法ではなくなった。二、新訂領邦令に基づくすべての領邦機関、特権、特例は無効となる。三、従来の身分制議会制度に代えて、真の人民代表に基づく領邦令が導入される。

諸身分が「歴史的権利」の回復を根拠に君主と領邦議会との新たな関係を模索しようとしていたのに対し、この文書は帝国建設を「文明化」の過程ととらえ、立憲体制の構築をその延長線上に位置づけている。フス戦争期からボヘミア諸身分と君主との関係は拮抗し、一七世紀初頭にいたってボヘミア諸身分はついに「貴族の共和国」を誇り、ボヘミア王冠の他の諸領邦とともに強大な政治的自負を持つようになった。しかし、パラツキーの議論はこの「伝統」への回帰を主張するものではない。「声明案」は、「新訂領邦令」の廃棄によって逆説的に領邦議会の歴史的連続性を明確に否定するものであった。「真の人民代表（公論）」は、立憲君主国としての帝国全体の再編と不可分一体のものであって、後に見るように帝国の一体性が常に強調される。つまり、「君主と諸身分」の協約によって担保される帝国の複合性はここでいったん棄却され、一体的国制のなかに「国民性」が出現し、多様性の実現が見通されるのである。これは、その二年前にダイム伯にパラッキーが提出した「覚書」の内容に完全に呼応するものであった。一八四八年革命は、一八世紀の啓蒙改革、ナポレオン戦争期から一八四八年革命期までの帝国内諸社会の相互依存性の深化・法的統一過程（一八一一年の「一般民法典」の発布など）の帰結、いわば「近代化する帝国」の文脈に位置づけることができる。ちなみに、諸身分はこの「声明策」を受け入れなかった。

プラハに結成された国民委員会の請願に対して、四月八日、皇帝フェルディナントは回答を寄せて、教育・行政におけるチェコ語とドイツ語の平等を実現すること、ボヘミア王国議会の選挙権を平民にも開いて選挙を行い議会を招集すること、ボヘミア王国に責任内閣を設置することを約束し、ボヘミア王冠の諸邦、すなわちボヘミア王国、モラヴィア辺境伯領、シレジア公国の統合についてはこれらが代表を送る将来の帝国議会で審議することとした（「四月八日、官房書簡」）（Černý 1893）。のちに「ボヘミア憲章」として知られる文書である。これによって当面、身分制議会を拡大して歴史的領邦を再定義し、帝国との関係を再構築する方向が示された。

パラツキーの「ボヘミア諸身分の声明案」と対応する内容である。国民委員会にはパラツキーも参加していた。

五、フランクフルト国民議会とボヘミアの「主権」

帝国の一体性は特にフランクフルト国民議会問題をめぐって強調された。本章冒頭にあげたパラツキーの「手紙」は、ボヘミアは将来のドイツ国民国家の一部となるべきだ、という主張に対して、「ボヘミア王権がドイツとレーン授受関係にあったとしても、ボヘミアがかつてその内政については主権を持ち、自立していたことに疑いをはさむことはできない」と論じ、ボヘミアの「主権」を主張している。「手紙」に先だってパラツキーが匿名で発表した論説「ボヘミアとドイツ連邦」では、ボヘミア王国と神聖ローマ皇帝との関係を歴史的に検証している(Palacký 1848)。

カレル〔カール四世〕はボヘミア王であるとともに、ドイツ皇帝であったから、フランスの例に倣って、ドイツ帝国を世襲君主国とし、プラハを帝都にしようとした。カレルの努力は水泡と帰した。一四〇〇年、ヴァーツラフ四世が廃位されて、ボヘミアとドイツとの真の政治的連合は終わり、さらにフス派戦争によってこの過程は完成した。ドイツ帝国はフス派に対抗しながら帝国台帳によって国内制度を整え、ボヘミアをここから排除した。この制度はボヘミア人に対抗するものだったからである。もしボヘミア国王たちがドイツとのつながりに利益を認めなければ、名目上もボヘミアはスイスより先に帝国とのつながりを離脱しただろう。

パラツキーによれば、ハプスブルク朝の支配下でもこの状況はかわらなかった。「こうして一五、一六、一七世紀にわたり、ボヘミア王たちが選帝侯としての資格を意識したのは新皇帝を選出するときに限られ、ドイツ議会での審議については、噂によって耳にしたに過ぎない。ボヘミアの制度が絶対主義君主国に変わったときも(一六二七年)、こうした状況に変わりはなかった」。パラツキーはこう結論する。

要約すれば、ドイツの地で帝国の一体性が解体すればするほど、それはますます諸侯の連合となっていったのであり、ボヘミアをドイツに結びつけるものがあるとすれば、君主間の結びつきに限られ、決して国民間のものではない。つまり、ボヘミア王はドイツ選挙侯の一員ではあっても、ボヘミア国民はドイツ国民に数えられたことはなかったし、いまもそうではないのだ。

パラツキーは、神聖ローマ帝国、ドイツ連邦、そしてドイツ国民国家に対して、歴史を援用しながらボヘミアの自立と「主権」を主張したが、それに比例するようにオーストリア帝国の一体性が強調される。帝国の一体性はボヘミアの主権から再構成されるものではなく、文明化の展開、集権化の進展から帰結するものなのであり、「国民性の原則」はさらに集権化から導かれた。その意味で、「オーストリアの一体性を保つことは〔……〕ヨーロッパ全体にとって、さらには人道そのもの、文明そのものにとって重要なことだ」という「フランクフルトへの手紙」の一節は、建設されつつある「帝国」の存在意義を「ドイツ国民論」というプロジェクトの挑戦に対置するものであった。「ボヘミアの主権」の尊重はハプスブルク君主に対抗的に唱えられたものではなく、帝国の保全と不可分であったのである。フランクフルト国民議会の代表団をプラハに迎えたとき、パラツキーはオーストリアを「三〇〇年にわたって構築された総体」と主張し、その僚友ヨハン・リーベルトは、フランクフルト国民議会選挙は、オーストリア国家から主権を奪うものであり、「その諸邦に対する主権をオーストリア帝国が断念せざるをえないもの」と断じている(「国民委員会第九、第一〇部門とフランクフルト国民議会代表との会議」)(Schopf ed. 1848: III, Nr. CXXXIV)。

パラツキーにとって、帝国の統合は文明化の過程であり、一七世紀以来、新訂領邦令、国事詔書、そして何より啓蒙改革期以来の国制改革を受けつつ、帝国の一体性の新たな形態を模索することが一八四八年革命の課題であった。ボヘミア国制は、帝国の一体性を前提に、その再編過程で再定義されることになる。歴史的論拠、ボヘミアの主権論は、ドイツ統一問題との関係でのみ強調され、帝国国制の再編に援用されることはなかった。ボヘミア国制の改革は一体的な帝国における公論の圏域の配分のなかで論じられ、「国民性の原理」、「諸国民の自然権」はこうした課題に対する答えとして用意されていたのである。帝国国制のなかで「国民性」に型を与える作業は、一八四八年七月から四九年三月にかけて行われた帝国議会における憲法制定作業のなかで具体化することになった。

六、帝国議会におけるパラツキーの連邦論と帝国の一体性

帝国議会選挙は一八四八年五月から六月にかけて行われ、直接税を納める三〇歳以上の男性すべてが有権者とされた。もっともどれだけの人が参加したかは疑問である。帝国議会は開会とほぼ同時に三〇人からなる憲法制定委員会を構成し(ハンガリー王国以外の諸領邦からそれぞれ三人が参加)、その下に憲法起草部会(パラツキーら五人)と基本的権利部会(三人)が置かれた。憲法起草部会で、実際に帝国憲法案を作成したのはパラツキーである。九月に提出された憲法案では、第一条から五条が国家の構成部分を示しており、六条から三五条が国家市民の基本的権利の規定にあてられ、三六条以降が再び基本的な国制像を示している(「オーストリア憲法第一案」一八四八年九月四日)(Palacký 1898)。ハンガリー、ロンバルディア＝ヴェネツィアでは革命戦争が続いていたので、帝国議会にはこれらの地方は代表を送らず、パラツキーの議論の対象にはならなかった。

第一条には、オーストリア国家を構成し憲法が適用される地域として、言語別に四つの地域に編成された諸領邦が列挙されている。すなわち、ポーランド地域：クラクフ、ガリツィア、ブコヴィナ、チェコ地域：ボヘミア、モラヴィア、シレジア、ドイツ・オーストリア地域：オーストリア、ザルツブルク、ティロール、フォアアルベルク、シュタイアーマルク、イリリア地域：ケルンテン、クライン、ダルマチア、キュステンラントである。領邦間の境界は帝国法によってのみ修正することができ(第四条)、領邦内の行政・自治地域の境界は領邦法によって定められることになっており(五条)、諸邦は「不可分の立憲君主国」をなす(三七条)。ただしウィーンを帝都に定めた第二条に続く三条は、領邦政府の首府としてウィーン、リヴィウ、ブルノ、プラハ、リンツ、インスブルック、グラーツ、リュブリャナ、トリエステ、ザダルの一〇の都市を挙げているので、連邦構成単位は領邦を基礎としているようにみえる。「歴史的起源、言語・習慣、従来の国制」を考慮しながら、帝国をそれぞれ同等な単位に分ける試みは、すでに一八一七年のメッテルニヒの行政改革案に現れており、言語的・文化的帰属は行政組織改変の契機のひとつとなっていた。メッテルニヒの改革案は、領邦を基礎としながら帝国を言語的・文化的に多かれ少なかれ同質な住民の居住する地域に分けて、一体的な帝国行政を効率的に組織する「行政的連邦制」を目指すものであった。パラツキーの連邦案は基本的にこれを引き継いでいる(Osterkamp 2020)。領邦を引き継ぎながら帝国の行政単位として平準化することで、領邦の歴史性、領邦議会に蟠踞《ばんきょ》する諸身分(貴族)の特権を否定しようとする点も同じである。決定的な違いは、パラツキーがこれらの単位に「公論」、国民性を代表する議会を構想した点にあった。

パラツキーは「国民性の原則」に何とか型を与えることを試みて、さらに一八四九年一月の憲法委員会では、ハンガリー王国も含め、歴史的領邦を完全に廃棄して帝国全体を言語分布に沿って八の領域に再編する案を提示するにいたった(Springer 1885)。パラツキー案に一貫性がないと批判したのはクラインから選出されたマテイヤ・カウチッチ(Matija Kavčič)で、彼はハンガリー王国を除く帝国諸領域を一四の郡に分割する案を提出した。

カウチッチの案では郡の立法権・行政権はともに小さいので、帝国行政の効率化をより集権的にはかるものであった。どちらの提案でも歴史的領邦と「言語分布」とが混在しているが、憲法委員会での地域編成を論じる議論は、自治都市の伝統や地域的特性などをめぐって混迷を深めていった。「国民性の原則」、「国民」の型はそもそも安定していなかったのである。

一八四九年一月に行われた議論が示すように、「国民性」に行政資源を与えるだけの型を構築することは非常に困難だった。たとえば、パラツキーの緊密な協力者であるフランチシェク・ラヂスラフ・リーゲル(František Ladislav Rieger)は憲法委員会部会で、「モラヴィアとケルンテンからは「ボヘミア的要素」を持つ人物が代表されていない」と非難している。「ボヘミア的要素」とは今日的にいえば「チェコ的」の意味だが、ここではケルンテンのスロヴェニア語も含意していた。これに対してモラヴィアから選出されたカイェタン・マイヤー(Kajetan Meier)はこう反応している。「リーゲル氏は、モラヴィアのボヘミア的要素が代表されていない、というが、モラヴィアにはボヘミア的要素はない。モラヴィアにあるのはモラヴィア的要素だけだ」。当時のドイツ語の用法でいえば、「ボヘミアの」という形容詞 böhmisch はボヘミア王国という領邦を示すことも、「チェコ人」「チェコ語」を示すこともあったが(チェコ語の český にあたる)、領邦を越えて使われる標準化された「チェコ語」という国民語の存在は自明ではなかったのである。滑稽でさえあるこうしたやりとりは、「国民性」の型が決して安定しないことをよく示している。

「国民性」が帝国国制論のなかで型を獲得しなかった一方、国家の一体性が立憲帝国の建設の前提であることは憲法論議のなかで明らかになっていった。「国家市民の基本的権利」を起草したのはリーゲルである。合衆国憲法、フランスの人権宣言、憲法典に学んだリーゲルは、第一条(憲法典の第六条)で「人の権利」を高らかにうたい、第三条では共和政的な人民主権論を掲げている(*Neue Constitution* 1848)。「国家市民全体が人民であり、国家権力のすべては人民に由来し、憲法の規定に従って行使される」。第三条の人民主権の規定は、国家市民が身分の別なく単一の「人民」を構成し、国家権力の源泉となることを規定していた。

さて憲法をめぐる議論から以下のことを指摘できる。立憲制の下で模索される公論の場、政治参加の圏域、権利の配分、そして行政資源の配分は帝国の一体性を大前提としていた。パラツキーが一八四九年一月までに到達した憲法案は、彼の世界史像から導かれたものではあったが、従来の「歴史的国制」を徹底的に相対化するという意味で、彼の政治的態度・心情とは対照的に非常に「革命的」であった。そしてこの革命性は、帝国の一体性と立憲帝国化という前提によってのみ可能だった。しかし、「国民性の原則」を想定して一体的な帝国のなかで政治参加の圏域の再構成を模索しながら、パラツキーには国民の安定した型を見いだすことはできなかった。あるいは正確にはそれに対応する現実が存在しなかったのである。

一八四九年三月、クロムニェジーシの帝国議会はカイェタン・マイヤーを中心に作成した憲法案を採択しようとしていた。マイヤーの憲法案は住民の言語に配慮しながら各領邦をさらに郡に分け、郡に行政資源を配分して帝国行政の効率化をはかるものであった。諸言語集団の行政資源へのアクセスがより平等に保障される点では優れたものだったが、政治体主体としての「国民性」は実現されなかった。この憲法案を採択しないまま、帝国議会は軍によって解散させられてしまったが、三月四日に発布された欽定憲法はこの点でマイヤーの憲法案を引き継いでいた。これはハプスブルク君主がその統治する全領域に対して発布したはじめての一体的な国制文書であった。帝国の一体性とその臣民の多様性を明確に確認する文書であり、それは帝国にとっての革命の成果であった。しかしここには、人々の政治参加の圏域、「公論」の輪郭として「国民性」が表現されることはなかった。

おわりに

「国民の権利」は、一体化する帝国のなかで、政治的参加の圏域、行政資源の配分の問題、つまり帝国の公共圏の再構成の問題として提出された。一八四八年革命における「歴史的権利」の要求は、帝国国制の複合性に即自的に連なるものではない。帝国国制の一体化の過程で、それを前提としながら国民性は構想されたのである。ハプスブルク帝国で激しく争われた「言語的権利」は、帝国臣民の平等な政治参加を保障するものとして考えられたが、これは「公論」をどのような言語によって媒介するか、という問題であった。歴史的領邦によって定義される「国民」は、言語・文化によって定義される近代的「国民」に転化していったと長らく論じられてきた。領邦愛国主義から言語ナショナリズムへの発展として知られる歴史像である。しかし、帝国連邦化論のなかで参照される「歴史的領邦」は言語によって定義される国民と同じように一九世紀の産物である。一体的帝国のなかで、「国民」の輪郭はけっして定まることがなかった。連邦制論における主権像の混迷はハプスブルク帝国の個性の一つであるとともに、その後の同種の議論の祖型をなしているともいえる。

最後に本章冒頭に見た「予言」に立ち返ってみよう。パラツキーの批判者たちは「国民の同権論」に対して、ことに共和主義的な危険を感知していた。一つ一つの「国民」が共和政的なパトリアを構成するものと考えているのである。しかしパラツキーの連邦制論では、文明化、世界史的「集権化」を体現する帝国を前提とし、主権者には一体としての帝国市民＝人民が想定されていた。「国民性」は帝国の中央権力、集権化と均衡を取る作用であり、争われたのは政治参加の圏域の再編、行政資源の再配分、公論の場と国家総体との関係であった。この闘争は近代化する帝国をめぐってきびしく戦われ、帝国解体後も継承諸国に引き継がれた。そして、それは時々の政治闘争、社会的諸関係、文化的表現の型に規定されながら、けっして一つの文脈に収斂《しゅうれん》することはなかったのである。

冒頭の評論は「予言」ではなく、私たちの歴史像を規定する規範として選び出されたものである。実のところ、ヘルファートもチェルニヒもボヘミア出身で、パラツキーとごく親しい知識人だった。歴史家ヘルファートはのちに帝国文化財保全委員会を長らく代表して帝国社会の多様な文化的伝統の保全と記録に尽力し、民俗学者チェルニヒは、「オーストリアの民俗学」という大部の研究書を発表する一方、帝国官僚として新設の統計局を主宰した。彼らはそれぞれ帝国の多様性を総覧し、帝国制度のなかでそれを表現し、「多様性のなかの統一」という帝国イデオロギーに形を与えた人物である。パラツキーは彼らとともにオーストリア帝国の建設者だったのである。

参考文献

篠原琢(二〇一二)「序文」篠原琢・中澤達哉編『ハプスブルク帝国政治文化史——継承される正統性』昭和堂。

『世界史史料』(二〇〇七)「フランクフルト国民議会とパラツキー(一八四八年)」歴史学研究会編『世界史史料6　ヨーロッパ近代社会の形成から帝国主義へ』岩波書店。

Černý, Jan M. (1893), *Boj za právo. Sborník aktů politických v věcech státu a národa českého od roku 1848. Část I. Až do rozpuštění sněm Kroměřížského*, Praha.

Czoernig, Karl (1857), *Oesterreichs Neugestaltung* 1848–1858, Wien.

Helfert, Josef A. (1850), *Oesterreich und die Nationalitäten*, Wien.

Neue Constitution〔新憲法〕(1848), *Entwurf der Grundrechte: Vom Constitutionsausschusse dem Reichstage vorgelegt*, Wien, September.

Osterkamp, Jana (2020), *Vielfalt ordnen: Das föderale Europa der Habsburgermonarchie (Vormärz bis 1918)*, München: Vandenhoeck & Ruprecht Verlag.

Palacký, František (1848), „Čechy a německý spolek“, in *Národní nowiny, 8. dubna.*

Palacký, František (1850), *Dějiny národu českého w Čechách a w Morawě, III/1, Od roku 1403 do 1424, čili od počátku nepokojůw husitských až po smrt Žižkowu*, Praha.

Palacký, Franz (1874), *Gedenkblätter: Auswahl von Denkschriften, Aufsätzen und Briefen aus den letzten fünfzig Jahren, als Beitrag zur Zeitgeschichte*, Prag.

Palacký, František (1898), *Spisy drobné: Díl I. Spisy a řeč z oboru politiky*, Praha.

Schopf, Franz Josef (ed.) (1848), *Wahre und ausführliche Darstellung der am 11. März 1848 zur Erlangung einer constitutionellen Regierungs-Verfassung in der Königlichen Hauptstadt Prag begonnenen Volks-Bewegung und der hierauf gefolgten Ereignisse als ein Beitrag zur Geschichte, und ein Andenken an die verhängnißvolle Zeit chronologisch verfaßt, auch mit allen Urkunden belegt*, Leitmeritz.

Springer, Anton (1885), *Protokolle des Verfassungs-Ausschusses im Oesterreichischen Reichstage 1848–1849*, Leipzig.

Štaif, Jiří (2009), *František Palacký. Život, dílo, mýtus*, Praha: Vyšehrad.

第9章 オスマンからトルコへ、機能の分立から権力の集中へ
――ジェラーレッティン・アーリフ、政治家と法学者のあいだ

藤波伸嘉

はじめに

オスマン帝国は「イスラーム的」であったが故に主権国家体系に適応せず、従ってカピチュレーションに基づく不平等条約体制が続いたが、後継のトルコ共和国は世俗主義を国是とし脱イスラーム化を進めたことで主権平等を実現したとする俗説は人口に膾炙している。しかしこうした俗説が示すのは、歴史的実態以上に、西洋中心主義的思考の典型である。近世を通じてイスタンブルがヨーロッパ外交の結節点であり続けたことを無視ないし軽視し、主権国家体系の生成過程に内在したキリスト教的な思考や法制度を無徴化する一方で、オスマンを「イスラーム的」な政体としてことさらに有徴化し、その包摂を画期とすること自体、主権国家体系が伴った宗派主義的な機制を示している。実際、「長い一九世紀」を通じてオスマン側は近代法の学習に努め、「文明化」を通じた普通の国家としての主権平等を追求する点で一貫していたのであって、オスマン帝国を普通の主権国家として扱うことを拒否し続けたのは西欧列強の側である(藤波 二〇一六)。西洋中心主義に盲従し続けるのでもない限り、オスマン帝国は主権国家体系と共約不可能だったとする議論は成り立たない。

他方で、オスマンからトルコへの国制転換が画期だったこと自体に疑いはない。では既に主権国家体系やそ

れに基づく近代法を所与としたオスマン知識人にとり、この移行は何を意味したのか。これはさまざまな形で論じられてきた主題だが、本章では法学者ジェラーレッティン・アーリフ（一八七五―一九二八）を素材に、法学知の観点からこの問題を考えたい。近現代トルコの法学政治学の泰斗、トゥナヤ（一九一六―九一）は、かつてジェラーレッティン・アーリフについて、彼は「革命家ではない」「西洋型の保守」であり、故に現代トルコ建国の父ムスタファ・ケマル（アタテュルク、一八八一―一九三八）と袂を分かったと論じた（Tunaya 1969: 139, 157）。本章は大家のこの評言を出発点としつつ、そうした評価がもたらされる文脈の歴史的な再定位を試みたい。以下、ジェラーレッティン・アーリフの法思想、特にその主権論を分析することで、近代オスマン法学の一端を明らかにしつつ、二〇世紀転換期の法秩序の変容をめぐる語りに新たな視座を提供するよう努めたい。

一、国法の一般理論とオスマン帝国憲法

近代オスマン法学とジェラーレッティン・アーリフ

ジェラーレッティン・アーリフはパリ大学法学部と自由政治学院で学び、オスマン主権下のエジプト副王領で弁護士を開業した後、一九〇八年の青年トルコ革命を機に帰京すると、行政学院および法学校という二つの高等教育機関で教鞭を執った。こうした経歴は、近代オスマン法学第三世代の一つの典型を成す。タンズィマートと称される一連の改革政治を経た一九世紀中葉に行政官や法曹の育成のため帝都イスタンブルに開設された両校は、やがて西洋近代の最先端の学知を摂取しつつ自国の主権擁護を課題とする一群の知識人を生み出した。開校直後の学生がやがて第二世代として後進の育成に当たるようになると、その下で一八九〇年代に学修を終えた人々が第三世代を形成する。ただし、近代的な法学知を政治資源とする彼らは、当面のあいだ雌伏を余儀なくされる。一八七六年発布の憲法に基づく第一次立憲政がまもなく皇帝アブデュルハミト二世（在位一八

七六—一九〇九)により葬られると、専制君主の下で立憲主義は後退し、議会や憲法を公然と論ずることは憚られ、法学書はしばしば検閲や中傷の対象となる。一八七〇年代半ばに生まれ立憲政を実体験していない新世代が閉塞感を募らせる中、それを背景に生じたのが、一九〇八年の青年トルコ革命だった。革命を主導し、以後の政局の中心に位置した統一派すなわち統一進歩協会の構成員、特にその文官系主流派に両校の卒業生が多かったのも偶然ではない(Fujinami forthcoming)。

ジェラーレッティン・アーリフは、革命後に行なわれた一九〇八年総選挙では統一派と対立した自由党の候補となるなど、政治的には統一派から距離を置いていたが、彼の法思想が統一派主流に近い法学者のそれと大きく異なるわけではない。彼は行政学院では新設の仏英米憲法小史講座を、法学校が改組された帝国大学法学部ではやはり新設の国法講座を担当しており、統一派反統一派の別を超えて、新世紀の法学知の一翼を担う存在だった。なお、当時のオスマン人は、国家の統治機構を定める根本法規や基本法をトルコ語では kanun-ı esasi と表現し、国家組織に関わる公法秩序全般についてはこれを hukuk-ı esasiye と呼んだ。従って、前者はオスマン帝国憲法に限らず各国の憲法典全般の呼び名となるのに対し、後者は特定の憲法典に限定されない一国の根本規範に関わる学理一般を意味する(HE1: 36-38)。そこで本章では、明治以来の日本語の用法も勘案し(高見編 二〇〇八：一五—四〇頁、樋口 二〇〇七：一—四頁)、前者を「憲法」、後者を「国法」と訳す。そして彼の国法講座の一年次の講義録に当たる『国法』第一巻では国法の一般理論の解説とヨーロッパの諸憲法の概観とが行なわれ、二年次に対応する第二巻はオスマン帝国憲法の逐条解説に当てられている。

その『国法』の第一巻を客観法(hukuk-ı meriye veya makule)ないし法規範(kaide-i hukukiye)と主観法(hukuk-ı maneviye)ないし権利(hak)との対から始めるジェラーレッティン・アーリフは、原初の無法状態から国家による法律制定に至る過程を仮想的に論じた上で、社会的連帯(tekafül-i içtimai)から生まれる法は国家に先立ち、故に基本的人権(hukuk-ı şahsiye-i tabiiye)は常に国家の生存権に優越すると説く。彼によれば、憲法典に人権宣言や権利章典が含まれるか否かにかかわらず、国家は、それが人権を擁護し法律を遵守する場合にのみ正当とみなされる(HE1: 3–11, 26–33)。ただしジェラーレッティン・アーリフは、実際には国家はしばしば法を破り人権を損なうことを認めている。そもそも暴力やそれを背景とした強制力は国家の本質の一つである(HE1: 41–43, 110–114)。暴力装置を独占する国家に対し、力を用いて法に従うよう強制することは何人にも不可能である。そして「数は力」や「力こそ正義」というのは社会学的な事実である。故に神権政であれ民主政であれ、国家はしばしば専制化する。前者において神の意志を僭称する君主が専制化するとすれば、後者においては、単なる多数派が国民の一般意志を僭称して専制化する(HE1: 12–26, 147–149)。だからこそ統治機構をめぐる考察は、国家の権力行使に法的な制約を課す作業と位置付けられる。なお、同時代のオスマン人の著作に一般的なように、『国法』には註による典拠表示も参考文献一覧もないが、トゥナヤがオスマン人法学者の方法に即して当時を「エスマンとデュギーの時代」と評した際に例示した通り(Tunaya 1969: 132–135)、フランス留学経験を持つジェラーレッティン・アーリフが同地の憲法学、特にデュギーに依拠しているのは明らかである(この二人のそれを含む当時のフランス憲法学説については高橋　一九八六、一九八九も参照)。では彼は、現存するオスマン帝国憲法やそれに基づく国制に関しては、何を論じていただろうか。

主権の不可分と機能の分立

前提として、ジェラーレッティン・アーリフによれば国家は法人であり、その意志の実行に任ずる個人や集団がその機関となる(HE1: 114)。イスラームはオスマン国法の核とされるが、預言者以来の協議の伝統が近代的な立憲制に直結させられ、一九〇九年改正憲法以降のオスマン帝国は国民主権(hakimiyet-i milliye)に基づく議会制の政体であり、今や国民が元首の権限に参与するのではなく、元首が国民の権限に参与するのだとされる(HE1: 44–48)。

以上は概ね第三世代のオスマン人法学者に共通する議論だが(藤波 二〇二四)、ジェラーレッティン・アーリフの関心は主権ないし権力のあり方やその行使方法に向けられており、そこに彼の独自性も存した。『国法』第一巻の国法の一般理論の解説で彼は、主権とは命令権であり公権力そのものである。対外的な主権を有さない国家ですら国内法上は最高の命令権を持つ。主権は国家すなわち国民の意志であり、基本的人権などの例外的領域を除いて、領内の他の意志に優越する。その帰結として主権は単一不可分である、と整理する。その上で彼は国家の機能として立法行政裁判の三つを挙げるが、この三つは、議会や政府や裁判所といった機関の権限と同じではない(HE1: 67–79, 84–87)。彼によれば権力の不可分は主権の不可分の帰結であり、機能の分立(tefrik-i vezaif)を権力の分立(tefrik-i kuva)と混同してはならない。国民の不可分の主権に基づく不可分の権力の行使に際し国家には複数の機能が生ずるが、それに関与する機関は現実に多様だというのが彼の立場だった(HE1: 125–129)。

この点はオスマン帝国にも当てはまる。例えば君主は、立法過程では裁可(tasdik)により、行政的には審署(meriyetin ilanı)により法律制定に参画し、それを公布(neşr)することで国民に周知する(HE2–1: 22–24)。すなわち、議会の議決と並び君主の裁可および審署を経て初めて国民の意志は法律としての形式的な効力を持つのであり、立法の機能には、君主と議会の両機関が協同して関与する。「国民の主権的意志(milletin irade-i hakimesi)を明らかにする機関(uzuv)は陛下と議会である」。同様に、議会は立法のみならず行政にも関与し、政府を監督する。裁判所は司法以外の行政上の業務にも従事する。なお、初版では「立法権」や「執行権」と(誤って)書かれていた箇所が第二版以降では「議会」や「政府」と訂正されており、彼において、権力ではなく機能の分立という議論が一貫していることが理解される。二院制が肯定されるのもこの点に関わる。ジェラーレッティン・アーリフによれば、二院制が国民代表を分割するわけではなく(そもそもオスマン帝国議会元老院は任命制であり、代表の資格を持たない)、権力の分立は原理的に問題とならない以上、慎重な立法による抑制的な権力行使を可能とする点で、むしろ第二院の存在は望ましい(HE1: 135–139; HE2–1: 180–184)。他方で彼は違憲立法審査権を否定し、裁判所が行なうのは審署の形式的な確認のみであって、裁判所が君主や政府や議会の決定に干渉すれば無政府状態に陥ると説く(HE2–1: 149)。彼はさらに、政府と議会が衝突し、互いに実力を行使すれば、内戦が危ぶまれるとも述べていた(HE1: 93–94)。このように、彼が志向するのはあくまで機能の分立を通じた協調的な権力行使であって、相互に対抗的な権力の分立ではない。そしてジェラーレッティン・アーリフによれば、オスマン帝国憲法自体がそれを要請している(HE1: 87, 129–134, 153–154)。故に、たといその実効性は疑わしくとも、輿論《よろん》の介入を待つことで議会の暴走を防ぐべく、裁可や審署の拒否ないし延期を通じた君主の拒否権は認められるべきなのだった(HE2–1: 24–28)。なお、彼はオスマン君主がカリフであることを自明視し、その地位も肯定的に評価しているが、それは、世襲の君主は安定や穏健を保障するという理解に基づく。「イスラーム的」な理由は、いわば付けたりだった。だからこそ、カリフ即位時の忠誠の誓い(biat)という「イスラーム的」な制度も、主権的な国民とカリフとのあいだの協約として再定義される(HE2–1: 8–16)。

一九〇九年改正憲法の評価をめぐるジェラーレッティン・アーリフの揺らぎも、以上の議論と関わる。憲法改正後まもなく刊行された『国法』第二巻の初版では国民主権と議会制を実現した「国民的成功」と評された同改正が(HE2–1: 3–5)、数年後の第三版では「煽動」の産物として批判される(HE2–3: 3–5)。その根拠の一つが、君主ないし政府による議会解散をほとんど実現不可能とした修正第三五条だった。この条文は、初版でも、専制君主の恣意から議会制を守る方策として、革命直後の精神状態を理由に消極的に是認されていたのだったが(HE2–1: 74–75, 79, 167–175)、第三版では、議会の暴走に対する歯止めを失わせ、法的な奇形物をもたらしたと批判される(HE2–3: 82–94)。一九一一年末の憲法再改正案が統一派の党利党略のために提起されたこともあり(藤波 二〇一一：二三四―二三六頁)、修正第三五条批判自体が統一派のためにする議論とみなされがちだが、合法的な議会解散を事実上不可能とするその問題性は、統一派反統一派の別を超えて、学理的には一定程度共有されていたように思われる。実際、ジェラーレッティン・アーリフは既に初版の段階で、君主や政府の議会解散権は、立憲国に不可欠な当然の制度だと説いていた(HE1: 149–155; HE2-1: 73–84)。協調的な権力を望むその基本的姿勢からしても、彼自身が示唆する通り、初版での一九〇九年改正憲法評価は、革命直後の多幸感の中にあった読者への譲歩だったのだろう。

単一国家としてのオスマン帝国

主権の不可分にまつわる重要な論点に、連邦制と選挙制度の問題がある。そしてこれらはともに、オスマン国制をめぐる最重要の論点の一つ、特権問題と関わっていた。セルビアやルーマニアやブルガリアなど、「東方問題」の過程で列強の干渉を経て自治の特権を付与された地域は、やがて分離独立に至ることが多かった。この経験に照らし、オスマン知識人の多くが自治や連邦制という意味での政治的分権を拒絶した。代わりに彼らが求めたのが、単一不可分の主権国家としての政治的集権の下での地方の権限拡大(tevsi-i mezuniyet)すなわち行政的分権である(藤波 二〇一一：一一一―一二五頁)。これはオスマン輿論における基本的な発想の型を成しており、ジェラーレッティン・アーリフの議論もそれと合致する。彼によれば、ドイツの法的構造(teşekkül-i kanuni)をめぐる理論家の苦心も示す通り、連邦制と主権の一般理論との両立は困難である。主権論は単一国家(düvel-i muvahhade)を前提としており、オスマン法もまた、オスマン帝国を単一国家と認識しているのだった(HE1: 76–83)。

また、特に非ムスリムから要求されていた事項として、民族別宗派別の割当制選挙論があったが、ジェラーレッティン・アーリフはこれにも否定的である。彼によれば、比例選挙はあくまで政党本位の制度であり、それを民族や宗派に適用するのは誤りだった(HE1: 143–144; HE2-1: 206–207)。そして『国法』第二版以降は比例選挙制への言及自体が消滅する。こうした議論は彼の主権論の根幹に関わる。というのも、主権を有するのは国民全体であって、国民に属する個々人ではないからである。国民の主権的意志(irade-i hakime)を表明する機能への参画は、それに当たる国民個々人にとって、権利ではなく義務である。この意志表明に参画する代表を選ぶ義務は、法律の規定に基づき、選挙人団に委ねられる(HE1: 54–58, 114–120; HE2–1: 208–211)。そして主権が不可分である以上、選挙区の都合による命令的委任は認められない(HE1: 125; HE2–1: 185–186, 218–220)。国民全体を代表すべき議員が自身の選挙区すら代表し得ない以上、特定の民族や宗派を代表し得ないのは言うまでもない。

しかし国法の一般理論に即してジェラーレッティン・アーリフ自身も認めるように、法をめぐる理論と実態の乖離は珍しくなく、オスマン帝国の場合はそれが特に著しい。例えば領土保全、内政不干渉、そして主権の至高性は国家の基本的な要件であり、主権の不可分は領土の不可分を伴うはずである。だがオスマン帝国は領土の割譲を繰り返し、現有領土の内部ですら、至高なはずの自らの主権行使には制約が課されている(HE1: 61–63)。その焦点となったのは往々にして非ムスリムの地位や信仰であり、それを口実とした介入を繰り返す西欧列強が押し付けた一連の特権(imtiyazat)だった。具体的には、外国人の通商ないし裁判に関わる特権(カピチュレーションすなわち外国人特権)、非ムスリム居住地域を中心とする特定の州県に付与された行政上の特権ないし自治(特権諸州)、そして非ムスリムの信仰実践に関わる宗教的特権である。だがジェラーレッティン・アーリフ『国法』は、行政法や国際法の講義で扱われるべき論点だとして、これらに関する議論を明示的に回避する。少なくとも建前上、彼は非ムスリムなり非トルコ系なりの人々を差別しているわけではなく、帝国構成諸民族のすべてが等しく主権に参画し同一の権利を持つと指摘している。しかしこうした発言は、オスマン領において自治は容認されず、いかなる地域も特権的であってはならないと訴える際の前置きとして機能する(HE2–1: 5–7, 42, 136)。行政区画や選挙制度を民族や宗派の分布に応じて再編することで国制を改変するという発想は、ジェラーレッティン・アーリフには存在しなかった。他方で彼は、民族や言語や宗教の一体性がそれ自体として国民的連帯(tekafül-i millî)をもたらすことはなく、国民の一体性(ittihad-ı millî)は共通の必要や感情や記憶から生ずると指摘し、民族性原理に基づく国家形成の不可を説いてもいる(HE1: 49–54)。要するに、オスマン帝国は不可分の国民主権に基づく多民族多宗教的で自主独立の単一国家(たるべき)なのであり、それに反する制度も特権も政策も認められないのだった。

主権と特権にまつわる彼のこうした議論は、単一不可分性を自明視するフランス憲法学の影響と並び、オスマンと西欧のあいだの国制史的な相違にも起因する。ユーラシア東西に由来する複数の普遍性を重層的に取り込んだ近世オスマン帝国には、世襲貴族も自由都市も存在しない一方で、多民族多宗教的で一君万民的な統治理念が浸透していた。王権と教権、そしてその相互関係の意味が西欧とは異なるオスマン帝国にあって、権力制限の思想も、身分や社団の特権を前提とした混合政体としてではなく、君主以下、学者や官人や軍隊のあいだの職能上ないし機能上の調和として論じられた(Sariyannis 2013)。つまり、オスマン人にとり特権とは、単一不可分の主権国家たるべき自国に西欧列強の干渉を通じて埋め込まれた忌むべき外在的な障害なのであって、王権に抗する自生的な権力均衡の制度とは映らない。

では、彼のこうした法思想は、帝国から共和国への転換期に、いかなる意味を持ったのか。

二、帝国から共和国へ

代議院議長から大国民議会第二議長へ

一九〇八年総選挙での落選後、ジェラーレッティン・アーリフは直接的な政治参加は行なわず、教員および弁護士としての活動を続け、やがてイスタンブル弁護士会長となる。しかし事態の推移は彼を政局の中心に招き寄せた。第一次世界大戦敗北後の流動的な政情の中、政府が連合国に恭順の姿勢を示した一方で、アナトリアでは独立死守を目指す「下から」の抵抗運動が生じた。こうした中、「国民の意志」の表明を通じた事態の打開を目指して政治活動に身を投じたジェラーレッティン・アーリフは、一九一九年総選挙で当選すると、翌二〇年三月には前任者の死去を受けて代議院議長に就任した。だがその二週間後、イスタンブルが連合国の占領下に置かれると、彼はムスタファ・ケマルらの抵抗運動に合流し、アンカラに開かれた大国民議会に参加する。全権力の集中を謳う同議会は自ら立法執行双方の機能を担うと宣言し、行政各部を所管すべく選ばれた議員は委員(vekil)と称され、その集合体として執行委員会(icra vekilleri heyeti)が設置された。この際、ジェラーレッティン・アーリフは司法委員に就任したのみならず、第一議長ケマルと並ぶ第二議長に選ばれている。これは副議長とは異なり、あくまで二人制の議長のうちの一人である。帝国議会第四議会代議院議長を大国民議会第二議長に戴くのは、国民の主権的意志の連続性を根拠に自らの正統性を訴えようとした抵抗運動にとり、不可欠の措置だったと言える(Selvi 2010: 1742–1750)。

しかしジェラーレッティン・アーリフは一九二〇年の夏頃から反ケマル派と連携し始め(Akşin 2010: 297–304)、翌二一年一月には司法委員の職を辞する。その背景にはケマルとの反目があり、一九二二年一月には彼は大国民議会のローマ駐在代表に転出し、そのまま事実上の亡命生活に入った。もちろんこれは権力闘争であり、ジェラーレッティン・アーリフは敗者である。だがそうした政治的文脈と並んで、そこには憲法をめぐる問題も存在していた。

「二憲法期」の法学者

辞意表明の理由としてジェラーレッティン・アーリフは、四日前に制定された基本組織法(teşkilat-ı esasiye kanunu)すなわち一九二一年憲法は自らの信条や良心と両立しないと述べた上で、同法制定は事実上の憲法制定にほかならないが、それに必要な形式的な要件が満たされておらず、それを防ぎ得なかったのは第二議長としての職務上の過失だったと説く。彼はさらに、この点は基本組織法のみならず、前年九月制定の定足数法にも当てはまると主張した(TBMMZC 1/1/137: 7/442–444)。定足数法は「カリフとスルタン、祖国と国民の解放と独立という目的に達するまで」大国民議会は継続して会合すると宣言しつつ、議員の兼職禁止の原則も定めた法律であり、基本組織法は、国民主権原則を明示し「トルコ」なる国号に言及した上で、立法執行両権を大国民議会に集中する議会統治制を明文化した事実上の新憲法である。なおジェラーレッティン・アーリフはこの一カ月半後、定足数法改正案が提出された際も、これは憲法問題なのだから、それに応じた審議の形式を整えなければならないと繰り返している(TBMMZC 1/2/4: 9/32–33)。議会運営上、実務的な解決が喫緊の課題でありながら、同時に議会そのものの正統性、ひいては主権の及ぶ範囲に関わる定足数の問題は、オスマン帝国議会第四議会でも大国民議会でも争点化していた。前者では、講和条約未締結の現状で、公式にはなお喪失を認めていないが選挙は実施されなかったアラブ地域その他の位置付け、具体的にはそこでの主権の有無が問われる(MMZC 4/1/2: 5–10)。後者の場合、連合国による占領の合法性を認めず、故に議会は解散していないという建前を維持したまま、イスタンブルから逃れた代議院議員に各県の代表を加えたという変則的な招集方法の結果、定足数以前に、議員総数自体が不明瞭だった。つまり、帝国の解体と並行して事実上の制憲行為が進むアナトリア内外では、いかなる国家の主権がどこまで及ぶのか、それに伴ってオスマン帝国憲法がどれほどの規範力を持つのかという問題が伏在していた。

ただし一九二一年一月の辞意表明に至るまで、このいずれの局面においても、ジェラーレッティン・アーリフは定足数の争点化を避けようとしていた。大国民議会第二議長としての彼は、執行委員会設置による議会統治制採用は「本質として憲法の内実を持つ」変化だと説く一方で(TBMMZC 1/1/8: 1/172–179)、同議会が全権力を持ち立法執行双方を担うのは憲法に基づくわけではないので、その規定に拘束されることもないとして、議員の官吏兼職も認めている(TBMMZC 1/1/24: 2/74–76; 1/1/49: 3/283–284)。要するに、彼はそれまでオスマン帝国憲法の条規に基づく形で大国民議会の行為の違憲性を論じてはいなかった。従って、ケマルに近い次世代の法律家マフムト・エサト・ボズクルト(一八九二―一九四三)が、そもそも選挙法の文言通りの形で組織されていない大国民議会は、帝国議会代議院とは異なって、祖国の非常時に特別の形で組織された制憲議会にほかならず、故にオスマン帝国憲法の規定には拘束されないと説くのもうなずける。だがこれに対しジェラーレッティン・アーリフは、主権が国民に属するのは当然だが、法律とは本質的に形式にして制度であり、それを損なった点で大国民議会は誤りを犯したのだし、法学者たる自分はそうした過ちを犯し続けることはできないと説く(TBMMZC 1/1/137: 7/448-450)。既に大国民議会招集の時点で、議会の性格や議長の人選、そして立法執行両機能の関係をめぐり、彼とケマルとのあいだには対立が存在していた(Selvi 2010: 1746)。かつてジェラーレッティン・アーリフは『国法』で、議員の兼職禁止を自明視し(HE2-1: 212-214)、議会が行政の一翼を担うこと自体は当然としつつも、仮に政府が議会に従属する官吏とみなされ、議会に対して何の影響力も持たなければ、一国の全権力を一機関に集中させるそうした制度は容易に専制や恣意への道を開くと論じていた(HE1: 149-158)。彼の主観的な認識としては、ケマルの専横にも大国民議会の違憲性にも目をつぶって抵抗運動に参加してきたが、基本組織法制定に至り忍耐も限界に達したということなのだろう。あるいは、政治家としての敗北に際し、法学者という地金が出たと言っても良いかもしれない。若干の後知恵とともに言えば、彼はここで法学者として語ることで、あたかも政治家たることから降りているかのごとくである。ともあれ基本組織法制定後、オスマン帝国憲法の効力の有無や両者の形式的効力の優劣が明言されることのないまま両者が併存する「二憲法期」が現出し、その下でスルタン制とカリフ制の廃止に至るなし崩し的な国制転換が進む。このかん、「第二グループ」と呼ばれる議会内部の反ケマル勢力を中心に、ジェラーレッティン・アーリフを対抗馬に担ごうとする者は一定数存在したようだが(Demirel 1995: 419-423)、彼が政局の中心に戻ることはなかった。

法思想の連続と断絶

ジェラーレッティン・アーリフはかつて『国法』で、デュギーの影響下、一般論として(あるいはフランスに即して)古典的で自由主義的な小さな政府の時代は過ぎ去りつつあり、社会的な要請に応えるべく政府の活動領域は増大しつつあると説いていた(HE1: 84–87)。だが彼は、オスマン帝国では職能代表制の採用は時期尚早だと判断しており(HE1: 144; HE2–1: 207–208)、第二版以降では職能代表制への言及自体が消滅する。彼は女性の政治参加にも否定的で、フェミニズムを嘲弄すらしていた(Toprak 2014: 167–172)。既に一九〇八年の段階で女性の権利擁護や政治参加を求める声は高まっていたし、隣国ロシアでの社会主義建設を受けて左派勢力が伸長した一九二〇年のアナトリアでは基本組織法の制定過程で職能代表制採用の是非が争点化していたことに鑑みれば(藤波 二〇〇九)、彼の「保守性」は明らかである。地政学的観点からボリシェヴィキに一定の親近感を示しつつも(TBMMZC 1/1/14: 1/294–295)、彼は、大国民議会は「革命議会ではない」と明言する(TBMMZC 1/1/24: 2/75)。政府と議会や裁判所との対立にすら無政府状態や内戦という言葉で危惧を示したジェラーレッティン・アーリフである。基本的人権を保障すべき法秩序の安定を重視した彼は、抵抗権にも革命にも懐疑的だった(HE2–1: 138–143)。従って、もし形式や制度や安定を求めるのが「保守」ならば、彼自身もその評価を受け入れたと思われる。だがジェラーレッティン・アーリフからすれば、仮に自らが「保守」だとしても、その対立項は、そこにケマルが位置付けられる限り、「革新」でも「進歩」でもなく、「専制」や「恣意」だったはずである。

実際、権力の集中は専制を招くとする基本組織法批判の論理は孤立したものではなかったが、敗北したのは、専門家としての自負に基づき学理に則ったケマル批判を展開した法学者の側である。彼らの「保守性」に飽き足らないケマルが自らの立場を正当化する新たな「トルコ法」の形成に向かうと、その実践を担ったのは、帝政ロシアの崩壊後、ボリシェヴィキとの闘いに敗れトルコに亡命したサドリ・マクスーディ(一八八〇―一九五七)たちだった。タンズィマート以来のオスマン愛国主義を共有しないロシア・ムスリムが、「神権的」なオスマン法は西洋近代とは共約不可能だったと一方的に断罪する中(藤波 二〇二二)、自らを唯一絶対の主人公とする歴史認識を確立すべくケマルが行なった一九二七年一〇月の六日間演説で酷評されたことで、公定史観におけるジェラーレッティン・アーリフの評価は定まる。これ以降、ケマルと衝突した者は、ほとんど定義上、「保守」や「反動」とみなされていく。

換言すれば、オスマンからトルコへの国制転換に際し、法思想が「保守的」か否かは、ケマルの「革命性」との関係において定まる。そして形式上その最も明白な指標とされたのが、「イスラーム的」法制度への態度である。帝国解体に至る過程で領土が縮減し非トルコ系諸民族が激減したことで、国家国民の外枠も内実も変化したが、ムスリムの支配層に関する限り、その出身階級や人的結合や知的基盤の面で顕著な連続性が存在した。代議院議長から大国民議会第二議長に転じた政治家ジェラーレッティン・アーリフは、近代的な法学知を踏まえ「国民の意志」を根拠に自らの言動を正当化した当時のムスリム支配層の政治的思想的な連続性を象徴する。しかし法学者ジェラーレッティン・アーリフが憲法の条規を尊重し、立憲君主としてのカリフを擁護し、ケマルへの権力集中を肯《がえ》んじなかったが故に「保守」扱いされたことは、このかんに生じた法秩序の断絶、あるいはその評価軸の変容を示していよう。

最後に、この一連の過程において、ジェラーレッティン・アーリフの法思想の中で最も安定的だった要素の一つに触れておきたい。彼は一貫して、非ムスリムの民族的ないし宗派的な要求事項には冷淡だった。『国法』で彼は、非ムスリムにまつわる特権の議論を回避し自治や割当制選挙を拒否しつつ、「非ムスリム諸民族(anasır)が今日この国に生き残っているとすれば、それは、明らかなイスラームの教えとこの王家の公正さのお蔭」だと述べていた(HE2-1: 12)。そして一九二〇年のオスマン帝国議会代議院で彼は、オスマン人は少数派の権利を最も寛容に護ってきたと説く(MMZC 4/1/8: 61)。大戦中の非ムスリムの命運を想起すれば、これは驚くべき主張と言えるだろう。彼がアルメニア人「移送」に携わった統一派官吏の弁護に回ったことは、イスタンブル弁護士会長としての職責によるとはいえ、やはり何事かを示しているように思われる(Ata 2005: 154, 195–196)。実際、ジェラーレッティン・アーリフは、アラブ人やアルバニア人の「裏切り」から教訓を得たトルコ人とクルド人はもはや決して互いに離れることはないと訴えた上で(MMZC 4/1/14: 169–170)、代議院議長就任演説では、カリフ、スルタン、ハーンを戴き、「何千年にもわたり支配者として多くの国を築き常に主権者であり続けた人種(ırk)に属する」民(millet)として、ギリシア人やアルメニア人による「中傷」に抗すべく、「真理と公正」を世界に求めるよう説いていた(MMZC 4/1/18: 246–247)。そしてその一年一カ月後、大国民議会において彼は、自らのこの発言を想起しつつ、ギリシアに対する勝利により、「何世紀にもわたりイスラームの剣だったトルコ人」が「イスラーム並びに自らの民族的(milli)な生命および名誉」を救ったことを言祝ぎ、その記憶が「イスラーム世界」から消えることはないと誇っている(TBMMZC 1/2/15: 9/322–323)。

　こうした発言は、オスマン「国民(millet)」の内実が、非ムスリムへの敵意とないまぜの形で、徐々にトルコ「民族(millet)」へと変容する過程を示して興味深い。ジェラーレッティン・アーリフは自由党の候補となったが故に「リベラル」扱いをされることが稀ではない。そして、統一派の「トルコ主義」に抗した「リベラル」は非ムスリムに対して「寛容」だったと説かれることが少なくない。だがこうした俗説は事実に反する。実際のところ、統一派と距離を置き、ケマルの専制やなし崩し的な国制転換に抗した者が、必ずしも非ムスリムに「寛容」だったとは限らない。「リベラル」ならキリスト教徒に対して「寛容」だというのは、「イスラーム的」な法制度を尊重したら「保守」だというのと同程度には皮相であって、オスマン人の言動を、西欧列強なりキリスト教徒なりへの親疎や好悪を基準に評価する外在的な立場の問題性は明らかである。政治思想の内実もその布置も、当該の社会とその時々の国際秩序との関係に応じて異なる。オスマンからトルコへの国制転換やそれに関与した人々の心性、そのかんの連続と断絶の両側面を理解するためには、「保守」や「リベラル」という標識で能事足れりとするのではなく、その内実に立ち入った分析が必要となる(Köker 2003)。

おわりに

二〇世紀初頭、先行する世代の蓄積を踏まえた第三世代のオスマン人法学者は、国民主権と立憲主義に基づく新たな国制論を提示した。その中で、特に人権の保障を重視するジェラーレッティン・アーリフは、主権の不可分と機能の分立を論じ、法や秩序の安定のために多様な機関による協調的な権力の行使を求めた。その結果、法人としての国家の一機関たるカリフは、国民主権に基づく議会制の中に組み込まれる。一方、フランス憲法学に依拠する彼の国法講義において、連邦制は退けられ、民族的宗派的な要素の国制上の地位や意義はほとんど無視される。主権の不可分を金科玉条とする法思想がどれほどオスマン帝国の現実に即していたかは問われるべきかもしれないが、多民族多宗教的な環境の中、西欧列強の干渉を通じて国制に埋め込まれた多様な特権によりその主権が損なわれていた現実を前に、愛国的なオスマン人法学者たちがあえて主権の不可分を強調していたという側面も忘れられるべきではない。いずれにせよ、タンズィマート以来の近代法学の蓄積は普通の主権国家としてのオスマン国制論を展開するに充分だったし、青年トルコ革命以降には、神権的ないし君主主義的な法思想はほとんど後を絶つ。単一不可分の主権国家という枠組みの下での国民主権と立憲主義の正統性は、共和国建国以前から既に社会に浸透していた(Tanör 2009)。

従って、オスマンからトルコへの転換は、決して前近代的で「イスラーム的」な帝国から近代的な国民国家への移行を意味しない。国家国民の内実につき、多民族多宗教性の位置付けが、所与の前提から否認されるべき過去の遺物へと変容したことは、確かに大きな断絶を成す。ただし、ヨーロッパで民族自決の教義が規範化したのは第一次世界大戦後であって、後年の民族史学の主張とは異なり、それ以前には民族国家形成は決して自明の選択肢ではなかった。「長い一九世紀」には列強諸国も多民族多宗教的なのが常態であり、大衆においては民族的宗派的なものへの無知無関心も稀ではなく、政治指導者にとっても、民族的宗派的な要求事項とは、王朝原理やその歴史的権利などと同等の利用や操作が可能な、帝国内部での利益誘導の手段の一つだった。従って、多民族多宗教的な国民国家という点でも、近代オスマン帝国は例外ではなく、一般の側に属する。

「長い一九世紀」を通じ、オスマンが例外とされたのは、専らその「イスラーム的」法制度の故にだった。「文明国基準」の名の下、近代的すなわち西欧的な法制の有無を基準に「文明」の有無すなわち主権平等の可否を弁別する法学知は、西欧列強による世界支配の過程で重要な役割を果たした(Anghie 2005)。この際、「イスラーム的」であるとはすなわち「野蛮」であるのと同義だと考えられ、だからこそオスマンの主権は平等には扱われない。そこでオスマン側は、近世以来の広域秩序を引き継ぐ自らの国制を、近代法の概念を通じていかに定義し、その作業を通じていかに領土保全と自主独立を護り、国益を増進するかを課題とした。国家勤務により生計を立てていた多くのオスマン人法学者にとって、こうした課題に対処すべき自前の法学知の形成は、官僚政治家による国家運営にも比すべき、「愛国的」な営為だった。しかし帝国解体後には、護るべき国家自体が消滅したことにより、この課題もそれに取り組んだ人々も、後継国家の利害に基づく外在的な批判の対象となる(藤波 二〇二三)。

各地で旧い帝国の解体と新たな帝国の拡大をもたらした二〇世紀初頭の革命や戦争の連鎖が、民族や宗派や国家や主権にまつわる認識や言動の断絶を伴ったのは確かだが、他方で、法制度をめぐる学知や慣習はしばしば帝国の解体を超えて連続した。この際に連続と断絶のいずれの側面が前景化するかは、新たな政体やその担い手が、その時々に支配的な国際秩序との関係で、自らとその先行者とをどう位置付けることが自らの利益に資すると考えたかに連動する。独墺日など、神権的ないし君主主義的な法思想が少なからぬ影響力を有した国々の場合でも、帝国の解体やその後の国制転換にもかかわらず、各々の後継国家の法制史上ないし法学史上、連続の局面に力点を置いてその制度や学知が論じられることが少なくない。しかしオスマン帝国の場合はいささか事情が異なる。その解体過程で「バルカン」と「中東」という二つの擬似地理的概念が生み出されると、前者には民族自決に基づく(と称する)国家が叢生し、後者には委任統治の名による英仏の植民地支配が築かれる。前者では「トルコの軛《くびき》」は民族の連続性を損なった暗黒時代と目され、後者では、「文明国」の支配を正当化すべく、オスマン支配はほとんど定義上「野蛮」とみなされる。そして直接の継承国とされるトルコですら、人的側面はともかく、法的側面に関しては断絶の局面が強調されることが多い。ジェラーレッティン・アーリフの思想は「保守的」だとする評価はその典型であろう。

　だが、二〇世紀転換期の法秩序の変容に際し、近代オスマン法学が否定され忘却されなければならなかったとしても、それは必ずしもその学説に内在する欠陥や限界に起因したとは限らない。それはむしろ、主権国家体系におけるオスマンの地位という外在的な要因に由来する。西欧列強も共和国建国後の「トルコ法」の担い手も、オスマンの法制度は「神権的」ないし「イスラーム的」だと断定し、オスマンを近代性とは共約不可能な他者として描くことで自らの正当性を示すという同一の行動様式に従っている。ギリシア、ローマ、セム的一神教の正統性を共有するオスマンを他者化することは、西洋近代が、自らこそ唯一絶対の真の普遍的な「文明」の担い手だと僭称するに当たり必須の手続きであったし、トルコ共和国にとって「イスラーム的」な過去との断絶を強調することは、そのような西洋近代の一員に加わるための洗礼にほかならなかった。だからこそ、オスマン帝国と主権国家体系との共約不可能性の主張は、あたかも西洋近代の普遍性に対する信仰告白の趣を呈することになる。

　だが冷戦終結後、イスラーム嫌悪という形に焼き直された西洋中心主義が跋扈する現在、西洋近代なりその枠組みの下での各民族国家形成なりの教理問答として主権国家体系の生成発展過程を論じても、近現代の国際秩序の理解にはつながらないだろう。主権国家体系は、その価値を内面化した人々が自負するほどには普遍的でも世俗的でもない。近代オスマン法学とその達成、そしてその評価は、主権国家体系と西洋中心主義なりイスラームなりとの関係を問い直し、世界の法制史や法学史の語りを再構築する上で、格別の意義を持つだろう。

参考文献

HE1: Celalettin Arif, *Hukuk-ı Esasiye: Birinci Sınıfa Mahsustur*, Ahmet Saki Bey Matbaası, 1325.

HE2-1: Celalettin Arif, *Hukuk-ı Esasiye: İkinci Sınıf Dersleri*, Ahmet Saki Bey Matbaası, 1325.

HE2-3: Celalettin Arif, *Hukuk-ı Esasiye: Kısm-ı Sani*, 3rd ed., Hukuk Matbaası, 1330.

MMZC: Meclis-i Mebusan Zabıt Ceridesi.

TBMMZC: Türkiye Büyük Millet Meclisi Zabıt Ceridesi.

高橋和之（一九八六）『現代憲法理論の源流』有斐閣。

高橋和之（一九八九）「エスマンとデュギー」杉原泰雄編『憲法思想』〈講座憲法学の基礎四〉、勁草書房。

高見勝利編（二〇〇八）『刑部荘著作集』慈学社。

樋口陽一（二〇〇七）『国法学――人権原論［補訂］』有斐閣。

藤波伸嘉（二〇〇九）「国民主権と人民主義――トルコ「一九二一年憲法」審議過程における職能代表制論議」『日本中東学会年報』第二五巻第一号。

藤波伸嘉（二〇一一）『オスマン帝国と立憲政――青年トルコ革命における政治、宗教、共同体』名古屋大学出版会。

藤波伸嘉（二〇一六）「仲裁とカピチュレーション――一九〇一年オスマン・ギリシア領事協定にみる近代国際法思想」『史学雑誌』第一二五編第一一号。

藤波伸嘉（二〇二二）「オスマン帝国の解体」永原陽子・吉澤誠一郎責任編集『岩波講座　世界歴史20　二つの大戦と帝国主義Ⅰ　二〇世紀前半』岩波書店。

藤波伸嘉（二〇二三）「オスマン憲法史序説」『史潮』新九三号。

藤波伸嘉（二〇二四）「近代オスマン法学と立憲的カリフ制」近藤信彰編『権力とネットワーク』〈イスラームからつなぐ五〉、東京大学出版会。

Akşin, Sina (2010), *İstanbul Hükümetleri ve Milli Mücadele III İç Savaş ve Sevr'de Ölüm*, Türkiye İş Bankası Kültür Yayınları.

Anghie, Antony (2005), *Imperialism, Sovereignty and the Making of International Law*, Cambridge University Press.

Ata, Ferudun (2005), *İşgal İstanbul'unda Tehcir Yargılamaları*, Türk Tarih Kurumu.

Demirel, Ahmet (1995), *Birinci Meclis'te Muhalefet, İkinci Grup*, İletişim.

Fujinami, Nobuyoshi (forthcoming), "A Constitutional Reading of Despotism: İbrahim Hakkı on Ottoman Administrative Law", *International Journal of Turkish Studies*.

Köker, Levent (2003), "Liberal Muhafazakârlık ve Türkiye", in Ahmet Çiğdem (ed.), *Muhafazakârlık*, Modern Türkiye'de Siyasî Düşünce 5, İletişim.

Sariyannis, Marinos (2013), "Ruler and State, State and Society in Ottoman Political Thought", *Turkish Historical Review*, 4-1.

Selvi, Haluk (2010), "Millî Mücadelede Anayasa Tartışmaları ve Adliye Vekili Celâleddin Arif Bey", in *Altıncı Uluslararası Atatürk Kongresi, 12–16 Kasım 2007—Ankara, Bildiriler*, 2, Atatürk Araştırma Merkezi.

Tanör, Bülent (2009), *Türkiye'de Kongre İktidarları (1918–1920)*, Yapı Kredi Yayınları.

Toprak, Zafer (2014), *Türkiye'de Kadın Özgürlüğü ve Feminizm (1908–1935)*, Tarih Vakfı Yurt Yayınları.

Tunaya, Tarık Zafer (1969), *Siyasî Müesseseler ve Anayasa Hukuku*, 2nd ed., Sulhi Garan Matbaası.

第10章　ネイションの外縁とジェンダー
――イタリアの境界をめぐって

小田原琳

一、イタリア国家の成立をめぐる語り

二〇一一年に近代国民国家としてのイタリアの成立から一五〇年を迎えることを記念して、「リソルジメント」再考を目的とする大部の研究が編まれた(1)。マウリツィオ・イザベッラは二一世紀のリソルジメント研究を整理して、長らく「イタリア半島の国家的統一」を目指す運動と理解されてきたリソルジメントについて、目的論的な叙述を排し、政治思想、文化、ジェンダーなど多角的な検討が進んでいることを最大の特徴として指摘した(Isabella 2012)。また、第二次世界大戦後のイタリアにおけるリソルジメント解釈を記しづけてきたグラムシ的な理解――少数のエリートによる運動――を再検討し、大衆的な運動として位置づけていること、それと関連して、リソルジメントの「重力の中心」が、一八世紀末から一八一五年以後の復古期というフランス統治とその影響の時期から、一八四八―四九年、一八五九―六〇年へと移ったと述べる。このことは、リソルジメントがフランス革命の影響を受けたことを否定するのではなく、大衆運動であり文化的革命としてのリソルジメントという新しい解釈と結びついた、焦点の移動と言える。新たに注目を浴びた時期は、後年、それぞれ第一次・第二次独立戦争と呼ばれる時期で、したがって「戦争」への関心の高まりももたらした。戦闘や戦場そのものだけでなく、兵士の勇敢さを讃える歌や演劇など、リソルジメントの軍事文化的側面も焦点となった。

後者は、リソルジメント研究とは別個に二一世紀に発展したジェンダー史とも密接な関わりをもつ。愛国主義運動や戦争における女性の役割や、「祖国」と二重写しにされる家父長的家族モデルを論じる諸研究が出されたことは、英雄的＝男性的リソルジメントの表象を見直し、統一というできごとのナラティヴに無意識に浸透した男性性を浮上させ、再検討する重要な契機となる。「家族」や女性のジェンダー役割は、ことにネイションが「血統」と結びつけられてゆくようになるとき、極めて重要な意味をもつだろう。

本章は、こうした近年のジェンダー史の観点からの、イタリアにおける国民形成過程の再検討を先行研究とするが、その空間的・時間的視点を広げ、一九世紀末から二〇世紀初めのイタリア半島北東部、すなわちイタリアにとっての「境界領域」に置く。以下で論じるように、国民形成のプロセスは国家統一では終わらず、また、国家の地理的中心(複数形であったとしても)のみで進んだわけでもないからである。第一次世界大戦時に境界領域で生じたいくつかの事例から、近代国家が形をとろうとするとき、そこに、その社会において性をめぐって与えられた意味であるジェンダーが強く作用することを論じたい。

二、境界領域の時空間

リソルジメント研究の多角化のひとつの表れとして、イザベッラが指摘するもうひとつの特徴は、リソルジメントのグローバルな次元での再検討である。イタリアの「ネイション」は――他の近代的なネイションと同様に――排他的なものとして想像され、表現されるが、同時に、他の、抑圧されたネイションに対する共感をもちうる。マッツィーニのネイション論はその典型であり、マッツィーニのよき弟子であったガリバルディがラテンアメリカで共和派とともに戦ったことをはじめとして、リソルジメントのナショナリズムは、心情的にも人的ネットワークにおいても、ポルトガルやスペイン、ギリシャと密接な関係にあった(Isabella 2012: 216–

217)。本章が対象とするイタリア半島北東部についても、ドミニク・ライルが、多様な言語・宗教・「ネイション」集団が共生するアドリア海沿岸地域に一八四八年前後に存在した、敵対的でない「複数形のネイション」からなる「アドリア海的マルチナショナリズム」の思想を論じている(Reill 2012)。イザベッラはこれらの研究を、アルベルト・バンティが主張したイタリアの排他的で不寛容なネイション像(Banti 2000)を、補完し、またときに根本的に異なる視点を提示していると述べる。[2]リソルジメント期に、さまざまな地域で、異なるアクターによって構想された「ネイション」は、必ずしも、単一の言語や単一の文化、あるいは「血統」によって拘束されない、豊かな可能性を秘めたものであったことを、これらの研究は示す。

ライルがアドリア海沿岸に見出したこのような可能性のひとつを「マルチナショナリズム」と名づけたのは、その思想運動が、諸ネイションによって構成されるハプスブルク帝国という文脈に強く規定され、その文脈において現実的なものと構想されえたからである。その意味で、ハプスブルクの自由港であったトリエステは、「マルチナショナル」であるからこそ、「イタリア人」、「ドイツ人」、「ギリシャ人」、「ユダヤ人」、「トルコ人」、「スラヴ人」のコミュニティを、相互依存的に、共存共栄させうる場所なのであった(Reill 2012: 8-9)。[3]もちろんその実現可能性は、長続きしない。ライルによれば一八四八年、すなわちイタリア半島における「第一次独立戦争」以降、アドリア海東岸にナショナリズムの影響を波及させないことがハプスブルクの重要な政策となった。ドイツ語・「スラヴ語」の使用が強化され、一八六六年、プロイセン＝オーストリア戦争の帰結としてヴェネト地方がイタリア王国へ併合されて以後、ハプスブルク帝国領のトリエステやダルマチアのイタリア語話者住民がイタリアの大学に進学することはできなくなった(Reill 2012: 233-234)。

一九世紀、国民国家体制が正統化されてゆくプロセスのなかで生じるハプスブルク帝国とイタリア半島の政治的断絶は、次節以降で論じるイタリアの「ネイション」表象に当然ながら影響を与えるが、ここではこの断絶が、リソルジメントに関する歴史研究にも影響を与えていた可能性を指摘しておきたい。マルコ・ブレシャーニは、ユーゴスラヴィア史家デニソン・ルジノウによる、イタリア史理解における「オーストリアの遺産」の重要性の指摘を引きつつ、「イタリア史研究においては、研究の主流はハプスブルクの「諸民族の牢獄」とイタリア「国民国家」の間の伝統的な対立関係に根差しており、その中でアドリア海北部の経験はイタリア／スラヴという二項対立の観点から描写された。とりわけ戦後の支配的な語りは、イタリア系住民と「スラヴ系」共同体に分断され、各々が完全に国民化された国境地域の存在を前提としており、その傾向は現在もなお、なくなっていない」と厳しく批判する(ブレシャーニ 二〇二三：七七―七八頁)。ブレシャーニの焦点はイタリア・ファシズムの思想的特徴を(ルジノウが提起したように)ハプスブルク帝国の遺産との関係において見ることにあるが、一八六一年にオーストリアとの戦争の結果誕生したイタリア王国を、「ハプスブルクの後継国家」として捉える視点、少なくともその視点の当否を問うことは、これまで、法制史など一部をのぞいて、イタリア近代史研究において総体として意識されてこなかったのではないか。フランス革命から生まれた共和国への待望がイタリアを統一へと突き動かしたという二〇世紀末のリソルジメント研究の主張から、二一世紀のそれが視野をいっそう広げているとしても、その欠如に、リソルジメントの過程で一部実体化したイタリアによるスラヴへの蔑視ともいうべきものが及ぼす、長い影響を見ることができるかもしれない。

本章では直接論じることはできないが、帝国との接点という意味では、イタリア半島はハプスブルク帝国とともに、地中海を介してオスマン帝国とも接していた。歴史的な親仏政策から一転して一八八二年にオーストリア、ドイツと三国同盟を締結し、リソルジメント民主派による「未回収地」(後述)の主張を抑制することになったイタリアは、その目を地中海と、その先のアフリカ大陸に転ずる。一九世紀末にエリトリア、ソマリアを侵略・併合したものの、アドワでエチオピア軍に大敗を喫したのち(一八九六年)、ナショナリストたちは熱狂的なリビア侵略キャンペーンを展開し、一九一一―一二年にイタリア＝トルコ戦争(リビア戦争)へと至った。リビア戦争はイタリアにおける男子普通選挙導入を促進したとも言われる(Cunsolo 1965)。かつてイタリアの

「境界領域」であったリビアや東アフリカは、第二次世界大戦後のイタリア近代史研究の地理的中心がイタリア半島に置かれることによって、不可視化されてきた。そのことによって、イタリア国民国家のデモクラシーが、植民地主義を足がかりに発展したこともまた不可視化された。

イタリア半島北東部に戻ろう。一八六一年にイタリア王国が成立し、これと国境を接してオーストリア国家を構成する諸地域で、イタリア語話者が一定数居住している地域は、一八七〇年代後半から、「未回収地」と呼ばれるようになり、(かつて一度もイタリアであったことのないこれらの地域を)「回収」するべきだと主張する政治思想が登場した。トレンティーノ＝アルト・アーディジェ(ティロール)、ヴェネツィア・ジューリア(キュステンラント)、トリエステ、ダルマチアなど、商業的理由から都市部でイタリア語が話されていたアドリア海沿岸や、ドイツ語とイタリア語が話される東アルプス山脈などの地域である。しかしイタリア語話者の割合は最大のトリエステで七割程度から、ダルマチアの二％まで、相当幅があった(Pirjevic 2009: 9)。実際のところは、ハプスブルク領内がそうであるように、ひとりの人物が生活の場面によって言語を使い分けていたと考えたほうがよいだろう。つまり、未回収地主義の根拠とされた、言語すなわち文化の同一性を民族＝国民の同一性とみなす主張は、実態に強固な基盤をもたないだけでなく、言語を必要に応じて使い分けることに典型的に現れる、個人の行為主体性とはほとんど無関係だった。

三、ネイションとの距離

長らくリソルジメント解釈に反映されてきたような、国民国家の形成を無意識の前提とするような歴史叙述のあり方――方法論的ナショナリズム――を批判して、中東欧史研究において提唱されたのが、「ナショナル・インディファレンス(ネイションに対する無関心)」論である。ハプスブルク君主国を構成する諸民族は「牢獄」にとらわれており、解放を願う力は必然的にそれぞれの国民国家の形成に向かったという従来の理解に実証的に異議を唱え、「〔ふつうの人々は〕国民なるものの問題に直面したとき、それに関心を示さないか、曖昧な態度をとるか、あるいは日和見的であった」とする(Zahra 2008)(4)。同じことは、ハプスブルク帝国の周縁であり、イタリア王国の境界領域であった半島北東部においても言えるのではないか。今日のリソルジメント研究が指摘する、政治的・文化的運動として進んできたイタリアのネイション形成の陰影が、そこには現れるだろう。まずは、ひとつめの事例として、第一次世界大戦時にトレンティーノで起きたことをとりあげたい。

ドイツ語とイタリア語の複数言語地帯であるトレンティーノは、第一次世界大戦時にはオーストリア領であった。シモーネ・A・ベッレッツァによれば、大戦勃発時、オーストリア領であったトレンティーノ(南ティロール)在住のイタリア語話者は三八万人近くであるが、そのうち六万人がオーストリア＝ハンガリー軍に徴兵された。ここから戦闘中に捕虜となってロシア帝国内の捕虜収容所に送られた約一万五〇〇〇人の「ナショナル・インディファレンス」をベッレッツァは検討している(ベッレッツァ 二〇二三)。ロシアはナショナリティに応じて捕虜を選別することにしており、ロシアに敵対的なナショナリティ(ドイツやハンガリー)は過酷な地域の収容所へ送られる可能性が高く、一方友好的なナショナリティ(イタリアやルーマニア)は、ロシア帝国内のヨーロッパ地域に留まることができた。ロシア将校はイタリア語話者の兵士たちに対して、今後味方になることを期待して、オーストリアを裏切ってイタリアを選択するように働きかけさえした。こうしたなかで、トレンティーノ出身のイタリア語話者の兵士たちは、故郷により早く帰国できる可能性を計算し、あるいは同郷の仲間と一緒にいられるように、功利的目的から自分の帰属を選択した。「小さな領域的祖国トレンティーノの結束はナショナリズムの呼びかけよりも強力であった」(ベッレッツァ 二〇二三：五九頁)ため、捕虜生活からの、あるいは戦争そのものからの一刻も早い解放がイタリア国籍の選択から帰結するように見えるときには、兵士たちはそうした。そのような兵士たちに対して、第一次世界大戦前からすでにイタリア愛国者であった捕虜たちからは愛国主義的な働きかけがあり、それによって下からの国民化が進行した、とベッレッツァは述べる。

だがこうした「無関心さ」は、ジェンダーによって、したがってそれが導く個人の、ないし集団的な経験によって、当然、異なった仕方で発揮される。男性が徴兵された後、トレンティーノに子どもと高齢者とともに残された女性もまたそうであった。そこには、目的論的な記述からはこぼれ落ちてしまう、ネイションの包摂性の両義性が浮かび上がる。

一九一五年にイタリアが参戦すると、この地域は最前線上に位置することになった。当時のイタリア王国とオーストリア＝ハンガリー国境の数キロ北に前線がのび、オーストリア軍はその北側に陣地を取っていた。前線の南側はイタリア軍の占領下に置かれ、北側はオーストリア軍当局の厳しい管理下に置かれるという、二重の軍事化が進んだ(Frizzera 2016)。三八万人のイタリア語話者のうち、一一万五〇〇〇人の民間人が強制避難の対象となり、イタリア軍占領下であればイタリア王国の、そうでなければハプスブルク帝国の各地域に送られた。避難するか、家と土地のある故郷に残るか、避難先の選択、移動、そして子どもと高齢者のケアと生存をめぐる果てしない決断は、女性たちの肩にのしかかっていた。ほとんど自律的な選択肢のない強制的な諸条件のなかで、女性たちは状況を改善するために必死に格闘した。トレンティーノからの避難女性に関するフランチェスコ・フリッツェーラの研究は、そうした女性たちの姿を活写している。

ある女性は、三人の子どもと高齢の母親とともに、パルマに送られた(ということは、イタリア占領下に住まいがあったと考えられる)。女性は、旧知の未回収地主義者の男性に繰り返し手紙を書いている。

> このような状況では、とてもやっていくことはできません。お金がなく、毎日必死です。子どもが三人いて、一番下の子は混ざり物のないパンしか食べません。(5)〔中略〕お金を稼ぐこともできないのです。

一九一八年に送られた二番目の手紙は、健康上の理由でピエモンテに移動するための行政手続きはどうすればいいか、尋ねたものである。

昨年の一一月から、母と私はリウマチと頭痛に苦しんでいます。〔中略〕この理由で、ここより空気のよい場所に移れるよう陳情をしようかと考えたのです。〔中略〕ピエモンテのどこかであれば、よくなるのではないかと思います。このように苦しくては、子どもたちのことがなおざりになってしまって、このひとたちのために何もしてあげられませんから（二通とも Frizzera 2016：228）。

彼女が移住の情報を得るためにこの知人に手紙を書くのは、彼が「未回収地主義」という政治活動に携わっているがゆえに、なんらかの政治的な伝手をもっていると思われたからである。手紙に書かれる理由はそのつど違っていて、ただ、相手の心をもっとも打つであろう、子どもや老いた母についての心配が綴られている。愛国主義とはまったく無関係に、家族の生存の可能性を高めると考えられるより良い理由を戦略的に選んでいるからであろう。一九一八年の時点では、南部も含むイタリアのすべての地方が、ヴェネトやフリウーリといった境界地域からの避難民を受け入れ、後に述べるようにそれによる軋轢《あつれき》も生じていたので、比較的近い北部ピエモンテであっても、おそらく彼女の移動願いは受け入れられなかったと思われる。国籍の上では間違いなくオーストリア＝ハンガリーの人であるこのイタリア語話者の女性は、イタリアへの帰属を主張する未回収地主義者を頼りとしながら、ただひたすら、家族と自分の生存のために奮闘していた。

では、イタリア国内で、これらの女性たちはどのように受け入れられたのだろうか。「イタリア人」であるはずの彼女たち避難民を待っていた環境はきわめて敵対的で、戦火からは逃れたものの、その苦労は計り知れないものだった。イタリア王国政府による避難民支援は充実からはほど遠く、彼女たちを疑いの眼差しで見ていたため、監視下に置くことすらあった。しかもこのことが、収容所が設置された全国の自治体の住民たちの疑念をますます大きなものとした。戦争が予想より長期にわたったために食料事情の悪化した国内で、避難民の女性やその家族は、厄介者であり、安価な労働力として搾取の対象にもなった。

こうした避難民女性たちをサポートしたのが、ミドルクラス出身の女性たちからなる民間の慈善団体であった。お金を稼がなければならないという避難民女性の事情に対して、軍隊向けの衣料品製造の工房を立ち上げ、これらの女性たちを雇用したり、避難民の子どもたちや、移動の途中で親とはぐれてしまった子どもや孤児をケアするプログラムを実施したりした（これらは元々、出征した兵士の家族のために開始されたプログラムでもあった）。一九一五年に設立された「避難民家族のための全国委員会」で中心的に活動したマルゲリータ・サルファッティ(6)は、次のように報告している。

> 信じがたいグロテスクな虚偽に基づいて〔……〕この地域の言語的・民族的性格を変えようとする汎ゲルマン主義者の猛攻はありましたが、とりわけ農民女性たち、神と皇帝の名において話す、信心深い、素朴な人々の、信用を得ることはできました。

この委員会の目的は、「これらの不幸な女性たちに向けて、イタリア性、連帯、友愛を育むこと」、そして、物理的・精神的支援によって、「新たな臣民たちとの融和を強固なものにするために必要な共感と信頼を創り出すこと」であった(Frizzera 2016：225)。

> 母なる祖国の新しい子どもたちの、信頼と愛情を得ることが、イタリア人女性の役目です(Frizzera 2016：224)。

ベッレッツァの論考においてトレンティーノの兵士たちに働きかけた、同地域出身の愛国主義兵士の役割を、ここではミドルクラスの支援活動家たちが担っている。

これらの事例を見ると、女性たちが、みずからに与えられたケアというジェンダー役割を、それぞれの立場でまっとうしようとしつつ、ネイションとの関わり方は異なるありさまが、くっきりと浮かび上がる。階層や、ある時点での役割や目的の違いは、ネイションとの異なる距離、無関心の度合い、戦略の差異を生む。避難民女性たちは、愛国主義にはほとんど関心を払っていない。それは、彼女と家族が生き残るために、意味をなさないからである。

これに対してブルジョワ出身の女性活動家たちは、ケアする「母」らしい国民への愛に満ちて、「新しい」国民を迎えんとしている。第一次世界大戦時に拡大した女性の社会的領域において、福祉は、とくにブルジョワの女性たちが活動する中心的な分野だった。女性活動家たちは、彼女たち自身の新しい社会的役割に積極的に参与しようとしているのである。そして、避難女性たちの「無関心さ」に驚きつつも、彼女たちは「素朴な」「農民女性」であるから、「イタリア性」へと導くことはできる、と思う。避難民女性の「信用を得ることができた」とは、要するに、活動家たちが避難民女性を信用することができた、ということだ。そこには、イタリア国家と国民が、「未回収地」、すなわちイタリアであるべき地の住人に対してもっていた抑え難い不信が漂っている。そして、それゆえに、避難民女性は、素朴で無知で哀れな、救援にふさわしい存在であることが求められることを感知して、ネイションに無関心である態度をとるのである。子どものこと、老いた母のことだけを気にかける母であることを繰り返し述べるあの女性のように。

ナショナリストがネイションを包摂的なものとして想像する、まさにその瞬間に、ネイションは非包摂的（イタリア政府と大方の国民の態度に現れているように）で、選別的（ブルジョワの女性活動家たちのように）なものになる。

避難民女性の事例に現れる、国家が国民に求める「本性」は明らかである。同じ民族であり、ジェンダー規範を逸脱せず、権力に対して受動的であること。これらすべてが、同一言語話者という記号に込められているが、実際のところ、それらは等号で結ばれる関係にはないから、つねに破綻する。同時にその、不均等な間隙に、人々が自律性を行使しうる可能性もあっただろう。避難民女性たちの行為主体性がきわめて限定的なものであったことは疑いないが、ネイションであることと全面的には一致しないジェンダー役割——「母であること」や「素朴で信心ぶかいこと」——を全力で活用して、生存の可能性を長引かせようとすることは、その現れである。(8)

四、身体と境界

とはいえ、両義性を利用する余地は、それほど大きくはなかっただろう。ジェンダー自体が、ネイションの規範と相乗することによって致命的な効果をもつからである。同時期のもうひとつの事例を通して、このことを確認したい。(9)

一九一七年一〇月から一一月にかけて、イタリア軍は当時の国境の町カポレット（現在のクロアチア・コバリード）で大敗を喫し、一五〇キロ内陸まで退却した。経済的理由や高齢であることなどからこの地域に残っていた住民は、一年間にわたり、ドイツ軍とオーストリア軍の占領下におかれた。もともと徴兵で男性が少なく、残っていた成人男性も強制移送されるなどして、残されたのはさまざまな年齢の女性と子どもであった(Ceschin 2006)。占領下では、とくに初期に、食料等の収奪、性暴力を含む暴力、殺人などが生じた(Gibelli 1998)。

第一次世界大戦は、敵軍による女性に対する性暴力がプロパガンダに利用された最初の戦争と言われる。イタリアでも、占領という事態が実際に生じる以前には、「野蛮なドイツ「人種」によるレイプ」が喧伝され、「このような犯罪から生まれた子は社会に損害を与える変質者となる」として、人種主義と優生思想に基づいて中絶、つまり殺害が望ましいなどと論じられた(Bossi 1917)。しかし占領と性暴力が現実化すると、これらの女性たちは沈黙を強いられ、生まれた子どもはときに高い死亡率にいたるような劣悪な待遇の施設に入れられるなどした。先述のように、同地域から避難した女性たちも、イタリア側ではスパイ疑惑をかけられたり、「敗北主義者」と呼ばれたりするなどして、強制収容、低賃金労働、性売買等の被害を受けた(Ermacola 2007)。残ることも、去ることも、苛酷な経験であった。

だが、彼女たちは、「回収」されるべき土地に住む、保護されるべきイタリア人ではなかったのだろうか？ネイションが言語という文化によって結ばれる関係であるならば、彼女たちが「同胞」から与えられた苦難は何に起因するのだろうか。ここに、女性が単独で一個の人格を構成する完全な「市民」であるとはみなさない、近代イタリアの(ナポレオン法典から引き継がれた)主権をめぐって働くジェンダーの作用を見ないことはできない。統一イタリア王国の憲法(一八四八年にサルデーニャ王国において発布)において、「すべて王国の住民は法の前に平等」であり、「王国に属するものはイタリアの市民」であったが、当然のように女性の法的能力は制限されていた(Bersani 2007: 607–612)。彼女らに与えられたケアの役割と、私的領域への拘束は、主権の制限と表裏一体である。そのようなジェンダー体制にあって、避難民女性たちの生存のための奮闘は、本来であれば、担うことを認められていなかった公的領域での交渉に立ち向かわなければならないことによって倍増する。ブルジョワ女性にとってある種の解放であったものは、経済的・社会的に、また民族(当時は「人種」と呼ばれた)的にも周縁にあった女性たちにとっては、そこに全力を投じなければならない戦いであった。避難民女性たちは結局のところ法的には「外国人」であり、「イタリアの市民」になるためには「帰化」——属していなかった場所へ帰るという意味では、これもまた「回収」である——が必要であったことは、何重にも皮肉である。女性にとって、近代のネイションの包摂性は、無条件に前提されるものでは決してなかった。

彼女たちに「母であること」を求めるジェンダー規範は、一九世紀から二〇世紀にかけて、ネイションが「人種」へと意味を転換させてゆく推移のなかで、身体そのものへの負荷を高めてゆく。二一世紀のリソルジメント研究は、リソルジメント的なネイションが、ある種の共感に基づく観念であったことを示した。そうしたネイション観は、ハプスブルク帝国におけるさまざまな議論と、立場を異にしつつ(そして結局のところ、国家としては対立しても)、共通の性格を帯びているだろう。しかし、「未回収地」の名の下に獲得した土地の人々への不信と排除の暴力は、ネイションをめぐる文化的・水平的共同体という観念と、歴史と血統によってつながれた垂直的関係という観念の、拮抗から後者の優位へ、という推移を指し示しているように思われる。[10] そして、領土という水平的な地平において、唯一、ネイションの通時性を表象しうるレトリックは、次世代を生み出すと想定され、求められる「母」としての女性の身体である(Spivak 2014)。ネイションの垂直的歴史を担保し、同時にネイションの外縁を画する女性の身体は決定的な意味をもち、そのために、国家の暴力に晒されもする。[11]

第一次世界大戦以降、戦争に巻き込まれた人々の救済は赤十字のような国際的人道主義の活動として成長していったが、そこでは、インターナショナリズムとナショナリズムとが絡み合っていた。本章で参照したナショナル・インディファアレンス論の主たる論者であるタラ・ザーラは、第二次世界大戦中やその後、移住や強制移送、民族浄化のために家族から引き離された子どもの救援を論じた仕事で、大戦後のヨーロッパの再建が、「同質的」国民からなる国民国家の「再生」として、「家族の絆」(すなわち血統)を、イデオロギー的・政治的に純化させながら、進められたことを詳細に論じる(ザーラ 二〇一九)。そこではインターナショナルとは、分たれてあるネイションが併存することであって、融合することではない。そのような世界で、人々が、ネイションに制度的に非帰属であることは、ほとんど不可能だ。ナショナル・インディファアレンス論に大きな影響を与えているロジャース・ブルーベイカーの表現を使うならば、ネイションの、「帰属の政治」の局面が圧倒的な力をもって迫り出してきたのである。二一世紀の今日、行為主体によるネイションに対する「無関心」の遂行は途方もない特権になったように見えるが、二〇世紀にも、再びブルーベイカーの表現を借りるならば、(帝国の解体後に生まれた新しい国民国家の)「間違った側」にいる人々にとってはずっとそうであった(ブルーベイカー二〇一六)。選択や行為の条件は、避難民たちにとってそうであったように、きわめて可変的で、しばしば強制性とほとんど区別がつかない。ネイションをめぐるさまざまな構想とは別に、国家の外縁では、微細で無数の帰属の政治が働いて、ネイションはその具体的な形をとる。ジェンダー役割への負荷、そしてジェンダーに基づく暴力は、それが「人種」と不可分であるがゆえに、それらの力学のうち、もっとも大きなものを構成している。近代主権国家のあり方を考える際に、ジェンダーを無視することができないのは、そのためだ。

註

(1)　Alberto Mario Banti e Paul Ginsborg (a cura di), *Storia d'Italia: Annali 22. Il Risorgimento*, Torino, Einaudi, 2007; Mario Isnenghi e Eva Cecchinato (a cura di), *Fare l'Italia: unità e disunità nel Risorgimento*, Torino, UTET, 2008.「リソルジメント」は、ここでは緩やかに、一八世紀末から一九世紀にかけての、イタリア半島に併存した諸国家が、フランス、のちにハプスブルクの強い影響下から独立し、サヴォイア家の下での立憲君主政国家樹立へと至る政治的・経済的・社会的・文化的変容を指す。

(2)　バンティは、一九世紀半ばのリソルジメントの古典的著作の分析を通じて、ネイションという語が、意思に基づく社会契約から、キンシップ(親族)や生物学的結びつきというイメージを強く負うようになっていったことを指摘した。

(3)　したがって今日、多国籍企業など、経済活動を指すときに主として用いられる語の選択は意識的なものである。ライルの仕事は、タラ・ザーラやピーター・ジャドソンらの新しいハプスブルク帝国論のなかに位置づけられる。

(4)　引用はヴァン＝ヒンダーアハター&フォックス『ナショナリズムとナショナル・インディファレンス』一頁。

(5)　第一次世界大戦中、イタリア国内では兵士のための糧食の確保を目的として、民間での小麦粉のみによるパン製造は禁止されていた。

(6)　一八八〇―一九六一年。ヴェネツィアの裕福な家庭出身のジャーナリスト、美術評論家。その思想は社会主義に近く、第一次大戦前から長期にわたり、ムッソリーニと愛人関係にあった。
(7) ネイションとの距離という概念は、中辻柚珠の提唱した「ナショナル・ディスタンス」の概念に拠る(中辻 二〇二一)。ただし筆者の用法は、中辻のそれよりも、行為主体者に対して、諸条件がつくりだす「距離」に力点を置く。
(8) このことは、ベッレッツァの事例では、ジェンダー規範とネイションの要求の交差である「祖国のために死ぬこと」を求められた兵士が、生きて故郷に帰る手段としてネイションを選択することにあたるだろう。
(9) この事例については別稿で詳細に論じた(小田原 二〇二三)。
(10) その意味で、バンティの議論はなお有効であると筆者は考えている。
(11) 「未回収地」の女性たちに課せられた「帰化」が「自然化(naturalizzazione)」であることの矛盾を、ここでも想起せざるをえない。

参考文献

小田原琳(二〇二三)「「敵の子」を守る――第一次世界大戦期イタリアにおける母なる感情」伊藤剛史・森田直子編『共感の共同体　感情史の世界をひらく』平凡社。

中辻柚珠(二〇二一)「〈動向・紹介〉ナショナル・アイデンティティの歴史と方法論的ナショナリズム――新たな方法論の構築に向けた一考察」『フェネストラ――京大西洋史学報』第五巻。

ザーラ、タラ(二〇一九)『失われた子どもたち――第二次世界大戦後のヨーロッパの家族再建』三時眞貴子、北村陽子監訳、みすず書房。

ブルーベイカー、ロジャース(二〇一六)『グローバル化する世界と「帰属の政治」――移民・シティズンシップ・国民国家』佐藤成基、高橋誠一、岩城邦義、吉田公記編訳、明石書店。

ブレシャーニ、マルコ(二〇二三)「移行途上の迷い？――アドリア海北部におけるハプスブルク帝国の遺産、国家と国民形成、新ファシスト秩序」マールテン・ヴァン＝ヒンダーアハター、ジョン・フォックス編『ナショナリズムとナショナル・インディファレンス――近現代ヨーロッパにおける無関心・抵抗・受容』金澤周作・桐生裕子監訳、ミネルヴァ書房。

ベッレッツァ、シモーネ・A(二〇二三)「ナショナル・インディファレンスと国民的献身の往還――第一次世界大戦期ロシアにおけるトレンティーノ出身戦争捕虜の軌跡」ヴァン＝ヒンダーアハター&フォックス編『ナショナリズムとナショナル・インディファレンス』。

Banti, Alberto Mario (2000), *La nazione del Risorgimento*, Einaudi.

Carlo Bersani (2007), "Cittadinanza ed esclusioni", Alberto Mario Banti e Paul Ginsborg (a cura di), *Storia d'Italia: Annali 22. Il*

Risorgimento, Einaudi.

Ceschin, Daniele (2006), *Gli esuli di Caporetto: I profughi in Italia durante la Grande Guerra,* Laterza.

Cunsolo, Ronaldo S. (1965), "Libya, Italian Nationalism, and the Revolt against Giolitti", *The Journal of Modern History,* vol. 37, No. 2.

Frizzera, Francesco (2016), "Escluse della narrazione pubblica: Profughe trentine nella Grande guerra", *DEP- Deportate, Esuli, Profughe,* n. 31.

Gibelli, Antonio (1998), *La Grande Guerra degli Italiani,* BUR.

Isabella, Maurizio (2012), "Rethinking Italy's nation-building 150 years afterwards: the new Risorgimento historiography", *Past & Present,* No. 217.

Pirjevic, Joze (2009), *Foibe: Una storia d'Italia,* Einaudi.

Reill, Dominique Kirchner (2012), *Adriatic Malti-Nationalism in Habsburg Dalmatia, Trieste, and Venice,* Stanford University Press.

Spivak, Gayatri Chakravorty (2014), "Nationalism and the Imagination", Joana Sabadell-Nieto and Marta Segarra (eds.), *Differences in common: Gender, vulnerability and community,* Rodopi.

Zahra, Tara (2008), *Kidnapped souls: National indifference and the battle for children in the Bohemian lands, 1900–1948,* Cornell University Press.

第IV部

翻訳される主権

——近世～近代主権国家③

第11章

近世イタリア諸国の「主権」を脱構築する
――神聖ローマ皇帝とジェノヴァ共和国

皆川　卓

一、ボッカリーニのボダン批判――カトリック宗教改革下イタリア統治の理想と現実

一七世紀初頭のヴェネツィアの文人ボッカリーニ(Traiano Boccalini)は、「天の法廷」でフランスの国家理論家ボダン(Jean Bodin)が裁かれるさまを、次のように描いている。

フランスの有名な文人ジャン・ボダンが、先日から彼の『国家論六篇』の弁明にアポロンのもとを訪れた。当然彼は暗い牢獄に繋がれている。〔……〕それはまさに、君主国にとって統一を奪うことほど酷いことはないということを、彼の意見の信奉者たちに思い知らせるためである。〔……〕裁判官が次のようにボダンに言ったとき、彼の落胆は極まった。「君主は人間の肉体の主人であり、その魂を支配する力がないと主張するのは、恥ずべき無知にすぎぬ。この者の言い草は、臣民が君主に負う忠誠心があたかも魂ではなく、肉体の美徳であるかのようである。彼によれば、神はフランス王や他の君主たちを、彼らの野心を養い、あらゆる快楽に溺れるためだけに創造し、彼らを地上の神の代理人とせず、神の昇天後、地上に残された彼らが聖なる代理人として各国の民に聖なる宗教を根付かせ、強めるためでもなかったことになる」(Boccalini 1627 : 195–203)。

これは一六一二年出版の『パルナッソス通信』の一節である。この書物は、各話毎に古今の人文主義者たちがアポロンと天上の参審人が列する法廷に引き出され、著書や言説ゆえに裁かれるという批判文学である。ここで断罪されるのは、ボダンの「宗教・宗派の統一を断念した君主権のもとでの現世の平和」である。彼にとってのボダンは、臣民の君主への服従が「魂の美徳」によるにもかかわらず、「神の代理人」として民に宗教を根付かせようとせず、力にのみ依存して統治することを君主に勧める無神論者である。こう聞くと政教分離を前提に生きる現代の我々は、それだけで違和感を持つのではないだろうか。

宗教戦争の克服を動機とするボダンの『国家論六篇』は、邦語でも研究されて久しい。一五七六年にフランス語で著され、一五八六年に自身によりラテン語に翻訳された同書は、「国家(République)」が王に帰する統治権原としての「主権(souveraineté)」に根拠づけられており、それを制約できるのは神のみで、部分権力には許されないとする理論である。それは君主、貴族、人民の自律性を前提に、その調和を正しい統治であるとする当時のアリストテレスの国家論に対する挑戦であった。『国家論六篇』は一五八八年にイタリア語に翻訳され、『パルナッソス通信』が出版された時にはすでにイタリアに広く知れ渡っていた。

これに対しボッカリーニについては、国家よりも宗教を優先し、国家理性を模索する当時の君主たちを、「神から授けられた神聖な地位を、人民の手から金を引き出す手段」にしていると罵倒する反動的諷刺作家、というのが近年の評価である(Stackelberg 1960: 137)。しかしこの評価とは裏腹に、『パルナッソス通信』は、イタリア各地で出版され、さらにはフランス語(一六一五年)、ドイツ語(一六四四年)、スペイン語(一六五三年)、英語(一六五六年)、ラテン語(一六八三年)に訳され、宗派を問わず広範な読者を獲得した(Saracino 2014: 73–103)。彼がここで最も厳しく批判したのは、プロテスタント諸国やボダンのフランスではなく、カトリックの守護者としてイタリアに覇権を築いたスペインである。これは『パルナッソス通信』の中に、宗派を超えて何らかの共感が読み取られていたことを示している。

一七世紀までのヨーロッパにおける知の体系は、宗派にかかわらず、自然における神の本質を認知対象、アリストテレス哲学をその枠組みとしていた。アリストテレス政治学は、この哲学の一分野である倫理学のそのまた一分枝でしかない。そこでは「公共体(respublica)」、「国家(stato)」という言葉で抽象化される政治共同体は、なお神が支配する自然の一部と位置づけられていた。一六世紀の宗教改革によって宗派が分立した西欧・中欧では、政治を論ずれば論ずるほど、それは倫理の問題となり、倫理を規定する神学論争に巻き込まれ、政治的分断が進む悪循環に陥った。当時この収拾に可能な選択は政治の脱宗教化ではなく宗派間の妥協で、これはボダンでも同じであった。この宗教平和のもと、諸宗派ともに将来相手方が誤謬《ごびゅう》を認め、正しい信仰の元に一致する「見果てぬ夢」を抱いているのが、当時の西欧や中欧の政治エリートだった。だから単一の最終決定者「主権」が必要だったのである。しかしボッカリーニはその問題に直面しなかった。なぜか。

一七世紀のイタリアにおける「主権」を考察する際に重要なのは、この地ではカトリックの政治的覇権が確立していたことである。これはボダンが「主権」を創造した多宗派地域のアルプス以北とは異なる。ここでの問題は権力者の腐敗、つまり専制(tyrannis)であった。カトリックを奉じつつ経験知に期待し、教皇庁の禁書をも流布させるボッカリーニのヴェネツィア共和国は理想的状態にある。その対極が、固有の正統性を示さないままイタリア諸国に対し、武力を背景に強権を行使するスペインであった。彼のボダン理解(現在の研究で多角化しているそれではない)によれば、道義なき専制という意味では、スペイン王もその同類として映る。彼の言説が宗派の壁を超え各国に受容されたのは、それぞれ宗教的＝道義的な説得力を欠いた専制に直面し、信仰＝倫理を優位に置こうとする識字層の「良心」の結果であったろう(Jedin 1966: 271–285)。彼が国の「統一」を奪うことほど酷いことはないとボダンを断罪する時、宗派を超えた政治的共存を「統一」と考える近代主権国家を前提としたアプローチでは、謎が深まるばかりである。それは当該期イタリアの権力構造を見直すことで、はじめて理解しうる。

二、シニョリーアは主権か――統治権原から見た前近代イタリア

シニョリーアと至上権

中世後期以降におけるイタリア北半の一般的な統治単位となったのが「シニョリーア(signoria)」である。とはいえシニョリーアの概念は、大国ミラノの統治権から一市民の領主権まで非常に幅がある。「主権」的な意味を帰せられたシニョリーアとは、有力都市を基盤として、一三世紀末以降に台頭した「シニョーレ(signore)」すなわち僭主に集中され、自都市ならびに周辺の都市や村落に及ぼされた領域支配権を指す。シニョーレの多くは個人であったが、フィレンツェのように都市の合議体が権力を集中した場合もある。いずれにせよシニョリーアは集権的支配であった。したがって領域支配が成立した段階で、自己完結した支配が成立したように見えたわけである。

これを支える理論とされたのが、バルトルス(Bartolus de Saxoferrato)ら一四世紀のローマ法「註解学派」のそれである。彼は神意によって世界の支配者であるローマ人民からあらゆる「命令権(imperium)」を委譲された者こそ皇帝であるとする一方、家門にせよ都市にせよ、皇帝に許された団体は、様々な命令権からなる「裁治権(jurisdictio)」を有し、その限りで皇帝を含めあらゆる支配に服さず、上位者を戴かない都市も君主に等しいとした。法制史家シドニー＝ウルフやエルコーレは、「上位者を認めない王はその王国内において皇帝」とするフランスの格言を受容したバルトルスが、シニョリーアを樹立した諸都市を、皇帝と同格の「小帝国」または国際法的主体と見なしたとする。一方佐々木有司は、命令権を多元化・序列化した議論の分析と当時の状況から、バルトルスは世界の支配者として皇帝に「スンマ・ポテスタス(summa potestas)」すなわち至上権を認め

たとし、シドニー＝ウルフらの説の修正を図った(佐々木 一九七七：六九五―七〇四頁)。ここで注目すべきは、バルトルスが都市を含む団体の命令権を裁治権とし、至上権と区別した点である。裁治権は団体支配権を指すローマ法由来の統治権名義で、本来上位の権威によって改廃可能な封臣や司教の権限であった。バルトルスの「上位者をいただかない都市」の上位者とは、この裁治権を持つシニョーレ、具体的には皇帝や教皇から君主位を授かって都市の支配を目論む僭主であり、それに対し「上位のシニョーレを戴かない都市はそれ自体君主」としたのであって、佐々木が正しく、皇帝と都市を同格と見るのは主権ありきの誤読だろう。

バルトルスは至上権をスンマ・ポテスタスと称したが、別の言葉を至上権の表現に用いた註解学者もいた。それがオルドラドゥス(Oldradus de Ponte)である。彼はローマで皇帝ないし人民に対する重罪と定められた「不敬罪(crimen lausae maiestatis)」の註解を記し、そこからローマの尊厳を意味する「マイェスタス(maiestas)」を、皇帝と国王にのみ帰する尊厳とした(Oldradus 1552: 7, 15–16, 61–62, 76–78)。ボダンが「主権」をマイェスタスもしくはスンマ・ポテスタスと訳したのは、これを受けてである(Canning 2011: 133–164)。更にバルドゥス(Baldus de Ubaldis)は彼の「国王」を「人民」と置き換え、人民への不敬を至上権への不敬とした(Baldus 1539: 214, 219–220)。バルドゥスの法学意見はフィレンツェの「チョンピの乱」(一三七八年)の革命政府のために案出されたが、その後封印される(Fredona 2011: 141–160)。皇帝カール四世はいち早くこのマイェスタスを知り、一三五六年の「金印勅書」前文及び第二四条では皇帝と選帝侯にのみ属する帝国最高の権威とした。

近代以降シニョリーアが主権的統治権と見なされた今一つの理由は、この領域国家が達成した対外的自立性である。「ローマ帝国」を引き継いだドイツ系諸王朝は、イタリアにおいてもローマ皇帝の命令権を主張した。これに対し一一世紀の「教皇改革」でローマ教会の自立を達成した教皇は、諸都市に「自由(libertà)」を呼びかけ、皇帝に対抗する。周知の通りこの対立はイタリアを皇帝派と教皇派に分断し、その闘争を勝ち抜いたシニョリーアが一四世紀後期以降、有力都市毎に領域国家を形成した。註解学派が皇帝の命令権を皇帝・教皇の至上権とシニョーレの裁治権に再編成したのは、この現実に法理を合わせたものである。「開戦と和平の権利(ius belli et pacis)」を行使したシニョリーア同士の関係だけを見れば、この関係から近代「主権国家体制」を類推することは可能であった。

シニョリーアを統合する皇帝の封建制

しかしながら一四世紀以降、至上権がシニョリーアに移ったわけではない。至上権とシニョリーアは、各々の役割を果たしていたからである。その両者を繋いだのが、皇帝を封主とする封建制である。この頃から「神聖ローマ皇帝」と称した皇帝は、一四世紀や一五世紀においても細々とではあるが、至上権に基づいて各地のシニョリーアに封主権を行使し、正統性を賦与し続けていた。教皇領以北のシニョーレの多くは、封主である(神聖)ローマ皇帝からそのシニョリーアを、個人の場合「封(feudo)」、共同体の場合「特権(libertà)」として封じられた。北イタリアで封主を持たなかったのはヴェネツィア共和国のみである。これらは「帝国封(feudi imperiali)」と呼ばれ、ミラノ公国から一村落まで大小三〇〇ほど存在したとされる。封主の皇帝側はこの封建関係の総体を「帝国イタリア(Reichsitalien)」と称した(皆川 二〇二一a：四二九—四四六頁)。皇帝とシニョリーアの封建関係は一八世紀末まで続き、シニョーレが皇帝に敵対し翻意しない場合には、除封の手続きが取られ、他のシニョーレ、特に一七世紀末までイタリア最強の武力を保持したミラノ公のスペイン王に叛臣を除く「執行」が命ぜられた。除封は封主権の拡張を警戒した諸侯の抵抗を受け、ほとんど双方の譲歩で解決したが、まれに執行される場合もあった。

またシニョーレは、自らに服した都市や村落(コムーネ)に対しても無制限の権力ではなかった。なぜならシニョーレはそれらの「自由(libertà)」を承認し、それに拘束されたからである。シニョーレがそれを踏みにじれば、彼らから請願や苦情が寄せられ、特に小国では「圧制者」とされ、彼らを反乱や暴動に駆りたて、統治権の正統性自体が否認された。シニョーレ側が一時的にそれを鎮圧できても、安定を確保するには何らかの合法的形式を得る必要があり、それには皇帝・教皇と主従関係を結ぶしかなかった。その結果シニョリーアは至上権から臣民に及ぶ特権の連鎖の中に位置づけられ、完結した統治権原ではなくなった。註解学派の重層的統治権論が一八世紀まで保持されたのはそのためである。

一方「上」を意味するラテン語のsuperに由来し、現在「主権の」「主権者」を意味する「ソヴラーノ(sovrano)」という概念は一四世紀半ばから用いられていた。しかしそれはシニョリーアではなく、各国国王、特に「至上の(souverain)」を称するフランス王の地位を指す言葉であった。シニョリーアを指して、それを名詞化した「ソヴラニタ(sovranità)」と呼んだのは、一七世紀の文人レーティ(Gregorio Leti)である。彼は政治情勢分析『イタリアの統治者』(一六七五年)においてシニョリーアにこの言葉を適用した。しかし彼はこの言葉を「有力国と同一なるもの(uniformi co'Grandi)」としての「至上の権利(diritto della Sopranità)」という意味で用い、諸権利の権原とは認識しなかった(Leti 1675: 241–245)。

ではなぜシニョリーアが近代的主権として理解されるようになったのか。その理由は歴史叙述にあるように思われる。啓蒙期の歴史家デニーナ(Carlo Giovanni Maria Denina)は一七七三年の『イタリアの反乱について』に「イタリアは自前の主権者、生え抜きの君主たちによって統治され」と記し、各シニョリーアがナツィオ(生え抜き)の主権者を持つと理解した(Denina 1773: 292–293)。そしてナポレオン戦争後の歴史家ボッタ(Carlo Botta)はイタリア史を一つの「国民(nazione)」の歴史とし、主権を持つシニョーレがそれを分割して統治したと記した(Botta 1835: 345, 387, 455)。ここから中近世イタリアが、一つの国民が複数の主権に分断された状態、と認識されたと考えられる。それが同時代の西欧各国の歴史叙述に受容され、主権国家体制のアナロジーのイメージが生まれたのだろう。近代外交の起源を一五世紀イタリアに求めるマティンリの『ルネサンス外交』はその帰結である。

「カトリック体制」

もっとも皇帝だけでシニョリーア間の共存を維持できたわけでは到底ない。一六世紀以降、スペイン王がミラノを帝国封として獲得し、軍事力を背景に他のシニョリーアを威圧し、シニョーレ一族を宮廷に伺候させるなど、保護者として行動する(Dandelet 2002: 11-15)。皇帝もスペインに依存しなければ、権威を低下させるだけだった。ただしスペインとシニョーレの関係は、軍事、宮廷、教会、金融などの政治的結合に留まり、シニョリーアとの法・制度的関係を樹立できず、裁判や仲裁などの法的紛争解決では皇帝のそれを利用した。相互に利害対立を抱えていたにもかかわらず、シニョリーアの封主である皇帝、霊的指導者の教皇、卓越した軍事的・人的資源を持つスペインは、帝国封を越えた範囲のイタリア住民が倫理的基準とする共通材を有していた。それがボッカリーニの執着した普遍教会としてのカトリックである。これを基盤に皇帝は教皇・スペインと協力し、忠誠・調整・強制を連結させてその至上権を機能させ、「カトー・カンブレジの和」(一五五九年)から一七世紀末までこの体制を維持した(皆川 二〇二一b：一五三―一八一頁)。この政治システムを仮にイタリアの「カトリック体制」と呼んでおこう。

こうしてボッカリーニが見た政治秩序が浮かび上がる。カトリック体制の支配する当時のイタリアに、ボダンが根付くのは困難であった。もっともこの体制はシニョリーア間の平和維持が精一杯だった。各シニョリーアは各自国家的発展を遂げ(北田 二〇二一：四七三―五二一頁)、互いにさまざまな領主権を巡って争い、係争地の一時占拠や反乱の扇動などの小規模な武力行使を厭わず、軍隊の通過による被害も甚大だった。この責任はシニョーレばかりではなく、背後のカトリック体制にも問われるのは当然である。しかしその批判の矛先は三者平等ではなく、強制力を担当したスペインに集中した。

至上権はこのカトリック体制のもとでそれを担った皇帝とイタリア諸国の間の政治的システムから、どのように「主権」に近づいていったのか。それを有力国の一つジェノヴァ共和国の対神聖ローマ皇帝政策と至上権への志向から概観してみよう。

三、近世ジェノヴァ共和国における「至上権」と神聖ローマ帝国

一六世紀ジェノヴァ共和国の対外的地位

リグーリアの港湾都市ジェノヴァ(亀長 二〇二一：二七九—三〇五頁)は、一一三八年までに皇帝から裁治権や貨幣鋳造権を賦与され、皇帝と自治都市の主従関係を示す「皇帝領(camera imperialis)」を称した。これは皇帝と主従関係を持つ領主が周囲に多いことから、陸の安全を確保したものとされるが、ジェノヴァの政庁である評議会(Collegi)は、この特許状を以てジェノヴァ共和国の成立と見なしている。その後のジェノヴァは海洋進出に邁進し、十字軍国家やアラゴン、ビザンツ帝国と盟約を結び、イタリアの他の有力港湾都市、特にヴェネツィアと東方貿易の商権を争うことに集中する。その間ジェノヴァと皇帝の連携は途切れ、ジェノヴァは総督職(Doge)を置きシニョリーア化を推進した。共和国は拡大を続け、ピサからコルシカ島を奪い、周辺のリグーリア諸都市をも従属させるが、一三八〇年にヴェネツィアとの戦い以降拡大を停止し、一転内憂外患に対処するため、南下するミラノのシニョリーアやフランス王に統治を委ねる従属的な地位に甘んじた。

ただしこの過程で皇帝との主従関係が廃止されたわけではない。一五二八年スペイン王でもある皇帝カール五世がジェノヴァからフランス軍を追放し、海軍提督アンドレア・ドーリアと傭兵契約を結ぶに及び、ジェノヴァはスペインの軍港および融資元として繁栄を取り戻し、皇帝との主従関係も急速にリバイバルする。一五二九年の皇帝とフランス王フランソワ一世の和平交渉の際、皇帝はジェノヴァを「帝国都市(civitas imperialis)」として扱うことを主張したのに対し、フランス側は「アラゴン王の都市」としての扱いを求めた。ここで自ら

が一二世紀以来一貫して「帝国都市」であると皇帝に主張したのが、ジェノヴァ共和国評議会であった。スペインの支援で自立を回復したにも拘わらず、風化していた帝国都市の地位が持ち出されたのは、スペインの支配下に入るよりも、帝国封である方が相対的に自立を保ちやすいと判断したためだろう(Schnettger 2006: 63–67)。

しかし帝国への帰属を確認したことで、ジェノヴァ共和国は別の問題を抱えることになった。それはサンレモを初め、中世に皇帝からの特権を得て自らを帝国封と認識する都市・村落共同体(コムーネ)が、ジェノヴァのシニョリーアの下に数多く存在したことである。また周辺には門閥市民(アルベルゴ)が皇帝から封土として授封されたシニョリーアが残存し、共和国がそれを占領して排他的な領域を樹立するのは困難だった。自立と引き換えに、中世のような征服や委任による領土の拡張が制約されたのである。加えて帝国では「金印勅書」(一三五六年)以来、帝国内外の諸国との協定や同盟は「帝国法に反しない限り」とされていた。したがってそれに抵触する協定や同盟の多くは「密約」となった。

さらに問題だったのは、その地位が皇帝の直属身分の中では最下級の「帝国都市」であったことである。各国国王並の「いと高貴なる(Serenissima)」の尊称を持つヴェネツィア共和国は別格として、皇帝の姻族であるサヴォイア公国、フィレンツェ公国、マントヴァ公国などのシニョリーアにも、諸侯(君主 Principe)の尊称「いと光輝ある(Illustrissima)」が認められていた。主権平等の現代と違い、当時の外交アクターは格式によって外交儀礼や多国間交渉への出席権が制約されており、この劣位は対外的に不利であった。そのためカール五世は一五三六年、共和国は帝国諸侯と対等という特許状を与えている。しかし一五八〇年代までにパルマ、マントヴァ、フェッラーラが「いと光輝ある」の称号を獲得し、ジェノヴァは帝国都市のランクに取り残された(Schnettger 2006: 177)。

しかし問題はそれに留まらなかった。一六世紀半ば以降、ジェノヴァの周辺に帝国封を持つジェノヴァ門閥が、皇帝あるいはスペイン王への見返りとして、皇帝から諸侯として礼遇される「侯(辺境伯 marchese)」や「公(duca)」の称号を与えられ、彼らが共和国の中で「治外法権」状態になる可能性が生まれた。彼らとそれを担ぐ共和国内市民の派閥は共和国政局を壟断し、さらにその反対派が現政権の打倒を訴える危険すら浮上した。そうしたクーデタ計画が、一五七六年の「コルナートの陰謀」から一六二八年の「ヴァケロの反乱」に至るまで続く(Schnettger 2006: 184)。この状況に置かれたジェノヴァ共和国の統治を担う総督と評議会は、いかに自立性を確保し、事態の改善を試みたのだろうか。

ジェノヴァ共和国の格式上昇戦略

そこで追求されたのは、帝国内における共和国の地位を上昇させ、それを通じて帝国外の各国との対等性を認めさせることであった。

ジェノヴァにこの動きを促すきっかけになったのは、一五六五年にウィーンの王宮で行われた皇帝フェルディナント一世の追悼ミサの際、ヴェネツィア、フィレンツェ、サヴォイア、パルマ、マントヴァなどの大使が宮廷礼拝堂に招き入れられる中、ジェノヴァ大使のみが「いと高貴なる」身分でも皇帝ハプスブルク家の姻族でもないことを理由に、立ち入りを拒絶されたことである(Schnettger 2006: 172–173)。さらにジェノヴァ政府を動揺させたのは、フィレンツェ公コジモ一世が一五六九年に教皇により「トスカーナ大公」に封じられ、当初帝国封への侵害として反発していた皇帝マクシミリアン二世が、一五七五年にその地位と「いと高貴なる」の尊称を認めたことである(Schnettger 2006: 173–174)。これはジェノヴァ評議会に相対的な「尊厳(dingità)」の低下と受け止められ、自身の格を上昇させる運動へと駆りたてた。その目的は、最終的に「王の名誉(regie onoranze)」を得ることであり、根拠とされたのはジェノヴァがコルシカ島を領有し、そのコルシカが「王国」であったという記録であった。一五七四年、共和国政府は「いと高貴なる」の尊称の使用を皇帝ルドルフ二世に求めるが、これを王族の尊称と考える皇帝は拒否した。共和国政府は一五九三年皇帝がオスマン帝国と開戦した機会を捉え、献金を始めとする様々な貢献を行った結果、ようやく翌年その功により、「いと高貴なる」より一段低い「いと光輝ある」の尊称が総督に認められた(Schnettger 2006：177–181)。共和国公式の市史は、総督を「いと高貴なる」の格式であるとしつつも、皇帝に「いと光輝ある」と認めさせたことを特記している。皇帝礼拝堂への立ち入りについては、皇帝ルドルフ二世は終生許可しなかったが、次の皇帝マティアスに代替わりした一六一三年、皇帝の側近への働きかけが功を奏し、皇帝はジェノヴァがリグーリアとコルシカを領有するイタリアの有力国であること、そしてその「キリスト教世界(Respublica Christiana)、帝国ならびにハプスブルク家への功績」により、ジェノヴァに皇帝礼拝堂での正規のミサへの立ち入りを許可する特許状を発給した。共和国はこれを「王の名誉」が得られたと解釈した(Schnettger 2006：181–183)。

ただし皇帝側にはジェノヴァ共和国の主張のようにコルシカ島が「王国」であることも、「王の名誉」を認めたという認識もなかった。このすれ違いはその後約半世紀露見せず、皇帝側は相変わらずジェノヴァを封臣として扱い、ジェノヴァもこれを利用した。例えば一五九四年のジェノヴァによる帝国封ズカレッロ侯領の購入に対し、サヴォイア公がこれに異を唱えた時には、皇帝は帝国宮内法院と共にサヴォイアを抑えズカレッロをジェノヴァに授封した。サヴォイアの脅威に対し共和国が皇帝フェルディナント二世に救援を求めた一六二四年には、「小封であろうと見捨てることはなく、ミラノのスペイン軍と連携を取って対処する」と通知し、要請に応じて共和国外の帝国封での要塞建設を許可した上、スペインとジェノヴァに、帝国封諸国での募兵も認めている。翌年サヴォイアがジェノヴァを武力攻撃した「ズカレッロ戦争」で、ジェノヴァがスペインの支援を得て防衛に成功し、「モンソンの和」が結ばれると、皇帝は皇帝代理を派遣してジェノヴァのズカレッロ領有を法的に確認し、一六三三年にサヴォイアにも認めさせた(Schnettger 2006：431–438)。

しかし認識の違いは一六三七年に発覚した。この年、共和国政府は共和国を聖母マリアに献呈し、聖母を

「女王(regina)」とする擬似的な「リグーリア王国(Regnum Liguriae)」の成立を宣言する。当時マリアを自国の守護聖人とすることは、カトリック諸国ではありふれたことであった。しかしこれがジェノヴァ大使から皇帝フェルディナント三世に報告され、皇帝が説明を求めたところ、共和国政府はコルシカ「王国」を領有していることを理由に、自国は王国に等しく、それを聖母に奉献することは正当であると返信する。皇帝は帝国封を管掌する帝国宮内法院にその合法性を問いただし、帝国宮内法院は共和国に、註解学派が論じた「不敬罪」にあたると上申した。ドイツの選帝侯団もこれを知り、「王の権威(dignitas regni)」を称した共和国が自分たちの上位に位置づけられると反発した。

ジェノヴァのこの行為に対し、皇帝側はなぜ急にこのように反発し、言いがかりにしか見えないような不敬罪の嫌疑をかけたのだろうか。それは共和国がマリアを守護聖人ではなく「女王」としたことに理由があるように思われる。皇帝側の立場から見れば共和国は帝国封であるが、マリアの上位には神＝キリストしかいない。つまりマリアを女王とする「王国」の設立は、神に直属する地位の主張と解釈できる。それは皇帝やフランス王やスペイン王と同様の神授王権であり、帝国の問題を超えてイタリアのカトリック体制からの離脱の企てと取られる。こうなると単にジェノヴァとの問題ではなく、他の帝国封も同様の地位を目指し、皇帝の占める地位が失われる事態だと受け止められたのだろう。

この反応に共和国政府は困惑し、大使を通じて皇帝に共和国の真意を改めて詳しく説明した。皇帝側はすぐには納得せず、皇帝側と共和国の「尊厳」について四年も交渉を重ねる羽目になる。これは双方の折り合いをつける研究期間でもあった。一六四一年皇帝が各国国王とヴェネツィア、トスカーナ、サヴォィアにのみ用いた尊称「いと高貴なる」をジェノヴァ総督に、「いと光輝ある」を共和国政庁に認め、加えて帝国最上級の諸侯(選帝侯、トスカーナ、サヴォィア)が称する「余の(nostrum)」の使用を許すことで、妥協が成立した。ここで重要なのは、これらが帝国封の二君主にも認めている格式ということである。皇帝側はこの点を確認したうえで妥協したのである。しかし帝国におけるジェノヴァの格式の上昇は、帝国を越えてヨーロッパ諸国間の儀礼における格式の上昇となって現れた。翌一六四二年にはまず教皇とスペインが、次いで一六四五年にはイングランドとポーランドが、それぞれジェノヴァを王国の格式で扱うことを承認する(Schnettger 2006: 183–222)。

この直後の一六四六年、共和国の公法論者のボルゴ(Pietro Battista Borgo)により出版されたのが、ラテン語の著作『ジェノヴァ共和国の尊厳に関する論争』である。この著作は、註解学派が皇帝・教皇からのみ発するとし、ボダンが「主権」のラテン語訳としてあてた至上権について、当時のジェノヴァが自国固有の「尊厳(dignitas)」であるとした初めての本格的な論文で、当時の共和国が抱く自国国制観を知る手がかりを与えてくれる。

一七世紀ジェノヴァの論理——ボルゴの「至上権」

『ジェノヴァ共和国の尊厳に関する論争』は膨大な量の著作で、その全てをここで紹介することはできない。そこで本テーマに特にかかわると思われる部分を再構成せざるを得ないことを前提に、彼の主張を検討したい。同書の冒頭でボルゴは以下のように言う。

> 至上権という名義は、いかなる者に対しても担税者とならない皇帝あるいは王のみに適用されるものである。確かなのは、それがローマ人民固有の、ローマの公共体のものであり、また人民および公共体において承認されたときに初めて、皇帝、さらには王に移転するものであって、それまでは人民が王の主人なのである(Borgo 1646: 5)。

ここからは、至上権の所有者は本来人民であるという主張が明らかである。しかしボルゴは人民が人民のままで至上権を担うことはできず、「皇帝、さらには王に移転する」ことによって、はじめて実現すると考える。そうして確立するのが「王の権威」である。

複数の君主たちあるいは法によって祝福され、偉大で名誉ある権威を持つと定められた者は、それが下級の権威によって据えられたと見なされる場合でも、その定義において、王たる資質と理解される。君主たちや法の祝福によってそれが認められた、とわれわれが述べる場合(そしてそれが否定され得ない場合)、それは万民法および人民の命令によってなされた、ということである。というのも、王の権威は〔……〕、以下のようなものと定義できるからである。すなわちそれは人民もしくは他の権利を持つ者から導かれる名誉であり、その名誉によってこの権威をまとう王は、この者に属する他の人々を、法に従って強制できる。また王はいかなるしかるべき理由によっても、人に従属する必要はないため、われわれが前提としたように、彼の権力は至上のものとならねばならない。それゆえに王の権威、すなわち至上権は、いわば大なる地位あるいは権力のごときものとして、その偉大な名から導かれ、そう呼ばれるのが常となっている。唯一の皇帝の権威、および庇護者を仰がない王たちの権威は、他者の担税者となり、あるいは他の王の下位にあるそれ以外の君主たちとは適合し得ない。後者は至上の権利、すなわち至上権力を持たないからである。〔……〕しかるに至上権とは、ローマ人民がその権力および権利の中で保持すべき偉大なるものであり、さらにそれに加えて、帝国、その人民全体および他の都市の偉大なる権威でもある。だから皇帝に移転したローマ人民の権威の中にこそ、帝国の至上権が存することになる(Borgo 1646: 30)。

つまりボルゴは人民からその権威を認められ、それによっていかなる外部権力の支配下にない皇帝または王の権威こそ至上権であり、その本質は人民からの譲渡によるという。これは註解学派の国制理論と基本的に同じである。これに対し他の君主に対して「担税し」「庇護を受ける」君主には真の至上権はないという。

しかし至上の教皇あるいは皇帝によって、その権威に引き上げられた者は、全き至上権のおかげで王の地位を手に入れたのであり、なお特権によるのであって、いずれか一方のより強力な側の被保護者の場合には、まさに一方の王の権威と大権は奪われることになろう。〔……〕しかし人民の命により擁立された王は、真にその名を享受すべき者であろうし、彼の統治に帰せられるべき理由がある場合には、ただ神のみによって処罰される。その王が選ばれる方法は、常に最初に王が立てられた時のやり方に従う場合もあれば、人民の至上権に基づいて法による場合もあり、慣習あるいは習俗によって定められる場合もある。〔……〕請願によって直々に称号を手に入れることがなくても、人民によって立てられた適法な王国を持つ者こそ、真の王と確認できる(Borgo 1646: 37–38)。

ボルゴの議論では、王の権威が皇帝や教皇から授与されることはあり得るが、本来の至上権の保持者である人民が王に至上権を付託し、それが上位者を持たない王国となる、ということになる。つまり王の権威の上位者による付与は歴史的に存在するが、真に自立するには、人民から委ねられる必要があるとしているのである。ところがその後、この著作からは至上権を王に委譲した人民の役割は消えてしまう。至上権を人民から皇帝、そして王に委譲させたボルゴは、至上権を委譲された王の権威の由緒を長々と述べ始める。彼が重視するのは、キプロス、リグーリア、コルシカの三つの「王国」の領有実績である。この議論の主旨は以下の通りである。

①キプロス王国はかつて(一四世紀)、王の不正な戦争の結果ジェノヴァに征服され、改めてキプロス王に授けられた。今はジェノヴァのものではないが、各国の王は、他の王国との由緒さえあれば現在の領有に関係なくその王と称し、王の権威を認められている。ゆえにジェノヴァはキプロスの王の権威を領有す

る(Borgo 1646: 43–44)。

②古代リグーリアはローマ皇帝が王の資格で統治していた。王国は一度滅びても、その住民に原状回復の権利は残り、万民法によって保障されている。ゆえにリグーリアの支配を回復したジェノヴァは同地における王の権威を持つ(Borgo 1646: 49–51)。

③コルシカはキリスト以前から王がいて、王の手でキリスト教化され、島を統治した君主の多くが王号を称した。サラセン人に奪われたコルシカに対し、ローマ教皇が奪回した者に領有を認めるとし、ジェノヴァ人が奪回して今に至る。教皇庁文書を中心に、コルシカを王国とした例は多く、過去の皇帝にも教皇庁の下にある王国と認めた例がある。ゆえにコルシカの王の権威はジェノヴァのものである(Borgo 1646: 54–56)。

このようにボルゴはさまざまな根拠を示し、王の尊厳の帰属を証明することで、ジェノヴァの至上権を論証した。ボルゴは註解学派が人民から皇帝へ譲渡されたとした至上権を王の尊厳と読み替え、帝国の枠組みではシニョリーアの封主である皇帝と教皇にしか認めていなかった至上権をジェノヴァにも帰した。しかしその一方、彼は過去に王として統治した先例を探さなければ、王の尊厳を証明できないと考えた。それは前の理論の効果を打ち消す意味を持っていた。ローマ皇帝にリグーリアの至上権の由来を求めれば、ローマ皇帝から尊厳を継いだ神聖ローマ皇帝はそれを要求できることに、またコルシカが教皇の保証によって王国の資格を持つとすれば、教皇の至上権を認めることになる。ボルゴおよび共和国政府にとってこれが自己主張の限界だった。各国の国王のように共和国が直接神から王の尊厳を授けられることは、皇帝にもカトリック体制にも受け入れ難い。もう一つの選択肢は至上権を人民譲渡のみに根拠付けることであるが、その場合共和国は現行体制との敵対に加え、人民への責任を問われる。これは寡頭制的なジェノヴァの政治体制に、「チョンピの乱」のようなより深刻な危険をもたらすだろう。こう考えると、ボルゴの著作は現行体制を損なうことなく、その枠内で最大限の「自立」を求めたものと結論づけられる。

おわりに

一七世紀までのジェノヴァの至上権は、各国国王と同等の尊厳を主張したボルゴの雄弁にもかかわらず、註解学派のそれの延長であった。それは全ての臣民の権利の源泉で、神以外への責任を負わないボダン的な主権ではない。ジェノヴァが目指したのは、帝国封の主従関係の中で地位を極限まで上昇させ、各国と対等の格式を得ることにあった。帝国外の諸国が皇帝に続いてジェノヴァの「王の尊厳」を認めたことは、帝国における格式が、キリスト教世界共通の象徴資本でもあったことを示している。

しかしボルゴの理論の中には、帝国封・カトリック体制とは相容れない新しい論理も含まれていた。それが至上権の本源的所有者としての人民という論理である。ボルゴはこの「劇薬」を皇帝の至上権の除去に使用した瞬間、「譲渡」により人民を無権利にしてその至上権への関わりを絶った。だがこの「劇薬」は約八〇年後、帝国封の地位と妥協しつつ得られたジェノヴァの王の尊厳へのより深刻な挑戦を生んだ。それが「コルシカ独立戦争」である。この戦いの中の一七六〇年、ジェノヴァは「主権(sovranità)」を主張するコルシカに対し、はじめて自国の統治権を同じ言葉で呼んだ。しかし「主権とはまず、ジェノヴァ領全てのうちで最大の領域を有するこの王国(コルシカ)の内部全ての者によって服従され、承認されることである。第二に外国人の承認は外の呼び方の問題であり、それは主権の本質を何ら増減させない。周知の如く新しい支配の中では、この主権は普段不必要であえてしないことを実現するための最終的な事柄である」と言い切るのはコルシカ側であり、ジェノヴァ側は「我々が(コルシカの)政府、領土及び主権を持っていることは、(王の)称号の獲得によって、事実により示される以上に正当なことである」と反論するのが精一杯であった(*Manifesto* 1760: 23–25)。歴史の中の「主権」とはその言葉を使って語られる各時代・地域の国制の可塑的な表現であることが、ここからも明らかである。

参考文献

亀長洋子(二〇二一)「ジェノヴァ」齊藤編『イタリア史2』。

北田葉子(二〇二一)「北部の諸国」齊藤編『イタリア史2』。

齊藤寛海編(二〇二一)『世界歴史大系　イタリア史2　中世・近世』山川出版社。

佐々木毅(一九七三)『主権・抵抗権・寛容——ジャン・ボダンの国家哲学』岩波書店。

佐々木有司(一九七五—七七)「バルトルスの政治思想——普遍帝国と“civitas sibi princeps”」(一)—(四)『国家学会雑誌』八八—九〇号。

佐藤眞典(二〇〇一)『中世イタリア都市国家成立史研究』ミネルヴァ書房。

皆川卓(二〇一五)「イタリアが外国に支配されるとき——近世の「帝国イタリア」とその変容」服部良久編『コミュニケーションから読む中近世ヨーロッパ史』ミネルヴァ書房。

皆川卓(二〇二一a)「近世の帝国イタリア」齊藤編『イタリア史2』。

皆川卓(二〇二一b)「アロイジオ・ゴンザーガの「殉教」と聖化」甚野尚志『疫病・終末・再生——中近世キリスト教世界に学ぶ』知泉書館。

森征一(一九九七)「バルトルスの法学観——ヨーロッパ中世法学の理解のために」『法学研究——法律・政治・社会』(慶應義塾大学)、第七〇巻第三号。

Aretin, Karl Otmar von (1992), *Das Reich: Friedensordnung und europäsiches Gegengewicht 1648–1806*, Stuttgart: Klett-Cotta.

Aretin, Karl Otmar von (1997), *Das Alte Reich 1648–1806, Bd.2: Kaisertradition und österreichische Großmachtpolitik (1684–1745)*, 2. Aufl., Stuttgart: Klett-Cotta.

Baldus de Ubaldis (1539), *De perusio iuriscunsulti clarissimi, super VII, VII et Nono Codicis, commentaria luclentissima...*, Lyon.

Boccalini, Traiano (1612), *Ragguagli di Parnaso*, Venezia, reprint Genova, 1627.

Borgo, Pietro Battista (1646), *De dignitate Genuensis Reipublicæ*, Genova.

Botta, Carlo Giuseppe Guglielmo (1835), *Storia d'Italia continuata da quella del Guicchardini sino al 1789*, Milano.

Canning, Joseph (2011), *Ideas of Power in the Late Middle Ages, 1296–1417,* Cambridge: Cambridge University Press.

Dandelet, Thomas J. (2002), “Politics and the state system after the Habsburg-Valois Wars”, in John A. Marino (ed.), *Early modern Italy,* Oxford: Oxford University Press.

Denina, Carlo Giovanni Maria (1773), *Révolutions d’Italie,* Paris.

Fredona, Rober (2011), “Baldus de Ubaldi on Conspiracy and Laesae Maiestas in Late Trecento Florence”, in Lawin Armstrong, a. o. (eds.), *The Politics of Law in Late Medieval and Renaissance Italy,* Toronto : University of Toronto Press.

Frigo, Daniela (ed.) (2000), *Politics and Diplomacy in Early Modern Italy: Structure of Diplomatic Practice, 1450–1800,* Cambridge: Cambridge University Press.

Jedin, Hubert (1966), “Religion und Staatsräson: Ein Dialog Trajano Boccalinis über die deutsche Glaubenspaltung”, *Kirche des Glaubens, Kirche der Geschichte: Ausgewählte Aufsätze und Vorträge,* Bd. 1, Freiburg/Basel/Wien: Herder

Jones, Philip J. (1997), *The Italian City-State: From Commune to Signoria,* Oxford: Oxford University Press.

Lencisa, Faustino (1941), *Pascuale Paoli e le Guerre d’Independenza della Corsica,* 2nd ed., Milano: Antonio Vallardi.

Leti, Gregorio (1675), *L’Ltalia Regnante,* Genéve: Della Pietra.

Manifesto della Serenissima Repubblica di Genova con le Risposte di Corsi (1760), Genova.

Mattingly, Garrett (1955), *Renaissance diplomacy,* Boston, Houghton Mifflin Company.

Olrandus de Ponte (1552), *Consilia seu Responsa et Quaestione Aurae...,* Venezia.

Saracino, Stefano (2014), “Satirischer Roman: Republikanismus, frühmoderner Journalismus und Utopie: Die Rezeption von Traiano Boccalinis Satire Ragguagli di Parnaso im englischen politischen Denken”, Dirk Lüddecke, a. o. (eds.), *Zur Geschichte des politischen Denkens: Denkweisen von der Antike bis zur Gegenwart,* Stuttgart: J. B. Metzler.

Schnettger, Matthias (2006), *“Princippe sovrano” oder “civitas imperialis”?: Die Republik Genua und das Alte Reich in der Frühen Neuzeit (1556–1797),* Mainz: Philipp von Zabern.

Stackelberg, Jürgen von (1960), *Tacitus in der Romania: Studien zur literarischen Rezeption des Tacitus in Italien und Frankreich,* Tübingen: Max Niemeyer.

第12章 オスマン帝国とアフリカ分割

大河原知樹

はじめに

アフリカ分割(スクランブル・フォー・アフリカ)は、一八八〇年代から本格化し、第一次世界大戦をもって終わりを告げたとされる。分割前にはわずかな沿岸地域を除いてアフリカに植民地を有していなかったヨーロッパ諸国は、内陸部に進出していき、わずか三〇年ほどの間に、リベリアとエチオピアを除く全アフリカを植民地とした。アフリカ分割史をめぐる難題のひとつとして、オスマン帝国の歴史的評価がある。

理由のひとつは、一八八〇年当時、北アフリカ、紅海からアフリカの角《つの》(現在のチュニジア、リビアからエジプト、スーダン、南スーダン、エリトリア、ソマリア)におよぶオスマン帝国の領土は、「わずかな沿岸地域」と言うにはあまりにも広大であった[図1]。しかしながら、アフリカ分割史においてその面積は縮小をつづけ、一九一四年の時点では影も形もない[図2]。ゆえに、分割史におけるオスマン帝国はヨーロッパ諸国による分割「客体」に過ぎなかったと評価されてきた。もうひとつには、オスマン帝国が「ヨーロッパ諸国」か否かという、複雑で根深い問題がある。一八五六年のパリ条約により「オスマン皇帝は、ヨーロッパの公法と協調の利益への参加が認められるものと宣言」されたものの、イスラーム教徒の君主が支配するオスマン帝国は、キリスト教ヨーロッパからは「異質」な存在とみなされ続けた。

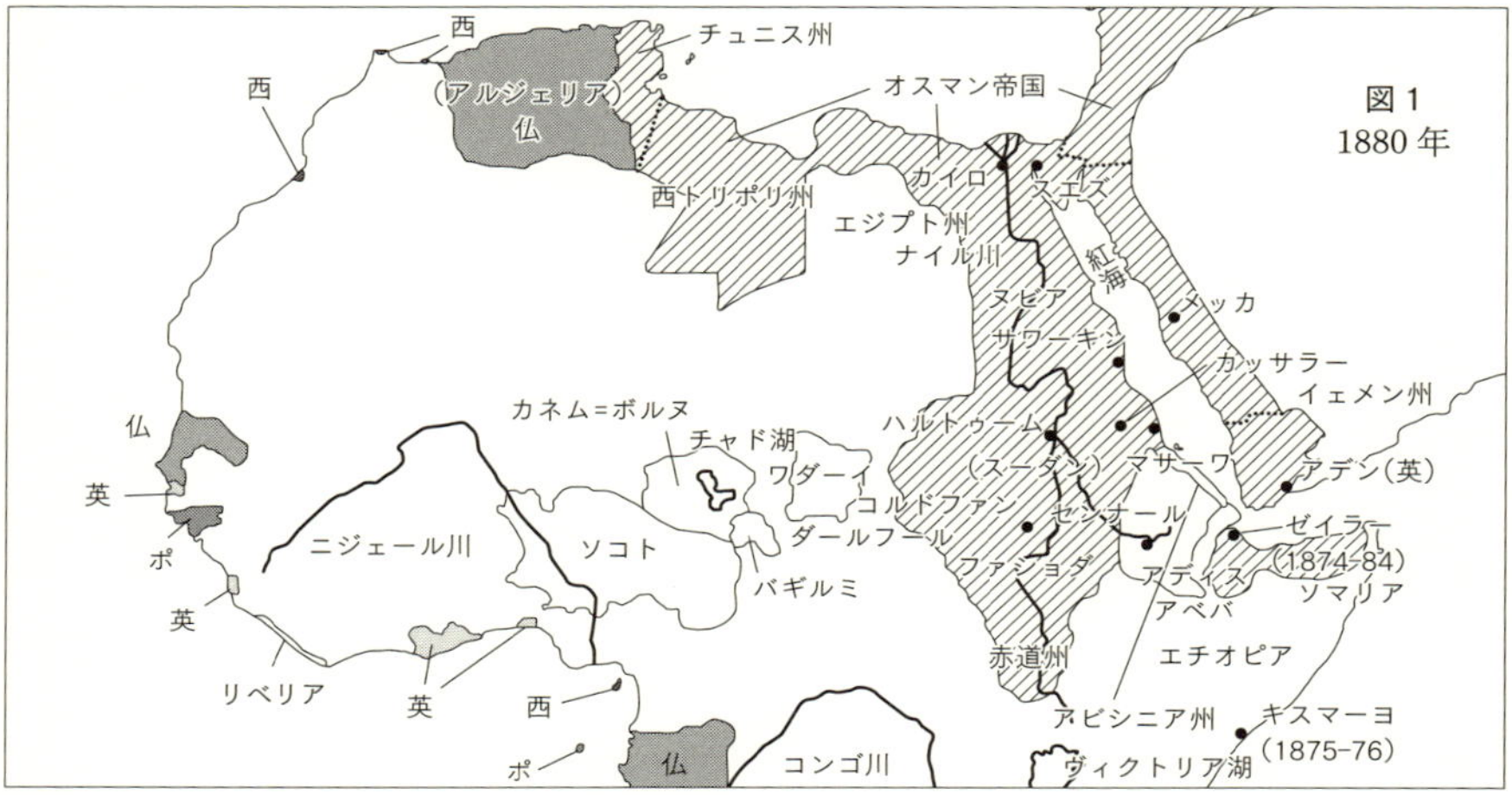
図1
1880年
西
チュニス州
西
(アルジェリア)
仏
オスマン帝国
カイロ
スエズ
西トリポリ州
エジプト州
ナイル川
紅海
ヌビア
メッカ
サワーキン
カッサラー
イエメン州
カネム=ボルヌ
ハルトゥーム
チャド湖
ワダーイ
(スーダン)
マサーワ
アデン(英)
コルドファン
センナール
ダールフール
ゼイラー
(1874-84)
ソコト
ファショダ
アディス
アベバ
ソマリア
ニジェール川
バギルミ
赤道州
エチオピア
アビシニア州
キスマーヨ
(1875-76)
ヴィクトリア湖
コンゴ川
仏
英
ポ
英
リベリア
英
西
ポ

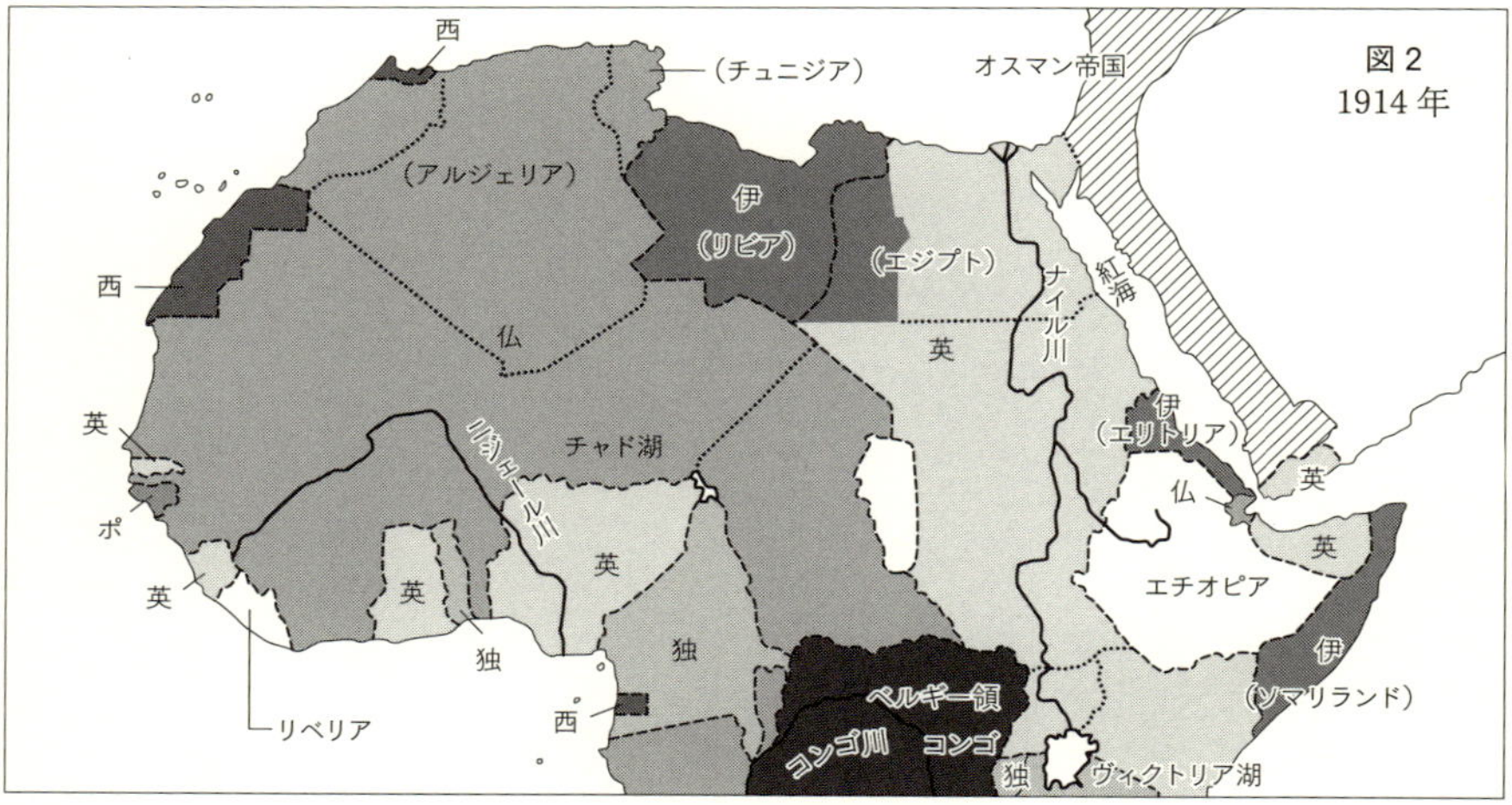
図2
1914年
西
(チュニジア)
オスマン帝国
(アルジェリア)
伊
(リビア)
(エジプト)
ナイル川
紅海
西
仏
英
伊
(エリトリア)
英
チャド湖
ニジェール川
仏
英
ポ
英
英
英
英
エチオピア
独
独
伊
(ソマリランド)
ベルギー領
コンゴ
コンゴ川
リベリア
西
独
ヴィクトリア湖

そもそも、アフリカ分割史において、オスマン帝国を正面から扱った研究はきわめて少ない。二〇世紀半ばに独立を達成したオスマン帝国旧領の諸国家が、ナショナル・ヒストリーにおいてアフリカ分割を扱う際には、たとえばアルジェリアやチュニジアは、自らの国土を植民地とした「主体」であるフランスを、エジプトはイギリスを、リビアはイタリアを軸に、植民地支配から国民国家へと移行するプロセスを記述するため、オスマン帝国の歴史的評価を定めることが難しい。結果、アフリカ史の文脈においては、オスマン帝国はアフリカ分割前にアフリカに領土を有していた「外部勢力」と評価されることとなった。

本章の目的は、アフリカ分割史におけるオスマン帝国「客体」説を再検討することである。歴史的には、オスマン帝国がアフリカ領をすべて喪失したという事実は動かしようがない。ただし、以下に見るように、分割プロセスにおけるオスマン帝国の外交を見れば、これを「主体」的な政治アクターと評価することは十分に可能であると思われる。アフリカ分割は、ヨーロッパ諸国が自らの国際法を世界規模で運用する時代にあって、実際には各国が外交交渉をして条約、協定を締結すると同時に、現地の支配層とも交渉して条約を締結し、経済活動や軍事活動、探検調査や宣教を推進するという複雑なプロセスを経て進んだ。そのプロセスにオスマン帝国がどう関わっていたかの検討は、分割史再考の一助ともなろう。

一、国際法とアフリカ

現在の国際法は、ヨーロッパを起源とする。国際法は、ローマ法の諸国民の法または万民法(ユース・ゲンティウム)、キリスト教の自然法(レークス・ナトゥラーリス)をもとに、一五世紀以来のポルトガルやスペインの海外進出、一七世紀のグロティウス『戦争と平和の法』刊行、ウェストファリア条約締結等の過程を経て、一八世紀のヴァッテル『諸国民の法』により、その基本的特質が固められた。国際法とは、対等な主権国家の間の共通の同意に基づく法であった。その確立においては、法規範の存在を実証的・経験的手法によって確証する、法実証主義の採用が重要な役割を果たした。

この国際法は、一八世紀末あるいは一九世紀初頭にはアメリカ大陸にまで広まり、その後アジア、アフリカにも拡大していく。その間、ヨーロッパでは、国際法上重要な影響を与える会議が開催され、条約が締結されていた。その一つであるウィーン会議（一八一四―一五年）は、フランス革命とナポレオン戦争を経たヨーロッパの秩序回復を目的としたが、最終議定書には、上記の内容のほかに国際河川の航行の自由や奴隷貿易廃止に関する宣言等が含まれる。ウィーン会議以降、ヨーロッパの秩序維持を担ったオーストリア（後のオーストリア＝ハンガリー）、フランス、イギリス、プロイセン（後のドイツ）、ロシアのうち、ロシアを除いた国々と、後に成立するベルギーやイタリアがアフリカ分割の主要なアクターであった。

アフリカ分割に際し適用された国際法の学説は、無主地先占であるとしばしば主張される。無主地（テッリトリウム・ヌッリウス）とは、いずれの国家にも属していないことであり、先占（オクパティオ）とは、いかなる国家も他の国家に先んじて支配を及ぼすことによって自国領土とすることができるという学説である。

先占こそは、大航海時代にスペイン、ポルトガルが援用した「発見の原則」に代わる無主地取得の権原として主張された。占有の要件としては、(一)先占の主体が国家であること、(二)対象地が無主地であること、(三)実効的な先占を伴うこと、および(四)国家に領有意思があることの四つが想定されている。なお、無主地は無人の地のみならず、文明諸国の領有地でない土地もさすと考えられていた。一九世紀の国際法学者ロリマーの分類する野蛮や未開の原住民の住む土地は無主地にほかならなかった。ヨーロッパがアフリカ分割の際に用いた「文明化の使命」や「白人の責務」というフレーズは、この時代の国際法の領土取得権原である先占の前提なくして理解することはできない。こうした状況下にあっては、清朝や日本を含む非ヨーロッパ世界は、自らが文明の程度に達していることを示す必要があったのである。

問題をさらに複雑にしているのは、実効的な先占の定義である。やはり一九世紀の国際法学者ボンフィスは、これを「先占国が、その権力の規則的行使を確保するのに十分な地方行政権を設定するときに、実現される」と説明しつつも、その程度や形態は「場所と状況によって不規則に変わる」とする。要するに、外交交渉の一方当事国は、主張する領土の実効的な先占を、必要に応じて他方当事国に説明しなければならないのである。

先占は、現在の国際法においても、国家の領域取得における五つの権原のひとつである（ほかの四つは添付、割譲、征服、時効）。こうした権原のうち、征服を除く四つは、すべてローマ法に起源をもつ。ただし、先占の要件である無主地の概念は、ローマ法にはもともと存在していなかった。この学説は、実は一九世紀になってから国際法で主張され始めたもので、ローマ法の無主物（レース・ヌッリウス）を援用したものとされている。ただし、ローマ法の無主物の対象は、野生動物（フェラエ・ベスティアエ）、行方不明の奴隷、放棄された建物等とされており、それを無主地の概念に援用することは容易ではない。近年の研究は、アフリカ分割の際にこの学説を強力に提唱したのがイギリスの国際法学者トウィスであり、その学説の是非をめぐって国際法協会（一八七三年設立）で推進派と反対派の論争が繰り広げられたことを明らかにしている。そもそも領域取得の問題は、正確には領域主権（テリトリアル・ソヴレンティ）に関する問題であることが前提であるため、所有（ドミニウム）ではなく支配（インペリウム）が問題にされるべきであるが、アフリカ分割にとって、この学説が有用であることを認めたヨーロッパ諸国は、無主地先占の学説を擁護した。ただし、実際のアフリカ分割に際しては、後述のように、現地の支配層と保護条約を締結する手法が好んで用いられたのであった。

二、ベルリン会議前のオスマン帝国とアフリカ

オスマン帝国をヨーロッパに含めないと仮定すると、一九世紀以前、アフリカ沿岸部に植民地を保有したヨ

ーロッパ諸国は、ポルトガル、スペイン、オランダ、フランスであった。一八〇六年、ナポレオン戦争の余波でケープ植民地の統治がイギリスに移り、一八三〇年以降、フランスがオスマン領アルジェ州の征服を進めた。その時点でも、アフリカに最大の領土を保有していた国家は、オスマン帝国であった。

一五一七年、オスマン帝国はマムルーク朝を滅ぼして、その旧領であるエジプト、さらには西アジアのシリア、ヒジャーズを版図に加えた。一六世紀の間にアルジェ州、チュニス州、西トリポリ州(現リビア)を設置して北アフリカ沿岸部に領土を拡大した。さらにはインド洋へのポルトガルの進出に対抗して、一六世紀中葉に紅海南部のアラビア半島側にイエメン州、アフリカ側にアビシニア州(現在のスーダンとエリトリア沿岸の一部)を設置した(イエメン州は一六三〇年代に消滅)。アルジェ州は、一七世紀以来、現地勢力が選出する者がデイの称号を、チュニス州は、一七〇五年以降フサイン家がベイの称号を、西トリポリ州も、一七一一年以降カラマーンリー(カラマンル)家がパシャの称号を、オスマン帝国から追認されて統治するようになった。エジプト州にはオスマン政府が総督を派遣していたが、現地のマムルーク勢力に実権を握られていた。そのエジプトも、一七九八年からフランス軍の占領を経験し、一八〇一年にオスマン帝国支配は回復したが、一八〇五年にムハンマド・アリー(メフメト・アリ)・パシャが総督となって統治の実権を握った。

このように、一九世紀初頭において、オスマン帝国のアフリカおよびアラビア半島支配は脆弱であった。しかしながら、オスマン帝国は領土支配の強化に着手する。具体的には、一八三五年に西トリポリ州のカラマーンリー家を打倒して直接支配とした。一八四九年にはイエメンを再占領し、現地勢力の抵抗を排除しつつ一八七二年にイエメン州とした。西トリポリ州の直接統治は一八三〇年のフランスのアルジェ占領、イエメン州設置はイギリスのアデン占領への対処だったと考えられている。直接支配への移行は、オスマン政府にとってかなりの負担増であるが、領土維持のために必要な政策であった。

アフリカとアラビア半島でのこうしたオスマン帝国の動きは、エジプト州の関係とも不可分であった。一九世紀初頭、アラビア半島でのサウード家とワッハーブ派の勢力拡大に悩んでいたオスマン政府は、ムハンマド・アリーにその征討を命じた。エジプト軍はその任務を果たし、さらにイェメンを制圧した。一八四九年にオスマン帝国がイェメンを再占領したことは、ロシア、オーストリア、イギリスの圧力でエジプト軍が撤退したことを受けた結果でもあり、その延長で、オスマン帝国は紅海両沿岸部の支配強化に着手する。

ムハンマド・アリーは、一八二〇年代からスーダンに兵を進め、ヌビア、センナール、コルドファンを征服し、東部ではアビシニアとの境付近に拠点都市カッサラーを建設した。ムハンマド・アリー朝第五代エジプト州知事(後に特権州知事《ヘディーヴ》)イスマーイール(イスマイル)・パシャは拡大を再開し、一八七〇年代にはダールフール(現スーダン西部)を征服、スーダン南部では一八七〇年に赤道州を設置した。イスマーイールは、オスマン政府から一八六〇年代半ばに紅海の港湾都市サワーキン(現スーダン)とマサーワ(ムサウワア：現エリトリア)、七五年には港湾都市ゼイラー(ザイラア：現ソマリア)周辺の統治権を獲得した。さらには、ソマリアのインド洋側の港湾都市キスマーヨに艦艇を派遣して短期間統治下に置いた。背景には、紅海の戦略的重要性を飛躍的に高めることとなった、スエズ運河開通(一八六九年)があった。

ムハンマド・アリーとイスマーイールとでは、領土拡張の目的と手段に違いがあった。アリーの派兵は、当初はエジプトに対する抵抗勢力掃討の延長線上にあり、その後、スーダンの金資源と兵士の獲得を目指し(たが、目論見は外れ、奴隷などの労働力獲得に目的を変更し)た。一方のイスマーイールは、スーダンにおける奴隷貿易抑制、交易発展および文明化を名目として拡張を進めた。その際、エジプト版「お雇い外国人」のイギリス人探検家ベーカーや軍人ゴードン、ドイツ系ユダヤ人医師・探検家エミン(シュニッツァー)、スイス人探検家マンツィンガーが軍隊を率い、征服後にはその州知事として、道路や駐屯地(ザリーバ)、さらには支配の中核を担う都市を建設した。なお、一連の征服は、エジプト州の主導ではあるが、オスマン政府の裁可を得ており、取得した領土も、国際法上はオスマン帝国の主権(少なくとも宗主権)下にあったと解釈することができる。

一方、西トリポリ州では状況が異なっていた。同州の南方の中央サハラに広がる「後背地」には、カネム＝ボルヌ、バギルミ、ワダーイといった王国が存在し、西トリポリ州はそれぞれと交易関係にあった。一八四三年、ネオ・スーフィー系サヌーシー教団が同州に拠点を築くと、修道場(ザーウィヤ)を多数建設して布教・教育活動をおこない、その勢力は、現在のリビアからチュニジア、アルジェリアの一部、南はチャド湖からコンゴに至る交易ルートに沿って拡大し、一教団でありながら広大な地域に影響力を及ぼすまでになった。

一八八一年にスーダンでマフディー運動が起こり、フランスがチュニジアを保護領化し、翌八二年にはイギリスがエジプトを占領すると、オスマン帝国とエジプト州のアフリカ支配は大きく動揺する。マフディー(神に導かれた者)を称するムハンマド・アフマドの軍は、一八八五年一月にはスーダンの中心都市ハルトゥームを攻略し、その死後も拡大をつづけた。マフディー運動のジハード(聖戦)の対象は、「トルコ人」(トゥルク)であり、「正しい」ムスリムではないオスマン帝国皇帝アブデュルハミト二世とエジプト特権州知事タウフィーク(テヴフィク)・パシャであった(後に、イギリス女王にしてインド皇帝のヴィクトリアも対象に加えられた)。

総括すれば、アフリカにおけるオスマン帝国領は、アフリカ沿岸部およびナイル川周辺を中心に分布し、一九世紀初頭には実質的に現地勢力に支配されていた。一九世紀になると、オスマン帝国は、これらの領土を直接統治する政策に転じ、エジプト州と連携して新たな領土の取得を進めた。その際、ヨーロッパの国際法や植民地獲得の手法を意識していたことも特筆に値する。オスマン帝国は、世界で植民地獲得を推進しているヨーロッパ諸国の動向を強く意識し、それを観察して実践しようとしていたのである。

三、ベルリン会議(一八八四―八五年)とオスマン帝国

アフリカ分割の基本原則を定めたベルリン会議は、前述のハルトゥーム包囲戦がまさにクライマックスを迎

えていた時期に開催された。会議の原因は、一八八一年以来ベルギー国王レオポルド二世がアフリカ中央部コンゴに探検隊を派遣して勢力を拡張し、その動きにポルトガルが反発したこと、ちょうどその頃ドイツとイタリアがアフリカ進出を本格化させたことであった。

ドイツ帝国宰相ビスマルクの呼びかけでベルリンに会したのは、ドイツ、オーストリア＝ハンガリー、デンマーク、(レオポルドが設立した)国際コンゴ協会、スペイン、アメリカ、フランス、イギリス、イタリア、オランダ、ポルトガル、ロシア、スウェーデン、オスマン帝国の一三カ国と一協会の代表であった。会議は一八八四年一一月から始まり、翌年二月二六日の条約調印をもって閉会する(アメリカは批准せず)。

一八八五年ベルリン条約(正式名称「アフリカ会議の一般議定書」)は三八条からなり、第一章［コンゴ盆地、その河口および周辺諸国における貿易の自由に関する声明および関連規定］(一―八条)、第二章［奴隷貿易に関する宣言］(九条)、第三章［従来のコンゴ盆地に含まれる領土の中立に関する宣言］(一〇―一二条)、第四章［コンゴ川航行規定］(一三―二五条)、第五章［ニジェール川航行規定］(二六―三三条)、第六章［アフリカ大陸沿岸部で新たな占領が有効とみなされるために満たされるべき要件に関する宣言］(三四―三五条)、第七章［一般規定］(三六―三八条)を内容とする。

重要な内容としては、レオポルドの「所有地」としてのコンゴ自由国が新たに設立されたこと、コンゴ自由国を含む広大な地域が自由貿易地域と宣言されたこと、外国の企業がそこで活動することができること、コンゴ川とニジェール川の自由航行が承認されたこと、奴隷貿易の禁止が宣言されたことをあげることができる。

中でも、六条はヨーロッパ諸国がアフリカの原住民を保護し、文明化するという、いわゆる「文明化の使命」や「白人の責務」を規定する内容となっている。

六条［原住民の保護］

当該地域［一条で規定した地域でコンゴ自由国に相当する］において主権または影響力を行使する全ての国は、

原住民の生存ならびに彼らの精神的および物質的な生活条件の改善に留意し、奴隷制度、とりわけ黒人売買の廃止のために協力することを約束する。これらの国は、宗教、科学、もしくは慈善の目的で設立組織され、または原住民を教化して文明の利益を理解させ、その価値を理解させることを目指す全ての団体と事業を、国籍と宗教の区別なく保護し、助成する。

キリスト教の宣教師、学者、探検家、彼らの随員、財産、及び収集品は、ひとしく特別の保護の対象とする。

原住民に対して、自国民および外国人と同様に、良心の自由と宗教的寛容が明確に保障される。全ての宗派の自由な、かつ公の活動ならびに宗教上の建造物を建立する権利およびあらゆる宗派に属する宣教団を組織する権利は、いかなる制限も拘束も受けない。（［ ］内は筆者）

オスマン帝国にとって重要な条項は、三四条および三五条である。

三四条［領域取得・保護関係設定の通告］

アフリカ大陸沿岸部において現在領有している領域以外にいずれかの領域を今後取得しようとする国または現在までは領域を取得していないが新たに取得しようとする国および同地に保護関係を持とうとする国は、この議定書の他の署名国が必要な場合には自国の権利を主張できるようにしておくため、それぞれの行為に当たって他の署名国に通告する。（傍点は筆者。以下同）

三五条［既得権等の保障］

この議定書の署名国は、アフリカ大陸沿岸部で先占した地域において、既得権および場合によっては規定される通商と通過の自由を尊重させるために、十分な権限を有する当局の存在を確保する義務を承認する。

　ここで注目すべきは、先占による領有と保護関係が区別されていることである。実際、条約の中で主権の語は一三カ所用いられているが、そのうち実に八カ所(七、八、一〇、一一、三〇[二回]、三一および三二条)で保護関係の語と並置されている。具体的には「主権的権利または保護権(ドゥルワ・ドゥ・スヴェレネテ・ウ・ドゥ・プロテクトラ)」および「主権下または保護下(ス・サ・スヴェレネテ・ウ・ソン・プロテクトラ)」である。これは、会議において、イギリスが両者の区別を強硬に主張したからであるとされる。しかしながら、フランスとドイツが先占と保護関係の違いを理解できないと主張したため、イギリスは保護関係の「効力」を示す必要に迫られた。イギリスは、保護関係を(一)その土地における原住民の権利を承認すること、(二)至高権(パラマウント・オーソリティ)と占有者の義務遂行に必要なもの以上の領有権を主張しないことであると回答した。イギリス政府の植民地取得の方針は、現地支配層から対外主権(外交権)を委譲されるが、国内主権(内政)は現地支配層のもとにとどめることによって、ほかの外国の介入は阻止しつつ、管理責任は免れるという二重の利益を追求することであった。保護関係こそが、その方針にかなう。

　加えて、イギリスは、保護国／領に自国法を適用させることを回避するために、三五条にも異を唱えた。具体的には「先占した地域において」「十分な権限を有する当局の存在を確保する義務」とされたところは、フランスやドイツが「領土とした、または先占した、もしくは保護下とした地域において」「十分な管轄権(ジュリディクション)を確立すること」を提案したのに対し、イギリスは「管轄権」を「権限を有する当局」に修正させ、「領土」と「保護下とした地域」の文言を削除させた。もともと三者併記であった領土、先占した地域、保護領のうち、イギリスにとって明文化しては都合の悪い二つの項目を削除したため、先占だけが残ることとなった、すなわち先占の用例が実際にはさほど多くなかったにもかかわらず、国際法史上、必要以上に注目されることとなった可能性があると筆者は考えている。

事実、ベルリン条約以前においても、以後においても、アフリカ分割でヨーロッパ諸国が求めたのは、アフリカの特定の地域の主権的権利ではなく、保護であった。ベルリン会議開催までに、イギリスを始めとするヨーロッパ諸国は現地の支配層と相当数の保護条約を締結しており、会議においても、そうした保護条約の束が持ち込まれた(ビスマルクはこれらの保護条約の束を「いくつかのバツ印の書かれた紙切れ」と揶揄したと言われる)。

ところで、オスマン帝国は「この」ベルリン会議に先立つこと六年前、「別の」ベルリン会議で露土戦争終結のためのベルリン条約に調印し、バルカンほかにおいて破滅的な領土の喪失を経験していた。したがって、「この」ベルリン会議は、バルカンの失地を別の形で回復する機会となり得た。オスマン帝国は会議に招待されていなかったため、これに抗議し、会議直前にようやく参加を認められた。時間の制約もあり、外務大臣経験があり、当時のベルリン駐在大使サイト・パシャが代表に就いた。オスマン政府が目指したのは北アフリカおよび東アフリカの領土保全、自由貿易の及ぶ地域の特定、コンゴにおけるムスリム住民の処遇への配慮であった。六条の「全ての宗派の自由な、かつ公の活動ならびに宗教上の建造物を建立する権利およびあらゆる宗派に属する宣教団を組織する権利は、いかなる制限も拘束も受けない」がキリスト教限定でなかったのも、オスマン政府の主張に配慮した結果であった。とはいえ、現実的には、オスマン政府が得た利益は、西トリポリ州が帝国領であることを他のヨーロッパ諸国に承認させたことのみであった。しかも、オスマン政府はチュニジアとアルジェリアにおけるフランスの権利承認という代償を払うことを余儀なくされた。

オスマン政府が、将来の領土保全、可能ならば新たな領土取得のために、三四、三五条を翻訳し、理解しようと努めたことは想像に難くない。オスマン帝国はこうした状況を理解し、条文を正しく翻訳できていたのだろうか。保護関係の語を中心に検討してみよう。実は、オスマン帝国にとって、保護関係は決して初めて聞く言葉ではなかった。ヨーロッパ諸国と結んできたカピチュレーション(特権条項)において、ヨーロッパ側はプロテクシォン、帝国内のキリスト教ほかの宗派の個人または集団に対して行使しうる保護を、ヨーロッパ側はプロテクシォン、オスマン側はヒマーイェと表現してきた。

オスマン政府で一八八五年ベルリン条約をオスマン・トルコ語に訳した翻訳官は、プロテクトラをヒマーイェと訳した。ただ、これではカピチュレーションで理解される保護と変わりがない。ベルリン条約でも二カ所、条約対象地における外国人の人身および財産の保護(第五条)と上述の六条において原住民、宣教師および旅行者の保護に対してプロテクシォンの語が用いられている。オスマン・トルコ語訳でも、この二つはヒマーイェとなっており、人間集団に行使する保護として正しく訳してはいるが、前述のプロテクトラ、すなわち外交主権、場合によっては領域主権にも関わる保護関係との重要な相違を区別できていない。プロテクトラには別の訳語をあて、その意味するところを的確に理解することが肝要であったと筆者は考える。

もっとも、オスマン政府の翻訳官ばかりに責を負わせるわけにもいかない。前述のごとく、国際法先進国のフランスとドイツですら、先占と保護関係の違いを理解し得ず、保護関係の定義に関して、国家間の外交交渉がおこなわれたのである。保護関係については、ベルリン条約から一〇年以上たった一九世紀末になってようやく国際法上の研究が複数提出され、しかも見解の一致をみるまでには至らなかったことを考えれば、実践が先行する形であり、理論的には未完のままであったと言って過言ではない。

こうした研究の中では、国際法学者ゲラルの論考が、本章の主題に近い。ゲラルは、保護関係を通時的に理解し、一九世紀以前のプロテクトラを「単純保護(プロテクトラ・サンプル、サヴガルド)」と呼んだ。対して「近代的な保護関係(プロテクトラ・モデルヌ)」が一九世紀以降に出現し、その嚆矢として、ゲラルは一八一五年ウィーン条約で成立した二つの保護国(イオニアとクラクフ)をあげる。イオニア諸島合衆国はイギリスの「直接かつ排他的な保護の下」に「独立」を与えられ、クラクフ共和国は、オーストリア、プロイセンおよびロシアの

「保護下」で「永遠に自由、独立、かつ厳密に中立的な都市と見なされる」と規定された。ただし、これらの保護国は、ゲラルの説明によれば、保護を供与する国(能保護国)が保護国(被保護国)の主権に干渉することが可能であった(なお、国際法学者ホウィートンによれば、これらは「半主権国家(セミ・ソヴリン・ステイツ)」であった)。

ゲラルは、さらに第三の保護関係である「植民地的保護関係(プロテクトラ・コロニアル)」をあげ、これを「文明強国の未開領域に対する領土拡張および保護活動」であると説明する。実は、これこそが一八八五年ベルリン条約の規定する保護関係にほかならない。しかし、オスマン政府がベルリン会議に臨んだ時点でそれを正確に理解できていなかったことは、少なくとも訳語からは明らかであった。より重要な問題は、国際法の理論的な理解ではなく、実践面、外交における各国間の個別交渉におけるオスマン政府の劣勢であり、実際には、これがアフリカにおけるオスマン帝国の主権の消滅をもたらすこととなった。

四、ベルリン会議後のオスマン帝国とアフリカ

ベルリン条約調印の前から、既にオスマン帝国はアフリカ分割の前哨戦に巻き込まれていた。

調印三週間前の一八八五年二月五日、エジプト統治下にあった紅海・東スーダン州の州都マサーワをイタリア軍が軍事占領し、調印前日の二四日までに、さらに二度の派兵を行った。初めこそイタリア国旗とオスマン国旗が並べて掲揚され、イタリア兵とエジプト兵が共同で駐屯する形がとられたが、イタリア軍は、年末までに現地兵を自軍に編入し、エジプト兵はエジプトに送還した。オスマン帝国はエジプトとともにイタリアに抗議し、問題は長期化した。一八八八年八月においてなお、ロンドン駐在オスマン大使リュステム・パシャが、イギリス政府に対して、イタリアの占領行為がベルリン条約三四条違反であると抗議している。国際法上は正当であるが、イギリスがこれを採りあげることはなかった。というのは、イギリスは、個別間交渉においてイ

タリアのマサーワ占領を事前に承認し、その代わりに、イタリアが今後マサーワから徴収する税を(一八七五年に財政破綻した)オスマン政府の債務弁済の一部としてイングランド銀行に送金するという約束が成っていたからである。さらに、イギリスは、東アフリカにおけるマフディー運動とフランスの勢力拡張に対する牽制の役割をイタリアが果たすことを期待していたとも言われている。

一八八七年、アフリカの角に位置する港湾都市ゼイラーをめぐって、オスマン帝国とイギリスの間に外交問題が生じた。この地域には、オスマン帝国の領土、イギリスとフランス、イタリアの保護領が存在し、それぞれが自らの「勢力圏」を主張し得る立場にあった。ゼイラーは歴史的にオスマン帝国の主権下にあり、一八七五年以降はエジプト特権州知事イスマーイールに統治が委ねられていた。エジプトは七六年に財政破綻して英仏の財務管理下に入り、七七年にイギリスはイスマーイールとの間に、ゼイラーからアフリカの角に至る沿岸部がイスマーイールの統治下にあるという協定を結んだ。この協定の発効には当然エジプトの主権者であるアブデュルハミト二世の裁可が必要だった。問題は、この協定中に、当該地域をイギリス以外の外国政府に割譲しないという内容が存在していたことである。ハミトは裁可せず、交渉は継続した。一八八四年、エジプト軍はゼイラーからの撤収を決め、イギリスはオスマン政府がゼイラーを保全しない場合には占領すると通告した。オスマン政府は当該地域をイエメン州に編入する旨を伝えた。最終的に、イギリス政府は、一八八七年八月、ベルリン条約三四条に則り、ゼイラーを含むソマリア沿岸部を保護領(後の英領ソマリア)としたことを条約調印国であるアメリカ、デンマーク、オーストリア＝ハンガリー、ベルギー、ロシア、ドイツ、スウェーデン、スペイン、ポルトガルに通告した。この時点で、イギリス政府は、ゼイラー以外の地域の現地支配層と保護関係を確立していたが、一八五六年パリ条約を含む国際法に照らせば、ゼイラーにおけるオスマン帝国の主権の否定が難しいことも認識していた。イギリス政府はこの問題には触れぬまま、通告という国際法的手続きの後、実力行使に移った。一八八八年二月、イギリスはゼイラー駐屯エジプト軍を撤収させてインド軍に交代し、オスマン国旗を降納してイギリス国旗を掲揚した。オスマン帝国はアフリカの角における領土を喪失した。

同じ時期、西トリポリ州南方でも、事態は大きく動いた。一八九〇年、英仏の間で、フランスが東サハラ、チャド湖周辺のカネム＝ボルヌ、ワダーイ、バギルミの各王国を勢力圏とし、イギリスがボルヌの一部を取得する内容の合意が成立した。この合意に対し、オスマン政府はロンドンとパリの駐在大使を通して両国に抗議した。その根拠は、ベルリン条約三四、三五条であり、オスマン帝国は西トリポリ州を領土としているため、リビア沿岸部から南方の内陸（後背地）、具体的にはチャド湖盆地周辺の東サハラを植民地とする権利があり、両国の合意がオスマン帝国の主権侵害にあたると主張した。イギリス政府は、その主張の国際法上の正当性に「理解」を示しつつ、その抗議を認めることはなかった。

五、オスマン的帝国主義とアフリカ――「主体」と「客体」の間で

一八九八年、スーダンのファショダで英仏両軍が邂逅し、両国の緊張関係は極限に達した。しかし、ドイツへの警戒などの理由からフランスが譲歩して衝突が回避されると、英仏関係は融和に向かい、翌九九年三月にはロンドン宣言が出されてアフリカにおける両国の勢力圏の境界が画定された。この宣言は、アフリカ分割を終わらせるとともに、一八八五年ベルリン条約を事実上無意味化したと評価されている。

アフリカ分割史におけるオスマン帝国をどのように位置づけるべきだろうか。ベルリン会議以降のオスマン帝国のアフリカ政策の結果だけを見れば、失地と失敗の歴史であり、オスマン帝国はアフリカ分割の「客体」であったと総括することはたやすい。しかしながら、そのプロセスを見れば、オスマン帝国が、一九世紀に大きく展開した国際法システムを受容し、国際会議、国際条約を始めとした交渉において、積極的かつ主体的な政治アクターとしての役割を果たしていたことは明らかである。何より、一八七〇年代までのオスマン帝国の

アフリカ政策を見れば、一八世紀末までの失地を相当程度回復したのみならず、エジプト州の対外拡張と呼応して積極的に領土を獲得していた。

無論、領土拡大の「量」的な側面のみを見て「主体」と断ずることは早計である。見るべきは領土拡大の「質」的側面である。西トリポリ州を再編したオスマン帝国は、都市部においては政庁や官公庁、軍営宿舎、学校などの近代的公共建築物の建設、道路網の整備といった、インフラの整備や公共事業に力を入れ、出版や教育による人材育成や徴兵による正規軍の編成、警察の組織や治安維持の確立に努めた。中央政府のあるイスタンブルと地方の通信にも力を入れ、電信線や海底ケーブルの敷設や駅逓、汽船交通の整備にも着手した。ここに、近代国家、植民地帝国としてのオスマン帝国的帝国主義の側面が遺憾なく発揮されている。

アフリカ内陸部の探検や外交も、当初はベーカーやゴードンなどの「お雇い外国人」に委ねられたが、後には「自前」のオスマン臣民が実行するようになる。そうした例として、サーディク・ムアイヤド・アズム(アズムザーデ・サードゥク・ミュエイイェト)がいる。シリアの名望家の出で、軍人畑を歩み、一八八七年と九五年の二度、西トリポリ州に派遣され、部隊を率いてサヌーシー教団長マフディー・サヌーシーと会見し、皇帝の贈答品を渡して帰国し、現地情勢に関する詳細な報告を提出した。また、一九〇四年にはエチオピア帝都アディスアベバを訪問し、皇帝メネリク二世に拝謁している。

サーディクの二度にわたるサハラでのミッションは、オスマン帝国のアフリカ政策の転換を象徴していると言えるかも知れない。第一回のミッションはベルリン会議から間もない時期であり、サーディクは、サヌーシー教団長に帝国との協力の可能性を打診し、教団の拠点でのオスマン国旗の掲揚を提案している。実現はしなかったものの、主権を主張する根拠となる措置を、オスマン政府がサハラで講じようとしていたことが窺える。ただ、一八九五年の第二回ミッションでは、サハラ南部へさらに拠点を移したサヌーシー教団長と会見し、皇帝の贈答品を渡すのが任務であったが、その旅行記では、現地人がオスマン帝国皇帝にして全イスラーム教徒のカリフを熱狂的に支持し、心から慕っているさまなどの現地描写に重点が置かれている。

このことは、ベルリン会議の後しばらく、オスマン政府がヨーロッパ諸国との武力衝突を避け、外交交渉による紛争解決をめざすと同時に、沿岸部の後背地に勢力圏を拡大する政策を模索していたことと合致する。本章で見てきた事例では、ヨーロッパ諸国よりもむしろオスマン政府が国際法を遵守する傾向にあり、ヨーロッパ諸国のほうが結局は武力を行使する形になっている。一八九〇年代に入ると、英仏のサハラ進出は決定的となり、オスマン政府は正面からそれに対抗することではなく、妨害することに重点を移したと考えられる。すなわち、オスマン政府はサヌーシー教団側に武器や情報など、公式非公式の援助を提供して、現地に抵抗勢力を形成する活動をおこなった。

二〇世紀に入ると、さらなる領土喪失が起こった。一九一一年九月、イタリアはオスマン政府に宣戦布告し、実質的な最後のアフリカ領である西トリポリ州とベンガジ県に進軍した。翌年一〇月にオスマン政府がイタリアと結んだ条約で、これらの領土は失われた。名目的にオスマン領にとどまっていたエジプトも第一次世界大戦により正式にイギリス保護領となり、ここにアフリカにおけるオスマン領は完全に消滅することとなった。

冒頭でも述べたとおり、アフリカ分割史でのオスマン帝国を正面から扱った研究はきわめて少なく、具体的な事実については、今後さらに解明されるべき点が多い。ただし、ここで検討した事実からは、オスマン帝国が、当時の国際法の理解に努め、その法理を巧みに利用しつつ、各国との外交交渉に臨んでいたことが明らかである。国際法を遵守せず、武力行使を用いたのは、むしろ相手側であった。この事実ひとつをとってもオスマン帝国が「主体」的にアフリカ分割に参加していたことを主張することができるだろう。オスマン帝国がヨーロッパであったかどうかについても、なお議論を重ねる必要があるが、アフリカ分割におけるその政策がまぎれもなく植民地政策であり、その意味でオスマン帝国が植民地帝国であったことは間違いない。問題は、第一次世界大戦までにオスマン帝国がアフリカから退場を余儀なくされたことであり、その事実がオスマン帝国

「客体」説を支えていた。アフリカ分割史におけるオスマン帝国は、まさに「主体」と「客体」の間に位置していたということができよう。

参考文献

秋葉淳（二〇〇五）「近代帝国としてのオスマン帝国——近年の研究動向から」『歴史学研究』七九八。

アレクサンドロヴィッチ、C・H著、D・アーミテイジほか編（二〇二〇）『グローバル・ヒストリーと国際法』大中真ほか訳、日本経済評論社。

大沼保昭編著（二〇〇二）『資料で読み解く国際法　第二版』上、東信堂。

小松久雄編（一九九八）『岩波講座　世界歴史21　イスラーム世界とアフリカ　一八世紀末―二〇世紀初』岩波書店。

竹内幸雄（二〇〇三）『自由貿易主義と大英帝国』新評論。

富田正史（二〇〇一）『エミン・パシャと〈アフリカ分割〉の時代』第三書館。

富永智津子（一九九五）「世界分割とアフリカ・東南アジア・オセアニア」『講座世界史　5　強者の論理』東京大学出版会。

豊田哲也（二〇一九）「国際法における保護関係(protectorate)概念の形成と展開」『ノモス(関西大学法学研究所)』四三。

平野千果子（二〇〇二）『フランス植民地主義の歴史——奴隷制廃止から植民地帝国の崩壊まで』人文書院。

ボアヘン、A・アドゥ編、宮本正典日本語版責任編集（一九八八）『ユネスコ・アフリカの歴史』第七巻(上)、同朋社。

ヤコノ、グザヴィエ（一九九八）『フランス植民地主義の歴史』平野千果子訳、文庫クセジュ。

吉田昌夫（一九七八）『アフリカ現代史Ⅱ』〈世界現代史〉、一四巻、山川出版社。

Acte général de la conférence africaine signé à Berlin le 26 février 1885 (https://fr.wikisource.org/wiki/Afrique._Arrangements,_actes_et_conventions_concernant_le_nord,_l'ouest_et_le_centre_de_l'Afrique_%281881-1898%29/Acte_général_de_la_Conférence_africaine_signé_à_Berlin_le_26_février_1885).

Anghie, (2004), *Imperialism, Sovereignty and the Making of International Law*, Cambridge: Cambridge Univ. Press.

[Azmzade], Sadık el-Müeyyed (1314 [1898 or 1899]), *Afrika Sahra-yi kebirinde seyahat*, İstanbul: Ahmed İhsan ve şurekası (英訳 Gokkent, Giyas M. (2021), *Journey in the Grand Sahara of Africa: Azmzade Sadık el-Müeyyed and Through Time*, n.p.).

Azmzade, Sadık el-Müeyyed (1322 [1906 or 1907]), *Habeş Seyahatnamesi*, [İstanbul]: İkdam Matbaası (英訳 Gokkent, Giyas M. (2021), *The Ethiopia Book of Travels*, n.p.).

Bostan, İdris (1990), "Ottoman Empire and The Congo: The Crisis of 1893–1895", edited by Selim Deringil and Sinan Kuneralp, *Studies on Ottoman Diplomatic History V*, İstanbul: The Isis Press.

Coret, Clélia (2019), "La souveraineté de Witu au XIXe siècle: De la refondation à la colonisation d'une cité-État sur la côte est-africaine", *La Revue d'histoire du XIXe siècle*, 59.

Deringil, Selim (1999), *The well-protected domains: Ideology and the legitimation of power in the Ottoman Empire, 1876–1909*, London and New York: I. B. Tauris.

Fitzmaurice, Andrew (2014), *Sovereignty, Property and Empire, 1500–2000*, Cambridge: Cambridge Univ. Press.

Fujinami, Nobuyoshi (2019), "Between Sovereigty and Suzerainty: History of the Ottoman Previleged Provinces", edited by Takashi Okamoto, Tokyo: Toyo Bunko.

Gairal, F. (1896), *Le protectorat international: La protection-sauvegarde, le protectorat de droit des gens, le protectorat colonial*, Paris: Pedone.

Ibrahim, Hassan Ahmed (1998), "The Egyptian empire, 1805–1885", *The Cambridge History of Egypt*, 2, edited by M. W. Daly.

İbrahim, Gassım (2022), *Afrika'nın Sömürgeleştirilmesi: Berlin Konferansı ve Osmanlı Devleti (1884–1885)*, İstanbul: Fatih Sultan Mehmet Vakıf Üniversitesi.（博士論文）

Le Gall, Michel (1989), "The Ottoman Government and the Sanusiyya: A Reappraisal", *International Journal of Middle East Studies*, 21–1.

Linden, Mieke van der (2016), *The Acquisition of Africa (1870–1914)*, Leiden: Brill.

Minawi, Mostafa (2016), *The Ottoman Scramble for Africa*, Stanford: Stanford University Press.

Minawi, Mostafa (2020), "International Law and the Precarity of Ottoman Sovereignty in Africa at the End of the Nineteenth Century", *International History Review*, 43–5.

Ṭūsūn, 'Umar (1937), *Tārīkh Mudīrīyat Khaṭṭ al-Istiwā' al-Miṣrīya*, vol. 3, al-Iskandarīya: Maṭba'at al-'Adl.

※執筆にあたり、池田亮氏から貴重なアドバイスを頂きました。記して感謝します。

第13章　「藩属」から「主権」へ
——中国の生成として

岡本隆司

はじめに

中国を中心とする東アジアには、近代以前から自生的な世界秩序が存在していた。そうした秩序と「主権」概念、あるいはそれを前提とする外交、および外交史がいかなる関係にあるかは、ようやく研究の緒に就いたばかりである。

そこでここでは、そうした問題を考える端緒のひとつとして、本書にて「再考」すべき「主権」と「藩属」なる漢語概念との関係に着目したいと思う。

いまでも中国政府は、必ずチベット・新疆《しんきょう》に中国の「領土主権」がある、と呼号する。こうした物言いがはじまったのは、二〇世紀の初頭、梁啓超による「中国」という国家の命名から、しばらくしてのことであった。逆にいえば、それ以前にそうした言説・概念は存在しなかった。あったのは、チベット・新疆などに即していえば、その地を指した「藩属」という漢語の概念表現である。だとすれば当然、当時の「藩属」と現代の「主権」との関係は、問われなくてはならない。

周知のとおり、近代国家(主権国家・国民国家)の要件は、定まった領土・主権・国民である。このうちネイションＩ「国民」「民族」の創出については、中国史研究は多くの成果をあげてきた。それに対し、「領土」「主権」に関しては、その概念の形成や運用など、まだ不明な点も多い。当時の外交史研究が手薄で、立ち後れていたのが、その一因である。

しかし中国をめぐる「領土主権」は、目前の東アジアで最も重大な問題だといっても過言ではない。歴史学の立場・文脈・方法から、こうした課題に若干の考察を加えてみたい。

一、清朝と「藩属」

四つのカテゴリー

まず考察の端緒として、清朝の秩序体系を概観しよう。そこには大別して、統治ないし関係の様態の異なるカテゴリーが並存していた。筆者の整理によれば、「直省」「属国」「藩部」「互市」の四種である。その命名はじめカテゴライズの詳細は、すでに述べたとおり(岡本 二〇二二)なので再説はひかえ、ここでは導入に足る概略をみるにとどめたい。

清朝の漢人支配は、ほぼ明《みん》朝のそれを踏襲したから、実効性のあった明朝の政策や制度は、そのまま継承した。明朝の版図、つまりおよそ万里の長城以南・チベット高原以東の、現在のいわゆる中国本土《チャイナ・プロパー》にひとしい範囲には、旧来の統治機構を引きついでおり、その範囲をひとまず「直省」のカテゴリーとする。

「直省」を越える範囲も、経緯はおおむね変わらない。明朝の時代と同じ朝貢のよびかけに応じた周辺諸国とは、従前の関係をほぼそのまま踏襲した。朝鮮・琉球・ベトナムなど数カ国がそうであり、「属国」と称する。

清朝の版図はしかしながら、明朝からうけついだ旧域ばかりにとどまらない。それ以外との関係も劣らず重要である。ところが漢語の概念・範疇は、おおむね康熙・雍正までは、政体と並行して、明代のものを踏襲していた。実体はもちろん明代とは異なり、海上貿易を解禁したり、モンゴル・チベットを帰服させたりで、そのコンテンツは膨れ上がっている。そのため康熙・雍正年間に刊行した『大清会典』では、チベットやトルファンが「朝貢国」に分類されるなど、名実の乖離はさけられなかったし、明代に存在しない「貿易」のカテゴリーをも立てなくてはならなかった。

清朝も建国一〇〇年以上を経て、内外の規模・関係・秩序が固まると、漢語でも独自の概念・範疇を有してくる。たとえば「藩部」「互市」がそうであり、いずれも一七世紀まで、明王朝・政権内部には、観念も実体もなかったものである。

「藩部」は具体的には、清朝に帰服したモンゴル・チベット・新疆を指す。「互市」は公式の政府間の接触交渉をもたず、民間の取引を主とする関係をいい、日本や東南アジアの港市国、そして一八世紀に加わってくる西洋諸国をも含むカテゴリーだった。

このうちさしあたって着眼するのは、「属国」と「藩部」である。代表的な存在として、それぞれ朝鮮とチベット・モンゴルをとりあげたい。

両者は別のカテゴリーに属しており、清朝との関係も客観的にみて、もちろんまったく異なっていた。それにもかかわらず、史料上の漢語概念では、しばしばいずれも「藩属」として等し並みに扱われている。しかし日清戦争までは、「藩属」概念が現実政治や対外関係に表だって影響をおよぼすことは、なおほとんどなかった。転換するのは、日清戦争を経てからのことである。

「藩属」とその含意

清朝は日清戦争で敗れ、下関条約第一条で、朝鮮の「完全無欠なる自主独立」を承認しなくてはならなかった。ところが実際には、とりわけ朝鮮政府に対し、その「自主独立」をなかなか認めようとはしなかった。たとえば、以下のような清朝のソウル駐在使節・唐紹儀の発言は、典型的だといってよい。

〔……〕宮廷を他国の公使館に借りていては、独立国主と称することはできぬ。〔……〕王には依然として自主の権がないのである。他国に保護されなくては立国できないのでは、つまるところ藩属と何もかわらない。〔……〕(中央研究院近代史研究所編 一九七二：四八五六—四八五七頁)

下関条約締結の翌年・一八九六年の六月中旬、朝鮮国王高宗がいわゆる俄館播遷《がかんはせん》で、ロシア公使館に避難していた時期である。ここで「独立」「自主」を否定する、いわば対概念として「藩属」が出てくる。いずれも訳語ではない。引用文史料の原語である。

「藩属」はおそらく、さして古いことばではない。しかし遅くとも一九世紀の前半には、通用していた漢語であった。最も早くできた中英辞典の一つ、モリソンの『五車韻府』にも所載し、“countries dependent on China”と訳解する(Morrison 1865：217)。

このパラフレーズなら、いわゆる「属国」と同義なので、当時の朝鮮をそうした語彙概念で表現しても、決して奇異ではない。従前は朝鮮のことを「属国」「属邦」と称するのが普通だった。だから上の引用文は、その「属国」を「藩属」に言い換えたともいえる。

そもそも他国・他種族を把握するにあたって、漢人の漢語による用語・概念は、すこぶる曖昧だった。そもそも華夷の二分法が勝っていたこともある。漢人＝中華でなければ、その他は外夷で、等し並み、というイメージであって、この時期その総称がたとえば「藩属」であった。朝鮮などの「属国」に加え、モンゴルなどの「藩部」も、やはり「藩属」と言い換えていたから、少なくとも字面・表記の上では、両者の分別は無きにひとしくなってしまう。

客観的にみれば、朝鮮とモンゴル、「属国」と「藩部」とはまったく別個の存在であり、秩序体系を異にしていた。にもかかわらず、ともに「藩属」といえば、概念の辨別がはたらきにくく、「属国」と「藩部」それぞれを互いの関係で位置づける発想・動機、あるいは意識が稀薄になりがちである。

そうした思考ないし表現・伝達の様式は、以前から確かに存在していた。実際に列強との交渉のなかでも、その傾向が顕著で、たとえば以下のような例がある。

フランスは〔……〕「ベトナムは中国に関係ない」といったことがあるけれども、中国はどうしてそれを捨てることができようか。しかも中国の属国 vassaux は一所に止まらない。東には朝鮮、西にはチベット(東有高麗、西有藏外各處/ici la Corée, là le Thibet)、南にベトナムがあり、この数カ国は中国の防壁をなしており、もし一カ所でも譲れば、ほかはどうやって保護すればよいのか。〔……〕(中央研究院近代史研究所編 一九六二、二：一〇〇三頁、France 1883, 2: 141-146; 岡本 二〇一七：一四八—一四九、四五四—四五五頁)

以上は一八八〇年代の前半、いわゆる清仏戦争にいたる交渉の一コマである。このように清朝側の外交使節が、チベットを朝鮮と並べて「属国」と称してはばからなかった事例が、典型的であろう。別の文書では、モンゴルも「属邦」と表記していた事例がある(中央研究院近代史研究所編 一九六二、一：一五〇—一五二頁、France 1883, 1: 168; 169、岡本 二〇一七：一二二—一二三頁)。

あらためて、日清戦争後の朝鮮にたちかえってみよう。唐紹儀が先の引用文で、朝鮮を「藩属」と称したのは、君主が他国の公使館に身を寄せ、自衛の軍事力もままならない朝鮮のような国では、「自主独立」といえないからである。それは当時の漢人の立場・観点からみれば、やはりチベット・モンゴルなど「藩部」の地位と一脈通じる地位であった。いずれもほかの「保護」を必要としたからであり、そうした認識を反映した概念である。

やがて高宗は一八九七年、皇帝に即位し、朝鮮は大韓帝国となる。一八九九年に清朝とも条約を結ぶにおよんで、清朝もついにその「自主独立」を認めた。ところがその韓国は、一〇年もたたない一九〇五年に日本の保護国、さらには植民地となってしまう。「属国」「藩属」の末路をみた清朝・中国の世界観・秩序観は、やはり転換せざるをえなかった。

二、「藩部」の変容

「藩部」から「属地」へ

そこでおこったのは、なお列強の手がつかずに残っていた「藩部」の変容である。とりわけ二〇世紀に入って、チベット・モンゴルの地にイギリス・ロシアの勢力が進出してくると、清朝・中華民国は危機感をつのらせた。

清朝皇帝はモンゴルの王公に大ハーンとして君臨し、かつチベット仏教の大檀越《だいだんおつ》・保護者でもある。いずれにも在地在来の慣例を尊重し、モンゴル王公やダライ＝ラマに一種の自治をみとめていた。もちろんそこに、漢語・漢文の介在はまったくなかったのである。

ところが、その地域を漢語でいえば、「藩部」「藩属」となる。上述のとおり「属国」と区別のつきがたい概念であった。しかも一九世紀末には、そうした概念で思考し発言し行動する漢人たちが、次第に清朝の命運を左右するようになってゆく。

かれらは西洋列強と交渉するなかで、vassal, colony, dependency などの概念で、「属国」「藩部」「藩属」を定義づけていった。「属国」の場合、日清戦争以前の清朝と朝鮮との関係がそうした概念をめぐって対立を鋭くしていったのは、筆者が明らかにしたところでもあり(岡本 二〇〇四)、すでに周知のとおりであろう。

そうした「属国」の帰趨《きすう》と並行して注目に値するのは、「藩部」概念である。「藩部」と「属国」と合わせて「藩属」という概念が存在したのと別に、あえて「属国」と区別する方向も存在した。欧文の術語・翻訳概念を通じた辨別で、つまり「藩部」とは、「属国 vassal」と異なる「属地 colony」だとみなす解釈であり、それが一八八〇年代の在外公館からはじまり、次第にひろまっていった。

代表的なのは、理藩院というチベット・モンゴルの事務を扱った機関である。理藩院は一七世紀、清朝の建国のころ、蒙古衙門《がもん》と称していたから、欧文でも後世の理藩院を訳して Mongolian Superintendency とすることも多かった。適訳かどうかは一考の余地があるものの、ひとまず実情に即した訳語といってよい。

ところが当時は、西洋各国の殖民省(Colonial Office)を「理藩院」と漢訳することが通例となり、また逆に、実在の理藩院を欧文で Court of Colonial Affairs と称した。むしろこちらの訳語が二〇世紀の初めに定着し、現在に至っている。端的にいえば、「藩部」は colony だということになり、そして colony にいっそうふさわしい漢語として、「属地」という漢語概念を使いはじめるようにもなった(Mayers 1897 : 23; 岡本 二〇一七 : 三二八—三二九、四二三—四二四、四九三頁)。

そもそもモンゴル・チベット・新疆を「藩部」「藩属」と漢語で表記した時点で、すでに客観的な実態とは、多分にズレが生じている。かてて加えて、その漢語を西洋の概念で翻訳することによって、「藩部」の国際的な地位が、いよいよ客観的・歴史的な実態とはかけ離れて理解、表現されたわけである。「属地」というタームは、それを象徴するものだった。

しかも二〇世紀の到来で、漢人の対外的な危機感・恐怖心は頂点に達した。列強によるいわゆる「瓜分《かぶん》」(中国分割)の動きに対してであって、これは義和団事変・日露戦争以後も続く。中国が大国化した現在も、別の意味でなお収束していない。

ともあれ二〇世紀の初頭には、清朝の政府や要人・人士の間に、それまでの統治体制・秩序体系を見なおす気運が高まってきた。クローズアップされたのが、日本の存在である。

明治維新の西洋化に成功し、日露戦争に勝利した日本は、新たな国民国家「中国」のモデルとなった。その先頭に立ったのが、冒頭にも紹介した梁啓超の文筆活動である。政争に敗れて日本に亡命し、そこを拠点にしたかれに続いて、官民問わず、おびただしい人々が来日留学し、日本から「救亡」の方途を学ぼうとし、日本漢語の翻訳概念を貪欲に摂取した。

それは旧来の漢語漢文を作りかえるほどの勢いで、数多《あまた》の方面に及んだことは、周知のとおりであろう。ここで注目すべきは、第一節にみた「四つのカテゴリー」からなる清朝の秩序体系、なかんづく「藩部」「属地」におよぼした影響である。そこが新たにグレート・ゲーム、イギリス(インド)・ロシアの角逐《かくちく》の焦点となったからである。

漢人が「中国」という国民国家を作り上げようとする過程で、チベットをめぐるイギリス、モンゴルをめぐるロシアとの交渉に直面した。そこで当局者たちが回顧せざるをえなかったのが、「属国」カテゴリーの歴史だったのである。

琉球・ベトナム・ビルマ・朝鮮などの「属国」は、「自主」を許したがために、中国の「保護」が徹底せず、すべて列強の手中に帰し、「喪失」を余儀なくされた。そればかりか、中国本土が「瓜分」にさらされる危機まで招いた。

以下に引く民国時代の史書『清史稿』属国伝に見える歴史認識など、その典型であり、「属国」を「藩属」と言い換えている点、とくに注目すべきであろう。

越南・朝鮮の役、中国はみな出兵を為すも、和戦常無く、国威地を掃《はら》ふ。藩籬撤して堂室危うし、外敵逼《せま》りて内訌《ないこう》起く。藩属の国に繋はるや此の如し。

原語を残すため、訓読体で引いた。「属国」の危機が「中国」そのものの全体的な危機につながるという位置づけである。それなら同じく「藩属」と表現される「属地」「藩部」も、事情はかわらない。そこで「越南(ベトナム)」「朝鮮」のような「藩属」の轍を踏んではならない、縮約していえば、チベット・モンゴルは従前の「藩属」のままであってはならない、という認識が生じていたわけである。

「領土主権」

それなら、いったいどうすればよいか。その回答が「主権」の保持である。清朝に属する「藩部」「属地」は、かつての「上国(suzerainty)」に対応した「属国(vassal)」とは異なって、清朝が「主権(sovereignty)」をもつ「領土(territory)」だと定義づけることだった。「主権」も「領土」も日本から伝来した翻訳概念である。それぞれ簡単に経緯をみてゆきたい。

前者の「主権」は早くからある漢語ながら、sovereignty の訳語としては一八六四年刊の『萬國公法』ではじめて用いられたもので、まず日本で流布、普及した。中国では「主権」という漢語はあっても、sovereignty の観念が定着しなかったので、いかに『萬國公法』の用例があっても、必ずしも対訳の概念とはなっていなかったのである。

その明確な画期は一九〇五年。チベットをめぐるイギリスとの対立・交渉の文脈であらわれた。以下は同じ年、かつて一九世紀末にソウルで「藩属」発言をした唐紹儀の所論である。

「上国」の二字は英文で suzerainty といい、訳せばその管轄するものを「属国」とする。ところが「属国」

といえば、自ら民を治めることのできる権限をもっている。もしチベットの上国だとこちらからみとめてしまうと、チベットを遠ざけ、むかしの朝鮮・ベトナム・琉球・ビルマと同じになってしまう。「主国」の二字は英文でsovereigntyといい、訳せば臣民が至尊の地位に推戴したものであり、あらゆることを定めるのにその管轄に帰する。だから争わねばならないのは「主国(sovereignty)」であり、チベットを行省と同じ扱いにして、主権が外に移らないようにしなくてはならない。さきの会議で、イギリス使節フレイザーは「チベットは清朝に属す」とみとめた。しかしその「属」は、属国と属地の区別がついておらず、もともと同じ英単語である(外務部檔案)。

これ以後「主権」の意味は、ほぼsovereigntyの一対一の対訳概念となったといってよい。唐紹儀が用いている「主国」という漢語も、次第に「主権」でまとまってくる。

「領土」のほうは、日本語の「領地」から派生した、いっそう和製の法的概念である。日本に留学した漢人知識人たちが用いはじめ、まもなく対日外交の現場でも次第に使われた。

しかし一九〇〇年代までは、なお日本と関わる特殊な文脈と局面に限られていた。あまりにも日本語的だったからであろうか、なお漢語一般では「属地」のほうが主流だったように思われる。「領土」の表記が全面化するのは、やはり辛亥革命を待つ必要があった。清朝の体制から一新して、政府構成員が入れ替わる契機が必要だったのである。ともかく「主権」およびそれにともなう「属地」「領土」の定義・概念を通じて、チベット・モンゴルに対し、これまでの自治的な体制から直接的な支配を及ぼす方針に転じた。

いわゆる「藩部」チベット・モンゴルの人々は、もとより自分たちを「藩部」「属地(colony)」とも、「中国」の「領土」とも思っていたわけではない。そんな漢語もその含意も知らなかった。ましてやそれを使って自分たちを一括して呼ぶ発想もあるはずがない。

自ら有さない観念・概念・術語だったにもかかわらず、それによって漢人の事実認識と危機感が生まれ、自分たちの運命を一方的に決めていったというわけである。これでは、チベット人・モンゴル人が満足できないのは当然だった。

かくてチベット・モンゴルは、一九一一年の辛亥革命の前後より、清朝・中国から離脱する「独立」の動きをはじめる。それに反比例するように、「中国」の統合追求も強まった。

その一つの所産が、一九一四年、中国・イギリス・チベット間のシムラ会議、および翌一九一五年、中国・ロシア・外モンゴル間のキャフタ会議の交渉であった。ともに「中国」の「宗主権」「領土」、「外チベット」「外モンゴル」の「自治」を規定している。「中国」の「主権」を否定するのが「宗主権」、肯定するのが「領土」という概念であり、また「自治」とは、ひとまず「独立」を否定しながらも、「自主」にみまがう概念である。

このように矛盾をはらみ、錯綜した概念は、いずれも当時の「中国」という国家のありようとチベット・モンゴルの国際的地位を示すものだった。中国側は実際に、当時の「自治」概念を、かつて「独立」離脱にいたった朝鮮など「属国」の「自主」のカモフラージュだとみなして怖れている。そんな恐怖心およびそれにもとづく言動が以後の外モンゴルの「自治」撤廃など、国際政治を動かす大きな要因でありつづけたのである(岡本 二〇一七：三一八―四〇九頁)。

三、「直省」と「藩部」

「直省」と provinces

「中国」で定着した「領土主権」の具体化は、「直省」という概念・カテゴリーと不可分だった。唐紹儀の言にみえるとおり、主権を確立するには、「属地」のチベットを「行省」、つまり漢人地域の行政区画の「省」と等しくしなくてはならなかったからである。ごく端的にいえば、「藩属」「属国」「属地」ならsuzeraintyで、「行省(＝直省)」ならsovereigntyだという論理だった。

しかしなぜ漢人の統治形態たる「直省」を「領土」支配にひとしいsovereigntyと考えたのであろうか。なぜ「藩属」＝suzerainty、「直省」＝sovereigntyという図式となったのか。

これは従前、ほぼ自明視され、問われることはなかったといってよい。東アジア・中国の文脈で「主権」概念をみなおすなら、やはりとりあげるべき論点だろう。

その「直省」の訳語は、英語ではprovinceである。Provinceとはいうまでもなく、ローマの属州(provincia)を語源とし、歴史的な地方行政区画としては、たとえば旧体制(アンシャン・レジーム)のフランス王国で使われ、フランス革命で廃止されたという事例があり、カナダではいまも使う語で、現代の日本語ではケベック州など、「州」と訳すのが通例である。

各省をprovinceと称するのは、遅くともヨーロッパが中国と本格的に接触をはじめた一六世紀末の段階から、一貫して続く流れであった。一九世紀後半のイギリス人が有した清朝に対するイメージは、“province”に関するかぎり、まさしくフランスの絶対王政やナポレオン帝政に擬《なぞら》えるべき「デスポット」的政体である。「中国の皇帝はナポレオンにも劣らず「朕は帝国なり(L'Empire c'est moi)」と言うことができ」、「いかなるヨーロッパのデスポットよりもいっそう絶対的に支配し、軽く一触しただけで最も遠隔の直省(the remotest provinces of the Empire)を震動させることもできる」(Oliphant 1859: 413)とみるイメージだった。

かたや漢語の「直省」とは、明代に定着した概念であり、おおむね地方行政区画、その大区分の名称だといってよい。もっともその発祥は、明朝に先だつモンゴル帝国が設けた「行中書省」、略して「行省」にあった。「行省」は上に引用した唐紹儀の発言にも出てくる。

「中書省」とは中央の宰相府の謂で、「行」を冠することで、その出張所・出先という意味合いになる。「行宮」「行在」のたぐいで、さしづめ中央政府の地方出向、地方行政区分ながら中央政府という語感も残存していた。また明代を通じ、各省には皇帝の名代たる巡撫《じゅんぶ》・総督、いわゆる督撫《とくぶ》が置かれて、中央に直属する位置づけとなり、二〇世紀に及んでいる。

「直省」は英語なら、漢語の正確な訳とはいえないながら、“departments under government”と説明されることもあった(Mayers 1897: 33)。おそらくprovinceを廃止したフランス革命後のdépartement県のイメージなのであろう。その「直省」を管轄する督撫をgovernors[-general]というのが通例だから、やはりprovincialといえばローマ・フランスのアナロジーで、metropolitanと一対、かつまた中央の出先というニュアンスが勝った語彙だといってよい。

だからヨーロッパ人の「直省(provinces)」の翻訳概念は、おおむね正確というべきものだろう。もっともそれは、あくまで字義、ないし制度的位置づけにおいてである。それが必ずしも実態と等号で結べないところに、注意しなくてはならない。

「所属邦土」と「直省」

日本が一八七九年、いわゆる「琉球処分」、琉球の廃藩置県を断行すると、清朝も坐視していなかった。北洋大臣李鴻章が一八七九年六月一二日、アメリカの元大統領グラントUlysses S. Grantに対し、一八七一年締結の日清修好条規第一条の文言「所属邦土」を説いた一節がある。清朝の「属国」たる琉球を併合し、滅亡させた日本の行為を日清修好条規違反だと非難した文脈であった。

中国と日本の修好条規第一条に「両国所属の邦土は各々礼を以て相待つ、稍《やや》も侵越有るべからず、安全を獲《え》せしむ」とあるのを示し〔……〕、「「邦」というのは属国で、「土」が内地の意味だ」と答えた。〔……〕

グラントは「琉球は自ら一国を為しているのに、日本は自国拡大のため、これを滅ぼし併呑しようとしている。中国が土地を争おうとしており、朝貢だけを争うのでないのなら、理にかなったことだ。〔……〕」といった(『李文忠公全集』)。

もっとも以上は、あくまで漢語・清朝側の記録であって、北京政府・漢人官僚に対する説明・辯明にほかならない。だからいっそう着目すべきは、グラントの反応であり発言であろう。もちろんグラント本人が漢語を駆使してそういったわけではない。あくまで李鴻章側による漢訳、ないし漢語のワーディングである。

それならグラント本人は、母語の英語でどう発言し、逆に李鴻章がどう言っていたのか。以下のような記録があり、そこはもっとこみいったやりとりになっている。

〔……〕総督は日清の条約のうち「一方が他方の領土を侵略してはならない(not to invade the territory of the others)」という約条を読み上げ、「アメリカと琉球列島の間には、条約が存在しており、それはアメリカ政府が琉球を独立国(an independent Power)として扱ったことを示す」と指摘した。そのうえでグラントにその問題に関する国際法への注意をうながし、「日本のやり方はほかの列強の干渉を求めるに値する、さもなくば、外国がかねてより清朝に対し引用する国際法は、無意味となろう」と主張した。

グラントは「〔……〕すると、清朝は日本と交渉するときも、琉球を独立国とみなすにやぶさかでない、とお考えなのか」と述べた。

総督は「たしかに独立国だ。しかし正確にいえば、琉球は半独立国というべきである。清朝はその島々に主権を行使することはなかったし、主張を強要することもない。しかし清朝は、その内地の保全(the integrity of her inland territory)と同様に、沿海で関係を有する琉球という国の自立を保つことに、大きな利害関心を有する。実際上は、清朝はかねてから直省や属国(her provinces and dependencies)に大きな権限を認めてきているので、皇帝は琉球にも主権の行使はしたことがない。しかし法律・権利の上からいえば、その権限を譲り渡したわけではなかった〔……〕」と答えた(Young 1879)。

ほとんど漢語の資料記録に存在しない李鴻章側の発言は、英文で琉球の地位と清朝との関係を説く趣旨である。その詳細は考証したこともある(岡本 二〇二五)ので、これ以上は立ち入らない。

ここではその「属国」が「直省」と「主権」に関わってくる点を検討しよう。清朝は琉球に「主権を行使することはなかった(never exercised sovereignty)」といい、またその理由を「かねてから直省や属国に大きな権限を認めてきた」からだとした。この場合「主権(the rights of sovereignty)」の行使を、"dependencies"の琉球に限って問題にしているので、英文の論理的なニュアンスとしては、"provinces"に"sovereignty"を行使するのは、自明の前提だということになる。逆にいえば、そこに"provinces"と"dependencies"の違いがあった。

けだしこうした英語の説明を含みこんだフレーズを漢語に転換したものが、日清修好条規にある「所属邦土」の「邦」は「属国」で、「土」は「内地」だという定義なのであろう。しかし英語ネイティヴには、どうやら通じていない。「邦土」を一括して"territory"と訳したばかりではなく、それをさらに"inland territory(=内地)"と言い換えてもいたからである。

だとすれば、依然として李鴻章側の定義・本意は伝わっておらず、「属国」「藩属」の位置づけは曖昧だったといってよい。以後も「属国」と清朝との関係が、国際的な係争に発展していったゆえんである。

「藩部」の翻訳

琉球・朝鮮など清朝の「属国」がdependenciesと翻訳されたのは、すでにみたとおりである。それに対し、一九世紀後半には同じdependenciesという訳語が、モンゴル・チベット・新疆など、いわゆる「藩部」にも定着していた(Mayers 1897: 87)。漢語なら双方あわせて、ともども「藩属」となり、唐紹儀の語ったsuzerainty のような議論も出てくるわけである。それなら「藩部」は、なぜdependencies(従属国)という翻訳概念でとらえられたのか。

その起源としては、イエズス会宣教師の著述の影響を考えたい。たとえば清朝の康熙帝を“Empereur de la Chine et de la Tartarie orientale”といっている。「東タルタリー(la Tartarie oriental)」といえば、東三省から現在の内蒙古の一部におよぶ範囲にあたり、人でなら満洲人・モンゴル人を指す。かれらとla Chine、すなわち旧明朝の漢人との両者に君臨するのが清朝だ、というわけであった。

それなら、この両者はまったくの同格、等価値で並列関係なのかといえば、どうやらそうではなかったらしい。たとえば“Empereur de la Chine et de la Tartarie orientale”という称号は、しばしば後半を省略して、“l'Empereur de la Chine”といっており、それでさしつかえなかった。このような表現になるのは、あくまで清朝皇帝の君臨を指しながらも、清朝を“la Chine”と同一視しがちだったからであろう。

そうした見方・慣用は、のちにthe Chinese Empireという定型句に転化し、Empireつまり清朝全体が、Chinaにひとしくなった。それにともなってprovincesが構成する元来China [la Chine]だった部分をとくに区別する発想も定着し、やがてChina properと称する表現が生まれ、それも“the empire proper”と言い換えられている(Mayers 1897: 12; 岡本 二〇二四：五六—五七頁)。

こうして“la Chine”概念は、かつて漢人を支配した明朝にとどまらず、Empireつまり清朝全体を覆う範囲にひろがった。そのため“la Tartarie(藩部)”は“la Chine”に“est soumise”; “obeïssent(従属する)”ともいわれた(le Comte 1696: 38, 45; 岡本 二〇二四：五三—五八頁)のである。モリソンの『五車韻府』は、「藩属」とあわせて「藩部」も“dependent countries of China”とみなした(Morrison 1865: 217)[1]から、「藩部」「藩属」がChinaに従属するという概念は、一九世紀にも継続していた。

以上のような発想・観念は「外中国」「内中国」・「大中国」「小中国」など、現代史家の自明の前提、既成概念になってきたものでもある。(2) それだけに、そもそも内在したバイアスはあらためてわきまえておかねばならない。

そうした「藩属(dependencies)」には、上述したような「属国」の琉球の場合と同じく、清朝の sovereignty の行使はなかった。そのため西洋の勢力・脅威が強まってきた一八八〇年代、朝鮮ではその「自主」概念を否定したり(岡本 二〇〇四、二〇一七)、また前述のとおり、チベットを dependency ではなく、colonies というようにまでなったのである。

二〇世紀に入ると、国民国家をめざす「中国」は、それでも不十分だったから、そうした「藩属」のチベットを province(直省)にして、その sovereignty(主権)の保有・行使をめざした。イギリスはそれに反撥して、チベットを清朝の dependency(藩属・藩部)だと定義し、清朝の地位を suzerain にとどめようとした。中英はまったく利害相反しながらも、交渉の前提をなす概念的な枠組みでは互いに変わるところなく、なればこそ鋭く対立したのだともいえる。それが当時、客観的に正確なチベットの地位・チベット人の意識と多分にかけ離れていた事実も、すでに指摘が少なくない(小林 二〇二四、石濱 二〇二三：一三三―一八一頁)。

「直省」・主権の概念と現実――むすびに代えて

しかし当時の「直省(province)」統治の現実は、主権(sovereignty)と称するにふさわしかったであろうか。一九世紀後半、いわゆる清末とは督撫重権の時代であって、西洋人一般のイメージした「デスポット」的な政体とは、かなり隔たりがあった。それはつとに同時代の西洋人も言っている(Bruner et al. 1986: 289)し、イギリス外交当局執務用の「マニュアル」も、そのリアルな動態の説明を怠っていない。清朝「中央政府」は、「各省当局(provincial administrations)」の行為を「統制する(control)」のではなく、「批判(criticize)」「点検(checking)」するにすぎず、施政に「直接の主導権(a direct initiative)」をもたないと断じている(Mayers 1897: 12)。

こうした統治構造は、もちろん清末に始まったことでもなければ、終わったものでもない。明清の「直省」を統轄する督撫は、つとに多大の裁量を有していたし、その裁量が清末ではいわゆる「重権」となり、二〇世紀に入ると分立、割拠の形勢に転化し、各省独立の辛亥革命・軍閥混戦の民国時期に入っていった。以上の史実経過は、中国近代史の常識である。

清朝中央政府の「直省」統治はつまり、歴史の教科書や概説書で頻出する「直轄」と表現しうるような領土支配・主権ではなかった。ところが当時の欧米人は、その翻訳概念たるprovince＝sovereigntyを通じて、主権を行使した領土統治にほかならないとみなしたのであり、そして二〇世紀以後の中国人も、そうした視角・認識に倣って自らの「領土」概念を形成した。そればかりではない。現代のわれわれも、「直省」とsovereigntyの関係を問いなおさない以上、同じ轍を踏んでいることになる。

列強は自らの西洋的観念によって、中国におけるprovincesに対置すべき中央政府の存在を想定し、また実際に政府を承認したり否認したりした。いかにその内実が乏しくとも、である。

そうした相手の観念・利害・行動に即して、中国側も自らの主権国家化・国民国家化の意欲を増していった。中国ナショナリズムの形成と昂揚である。その貫徹が以後の東アジア史の主旋律になった。

ところが、その翻訳概念・ナショナリズムが、各省分立・軍閥混戦という現実の事態・推移を招く制度・体制に適合していたわけではない。そうした齟齬《そご》がいよいよ国内対立や対外危機を深め、ナショナリズム・主権国家化のリアルな達成をさまたげる結果となった。

しかしそれと同時に、「直省」は革命をおこして分離独立しても、軍閥となって対立・戦争はしながらも、翻訳概念のprovincesよろしく、中央政府の存在とそれに対する帰属を意識しつづけた史実経過も厳存する。中華民国・中国という枠組みが保たれたゆえんであり、「藩属」のモンゴル・チベットが当初からそこに同調せず、一貫して「独立」を志向してきた(橘 二〇一一、岡本 二〇一七、小林 二〇二四)のも、provincesならぬdependenciesだったからである。だとすればprovince＝sovereignty(主権)という図式は、中国をめぐる東アジアの歴史では、あくまで翻訳概念による当為でしかなかった。

どうやら歴史ばかりでなく、現在もそうである。その当為はなお、実在に転化していない。香港・台湾をめぐるいわゆる「一国両制」は典型的だし、またチベットの民族問題、南沙・尖閣などの国境問題もしかり。「藩属」概念が消滅し、主権を呼号するに至る翻訳概念の推移こそ、現代中国につながる歴史の一大問題にひとしいように思われる。

註

(1) Morrison (1865)は「藩部」という漢語を掲出していないけれども、理藩院を"board placed over the dependent countries of China"と訳しており、理藩院の担当対象はいわゆる「藩部」にほかならない。

(2) これについては、すでに「便宜的」であり、「客観的」ではないとの自覚はある(妹尾 二〇一八：四九―六一、一〇〇頁)ものの、そうした自明の由来が単なる西洋人の偏見にすぎなかった史実経過をわきまえておかねばならない。

参考文献

石濱裕美子(二〇二三)『物語 チベットの歴史――天空の仏教国の一四〇〇年』中公新書。

岡本隆司(二〇〇四)『属国と自主のあいだ――近代清韓関係と東アジアの命運』名古屋大学出版会。

岡本隆司(二〇一七)『中国の誕生――東アジアの近代外交と国家形成』名古屋大学出版会。

岡本隆司(二〇二二)「清朝をめぐる国際関係」荒川正晴ほか編『岩波講座 世界歴史12 東アジアと東南アジアの近世 一五～一

八世紀』岩波書店。
岡本隆司(二〇二四)「二つの「中國」――明清時代の翻訳概念と西洋」『東洋史研究』第八二巻第四号。
岡本隆司(二〇二五)「琉球「両属」の研究――清朝の動向に着眼して」村上衛ほか編『近現代中国における制度とモデル』京都大学人文科学研究所附属現代中国研究センター。
小林亮介(二〇二四)『近代チベット政治外交史――清朝崩壊にともなう政治的地位と境界』名古屋大学出版会。
妹尾達彦(二〇一八)『グローバル・ヒストリー』中央大学出版部。
橘誠(二〇一一)『ボグド・ハーン政権の研究――モンゴル建国史研究序説 一九一一―一九二一』風間書房。
外務部檔案(一九〇五)「西藏檔」台北：中央研究院近代研究所所藏 02-16-001-06-61「外務部收唐紹儀函」一九〇五年七月二日。
中央研究院近代史研究所編(一九六二)『中法越南交涉檔』全七冊、台北：中央研究院近代史研究所。
中央研究院近代史研究所編(一九七二)『清季中日韓關係史料』第八巻、台北：中央研究院近代史研究所。
『李文忠公全集』譯署函稿巻八、「與美前總統晤談節略」光緒五年四月二三日、頁四一―四三。
Bruner, Katherine F., John K. Fairbank & Richard J. Smith (eds.) (1986), *Entering China's Service: Robert Hart's Journals, 1854–1863*, Cambridge, Mass: Harvard University Press.
France. Ministère des affaires étrangères (1883), *Documents diplomatiques, Affaires du Tonkin, Deuxième partie, décembre 1882–1883*, Paris, Imprimérie nationale.
France. Ministère des affaires étrangères (1883), *Documents diplomatiques, Affaires du Tonkin, Première partie, 1874-décembre 1882*, Paris, Imprimérie nationale.
Le Comte, Louis (1696), *Nouveaux memoires sur l'etat present de la Chine*, Tome 1, Paris; Chez Jean Anisson directeur de l'Imprimerie Royale.
Mayers, William Frederick (1897), *The Chinese Government. A Manual of Chinese Titles, Categorically Arranged and Explained, with an Appendix*, 3rd ed., Shanghai, etc.: Kelly and Walsh.
Morrison, Robert (1865), *A Dictionary of the Chinese Language*, vol. 1, Shanghae: London Mission Press & London: Trübner & Co., Reprinted.
Oliphant, Laurence (1859), *Narrative of the Earl of Elgin's Mission to China and Japan in the Years 1857, '58, '59*, vol. 1, Edinburgh: William Blackwood and Sons.
Young, John Russell (1879), "Around the World: General Grant's Mediation between China and Japan", *New York Herald*, Aug. 16.

第V部

主権国家と政治思想

第14章　政治思想としての主権と国家
――ボダン再読

安武真隆

はじめに

本書の一連の論考にも窺えるように、近年の歴史学研究においては、主権国家を再検討する試みが進んでいる。そこでは、複合国家・複合王政・礫岩国家の知見や「王のいる共和政」概念を手がかりに、ボダンやホッブズを典型とする主権国家論の相対化が試みられている。[1]これに対して本章では、政治思想史研究の立場から[2]一定の応答を試みることとしたい。具体的には、第一に、主権国家の理論的雛型ともされるジャン・ボダンの[3]立論に立ち返り、その主権論が、当時の文脈の中において、後世、複合国家等とも形容されうる同時代の政治的実践と意識的に向き合い、それを克服する意図を持っていたことを示す。さらに、先行して stato 概念を軸に論を展開したマキアヴェッリ『君主論』に対するボダンの両義的態度を手がかりとして、ボダンが、複合国家を克服するための実践的試みとして、法的な観点からの主権論にとどまらず、具体的な局面における統治や管理をめぐる議論をも展開していたことを確認する。続いて、その後のフランスにおける主権論の継承と変奏の過程を確認する。ボダン以降の政治的実践の中で、リシュリューの立論にも窺えるように、主権論はボダンの想定を超えて展開し、それが今日の主権国家観を規定するようになったとも言えよう。

一、主権と国家

主権の絶対性

ジャン・ボダンは『国家論六篇』(以下、『国家論』)の第一篇第八章[4]において、「主権(souvereneté)」を「国家(République)の絶対かつ永久の権力」と定義し[5]、「命令を発する最高の権力」を意味するとする。さらに同篇第一〇章では、「主権者たる君主の第一の証は、一般にすべての者に対して、あるいは特定の個人に対して、法を課する権限である。だが、これだけでは不十分で、自分より強力な者、同等の力を有する者、あるいは自分よりも劣る者、これらいずれの者の同意を必要としない、という一文を付け加えねばならない」ともする。以上の記述から、ボダンの主権論は、上位者たる主権者と服従すべき臣民との垂直的関係を前提にしつつ、上位者が下位の者の同意を得ることなく、一方的に命令を下し、法を課す立法権力、「法を付与ないし破毀する権限」(I–10)を中心に構成されていることが分かる。これは、古代世界における複数の市民間の対等な関係を前提とした水平的で多元的な参加を基盤とするポリス共同体とは対照的な政治観に基づく[6]。また主権者の「絶対」的地位は、教会による「戴冠や聖別が無くとも」成立するとされる点で、対外的には教皇に対しても主張される(I–9, 280–282)。

主題の目的及び定義

ボダンは「国家」を論じるにあたって、「主権」概念が最も重要であるにもかかわらず、これまでの法学者や政治哲学者が十分に定義してこなかったとして、自らの独自性を主張する(I–8)。ボダンにおける定義の重要性は、『国家論』の冒頭、第一篇第一章に示されている。彼によれば、「定義とは、現れた主題をめぐる最終的な目的以外の何物でもない。そしてもし定義がうまく構築されていなければ、その上に築かれるものも即座に瓦解してしまうだろう」。標的に狙いを定めない射手が、的を射ることができず評価されないのと同様、「主題の目的及び定義」をわきまえない者は、「そこに至る手段」を見出すことができないのである(I-1)。

ここでボダンが念頭に置いている「目的」とは、突き詰めれば「よく秩序づけられた国家」(I-1)のことであり、それを構成する必須の要素として「主権」が位置付けられている。したがってボダンが提示する「よく秩序づけられた国家」とは、同時代において現に存在し展開している政治共同体そのものではない。むしろ当時の大半の政治共同体は、歴史学の知見が示唆するように複合国家とも形容されうるものであり、ボダンはそれに対する不満と危機意識に基づき、それに代わる最終的「目的」を国家の定義として提示しているのである。したがって、同時代の政治共同体の実態がボダンの国家論・主権論から乖離していることは、ボダンにとって、当然の前提である。

フランスの危機的状況

では、なぜボダンは、同時代の複合国家に満足しなかったのか。『国家論』の「序文」では、当時のフランスが直面していた内戦という危機的状況を、国家という船を襲う嵐に喩え、「船長や船乗り」が国家の舵取りで疲労困憊しているとする。さらに陸上には「敵」が待ち構えており、荒海で翻弄される国家が難破した際に投棄される貴重な文物から利益を得ようとしている。ボダンによれば、「この王国は、かつてドイツ帝国全土、ハンガリー、エスパニア、イタリアの諸王国、そしてライン川に至るガリアの全土を、その法の下に従えていた。ところが今や縮小してしまい、残されたこの小さな領土も自国民の餌食となりかねず、神聖な錨を下ろす労苦を厭うならば、危険な岩の間で砕けて散り散りになる危険に晒されている」。

周知の通り、当時のフランスは宗教戦争によって無政府状態に陥り、対外的な介入の脅威にも直面していた。

かかる状況に対して、ボダンの主権論は、国家の統合と独立性を強化する試みであった。[7]ボダンは「序文」において「全員が同じ危険に直面している」状況に鑑み、「乗客達」は「船長や船乗り」に手を貸し全面的に協力すべきである、とする。そして「この王国が当初の素晴らしき状態に立ち帰り、軍事と法律において再び花開く」ことを目指すべきであり、そのためにも、国家を安定させる「神聖な錨」として「主権」を確立するべきなのである。

混合政体論と複合国家

しかしながら、ボダンの見るところ、先行する政治学は、国家論についても主権概念についても、満足できる水準にはなく、むしろ「優れた諸身分を混乱させ、転覆させるきっかけ」ともなっていた（序文）。とりわけ彼は、オットマンらによって主張されることになる混合政体論を、単なる権力の分割、過渡的な内乱状態、国家の堕落現象として断罪し、それに依拠し賞賛した論者としてポリュビオス、キケロ、マキアヴェッリ、トマス・モア、コンタリーニなどを名指しで批判した（II-1）。[8]ボダンにとって、混合政体論は、抵抗権論とともに「民衆の自由のヴェールに隠れて、臣民を生まれながらの君主に反抗させ、放埒な無政府状態の扉を開くもの」であった。「こうした無政府状態こそ、この世で最悪の暴政よりもなお悪いもの」なのである（序文）。さらに、かかる論者が古代のスパルタやローマの政治体制を混合政体として描いたことについて、当時の実態を改めて精査すると、正確さを欠くとする。ボダンによれば、国家は、君主政、貴族政、民主政の三つの単純政体のいずれかに還元されてこそ安定するのであり、「複合的」な状態を「よく秩序づけられた国家」と解するのは歴史的事実にそぐわない。このようにして、混合政体中心の歴史叙述そのものの上書きを試みるのである（II-1）。

ボダンが構想する主権論の観点からすると、同時代における周辺諸国の複合国家的な実践もまた、満足できるものではなかった。例えば、第一篇第一一章（第二版以降では第一〇章）には「純粋な君主政（pure monarchie）」

とは対照的に、主権の絶対性が損なわれた事例として、「ポーランドやデンマーク、スウェーデンといった政情が不安定な王国」への言及がある。かかる諸国では「君主側よりも貴族側がより強い実権を把握して」おり「貴族側の同意を得ずに法律が制定されない」ために、主権者として迅速な意思決定が遂行できないが「こうしたことは他の王国では起きない」(I-10, 312)。さらに国境がモザイク状に構成されている複合国家間では、臣民の帰属が曖昧となり「主権を持つ様々な諸侯に対して、同一の市民が服属する」ような外観により、一方の主権者が発する法に従わない事態により戦争が勃発しやすい。「境界上の臣民たちは、ある時は一方の君主に、またある時には別の君主に忠義を示し、誰に服従すべきか分からず、いずれの陣営に対する服従も回避し、双方を侵害・略奪する」からである(I-6, 132)。

　このようにボダンにとって同時代の複合国家的な実践も、それを擁護する既存の政治学の知見も、「よく秩序づけられた国家」の確立に寄与するものではなかった。主権者と臣民との垂直的関係は絶対的であるべきであり、その国家を構成する臣民は、それ以外の者や「敵」と厳格に峻別されるべきなのである。以下では、ボダンの立論をマキアヴェッリ『君主論』における複合君主政に関わる論述と重ね合わせることで、立法権力を中心とする法学的な主権論に還元されない、ボダンの統治論に踏み込むこととしよう。

二、マキアヴェッリとボダン

統治と管理

　ボダンは『国家論』の「序文」で、マキアヴェッリについて、宗教を国家に対立するものとし、不敬虔と不正義を国家の基礎に据えた「無神論者」として断罪している。また『君主論』を通じて、君主は「暴君的な見識によって堕落」させられ、「告発よりも罰金を、証拠よりも処罰を優先させ」ることで、国家の破壊へと導かれるとする。このようにボダンは、マキアヴェッリを、暴君放伐論や抵抗権論者、混合政体論者と並んで、「国家転覆を企図する二種類の人間」の一方に分類するのである。

とはいえ、『国家論』が「よく秩序づけられた国家」や立法権力としての「主権」についての一般的で法的な論述から、個別具体的な文脈に即して、その目的に到達する手段の検討や、統治の運用に関する議論へと移行してくると、異なった様相を帯びてくる。(9) ボダンは、第二篇第二章において、「国(estat)」と「統治(gouvernement)」や「管理(administration)」との区別を強調し、国家類型としては君主政でありながら、諸身分の取り扱い方を誤り、「民衆的統治」や「貴族的統治」となってしまう不整合を問題視している。他方で、第四篇では、「国家の誕生、成長、興隆、衰退、および滅亡」について論じられた第一章に続いて、第三章で個々の国家の状態を維持する為にそれぞれの国家の性質とそれが直面する災厄の原因をよく理解する必要があると主張した上で、次のように論じている。

どの国家が最も優れているかを知るだけでは不十分である。もしそれを変える力がないのであれば、あるいは変えることによって破滅に陥る危険性があるのであれば、それぞれの国家をその状態に維持する手段を知る必要がある。

ここでは、「よく秩序づけられた国家」から程遠い、現実社会における様々な国家を当面維持していくのに必要な方策が念頭に置かれている。この場合は個別具体的な状況の違いに応じて、さまざまな「統治」や「管理」のあり方を検討しなければならないのである。

マキアヴェッリへの接近?

『国家論』の後半部分に入ると、マキアヴェッリ『君主論』が提起している論点との重複、ないしその注解という側面が看取される。「国家」や「主権」についての一般的で法的な論点から始めたボダンも、個別具体的な状況における「統治」や「管理」の局面になると、「法律のことを論ずるのは略して、武力の話に移ろう」としたマキアヴェッリ(第一二章)に接近するのである。(10)

先にボダンがマキアヴェッリを糾弾した箇所を引いたが、改めて『君主論』に立ち返れば、問題意識の類似性も浮上する。『君主論』は、「指導者も秩序もなく、打ちのめされ、略奪され、罵倒され、踏みにじられ、あらゆる破滅に耐え忍んでいる」祖国イタリアが、「蛮族の残酷さと傲慢ぶり」から解放されることを願って(第二六章)執筆された。かかるマキアヴェッリの問題意識は、先に紹介した『国家論』の「序文」で表明されたものと類似している。

さらに『君主論』の「複合君主国(De principati misti)」と題された第三章では、他国を征服によって併合する事例が検討される。そこでフランスは、「ブルゴーニュやブルターニュ、それにガスコーニュやノルマンディーなど」共通の言語を持ち君主支配に慣れた地域の併合に成功するという過去の実績を持ちながら、その後は stato の論理を理解しないが故に、「言語も風習も制度も異なる地域」の併合(獲得と維持)について失敗した国として登場する。ボダンもまた、「主権」に基づいた「国家」を提示することで、stato の論理を探究したとも言えよう。(11)

後述のように、ボダンは、マキアヴェッリを名指しで批判しながらも、その問題意識を一面で引き継ぎつつ、特に第五篇ではマキアヴェッリの名前を出さずに、軍隊の整備や主権者による統制の重要性など、ほぼ同じ論点を(『君主論』の論述の順序をほぼ踏襲しつつ)展開している。以下では、これらの論点について確認しておこう。

要塞と武装の是非

『国家論』第二版以降の第五篇第五章のタイトルは「臣民を武装させ鍛錬し、都市を要塞化し、戦争を継続するのが良いことなのか否か」である。これは『君主論』の第二〇章「砦やその他君主が日常的に行う事柄は有益かどうか」を想起させる。マキアヴェッリは、臣民を武装するか解除するか、砦を築くべきか破壊すべきか、について当該支配権の個別事情に応じて対応すべきとした上で、「国外者よりも民衆を恐れている君主は砦を築くべきであり、民衆よりも国外者を恐れている君主は砦を放棄すべき」とする。マキアヴェッリは、支配権を安定的に維持するために砦を築くことを賞賛しつつも、「砦に頼って民衆に憎まれること」は回避するよう求めるのである。

これに対して、ボダンは第五篇第五章で、臣民の武装や軍事訓練と、要塞化とが相互に対立する方策である、とこの論点を再定式化しつつ、「国家はそれぞれ相互に対立的であるか、非常に異なっており、相互に対立し、異なる格率によって支配されなければならない」ため、最終判断を「最も賢明な政治家に解決を委ねる」として、マキアヴェッリと同様に、個別事情を看過した過度の一般化を控える。その上でボダンは、臣民の武装化と要塞の建設の一方の主張に肩入れするというよりも、それぞれの得失について、マキアヴェッリが言及しなかった事例をさらに付加しようとする。例えば彼は、都市の要塞化を主張する論者としてアリストテレスを挙げながらも、「都市を要塞化してはならないことを示す理由」として、リュクルゴスが「臣民が城壁の力を信用して自らの力を失うことを恐れた」の例を引き、要塞化が兵士の士気を下げる効果を持つことを指摘する。その上で、「最も美しい要塞は臣民の愛情」であり「城塞は君主に暴君化の機会を提供し、臣民には反逆の機会を提供する」とも主張するのである(V-5, 125)。

さらに同章においてボダンは戦争に付随する別の効用にも言及している。彼によれば「国家を維持し、反逆、反乱、内戦を防ぎ、臣民間の善良な友愛を維持する最良の方法は、共通の敵を持つことである」。ここでボダンは、古代の実例に加えて、近年のイングランドからの侵攻により、フランス人が共通の敵のために内戦を止め、結束した事例を紹介する。そして「敵に対して戦闘状態にない限り、臣民間の平和と友愛を維持することは非常に困難であり、ほとんど不可能である」とすら主張するのである(V-5, 137-138)。[12]かかる記述は、同じく『君主論』第二〇章における「賢明な君主は好機に恵まれたならば、巧みに敵を作り、それを打倒することによって、自らの偉大さを一層大きくする」という記述を想起させる。

征服と武装解除

さらに第五篇第六章(初版では第一篇第八章)においてボダンは、「自由に生きてきた民を隷属状態に置けるなどと決して考えてはならない」とし、ローマ人は「隷属させたい民を打ち破った」後には、その民の「あらゆる要塞を奪取し、駐屯軍を入れ、人質を取り、敗者の軍備を完璧に無化する」ことに努めたことを紹介している。ボダンによれば、「隷属と自由を半ばで中途半端にする」ならば、「危険な折には自らの庇護下に入り、危険が去ると反逆して敵と通じる」こととなる。したがって保護下にありながら本国への叛逆を企てるなど「自由を濫用した民」を「良い臣民」にするためには、要塞を保持させず武装解除が必要となる(V-6, 166-167)。

かかる記述は、マキアヴェッリが『君主論』の第五章で自由な暮らしに慣れた民の征服のあり方について論じた件と、類似している。ここでマキアヴェッリは、かかる都市の征服を維持するために、その都市(の自由な暮らし)を破壊するか、支配者が赴き直轄支配とするかを提案し、第三の方策として、その都市の市民を用いた傀儡《かいらい》政権を樹立し「その地域の法に従った」「寡頭政」を敷くことは「安易」であり、征服者が「この都市によって破滅させられる」としている。[13]かかる「安易」な方策は、ボダン流に言い換えれば、「隷属と自由を半ばで中途半端にする」ことに他ならないであろう。また被征服地域の非武装化の件は、『君主論』第二〇章における、「君主が新しく領土を獲得して旧来の領土にその一部として併合する場合」、「この新領土の住民を武装解除する必要がある」との主張とも符合する。

さらにボダンは上記のいずれの場合でも、マキアヴェッリの名前を出さないものの、マキアヴェッリも参照した思われるポリュビオスには言及する。加えて、マキアヴェッリが必ずしも言及しない古代アテナイや同時代の神聖ローマ帝国の例をも援用することによって、複合君主政に関連する論点をより重層的・包括的に論じ、『君主論』に対して一種の注釈を展開しているかにも見えるのである。

勢力均衡と国際秩序

以上のように、マキアヴェッリとボダンとの間には、軍事や戦争に関わる統治や管理をめぐる記述において類似性がある。とはいえ、そこで前提とされている国家間関係の捉え方には微妙な違いがあることも看過できない。先に紹介した自由な都市の併合をめぐる議論でも、ボダンが敢えて併合に踏み切ることなく自由なままの状態を維持することも選択肢として言及している点(V-5, 167)は、あくまでも拡大と併合を目指したマキアヴェッリとの違いとも言えよう。

さらに、「よく秩序づけられた国家」という「目的」の次元とより具体的な「統治」や「管理」の次元とから構成される二重性も、看過されるべきではない。第五篇第五章の中でボダンは「我々は善良で幸福な国家を評価すべきであり、そこでは王は神法と自然法に従い、執政官は王に従い、個々人は執政官に、子は父に、使用人は主人に従い、臣民は相互の愛によって結びつき、万人は君主と共に、平和の甘美と心の平穏と享受しているものだ」と主張する。ボダンにとっても戦争のない平和状態が望ましいことは言うまでもない。平和の状態は戦争の対立物であり、かかる状態においてのみ国家の繁栄は享受できるのである(V-5, 130–131)[14]。

とはいえ、現今の状況はかかる最終目的からは程遠く、戦争を回避することが平和につながるとは限らないし、「戦争の唯一の目的が平和である」と考えることすら誤りの場合もある。第五篇第五章でボダンは、「賢明な君主も立派な船長も、非武装の平和をもたらすことはなかった」とも主張し、マキアヴェッリが非武装の弊害に言及した『君主論』第一四章を想起させるかのように、「敵を前にして平和でいる」為には、戦争に訴える用意があることを敵に示すことが必要な場合もあり、かかる対処の可否は、直面する敵国の性質の違いに応じて判断されねばならない、とするのである(V–5, 141–142)。ここでも一般的な回答を回避し、個別具体的な状況に応じた判断力を主権者に求める姿勢が看取できるであろう。

ボダンによれば、当時のフランス君主政の周囲には、既に宗教的分裂に基づき各国が主権を有する体制を前提に、「一君主の偉大さはその隣国の荒廃と没落にある」と認識しつつも「ある国が強大化して他の国々を圧迫しないよう、自国の安全と同時に、対抗勢力をより大きく保とう」として、絶えず合従連衡を行う事態があった(V–6, 179, 186–187)。その中でボダンは、「フランス王家に対抗する教皇、皇帝、イギリス国王、スペイン王」を念頭に置きつつ(V–6, 180)、実力を欠けば他の強国に隷従することになるため、軍の規律に成功したローマを範として軍隊の整備や兵士の訓練にあたるようにも求める(V–5, 158)。以上のような対外的脅威に基づく軍隊と国内秩序の整備と、かかる軍事力を基礎とした対外的な勢力均衡の下で、平和条約や同盟を確実なものとするために、大国に求められるのが、諸国間の紛争を仲裁することである。ボダンは、かかる試みを通じて、フランスは国際的に名誉ある地位を得ることができるとも示唆するのである(V–6, 185–186)。

三、リシュリューと「国家理性」論

ナントの勅令、アンリ四世の暗殺の後、ルイ一三世のもとで実権を握ったリシュリューは、フランスが直面する課題を、大貴族、ユグノー、スペイン帝国という三大敵対勢力との対抗と認識していた(Richelieu 1947 : 95)。(15)かかる認識は、フランスを取り巻く状況が、ボダンの頃とは大きく変化したことによる。以下では、リシュリユーの展望や活動が、ボダンの構想をどう引き継ぎ読み替えたのかを概観することとしよう(16)。

ユグノーと信仰の自由

宗教戦争期においてユグノーは、王権からの迫害に際して、混合政体論や抵抗権論を展開して対抗し、近隣のプロテスタント諸国に武力介入を求めていたが、その後、フランスにおけるその地位は大きく変化した。当初王権に対抗的であった大貴族は、封建的特権や派閥的利害の擁護の為に、ユグノーと提携していたが、アンリ四世の改宗によって大義名分を失い、次第にカトリック色を強めていった。その結果、ユグノーの主体は商工・金融業者となっていた(野沢 一九六三：一八二頁)。その中で、大西洋に面した商業都市ラ・ロシェル(La Rochelle)は、中世以来、都市の自治や関税特権などによって繁栄しており、一六世紀の早い時期からカルヴァン派が浸透し、ユグノーにとって重要な拠点となっていた(深沢 二〇〇二：一〇四頁)。

こうした状況に対してリシュリューは、国内のユグノーについて、「対外戦争の遂行という国王の構想を阻止しうる程」強力ではないが、スペインの資金・船舶供与により「強力になりうる」とし、「ユグノーがフランスに拠点を持つ限り、国王は国内において主人たりえない」とした(Richelieu 1856: t. II, 82–83)。そして『君主論』第五章とボダン『国家論』第五篇第五章の教訓どおり、物理的抵抗が不可能となるように、最終的には一六二八年にユグノーの要塞と自治都市を破壊し、非武装化したのである(17)。

とはいえ攻略前から、ユグノーの蜂起を処罰すべき根拠として、宗教ではなく、それが純粋に反乱だったことを挙げていたこともあり(Church 1972: 189)、リシュリューはユグノーの信仰の自由を許容していた(18)。これに対して、ユグノーの宗教指導者達は、ラ・ロシェル陥落後の一六三一年にシャラントにて全国教会会議を開催し、「地上における生ける神」としてルイ一三世に対する全面的服従を誓った(Galland 1928: 105–106)。カルヴァン派とガリカン的な三部会との提携も進み、「国王は神とその剣にのみ由来する」との論理が提示された

(Dodge 1992)。かかる王権に対する絶対的な服従の姿勢は、ユグノーを利用したスペインによる介入を困難にもしたと言えよう。

スペインと教会

リシュリューは、「ラ・ロシェル攻略後」の一六二九年に「スペインの発展の流れを遮断すべき永続的な計画が必要である」としていた。「かの国が自国領土と国境の拡張を目的とするのに対し、フランスは、その国境や要塞に気を配り、隣国に入る門戸を確保し、フランスの防衛を固め、隣国に入る門戸を確保し、有事の際にはスペインの圧迫からわが同胞国を守らねばならない(19)」(Richelieu 1856: t. III, 179–213)。さらに当時カトリック、とりわけジェスイットが、各地の国王に対する教皇の間接支配を主張していた(Dodge 1992)ことを受けて、これに対抗すべく教会・教皇とスペインとの連携を切断することも必要であった。当時のパンフレッターは、フランス国王は教皇を介さず直接神の子として認知され、地上の全権を代行し統治するという王権神授説を展開した(Church 1972: 132–133)。

さらにリシュリューは、スペインに対抗することでヨーロッパの諸国家の間に成立する勢力均衡を、むしろ教会にとっても望ましい事態を生むとも考えた。「現世の諸侯の間に均衡を保つ」ことができれば、教会が「最も強力な諸侯の農奴であり、その単なる司祭であるにすぎない」事態を回避でき「すべてのキリスト教諸侯の共通の父となる」ことができる(Richelieu 1921: V 293)からである。リシュリューは、「望むことを実行可能な最も有利な機会を獲得すること」こそ「政治的思慮」(Richelieu 1856: t. II, 82)と心得ていたから、ハプスブルク家との対抗と勢力均衡の達成のために、異教徒のトルコとすら提携をした。当時のフランス側のパンフレットの中には、国際関係を、宗教的信義によってではなく、各国の事情の反映として決定されるものとし、フランスの国益の維持のために、異端との和睦も時宜によっては正当であり、積極的に追求されるべしと論じるものも登場した(Thuau 1966 : 180–181, 204; Church 1972 : 130–133)。

大逆罪と国家理性

こうしてフランス王権側は、スペインを教会の権威から切り離し、その脅威を強調することで、内外の利害の統一と連帯を図った。さらに、人民は国王に絶対的に服従することを宣誓するのみであり、抵抗の余地はなく、全能なる国王以外に神慮を知覚する者はなく、その術もないとすることで、国内の複合性を克服する集権化のために王権を神格化した。このような中、リシュリューは、国家に対する反逆罪における予防的処罰を、宗教的使命の遂行と考えるようになり、「敵」認定された者への処罰は寛容さを欠き、適正手続きを欠くものとなった。有名な「たとえ良心が許容できても、重大な犯罪が罰されないことを、国家理性は許さない」との言葉は、かかる文脈において表明された(Richelieu 1947 : 344)。ボダンであれば、「告発よりも罰金を、証拠よりも処罰を優先させる」事態は暴君の兆候でもあったが(序文)、リシュリューの「国家理性」の下では正当化されたのである。[20]

おわりに

本章におけるジャン・ボダン『国家論』の検討と、その後の継承の過程から示唆される幾つかの暫定的結論を、さしあたり以下のように整理して結びに代えよう。第一に、ボダンの主権論は、既存の複合国家をめぐる理論と実践では、当面のフランスの危機的状況に対処できないとする認識に基づき、それを乗り越えて向かうべき究極的「目的」として提示された。「混合的で複合的な君主政」から、「国民国家」ないし「絶対主義」へと移行していく指針(ホント 二〇〇五)がここに据えられたのである。

第二に、「主権」をめぐる一般的議論から、主権者が個別具体的な局面で具体的な統治や管理の局面を扱うようになると、ボダンは、先行するマキアヴェッリ『君主論』における複合君主政をめぐる論点を暗黙裡に引き継いで発展させた。ボダンは表向きマキアヴェッリを批判しつつも、実際の立論では当時のフランスが直面した国際情勢にマキアヴェッリの提起した論点を適用し、さらに新たな資料や歴史的事実を付加しつつ、かかる諸論点をより重層的に検討したのである。ただし、もっぱら周辺諸国の征服による「拡大する共和国」を範型とするマキアヴェッリの立論とは異なり、諸外国との競合・並存による国際的な勢力均衡の維持が自覚的に目指された。

第三に、ボダンの統治や管理、対外関係をめぐる政策についての考察には、過度の一般化を回避し、個別具体的な状況に応じた対応を追求する姿勢が貫かれている。勿論、ボダンにあっても神法や自然法を遵守し、平和状態を維持することは、主権者に望まれる義務であろう。しかし、かかる一般的な要請とは別に、個別具体的な「統治」の次元においては、主権者に然るべき適切な政治的・外交的判断を求めているとも言える。後にグロティウスは、『戦争と平和の法』を法学(正義の問題)の書と自任し、政治学(どのようにすれば有利であるか)の書ではないとし、ボダンについて両者を混同していると非難したが、本章で示唆した「国家」と「統治」の、あるいは義務と思慮との、二重性に基づいて、かかる「混同」を整理することも可能かも知れない[21]。

第四に、領土の併合や、要塞の構築、臣民の武装といった「統治」に関連する論点を引き継ぎ実践したのが、リシュリューであった。ただしスペインや教皇の介入を排除し、ユグノーの無力化とその服従の調達に成功すると、主権者と神との結びつきがボダン以上に強まることとなった。ここに主権者の神聖化とも言うべき展開があったのであり、その限りで、主権の絶対化は、ホッブズのような世俗化に収斂《しゅうれん》するとは限らないのである[22]。

第五に、ボダンが構想した主権国家論は、初期近代のヨーロッパにおける複数の競合する国家構想の一つに過ぎない。主権論に対抗しそれを相対化する言説も展開されたことは、看過されてはならない。例えばハリントンは、「討議・提案」権と「決議」権とを分離した二院制のなかで、両者の調和によって成立する権威を「主権」と表現することで、特定の個人・団体に帰属しない「主権」概念を提示した(Fukuda 1997)。ロックは、「主権」概念自体の使用を回避し、議会に立法権力を国王に執行権力と連合権力を割り振り、国民の手にある最高権力がそこに信託されたとする。また権力の分割のない絶対君主政を「政治的統治」の名に値しないとして、それへの抵抗を正当なものとした。さらにモンテスキューは、君主の主権を認めつつも、その乱用を阻止する仕組みを複合国家的な混合政体論や権力分立論として展開し、商業活動の進展に伴う相互依存、文明化に伴う寛容や自由の精神の普及によって支えられる勢力均衡的な国際関係構想の中に位置付けたのである。(23)

註

(1)　代表的なものとして、古谷・近藤編(二〇一六)、中澤(二〇二二)、コザンデ&デシモン(二〇二一)。思想史研究でもしばしば参照されるものとしては、ポーコック(二〇一三)がある。

(2)　ただし歴史学と政治思想史学とを対立的にのみ捉えるべきではない。ポーコックやスキナーに代表される、いわゆるケンブリッジ学派を牽引したのは、同大学の歴史学部に縁のある研究者達であった(安武 二〇一四)。またコザンデ&デシモン(二〇二一)は「社会科学の伝統」に依拠し「地理的・歴史的状況を超えた学問的目的に応え」ることを目指してもいる。なお、日本における両者を架橋する試みとしては、岩井・竹澤(二〇二一)を参照。

(3)　古典的研究、スキナー(二〇〇九)でも最終章において、近代的「国家」概念の成立がボダン論として展開されている。

(4)　ただし一五七六年の初版では第九章。以下では『国家論』と表記し、第二版以降に再編された篇・章番号、適宜、一九八六年版の頁数を本文中に示す。初版とそれ以降の版での章構成の変化については、安武(二〇二二)でも言及したが、初版では第五篇第五章について、本文には掲載されているが目次には欠落している。第五篇は初版で五章構成であったものが、第二版以降、初版の第一篇の第八章(「安全保障について、および君主間の同盟や条約の権利について」)が、第五篇の第六章に加筆修正の上、編入された。なお、ボダンの主権論については、『国家論』に先行する『歴史方法論』(一五六六年)を扱ったものとして、秋元(二〇二三)がある。

(5)　ここで「永久」とあるのは、個別の一時的な権限付与の次元ではなく、法的な観点から、かかる権限付与の源泉の永続性に着目し、それを主権者の人格に特別に位置付けようとする問題意識に基づく(I–1)。

(6)　「君主政は一種のRépubliqueであり、そこでは絶対主権が単一の君主に付与されている」(II–1)と主張する際、ボダンはRépubliqueを個々の統治形態を包摂する「国家」一般の意味で使用している。かかる「君主政」は「王のいる共和政」(中澤二〇二二)とは対極にある。

(7)　ボダン解釈をめぐる古典的論争は、ボダンの主権論の中に、複合性をどの程度認めるかをめぐるものであった。主権論と「正しい統治」論との優先関係については、前者を優先させる解釈(佐々木　一九七三)と、後者の中に前者を位置づける(清末一九九〇)という解釈上の対立がある。なお明石(二〇一二)は、清末に近い見方をしている。

(8)　混合政体論との緊張関係については、川出(二〇一四)。

(9)　Miglietti(2018)を参照。対照的にコザンデ&デシモン(二〇二一)は、立法権の意義を強調する。

(10)　当時のフランスにおけるマキアヴェッリ受容について「歴史についての知識と確固たる経験」に基づき「自国支配の維持と拡大」を目的としている点への評価があった(安武　二〇二一)。ボダンにおけるマキアヴェッリの密かな活用もまた、そのような受容の例とすることができよう。

(11)　『君主論』第四章においてマキアヴェッリは、特権を持ち自立性の高い封建諸侯が君主の周辺に複数並存する君主国としてフランスを登場させ、集権的なトルコの君主政と対比させる。

(12)　第五篇第五章には、「敵への恐怖心が臣民を義務・服従へと導く」との小見出しもある。これに加えてボダンは、国内における不良分子(「善良な市民の率直さを脅かし、理性をもたらす法や執政官に従わない、不精者、浮浪者、反逆者、盗人」)を一掃する手段として、彼らを戦場に送り込むことが国家の健全性を維持する方策であるとも指摘する(V–5, 139–140)。

(13)　鹿子生(二〇一三)第二章も参照。

(14)　ボダンはまた、国家間の誓約の遵守を強調することで、マキアヴェッリが範としたアレクサンデル六世やボルジアを否定し、軍事的征服を控える姿勢も維持している(V–6, 202)。なお、主権者と神との相同性については川出(一九九五)を参照。

(15)　『政治的遺訓』第一章において、第一にユグノー殲滅によって大貴族の慢心を挫き、次いでハプスブルク帝国の分断を図ることが目標に掲げられる。

(16)　以下の論述については、阿河(一九七三)、安武(二〇一〇)も参照。

(17)　ユグノーの拠点となる港湾都市の王権による掌握は、大貴族に独占されていたフランスの沿岸地域(ブルターニュ、プロヴァンス、ギュイエヌ)の行政単位・海軍管区の掌握、国王による軍隊統帥権の確保と軌を一にする(オリヴィエ－マルタン一九八六：七六八―七六九頁)。

(18)　ラ・ロシェル攻防戦後、一六二九年六月のアレスの和約では、ナントの勅令に準じて信教の自由が承認され、南仏ユグノー都市の速やかな復興が提言される。これにはユグノーの撲滅を目指すカトリック聖職者層が反発している(Thuau

1966: 125-126)。

(19)「ラ・ロシェル攻略後に行われる諸策の意見書」一六二九年(Advis donné au Roy apr`es la prise de la Rochelle)。

(20) エリオット(一九八八：二一〇頁)、Foisneau (2013)。ただし、信仰の分裂が先鋭化した例外状況では「より小さい悪」として寛容を求めたボダンも、単一の宗教が共有される場合には不寛容を是としていたから(Ⅳ-7, 206-207)、リシュリューの態度は、後者の姿勢を体現したとも言いうる(佐々木 一九七三：第四章第三節)。

(21) Grotius (1724: t. 1, Discour Preliminaire, LIX) ジョン・ロックの「連合権力」には、統治者の「義務」と「思慮」の二重性が看取される(安武 二〇一九)が、ボダンにおいてもかかる二重性が看取されるのではないか。

(22) 一八世紀初頭、パリにおいて国王の認可の下に出版された定評ある『トレヴー辞典(*Dictionnaire de Trevoux*)』は、「君主政(MONARCHIE)」を「一人の君主の絶対的な意思に基づいて統治される偉大な国家」とし、「君主政、貴族政、民主政のいずれの統治形態が最善のものであるかについて長い論争があるが、フランスの民は君主政を愛し、それは神が世界を支配するという第一のモデルに最も近いが故に、最も完璧なのである」と論じる。

(23) 権力分立論のその後の展開については、上村(二〇二一)を参照。また、主権論と複合国家論とを二つの両極とし、「脅威」の認識の程度を媒介に、ヨーロッパの国家構想の多様な展開を、両極の間に配置したものとして、安武(二〇二一)も参照。

参考文献

明石欽司(二〇一二)「ジャン・ボダンの国家および主権理論と「ユース・ゲンティウム」観念――国際法学における「主権国家」観念成立史研究序説」(1)・(2)『法学研究――法律・政治・社会』(慶應義塾大学)、第八五巻第一一号、第一二号。

阿河雄二郎(一九七三)「リシュリューの戦争政策――リシュリュー政権確立過程を中心として」『史林』第五六巻第四号。

秋元真吾(二〇二三)「ジャン・ボダンの主権論とその理論的基礎」『政治思想研究』第二三号。

岩井淳、竹澤祐丈編(二〇二一)『ヨーロッパ複合国家論の可能性――歴史学と思想史の対話』ミネルヴァ書房。

エリオット、J・H(一九八八)『リシュリューとオリバーレス――十七世紀ヨーロッパの抗争』藤田一成訳、岩波書店。

オリヴィエ‐マルタン、Fr.(一九八六)『フランス法制史概説』塙浩訳、創文社。

上村剛(二〇二一)『権力分立論の誕生――ブリテン帝国の『法の精神』受容』岩波書店。

鹿子生浩輝(二〇一三)『征服と自由――マキアヴェッリの政治思想とルネサンス・フィレンツェ』風行社

川出良枝(一九九五)「ボダン――主権者と神」藤原保信・飯島昇藏編『西洋政治思想史 Ⅰ』新評論。

川出良枝(二〇一四)「ボダン――主権論と政体論」川出良枝編『岩波講座 政治哲学1 主権と自由』岩波書店。

清末尊大(一九九〇)『ジャン・ボダンと危機の時代のフランス』木鐸社。

コザンデ、ファニー&ロベール・デシモン(二〇二一)『フランス絶対主義——歴史と史学史』フランス絶対主義研究会訳、岩波書店。

佐々木毅(一九七三)『主権・抵抗権・寛容——ジャン・ボダンの国家哲学』岩波書店。

スキナー、クエンティン(二〇〇九)『近代政治思想の基礎——ルネッサンス、宗教改革の時代』門間都喜郎訳、春風社(原著一九七八年)。

中澤達哉編(二〇二二)『王のいる共和政——ジャコバン再考』岩波書店。

野沢協(一九六三)「寛容理論の形成と発展——ナントの勅令の廃止とカルヴィニスト(その一)」『人文学報』(東京都立大学人文学部編)第三四号。

深沢克己(二〇〇二)『港湾と文明——近世フランスの港町』山川出版社。

古谷大輔・近藤和彦編(二〇一六)『礫岩のようなヨーロッパ』山川出版社。

ポーコック、J・G・A(二〇一三)『島々の発見——「新しいブリテン史」と政治思想』犬塚元監訳、名古屋大学出版会(原著二〇〇五年)。

ホント、イシュトファン(二〇〇九)『貿易の嫉妬——国際競争と国民国家の歴史的展望』田中秀夫他訳、昭和堂(原著二〇〇五年)。

マキアヴェッリ、ニッコロ(二〇〇四)『君主論』佐々木毅訳、講談社学術文庫(原著　一五三二年)。

安武真隆(二〇〇九)「imperium vs respublica?　——一七—一八世紀フランスにおける帝国、世界君主政、勢力均衡」『思想』一〇二〇号、岩波書店。

安武真隆(二〇一〇)「ヨーロッパ初期近代における宗教ガバナンス——「世界君主政」をめぐるユグノーの教義と連帯」遠藤乾編『グローバル・ガバナンスの歴史と思想』有斐閣。

安武真隆(二〇一四)「政治理論と政治思想史——J・G・A・ポーコックと「ケンブリッジ学派」」井上彰・田村哲樹編『政治理論とは何か』風行社。

安武真隆(二〇一九)「『統治二論』の国際的文脈——「連合権力」をめぐって」『法政研究』第八五巻三・四合併号。

安武真隆(二〇二一)「フランス政治思想史における複合国家論と主権論」岩井・竹澤編『ヨーロッパ複合国家論の可能性』。

安武真隆(二〇二二)「対外的脅威の政治思想に向けての覚書——ジャン・ボダン『国家六篇』を手掛かりに」『続・戦争と統治のあいだ』関西大学法学研究所。

Bodin, Jean (1576), *Les Six Livres de la République*, Paris: Jacques de Puys.(BNF Gallica にて電子版公開中の初版)

Bodin, Jean (1986), *Les Six Livres de la République*, Paris: Fayard.(一五九三年の Lyon 版(改訂第六版)に基づく)

Church, W. F. (1972), *Richelieu and Reason of State*, Princeton: Princeton University Press.

Dodge, Howard (1972), *The Political Theory of the Huguenots of the Dispersion: with special reference to the thought and influence of Pierre Jurieu,* New York: Octagon Books.

Foisneau, Luc (2013), "Sovereignty and Reason of State: Bodin Botero, Richelieu and Hobbes", in Lloyd (ed.) 2013.

Fukuda, Arihiro (1997), *Sovereignty and the Sword: Harrington, Hobbes, and Mixed Government in the English Civil Wars,* Oxford: Clarendon Press.

Galland, A. (1928), "Les Pasteur français Amyraut, Bochart, etc. et la royauté de droit divin", *Études, documents, chronique littéraire* (Société de l'histoire du protestantisme française), vol. 77.

Grotius, Hugo (1724), *Le Droit de la Guerre, et de la Paix,* traduction par Jean Barbeyrac, Amsterdam: Pierre de Coup.

Lloyd, Howell A. (ed.) (2013), *The Reception of Bodin,* Leiden: Brill.

Miglietti, Sara (2018), "Sovereignty, Territory, and Population in Jean Bodin's *République*", *French Studies,* vol. 72, no. 1.

Richelieu, Arm and Jean Du Plessis (1856), *Lettres, instructions et papiers d'État du Cardinal de Richelieu,* D. L. M. d'Avenel, (ed.), t. II–III, Paris: Imprimerie Impériale.

Richelieu, Arm and Jean Du Plessis (1921), *Mémoires du Cardinal de Richelieu,* Paris: société de I'Historie de France.

Richelieu, Arm and Jean Du Plessis (1947), *Testament Politique,* L. André (ed.), Paris: Robert Laffont.

Thuau, E. (1966), *Raison d'État et pnsée politique a l'époque de Richelieu,* Paris: Institut français d'Athènes.

Dictionnaire de Trevoux (Dictionnaire universel françois et latin), Compagnie de Jésus, 1720.

第15章 近世フランスの主権と国家
――ボダンの受容のあり方をめぐって

佐々木真

はじめに

主権国家を語る場合、欠くことができないのが、主権を提唱したフランスのジャン・ボダン Jean Bodin であろう。宗教戦争で国内が混乱するなか、ボダンは一五七六年に『国家論六篇』(以下、『国家論』)を刊行し、主権という新たな概念にもとづく排他的政治権力の必要性を説いた。ロックやルソーほどではないが、日本の政治思想史でもボダンへの関心は高く、ボダンの思想内容の検討が進んできた。しかし、ボダンの思想と近代主権国家との関係は一律ではない。

そこで、本章ではボダンの主権論を契機に、近世フランスにおいて主権の問題がどのように扱われていたのかを考える。近世においてボダンと関連させて「主権国家」を再考する際には、ふたつの問題系が考えられる。ひとつは、そもそもボダンの思想がどうだったかということであり、もうひとつが、ボダンが提起したことがどのように継承され実際の統治の現場でどのように扱われたのかということである。前者については、政治思想史での議論の積み重ねがあるため深く立ち入らず、本章では近世の主権国家の実態を考えるうえで欠かせない受容のされ方に焦点を当てて検討する。

まず、ボダンの思想の多義性を確認した後、それの受容の例として独英の状況を概観する。その後、フランスにおいてボダンの思想が国家認識や統治理念にどのような影響を与えていたのかを考える。最後に、近世期の統治実践と主権論との関係を考えてみたい。ここからは、「近世的主権国家」とも呼ぶべきものを考える手がかりが与えられるだろう。

一、ボダンの多義性と各国での受容

ボダンの多義性

まず指摘しなければならないのは、ボダン解釈の多義性である。主権をとりまくボダンの思想には、さまざまなニュアンスがある。『国家論』において立法権を主権の本質的な権能とし、主権の不可分性と絶対性が主張されたことは一般的に理解されている。他方で問題となるのが、それに先立つ一五六六年に刊行された『歴史の容易な理解のための方法』(以下、『歴史の方法』)との比較である。いずれの著作においても、ボダンは主権の不可分性を主張し、中世以来の混合政体論にもとづく政治権力の複合性を否定していると考えられている。その点では、ボダンを一貫して近代的主権の始祖と捉えることは可能であろう。

両著作の違いについて、多くの論者は『歴史の方法』では身分制議会の同意など、主権へのさまざまな制約が存在したのにたいして、サン・バルテルミの虐殺(一五七二年)を契機に、ボダンは主権の中心に立法権を据え、それに絶対性を付与したとの見解に立っている。しかし、同時に『国家論』においても主権の制限が存在することも指摘されている。第一には、主権者に神法や自然法(特に、王位継承規則や王領の不可譲渡の原則などを定めたとする王国基本法)を遵守する義務を課していることである。主権者は基本法を変更することはできず、既存の法を変更するためには、諸身分の同意が必要である。つまり、「神法」や「自然法」といった王にとって不可侵な実定法以外の法の領域を認めているわけである。ただし、主権者は法の遵守を他人から強制されず、自身とその前任者の法や臣下との誓約も遵守する必要がない。慣習も合意の産物という意味では制定法と同様の拘束力をもつが、これはあくまでも法の下位のもので、同意なしに廃止が可能であるとする。つまり、主権者への拘束性が常に認められるわけではない。

もうひとつの制限が、財産権の尊重であり、主権者は恣意的な臣民への課税や財産の没収はできず、課税については、諸身分の同意が必要だとする。しかし、諸身分は課税に同意せねばならず、課税権は立法権の一部であるので緊急時には、同意なしに課税が可能であるとした。このように『国家論』では主権の制限はより限定的ではあるが、制限があるという点では、『歴史の方法』と本質的に異なるとはいえないだろう。

ボダン解釈でもうひとつ問題となるのが、国家体制(état)と統治形態(gouvernement)の区別である。国家体制とは国家のどの構成員に主権が存在するかということである。統治形態とは国家の管理運営の形態であり、主権者は統治形態(統治を実施する者)を選択することができる。そのため、「体制が君主制であっても、君主が、身分・権力執行者・官職・報酬を、貴族か富裕者かを一切考慮せずすべてのものに分与するなら、それは民衆的に統治されることになる」わけで(川出 二〇一四：一一八頁)、そこからは混合政体的に国家を解釈する余地が生ずる。ボダンの真意とは異なるかもしれないが、国家体制が君主制であっても、主権の分有(二重主権論)の議論が導き出されることになろう。

ボダンの「受容」

上記のように、ボダンの『国家論』は多義的な解釈が可能であり、それゆえに各国での受け止められ方もさまざまであった(Salmon 1996)。

ドイツ地域では批判と反発があった。神聖ローマ皇帝(以下、皇帝)支持者たちにとっては、帝国はアリストクラシーであるとのボダンの分類に反発が存在する。アリストクラシーやアリストクラシー的領邦(principauté aristocratique)という概念が理解されにくいことと、皇帝、領邦君主、帝国都市などの諸権力が併存するドイツの現実にボダンの議論が合致していないことが原因であった。そのため、ドイツ地域では学者たちは国家体制と統治形態を区分し、異なる政治体への主権の属性の分配を議論する、主権の二重性(重層性)をもってボダンの議論と対峙した。ヨハネス・アルトジウス(Johannes Althusius)は、国家体制としては政治共同体が主権者で、領邦君主は政治共同体により任命された代理人にすぎず、政治共同体による専制への抵抗が可能とする。ヘニング・アルニセーウス(Henning Arnisaeus)は、混合政体を否定したが、主権の属性が複数の権力に分有されることは許容している。バルトロメウス・ケッカーマン(Bartholomäus Keckermann)は、帝国は国家体制としては王政であるが、統治形態としてはアリストクラシーだとした。

こうしたなかで、二重主権論も展開されることとなる。ドミニク・アルメウス(Dominic Arumaeus)は本源的主権(majestas realis)と統治的主権(majestas personalis)を分別し、帝国議会は本源的主権が作り出す統一を象徴するが統治においては有効ではなく、統治的主権は領邦君主に委譲されるとした。その後、基本法を重視して皇帝と議会による権力の分有を主張するベゾルドゥス(Christopher Besoldus)や、皇帝を含む議会における統治的主権の分有を主張したリムネウス(Johannes Limnäus)などがでるが、一七世紀後半になると、皇帝権の衰退という現実を反映して、主権にかんする議論は後退し、プーフェンドルフ(Samuel Pufendorf)による自然法理論が展開されていった。

イングランドでは、一七世紀の激動のなかでボダンの主張が引用された。一六二八年の権利請願をめぐる議論では、メイソン(Robert Mason)やグランヴィル(Sir John Glanville)、マーティン(Sir Henry Martin)といった請願者は、ボダンの議論がコモン・ローの伝統から外れるものだと批判した。彼らはボダンの主権概念をよく理解しており、ボダンの主権論が敵対していた伝統的な立憲主義(constitutionalism)を故意に選択したともいえる。一六三七年の船舶税訴訟では、国王側のクロウリー(Sir Francis Crawley)が緊急時において国王は議会の同意なしで行動可能であるとのボダンの主張を引用し、国王の立法上の優越権を主張したのにたいし、シンジョン(Oliver St. John)は議会の同意なしでの課税を否定した。

内乱期には、主権(立法権)の本質にかんする議論が展開された。議会派のヘンリ・パーカー(Henry Parker)は主権を国家体制と統治形態に区分し、イングランドの政体は、非常時には王が臣民の建言を聞く義務がある制限王政であるとした。ウィリアム・プリン(William Prynne)はイングランドが絶対王政であるとするボダンの論を批判し、立法権が議会に存すると主張した。これにたいして国王派は、イギリスの王政は絶対的(absolute)であるというボダンの記述を援用してモナルコマキ(議会派)に対峙した。

このように、ボダンの著作は絶対主義(absolutisme)に限定されず、さまざまに解釈される余地があった。特に国家体制と統治形態の区分は、主権が分割・分有できるのかといった議論とかかわり、二重主権論(対内主権の重層性)に道を拓くこととなった。また、本源的主権の担い手についての議論もなされ、人民主権論や議会と王権との関係についての議論を惹起した。いずれにせよ、論者たちはそれぞれの地域で問題となっていることや自分の立場に関連してボダンについて言及したのであり、ボダンの著作が近代の主権概念として理解されていたわけではなかった。

二、フランス王権と主権言説

単一主権

次にフランス王権と主権論との関係を考えてみよう。まず王権と国政の理解にかんしてだが、国制を表すconstitutionとは、部分が集まってひとつの全体をなすべく構成されたものである。王国はしばしば身体のメタファーにより理解され、王国は王を頭とする身体として捉えられた。エメール・ド・ヴァッテルが「君主は、君主として関与しうるすべての事柄において、国民を代表している。君主に代表者たるこの性格を付与することによって、最も偉大な君主の威厳が損なわれることはない。それどころか、代表たること以上に、君主を光り輝くさらなる高みに登らせるものはないのだ。君主はそれによって、国民という団体に備わる威光をことごとくその一身に集めるのである」と述べているように(Vattel 1758: 43、コザンデ&デシモン 二〇二一：九一頁で引用)、国王の身体の内に王国の縮図が存在するのであり、高等法院といった諸機関は、王の身体の一部(partem corporis regis)として、国王の政治的身体を「代表」している。しかし、それが代表たり得るのは、代表がその身分の「最良の部分(sanior pars)」に属し、国王に従っている範囲においてである。さらに、一六一〇年のルイ一三世の葬儀に際して、「王の二つの身体」論が後景化し、身体の単一化が主張されたことは、ボダンの「絶対的で永続的な権力」という主権の定義とも照応している(Giesey 1960; 1987; 二宮 一九九〇)。神授王権という考えも、主権は神により王に与えられたものとする考えと表裏一体を成すものである。治癒儀礼の継続にみられるように、国王は臣民と神との仲介者であり、神にのみ責任を負うのである。

　次に対外的な問題について考えてみよう。まずローマ教会にたいする王権の優先を説いたガリカニスムについてだが、一六一四年の全国三部会に際して、第三身分が以下の陳情書を提出している。「王は国家の主権者として認められており、王位は神に由来するのですから、この王国で王が聖別した聖職者からその職務を取り上げたり、いかなる原因や理由があるにせよ、臣民が王に負うべき忠誠と服従の義務を免除したりする権力を持つ者は、聖俗を問わずこの地上には存在しない、ということを決議させてください」(コザンデ&デシモン 二〇二一：六五頁で引用)。ガリカニスムのもとでは、聖職者権力は神に由来し、ローマ教皇ではなく神にのみ責任を負うという聖職者理論が敷衍《ふえん》された。そこでは実質的な聖職者叙任権を王権が確保することで、ローマ教会の代替物としての国家権力(ガリカン教会)という主張がなされ、国家権力のローマ教会からの自立が主張された。ガリカニスムはギヨーム・ビュデやエラスムスの教皇絶対主義を制限する理論を継承したのであり、神授王権の考えはその意味で教皇庁との間に政治的問題を引き起こした。他方、マルク・ブロックが指摘しているように、教会関係者は権力の配分をめぐって王権と対立することはあっても、王権の神的起源(神授権)に反論することはなく、聖なる王権は聖職者特権の侵害ではなく、むしろ宗教への敬意として許容されたのであった(ブロック 一九九八：三八六頁)。ここにおける王権と教会の同盟は、フランス式の「宗派化」をもたらしたともいえよう。

対外関係における主権を考える場合、戦争は重要な要素である。ボダンは『国家論』で「戦争を命じ、平和を締結するのは、主権者(la majesté)の最大の特質の一つである」と述べ、宣戦布告と和平の締結を主権の要素としている(Bodin 1576: Livre I, Chap. XI, 199,『歴史の方法』でも開戦と和平の決定があげられている)。ボダンを受けてフランスで主権論を展開したシャルル・ロワゾー(Charles Loyseau)やカルダン・ル・ブレ(Cardin Le Bret)も開戦と和平を主権の要素としており、主権者たる国王による暴力(戦争の遂行と軍事力)の独占が規定されていた。

さらに重要なのが、正戦論と主権との関係である。フランスはハプスブルク家との対抗関係から、三十年戦争に際して一六二四年にプロテスタント諸国と「ハーグ同盟」を結成し、一六三五年からはプロテスタント側で参戦した。そのため、宗教問題により参戦を正当化することができず、正戦(正当戦争)の新たな定義が必要となった。その際に利用されたのが主権だった。主権論によりリシュリューの政策を擁護したル・ブレは、「その国家において横奪されたものを回復し、彼らの友邦や同盟国を保護し、武力の行使によってのみ終結されうる近隣との争いを解決する」ことが正戦であるとし(Le Bret 1632: 162)、古い正戦の概念である王国にとって必要な防衛に、横奪された領土を回復する国王の権利を付け加えた。ここでの「横奪された領土」とは、フランス王の主権の及ぶ範囲で、かつてシャルルマーニュ(カール大帝)が支配していた地域がそれに該当するとル・ブレは主張した。

リヨンの司教座付き神学教授ベシアン・アロワ(Besian Arroy)は一六三四年に『フランス国王の武装の正統性、

異端者や異教徒との同盟および軍人の良心の行動について定められた問題』を刊行し、正戦の条件として、①実行者が主権者の権威(authorité souveraine)を有していること、②君主の目的が正しいこと、③正当な理由があることを挙げている。最初のフランス王の権威については、ルイ一三世が六〇代一二〇〇年にわたり絶対的な権力を持って統治してきた王たちの継承者であることを主張し、目的の正しさについては、ルイ一三世の戦争の目的が王国の平和、宗教の保証、信仰の防衛、不当かつ専横的に苦しめられている友好国と同盟国の援助、すなわちトマス・アクィナスの述べる公共善の拡大と害悪の回避であるとし、これを正当化した。最後の正当な理由については、彼は不当なかたちで敵の手に渡っている王国の財産への正当な権利要求を挙げている。

正当な要求を根拠づけるものとして、第一にはサリカ法が示され、フランク時代より王領が直系男子によって相続されることが強調され、横奪された領域の回復が正当化された。第二の理由がサリカ法に従属する法律(王国基本法)によりフランス王権が獲得した財産は譲渡不可能であり、外国に与えることができないとしたことである。このため歴代の王により獲得された領域は本質的にフランス王権に所属するとされ、それへのルイ一三世の請求権が正当化された。アロワは以下のように述べている。「ルイ一三世はシャルルマーニュとその息子であるルイ敬虔王が有していたのと同様の権利を持っている。それゆえ彼はまさに、シャルルマーニュとルイ敬虔王がかつて所有していた、ドイツやイタリアやフランドルを再征服し、カスティーリャやアラゴン、カタルーニャに臣従の誓いを要求する理由を有している。なぜなら、これらの土地は簒奪されたからである」(Arroy 1634: 89)。

このように、三十年戦争に際して、主権概念を利用することで、参戦の正当性が示されたのであったが、この議論にはフランス王の支配が正当化される地域(主権に服する地域)を領域的に定義するという新しさがあった。ボダン以降のフランスでの主権論の展開を考えた場合、国内的にも対外的にも主権の単一性が強調され、議論が二重主権論(主権の分有)に向かうことはなかった。国内的には、王政が存在する限り、それに代わって臣民を代表する機関が現れる余地はなく、(1)対外的には主権とそれが及ぶ領域の主張により、戦争の正当化がなされた。フランスでは絶対主義的な主権概念が受容される土壌が存在しており、そのように構築されたこの主権概念は逆に、単に言説の領域にとどまったわけではなく国内での国制のあり方や、王権の正当性の理解に影響を与えた。

権力の複数性

ボダンを画期とする国王主権や主権の不可分性の議論は、異論なく受け入れられたものではなかったし、当然、現実(社団的編成)との乖離も存在していた。以下では、権力の複数性(混合政体的国制)について考えてみたい。

まず、身分制議会についてだが、フランスでは一五世紀に租税制度が整備されると、直接税の徴収では身分制議会の課税同意が不要となり、身分制議会が国制の周縁に追いやられていく。この典型例で、王権(主権)の勝利とされるのが、一六一四年を最後に全国三部会が開催されなくなることである。王国の周縁地域を中心に存続していた地方三部会も、不開催となったり(ドフィネ：一六二五年、ノルマンディ：一六五五年)、徴税管区(エレクシオン)の創設により課税同意権が廃止ないしは縮小されたりした。この主張の背景には国王の身体に象徴される国制や主権の不可分性といった思考が存在していた(2)。

近世国家では様々な特権を持つ集団が存在しており、王権は自然生的な団体を社団としてその特権を認め、社団を媒介として統治を行ったことはよく知られているが(二宮 一九七九)、主権と特権の関係は複雑であった。一方では、主権を根拠に国王が特権を廃止できるとの「公的な」主張がなされた。一六二五年にブルターニュより国王の税制への異議申し立てがなされ、ブルターニュ側はブルターニュ公国とフランス王国との合同の条件を定めた一五三二年の開封状を根拠とした。しかし、ル・ブレが執筆したブルターニュ三部会への建言では、開封状（過去の特権）を根拠として国王の主権を制限することはできないとされた。「あなたがたの特権は正当に授与されたものであるとは認めるが、あなたがたが特権を保持するのは、決して王にその義務を負わせる資格があるからではなく、国王の純粋にして偉大なる寛大さのゆえなのである。〔……〕国王陛下は、自身が望む時にはその要求を命令に変えることができる。陛下の命令に対しては、いかなる言い逃れや引き延ばしもせずに全面的に従わなければならない」（Picot 1948：49–50、コザンデ&デシモン 二〇二一：一〇〇頁で引用）。一六三四年と一六三五年にルーアンの住民たちは、都市下層民の激しい暴動に対処できなかったため、その特権を取り消された。主権は王に絶対的権力を与えるのである。

他方で特権の存続や尊重を重視する見方もある。理論的には、国王が恩恵によって与える特権とは、主権を源泉としており、それゆえに特権は王権（主権）を支える忠誠のピラミッドを基礎づける封建的な資格だった。ここには、特権と王権の「共生的な関係」が認められるのである。ジョルジュ・パジェスの以下の分析がそのことをよく示している。

およそ絶対王政の社会・経済機構全体は、二つの基盤の上に立脚している。一方に絶対的な国王がいる。王の「全き権力」、つまりは無制限な権力に異議申し立てをする者は、誰もいないか、あるいはほとんど誰もいない。そしてもう一方に、「自由」や「特権」を持つ個人や社団、団体、地方がある。こうした自由や特権は、契約か、主権者による委譲か、あるいは依然として最も頻繁に見られることだが、古くからの慣習に基づいている。この二つの要素の間に矛盾が存在するのは明らかである。というのも、自由と特権の尊重は、国王の「全き権力」に制限を加えるからである。したがって、国王は、臣民の自由や特権を総体として認めること、つまり自由や特権を取り消し不能なものとすることには、決して同意しなかった。しかし王権は、自由や特権の存在を否定することは、なおさら考えもしなかった。特権の廃止は絶対王政を暴政に変えることを、そして国民に根ざしていない専制は長続きしないことを、人々はよく理解していたのである(Pagès 1932: 19、コザンデ&デシモン 二〇二一：一〇一頁で引用)。

ここから、権力の分有や二重性といった問題が導き出されるが、それは王権と諸身分との関係の問題でもある。王権と諸身分との互酬的な関係は継続していたのであり、中世以来の「諸身分」からなる国家と主権国家は背反するものではなかった。身分制社会に起源を有する、社団的編成にもとづく国家と絶対王政は相互補完的であり、フランスでは革命に至るまで両者は共存し続けたのである(Mousnier 1986)。主権か諸身分(特権)かといった二項対立では、近世フランスの国家構造を理解するのは難しい。ボダンの統治形態の問題がそこには現れているといえよう。

三、主権と統治実践

諸権力との協働

それでは、統治実践のレベルでは主権の問題はどのように考えられていたのだろうか。国内統治にかんしては、地方に軸足を置き、そこから王権の問題を議論する実証研究が一九八〇年代以降に数多く出された。こうした新たな研究では地方での実態調査にもとづき、地方レベルでの王権と地方エリートとの協働の必要性を説いた。当時の中央権力は実際にはそれほど強力ではなく、地方の諸制度やエリートの自発的な協力を必要としており、これにたいして地方エリートは王権によるパトロネジや物質的な見返りを期待していた。たとえばラングドックでは、一六七七年の王税の約三五%が地方に環流しており、一七世紀末にこの地方に平和が訪れたのは王権と地方エリートの提携や協働の結果であるとの主張がなされた(Beik 1985: 265、協働についてはSwann

1995；2023も重要である）。

近年の研究では多様な提携の側面が解明されており、そこで重視されるのが地域内の諸権力の対立とそれを前提とした王権との提携である。一六四九年の晩春に、オート＝プロヴァンス地方の都市レ・メーで王権の代理人である地方総督が都市選挙に介入してコンスル（市長）を任命した際に、エクス高等法院が反対した。地方総督は国王諮問会議の裁定を取り付けて、任命を強行しようとしたが、レ・メーに向かった地方総督の使者が襲われてエクス高等法院に収監されるという事件が起きた。この都市選挙への介入は、一四世紀から続く貴族家系の住人、レオン・ド・トリモンの要請によるもので、トリモンは都市当局とのあいだに発生していた彼への課税をめぐる訴訟を有利に運ぶために、このような要請をしたのだった。その前年、地方総督はエクス高等法院にスメストル（半期）制の採用を迫っており、これに反発した高等法院がフロンドへ参加するなど、両者の対立はすでに存在していた。王権の都市選挙への介入の原因のひとつが、新規に創設されたエクス高等法院半期評定官職を購入し、広範なパトロン＝クライアント関係を有していたトリモンを支援することであった（Kettering 2001：85–87）。ここでは、都市社団内の対立や王権と高等法院との対立のなかで、かつての研究では集権化への障害と考えられていた帯剣貴族（トリモン）と王権が提携をしたのだった。

一七八〇年代のラングドック地方における司法をめぐる問題を手がかりにこの協働の問題を検討したのが仲松優子である（仲松 二〇一七）。仲松はヴィヴァレ・セネシャル裁判所の創設をめぐる問題、創設された裁判所の司法官の構成を検討した後、一七八三年に発生したマスクの蜂起の裁判をめぐる管轄権争い、蜂起参加者への諸権力の対応、蜂起後の秩序の再建を検討する。まずラングドック地方にはセネシャル裁判所、上座裁判所、マレショーセ、高等法院といったさまざまな裁判機構があった。それに加え、在地の領主や地方三部会、都市など地方統治に関わる様々なアクターが存在し、それぞれが自己の利害を主張しつつ、対立する場合もあれば、交渉を通じて合意形成を行うこともあった。つまり、地域秩序の形成においては、地域諸権力のイニシアティブが発揮されていたのである。

そこでの王権の役割だが、地方の諸権力にとっては、王権は利害対立の調整者として現れるが、地域から王権への働きかけという点では、地域権力がみずからの権力強化のために王権を積極的に利用していることが示された。王権は地域権力の強化の源泉としても機能していた。王権側からみると、司法改革は単なる王権の伸長の問題ではなく、そこには地方の利害がくみ上げられる仕組みが確保されていた。王権は一方的に命令を下したわけではなく、地域からの要請にもとづき、諮問会議での裁定や恩赦権の遂行を通じて、地域利害の調停者としての役割を果たしたのだった。諸権力の交渉や合意形成に対して、王権は参照軸を提供したのであり、そこに諸権力の交渉過程に組み込まれた王権の秩序を維持するシステムが存在した。仲松によれば、地域政治の自律性を体現する地方権力と、参照される権力の基盤としての王権が協働関係を形成していた。つまり、地方における統治の前提として、王権と地方権力の併存があり、これは一方が強くなれば一方が弱くなるという関係ではなかった(佐々木 二〇一九)。この状況は単一主権による均質な支配からはほど遠く、むしろボダンが国家体制論で否定した混合政体と考えてもよい状況であった。

統合政策(Réunion)

対外主権の問題として、統合政策を考えてみよう。フランスはウェストファリア条約(一六四八年)で、アルザス地方の大部分とロレーヌ地方の都市、三司教領(Trois-Évêchés：メッス、トゥールおよびヴェルダン)を獲得し、ピレネー条約(一六五九年)ではルクセンブルクを獲得、さらにナイメーヘン条約(一六七八年)ではフランシュ＝コンテと、東部国境地帯でも多くの領土を得た。これらの条約では、フランスが獲得した地域が領域的に明示されておらず、曖昧な部分が多く存在していた。これに着目したルイ一四世は、東部国境地帯を管轄とする国王裁判所内に「統合法廷」を設け、そこに管轄内の領主を召喚し、フランス王への臣従を求めた。

これに先立ち、王権は一六二〇年代より「正戦論」との関係で、ロレーヌ地方にたいするフランス王の権利の証明、すなわち当該地方が横奪された王国財産(王領＝主権の及ぶ範囲)であることの証明を法曹家に依頼した。すでに触れたように、カルダン・ル・ブレは、主権の不可分性と王領の譲渡不可能性を根拠に、横奪された地域の回復を正当化し、不正な獲得(横奪)や国家や主権にかんする事柄については君主間の時効はないとし、時効による獲得も否定した。「主権者たる君主が、彼から横奪した時に使用されたのと同じ方法で、彼の地域を再征服することは常に許されている」というわけである(Le Bret 1632: 311)。

国王諮問会議評定官で、ベジエ上座裁判所の弁護士ジャック・ド・カッサンは一六三二年に外国君主により占領されている地域にたいするフランス王およびフランス王冠の権利を検討する書物を刊行した(本章では一六三四年版を参照。Cassin 1634: Livre II 65–86)。それによると、八六九年にシャルル二世禿頭王がその兄ロタール一世の三人の息子の死後に、東フランク王ルートヴィヒとともに遺産を分割した際に、ロレーヌ地方はフランス王の支配下に入った。しかし、その子ルイ二世吃音王の三人の息子の幼少期に、東フランク王により横奪されたとした。

国王諮問会議評定官で、ロレーヌとバールの地方長官であったルイ・シャントロー・ル・フェーヴルは、かつてのアウストラシア(ロタリンギア、ライン流域のフランス)をフランスに回収することを目指した。一六四二年には『ロレーヌ家系の歴史的考察』(Le Febvre 1642)を、四四年には『かつてのロレーヌ王国の諸地方が、皇帝の領土とされるかについての歴史的問題』を発表し、ロレーヌ地方は九二一年に行われたフランス王シャルル三世とドイツ王ハインリヒ一世とのボン会談の結果フランスに属するとされていた。それゆえ、「フランスと境を接するかつてのロレーヌ王国の地方を所有している君主、つまり、上下ロレーヌ公、ナミュール伯、エノー伯、リュクサンブール伯などは、主権を有しているわけではない」とされた。これ以降、フランス王は神聖ローマ皇帝を考慮することなしに、主権者としてこれらの君主と同盟をすることができると主張した(Le Febvre 1644: 126)。

現実の領有関係については、一七世紀にはロレーヌ公やバール公となった、シャトノワ＝ヴォーデモン＝ロレーヌ家とフランスおよび皇帝が複雑な関係を展開したが、フランスとロレーヌ公家の綱引きの中で、一六七〇年以降はフランスがロレーヌ地方を実効支配していた。そうしたなかで、一六七九年にメッスに統合法廷が設置され、管轄内の領主が召喚されてフランス王への臣従が求められた。召喚に応じなかったり、臣従を拒否したりした場合には、法廷が一方的に領有を宣言した。判決の一例として、以下が挙げられる。

コメルシーの都市、城館および領地(Villes, château et terres de Commercy)

一六八〇年四月一五日

ムーズ左岸に位置するこの都市は、フランス、ロレーヌおよびバロワの国境にある。この都市は一一世紀に皇帝によりメッス司教の封土とされた。一〇七〇年に司教とロレーヌ公はこの都市とブーゾンヴィール修道院を交換した。しかし、司教はこの都市の主権(souveraineté)を留保していたので、コメルシーの封臣と領主たちはその臣従の誓いを司教に与え続けた。統合の時期には、およそすべての領主所領とその用益権は、法的には(しかし事実としてではないが)ロレーヌ公カール四世の所有下にある。

作成されてきた史料から、メッス司教の領主権は議論の余地なく証明されている。つまり、死去したコメルシー領主の寡婦による、一二四八年の領主権確認の嘆願書、ザールブリュック伯による、一三七六年、一三七七年および一三八三年の同様の嘆願書、ラウール・ド・クシー司教が抵当として、所領全体の権利をバール公の息子に与えたことを示す一三九五年の証書、一五五一年と一五五七年の日付のあるナッソー＝ザールブリュック伯の司教にたいする誠実と臣従の誓いの更新などが挙げられる。

統合法廷はメッス司教の主権は一三九五年の抵当の金額の返還と引き換えに回復されなければならない

と決定した(Piquet-Marchal 1969 : 177)(3)。

ここで問題となるのが、統合の論理である。上記の法律家たちの論理に従えば、主権の及ぶ空間としてフランス王の支配権の正当性の主張が可能だと考えられるが、実際には歴史的な封建的関係が丹念に掘り起こされ、それにより支配権(領主権)がどこにあるのかが決定された。錯綜した領有関係の解消のために補償が提示されていることも特徴的である。また、メッス司教の領主権が問題となるのは、その上にメッス司教と王権との封建的な関係が存在しているからであり、ここでもボダンの国家体制における主権が介在しているわけではない。また、史料で「主権」という言葉が使用されているが、これもボダン的な主権とはずれる考えであろう。対外的に支配権(主権)を伸長する場合にも、主権原理だけでは処理できず、旧来のやり方に則った交渉を要する現実が存在しているのである。

おわりに

以上、ボダンの議論と当時の状況との関係を考えてきた。ここで前提となるのは、ボダンの著作が多様に解釈されうることである。それゆえ、今日的な主権として解釈されただけではなく、各地域はそれぞれの状況に応じてボダンを「受容」して、「主権」を解釈した。

フランス王権にとっては、ボダンの主権概念はある意味有用なものであり、一七世紀のフランスでは、王権の強化や対外的な関係の中で、「主権的」な思想が受容された面もあった。主権論は言説のレベルにとどまったわけではなく、フランス人の国制の認識とそれが影響する現実政治に影響を与えたのである。しかし、その影響は直接的に近代主権と結びつくものではなく、フランス的な近世国家の形成に寄与したのである。

現実の統治政策とその実践との関係では、フランスも含め、ボダン的な主権と現実とのあいだには乖離があり、その乖離のありかたも地域や時期によって異なっていた。統治実践においては、対内的にも対外的にも、諸問題が主権原理により一元的に処理できたわけではなく、王権は個別の事例ごとに利害関係者との伝統的な方法での交渉を強いられた。

このような状況と主権との関係をどのように考えたらよいのだろうか。川出良枝は「ボダンにとっては、多様な社会階層が様々な権限を分有する分権的な秩序構造こそがその国家論の当然の前提であり、その主権の概念によって、この構造そのものを変容させる意図はなかったとみるべきであろう」と述べている（川出 二〇一四：一一九頁）。ボダンとの関係にかんしては、宗教戦争の混乱の中で、ボダンが何を実現しようとしたのかを、近世的な文脈で再考し、「近世的主権」とでも呼ぶべきものを考える必要があろう。[4] そして、実際の統治実践のなかで「近世的主権」と現実とがどのように関連していたのかを丹念に実証することから、「近世的主権国家」とも呼ぶべき国家像が立ち現れてくると考えられる。

註

（1）　このことは、「高等法院のフロンド」の顛末を考えれば明らかである。一六四八年一月に発布された官職保有者を押さえつけるための布告にパリの高等法院官僚を中心とした司法官が抵抗を開始し、マザランを追い詰めた。しかし、コンデ軍にパリが包囲され、四九年一月にイングランドでチャールズ一世が処刑されるのをみて、抵抗は尻すぼみになっていった。彼らは自身の特権を認めさせようとしたのであり、特権の源泉であり、自身もその一部である王国の身体を形成する国王を排除する意図はまったくなかった。

（2）　もちろん、ラングドックのように地方三部会が課税同意権を保持している地域もあった。課税同意については慣習的に行われる面もあったが、中央から派遣された地方長官にとっては、三部会による課税同意はその任務での主要な関心事だった。

（3）　本史料の背景として、一六四八年のウエストファリア条約で、フランスが実効支配していた三司教領がフランス領として認められ、メッス司教とフランス王との主従関係がより明確となったことがある。そのため、本章の事例では当該地域がメッス司教の封建的、主権的支配下にあったことが重要となる。なお、以下の例も参照のこと。ここでは、メッス司教が抵当金を返却することで、サールブールとロレーヌ公との関係を解消することが目的とされていた。

サールブールの都市とシャテルニー Ville et château de Sarrebourg

一六八〇年五月六日

ローマ都市を起源とするサールブールは、一二一三年に完全に破壊された。再建された都市は、一二三八年にジャン・ダプルモン Jean d'Apremont のもとでメッス司教区に統合された。〔……〕司教は一三五〇年まで平穏に統治を行った。しかし、蜂起や反乱が発生し、それにより司教ラウール・ド・クシーは一三九六年に、二万フランと引き換えに、サールブールの半分を(ロレーヌ)公カール二世の抵当に入れることを余儀なくされた。〔……〕一四六四年に住民たちは、ロレーヌかつカラブル公ヨハン二世を彼らの主権者 souverain として認め、一四七二年には彼の息子ニコラにふたたび服従した。このことにより、メッス司教の権威がサールブールではそれほど強固でないことは明らかである。一五六一年二月二五日に、メッス司教フランソワ・ド・ボーケール François de Beaucaire は、ロレーヌ公カール三世にサールブールを譲り渡した。しかし、一六六一年のヴァンセンヌ条約により、ロレーヌ公はサールブールをフランスに返却した。統合法廷は、一三九六年の条約のみが有効であると判断し、抵当金の二万フランを返却する義務をメッスの教会に課した(Piquet-Marchal 1969: 178)。

(4)　社会契約により諸個人の権限が委譲された国家を描くホッブズや政治共同体内に社団の個別利害が混入することを警戒したルソーにおいては、論理的には主権が統治するのは均質な政治空間であるとして、川出はボダンとの違いを強調している(川出 二〇一四：一一九頁)。近代以降を見通した場合、その変化を考えることも重要だろう。ただし、近代にホッブズ・ルソー的な主権国家が誕生したのかについては、留保が必要である。

参考文献

秋元真吾(二〇二三)「ジャン・ボダンの主権論とその理論的基礎」『政治思想研究』第二三号。

川出良枝(一九九五)「ボダン——主権者と神」藤原保信、飯島昇藏編『西洋政治思想史　1』新評論。

川出良枝(二〇一四)「ボダン——主権論と政体論」川出良枝編『岩波講座　政治哲学1　主権と自由』岩波書店。

コザンデ、ファニー&ロベール・デシモン(二〇二一)『フランス絶対主義——歴史と史学史』フランス絶対主義研究会訳、岩波書店。

佐々木毅(一九七三)『主権・抵抗権・寛容——ジャン・ボダンの国家哲学』岩波書店。

佐々木真(二〇一九)「書評 仲松優子『アンシアン・レジーム期フランスの権力秩序——蜂起をめぐる地域社会と王権』」『歴史評論』八三一号。

清水尊大（一九九〇）『ジャン・ボダンと危機の時代のフランス』木鐸社。

仲松優子（二〇一七）『アンシアン・レジーム期フランスの権力秩序――蜂起をめぐる地域社会と王権』有志舎。

二宮宏之（一九七九）「フランス絶対王政の統治構造」吉岡昭彦、成瀬治編『近代国家形成の諸問題』木鐸社。二宮宏之（一九八六）『全体を見る眼と歴史家たち』木鐸社、同（二〇〇七）『フランス アンシアン・レジーム論』岩波書店、同（二〇一一）『二宮宏之著作集　三　ソシアビリテと権力の社会史』岩波書店に再掲。

二宮宏之（一九九〇）「王の儀礼」『権威と権力』〈シリーズ世界史への問い7〉、岩波書店。

ブロック、マルク（一九九八）『王の奇跡――王権の超自然的性格に関する研究　特にフランスとイギリスの場合』井上泰男・渡邊昌美訳、刀水書房。

安武真隆（二〇二一）「フランス政治思想史における複合国家論と主権論」岩井淳・竹澤祐丈編著『ヨーロッパ複合国家論の可能性――歴史学と思想史の対話』ミネルヴァ書房。

安武真隆（二〇二二）「対外的脅威の政治思想に向けての覚書――ジャン・ボダン『国家六篇』を手掛かりに」『続・戦争と統治のあいだ』関西大学法学研究所。

Althusius, Johannes (1603), *Politica methodice digesta*, Herbornae Nassoviorum.

Arnisaeus, Henning (1606), *Doctrina politica in genuinam methodum: quae est Aristotelis*, Frankfurt an der Oder, Thiemen.

Arnisaeus, Henning (1610), *De jure majestatis libri tres*, Frankfurt an der Oder, Thyml.

Arnisaeus, Henning (1611), *De Autoritate Principum In Populum Semper Inviolabili*, Frankfurt an der Oder, Thieme.

Arroy, Besian (1634), *Questions décidées sur la justice des armes des rois de France, sur les alliances avec les hérétiques ou infidelles, et sur la conduit de la conscience des gens de guerre*, Paris, Arumaeus.

Arumaeus, Dominic (1616-1623), *Discursus academici de iure publico*, Jena.

Beik, William (1985), *Absolutism and Society in Seventeenth-Century France: State Power and Provincial Aristocracy in Languedoc*, Cambridge U.P.

Bodin, Jean (1566), *Methodus ad facilem historiarum cognitionem*, Paris, M. Jeune.

Bodin, Jean (1576), *Les Six Livres de la République*. Paris, Jacques du Puys.

Besoldus, Christopher (1618), *Politicorum libri duo*, Frankfurt an der Oder.

Cassan, Jacques de (1634), *La Recherche des droicts du roy et de la couronne de France sur les royaumes, duchez, comtez, villes et pays occupez par les princes estrangers: appartenans aux roys tres-chrestiens, par conquestes, successions, achapts, donations, et autres tiltres legitimes. Ensemble de leurs droicts sur l'Empire et des devoires et hommages deubs à leur couronne, par divers princes estrangers*, Paris.

Giesey, Ralph E. (1960), *The royal funeral ceremony in Renaissance France*, Droz.
Giesey, Ralph E. (1987), *Cérémonial et puissance souveraine: France, XVe–XVIIe siècles, Cahiers des annales 41*, A. Colin.
Keckermann, Bartholomäus (1607), *Systema disciplinae politicae*, Hanoviae.
Kettering, Sharon (2001), *French Society, 1589–1715*, Harlow.
Le Bret, Cardin (1632), *De la souveraineté du Roy*, Paris, Toussaincts du Bray.
Le Febvre, Louis Chantereau (1642), *Considérations historiques sur la généalogie de la maison de Lorraine*, Paris.
Le Febvre, Louis Chantereau (1644), *Question historique: Si les provinces de l'ancien royaume de Lorraine doivent être appelées terres de l'Empire*, Paris.
Limnäus, Johannes (1629–1634), *Lus publicum Imperii Romano-Germanici libri IX*, Erstauflage Straßburg.
Loyseau, Charles (1613), *Traité de seigneuries*, Paris, Abel L'Angelier.
Mousnier, Roland (1986), « Ständestaat et monarchie absolue », Mélanges Georges Livet, *L'Europe, l'Alsace et la France*, Les éditions d'Alsace.
Pagès, Georges (1932), « Essai sur l'évolution des institutions administratives en France du commencement du XVIe siècle à la fin du XVIIe », *Revue d'histoire moderne*, VII.
Parker, Henry (1642), *Observations upon some of His Majesties late Answers and Expresses*, London.
Picot, Gilbert (1948), *Cardin Le Bret (1558–1655) et la doctrine de la souveraineté*, Sirey.
Piquet-Marchal, Marie-Odile (1969), *La Chambre de Réunion de Metz*, P. U. F.
Prynne, William (1643), *The Soveraigne Power of Parliaments and Kingdoms*, London.
Salmon, John H. M. (1996), "The Legacy of Jean Bodin: Absolutism, Populism or Constitutionalism?", *History of Political Thought*, 17.
Swann, Julian (1995), *Politics and the Parlement of Paris under Louis XV, 1754–1774*, Cambridge U. P.
Swann, Julian (2023), *Provincial Power and Absolute Monarchy: The Estates General of Burgundy, 1661–1790*, Cambridge U. P.
Vattel, Emer de (1758), *Le Droit des gens*, Londres.

終 章

主権・王冠・レスプブリカ
――ハンガリー・ジャコバンの「王のいる共和政」論と国民主権分有論の淵源

中澤達哉

はじめに――近代歴史学とウェストファリア型主権国家

ウェストファリア型主権国家を起点とする近代史認識を批判するにあたっては、フランス革命期の最急進派、ジャコバンの思想と行動の再検討が急務と言える。ジャコバンは何らかの特定の思想と運動を指したわけではなかったが、近代歴史学のナラティヴにおいては、いわゆる「山岳派」として、絶対王政を打倒する最も急進的な変革主体であり続けた(岡田 一九七三、桑原 一九五九)。しかし、ジャコバンが倒した絶対王政のモデルが相対化された今日、ジャコバンもまた、革命・自由・共和政などの諸概念とともに、再検討する必要性に迫られよう。その際重要なのは、フランス史の一国史的な枠組みでこの問題に取り組むだけでは、到底、近世史研究全般の地殻変動とそれが提起している諸課題に向き合ったことにはならない、ということである。なぜならジャコバンは、フランス革命の余波のもと、ドイツ、オーストリア、ポーランド、ハンガリー、スウェーデン、イングランドなど、ヨーロッパのほぼ全域に拡大し、各地域に固有の社会的条件に順応しながら、おもにロベスピエールの思想と行動を横目に思索を深め、実践を積み重ねていたからである(中澤 二〇二二)。

ここで重視すべきは、神聖ローマ、ポーランド、ハンガリーなどの中・東欧諸国の国制と国家である。従来の主権国家論では、これらの諸国は「中央集権国家形成の失敗例」と否定的なニュアンスで捉えられてきた(Taylor 1948)。中・東欧の非集権的な複合国家的状態から生まれる「後進」像は、中央集権に成功した近世・近代西欧の主権国家像との対比の中で増幅したのである。しかし、冒頭でも述べたように、そもそも絶対主義的なウェストファリア型主権国家像それ自体が相対化された今日、とりわけ二〇一〇年代以降、むしろ近世中・東欧の複合国家形態はヨーロッパ史の「極端なる典型」と認識されるようにまでなった(篠原 二〇二二：九一一〇頁)。

とはいえ、「極端なる典型」論は、近世中・東欧の複合国家における「対内主権の重層性」を詳細に実証したが、その「動態」については十分に解明したとは言い難い。ただ、私見によれば、対内主権の動態性は、近世初期のインペリウム＝帝権(imperium)、マイエスタス＝至高権(maiestas)のほか、コローナ＝王冠(corona)の概念、また、近世後期の各国ジャコバン派が主張したレスプブリカ＝共和政(respublica)の概念を通じて、「主権分有」度の変化の過程を検証することで把握が可能である。[1] 絶対王政型の主権の単一不可分を前提にしては実態の把握はきわめて難しい。[2] なにより、この「主権分有」度の変化を観測しうる好例は、中世後期から近世後期に選挙王政を経験したハンガリー王国であろう。なぜなら、当地は王位継承のたびに(王と特権諸身分との間の)主権分有の様子が常に可視化されてきた国家だからである(中澤 二〇一二)。本章は、ハンガリー・ジャコバンのレスプブリカ概念の淵源のひとつを後述する「王冠」概念と仮定することによって、「王のいる共和政」論の中核をなす主権分有の歴史的意味を考えてみたい。[3]

一、前提——中・東欧における三つの主権概念

従来の神聖ローマをはじめとする中・東欧史研究では、前述のインペリウム、マイエスタス、そして、コロ

ーナという三概念が中世後期から近世後期にかけての「主権(sovereignty, souveraineté, Souveränität, suverenita)」概念と把握されてきた。(4)

本書「はじめに」でも言及したように、一般にヨーロッパの主権概念には、①インペリウムと②マイェスタスが存在した。しかし、中・東欧史を際立たせるのは、これらに加えて、③コローナ(王冠)概念が中世後期に特殊に発展したことである。王冠とは、君主の人格と区別される主体としての国家がもつ主権を想定し、広く制限王政・選挙王政国家に顕著な法人としての国家、あるいは、その権力が及ぶ領域を指して使用された。ゆえに、中世後期以来、レスプブリカ概念とも互換性を有した。

なによりも、上記①は古代ローマ帝国の系譜を引く神聖ローマの普遍帝国論、②は西欧の絶対王政論と親和性が高く、特に②は中央集権的な近世主権国家論のほか、さらにその延長線上に近代の帝国主義理念が導出される傾向があった。ここでは明らかに、「政治的共同体と君主の統治」構造をもった複数の国家や地域が合従連衡することで成立するインペリウムやマイェスタスの主権概念が等閑視されていた。従来の近世政治史学や政治思想史学の西欧中心主義的な性質を表していよう。

とはいえ、③の王冠に基づく中・東欧の選挙王政国家では、この欠落した主権論こそむしろ馴染みのある議論であった。王冠は、西欧の世襲王政下と異なり、中・東欧の選挙王政において独特の展開をみせた主権国家概念である。(5)しかし、複合君主政と同様、長らく「中央集権国家形成の失敗例」との把握が主流を占め、また、その源流となる選挙王政の統治構造も、国内対立や国土分割を招いた原因であるとして批判的に認識されることが多かった。(6)強い主権を良しとするような価値判断の先行を反省的に捉えつつ、次節ではまず選挙王政を踏まえ、ハンガリー・ジャコバンのレスプブリカ概念の淵源を王冠概念にまで遡り検討したい。

二、ハンガリー・ジャコバンのレスプブリカ論とその淵源

ハンガリー・ジャコバン[7]は、君主政論と民主政論のいずれも採り得る、伸縮の幅が激しい中・東欧型の共和主義者であった。ジャコバンの理論家ヨゼフ・ハイノーツィは現状の変化にあわせて、以下の三つのレスプブリカ論を展開した。⑴一七九〇年の「選挙王政のレスプブリカ」論、⑵九三年の「世襲王政のレスプブリカ」論、⑶九四年の「民主政のレスプブリカ」論である。⑴⑵⑶はいずれも、九〇年代半ばの文脈における「ジャコバン」であり、ローマ共和政(三政体混合)を規範とする親仏の急進改革者の集合名詞であった。いうまでもなく、⑴⑵は「王のいる共和政」、⑶は「王のいない共和政」であり、⑵から⑶への移行は原理的な転換を伴った。なお、「王のいる共和政」論が一八世紀末の中・東欧で拡大した要因として、ヨーゼフ二世(在位一七六五―九〇)の啓蒙王政の継続を正当化する原理として機能したという点があげられる(中澤 二〇二二：五八―五九頁)。

一七九〇年九月にハイノーツィが執筆し、レオポルト二世(在位一七九〇―九二)に提出した王国改革案『ハンガリー王権の制限に関する政治公共的論議(*Dissertatio politico-publica de regiae potestatis in Hungaria limitibus*)』(以下『論議』)は、中世後期ハンガリーの選挙王政を立論の起点とし、「王のいる共和政」の実現を求めた[8]。選挙王の権力は本来制限されているため、もし王が臣民との統治契約を破棄し専制を始めれば、臣民は武力抵抗権の行使も厭わない、と主張する(*MJI*, II: 322-341)[9]。後述する一四四〇年代に確立した選挙王政を理想視しつつ、近代の人民主権型の抵抗権をも追求した。総じて、国王候補者に女子を含む自由選挙に基づく「選挙王政の共和国」が構想されたのである[10]。

『論議』第六六項「一般抵抗権」によれば、「貴族は合法的に戴冠された君主にのみ服する(Nobilis nonnisi legitime coronato principi subset)」(*MJI*, I: 338)。この一節は、一五一四年のI・ヴェルベーツィ著『ハンガリー国家慣習法の三部書』(以下『三部書』)の中核をなす文言である。『三部書』は、選挙王政を理想的な混合政体として正当化することを主旨としたが、特に以下がその核心部分とされる。王は貴族による選挙なしに、貴族は王による貴族身分の付与と高貴さの供与とがなければ存立しえないと述べたうえで、「かくしてかの貴族たちは聖王冠の四肢とみなされうる。貴族は合法的に戴冠された君主以外の何人にも服さない(Et hujusmodi nobiles... membra sacræ coronæ esse censentur; nulliusque, præter principis legitime coronati, subsunt potestati)」(Márkus 1897: 58)(以下 *Hármaskönyv*)。ここに描かれる「聖王冠」は、ハンガリーが制限王政をとることの端的な表現であると同時に、同国が選挙王(頭)とこれを選出する特権諸身分(四肢)とからなる一つの有機体であるとの国家観の表明でもあった。なお、「聖王冠の四肢」は、後述するように、『三部書』ではしばしばナティオ(natio)ないしポプルス(populus)と言い換えられている。

しかし、なにより興味深いことに、啓蒙期のハイノーツィは『論議』において、ほぼ同じ国制を表そうとしたにもかかわらず、「聖王冠」の語の使用を避けた。旧き選挙国制由来の当該概念に代わる語として、古典古代由来のレスプブリカの語を選択したのである。第一項によれば、「政府形態がレスプブリカの福祉に適うならば、それはレスプブリカの安寧にも寄与する。〔……〕安寧はレスプブリカにおける至高の法である」(*MJI*, I: 322)。その構成は「王の最高権と諸身分の威厳」(*MJI*, I: 324)とされ、しばしば王の政治的身体と特権層の身分的威厳に換言される。レスプブリカを「聖王冠」に置き換えても意味が通り、両者は相互に互換の関係となっているのである。

ここで検討しなければならないのが、このレスプブリカ概念の淵源と変遷である。すでに筆者は、上記(1)(2)のハイノーツィの二つのレスプブリカ論の源流を、ヴェルベーツィらの政治的人文主義者による古代ローマ共和政の近世的再解釈にあるとした(中澤 二〇二二：五五—五六頁)。つまり、近世的なヨーゼフ主義の土壌に、キケロの三政体混合を理想視するレスプブリカ概念と初期ロベスピエールの共和政思想がカント哲学を媒介に混成するかたちで、ハイノーツィのレスプブリカ概念が出現したと結論付けた。しかし、拙論では、中世後期の中・東欧選挙王政国家に規定されるレスプブリカ概念の生成とその独特な変遷については、立ち入って検討しなかった。本節で以下検証しよう。

古来、ハンガリーをはじめとする中・東欧の選挙王政国家におけるレスプブリカ概念には、三つの政体上の意味内容があり、そこから発展した一つの変種があった。まず、原義のⒶ「公け・公共のもの」である。社団的編成を前提とする近世選挙王政国家では、「公けのもの」の最大形態は法人としての「国家」と考えられたが、国家とは本来は「状態」、特に諸社団の「均衡状態」、さらに中世後期には諸社団が均衡した「安定状態」を想定して使用されることがあった。[11] 換言すれば、安定状態が維持できないものは国家ではなく、ひいては、レスプブリカとは想定されなかったのである。

むしろ、この「安定と均衡」をもたらすものは何か、という観点から、レスプブリカの第二の意味が生じた。それはⒷ国王と「王国の共同体(communitas regni)」が主権を分有している均衡状態である。この主権分有を実現した状態とは、選挙王政下の混合政体、具体的には、選挙王・国王評議会(高位聖職者・高位官職保持貴族・大貴族)・一般国会(中小貴族・王国自由都市参事)からなる三院制の身分制議会が均衡を保って機能する状態のことである。[12] 日本の中・東欧史学では、議会に王が包摂されることで生じる三院の均衡状態を指して使用されるレスプブリカを、「共和政」ないし「共和国」と訳出しており(井内 二〇二二：四—四九頁、小山 二〇〇四：一八—四四頁)、本章も大枠においてこれを踏襲する。たとえばポーランドでは、国王自由選挙による混合政体が成立する直前の一五六九年に、国号を王国(regnum)から共和国(respublica)に改称した。同じ状態にあったハンガリーでは、一四四〇年代から一五一四年の間に、王国に代えて聖王冠(sacra corona)を自称し、一八四八年革命に至るまで「聖王冠」とレスプブリカはしばしば互換性があるものとして使用され続けたことが重要である(中澤

二〇〇九：一四二―一八三、二二四―二四八頁）。

第三の意味は、さらに選挙王政が発展し、国王選出権をもつ「王国の共同体」の側が主権を王と分有しつつも、逆に占有するかのような状態、つまり、Ⓒ共同体が国王より国制上上位にあり、議会内で主権を握る状態である(13)。この状況において使用されるレスプブリカは一般に「貴族共和政」と理解されている（井内 二〇二二：四―四九頁）。実際に議会内の立法手続きや戴冠儀礼も大きく変容している（中澤 二〇一二：八五―一〇四頁）。なお、一八世紀末から一九世紀前半の中・東欧では、この第三の意味から「王のいない共和政」論が形成されていくが、そのプロセスの詳細については別稿での詳細な考察を要する。

他方で、上記ⒷⒸの社団的編成からなる選挙王政国家間の連合、すなわち、Ⓓ一人の君主が複数の選挙王を兼ねる複合君主政の状態もまた、レスプブリカと想定された。ポーランド＝リトアニアが英語では The Commonwealth of Both Nations と称されるように、近世英語圏のコモンウェルス論と通底するのは、このⒹの用法である。なお、選挙王政以外の世襲王政（プロイセンやモスクワなど）との同君連合は稀であるが、歴史的にはブランデンブルク辺境伯領とポーランド王冠下のプロイセン公国との同君連合、あるいは、オーストリア大公国とハンガリー聖王冠との同君連合などが存在する。この状態はレスプブリカではなく、インペリウムの語で表現されることも多い（中澤 二〇二三：一九一―二一四頁）。

以上のように、上記Ⓐを原義としつつ、選挙を通じて多数者による法的合意を得た君主のいるレスプブリカが、上記ⒷⒸのレスプブリカであると考えられた。また、より多くの者の法的合意を伴う国家間の同君連合も、Ⓓのレスプブリカと称されてきた。ハンガリー・ジャコバンのレスプブリカ論がⒷの選挙王政の混合政体論ないしはⒸの貴族共和政論の延長線上にあることは、次節の主権分有論をみることによって再確認することができる。

三、ハンガリー・ジャコバンの国民主権分有論とその淵源

フランス革命以前の状態への復古を求める国王フランツ二世(在位一七九二―一八三五)の即位に対応して、『論議』から戦略転換を図ったマニフェストが一七九三年八月のハイノーツィ著「ハンガリーに与える新たな国制の構想(Entwurf einer neuen für Ungarn bestimmten Konstitution)」(以下「構想」)である。まず、その国民主権原理の特性に着目したい。

第一章「ハンガリーの名称及び区分について」の第一項「ハンガリーは将来、独立共和国(Republik)となる」(*MJI*, I: 898)。第三章「ハンガリー国民の主権について」の第一五項では、「主権(Souverainität)は国民に存する」(*MJI*, I: 898)と述べ、第一六項ではこの国民の内実を簡潔に定義する。「国民は一人の王、貴族、民衆からなる(Die Nation besteht aus einem König, dem Adel und dem Volke)」(*MJI*, I: 898)。続く第一七項は国民主権における三者の身分的編成に言及している。「王は主権において第一身分を形成する。貴族は多様な称号を保持し、第二身分をなす。民衆が第三身分を形成する(Der König macht in der Souverainität einen Hauptlandstand aus; der Adel behält seine verschiedenen Titel. Dieser macht den zweiten, und das Volk den dritten Stand aus)」(*MJI*, I: 898)。

このように、国民には王・貴族・民衆が参加するがゆえに、国民主権とはこの三者によって分有されるものと考えられた。この主権が実現されるべき「ハンガリー共和国」は、主権の領域が民衆にまで拡大するかたちでの、君主政・貴族政・民衆政の三政体混合である。その歴史上の型としては(規模は異なるが)、前節で検討した、選挙王政下で国王と王国共同体が主権を分有した中世後期～近世初期の国制像をまず想起させる。つまり、先述の近世レスプブリカの分類Ⓑを規範とする混合政体の共和国をイメージさせるのである。また、第一六項では、かつて広義の意味では特権身分層の総体を意味し、狭義の意味では身分制議会に参加する政治的権利主

体を意味した「国民」に王が参加する、という形式を踏んでいることから、近世レスプブリカの分類Ⓒの貴族共和政を軸に発展した共和国論ともいえる。

さて、この主権分有を前提とする王を含む国民主権論の根幹にも、レスプブリカ論が念頭に置く近世の「聖王冠」論、特に『三部書』の「聖王冠の四肢」論が存在することは明らかである。しかし、そもそも『三部書』の聖王冠論自体、どこにその直接的な淵源があるのだろうか。やはりその根は、レスプブリカの淵源と同様、中世後期の中・東欧諸国で成立する王冠のほか、「身体」(corpus)という社団国家概念にあることが想定される。以下では、王冠概念を中心にこれらの諸概念の形成と展開について検討するために歴史を遡ってみよう。

王冠概念はすでにアールパード朝(一〇〇〇—一三〇一)初期に存在した(Karpát 1940–41: 178)。当初、この概念は「王権」を意味していたが、やがて王権と特権身分層との競合の中で意味内容を変質させ、中世後期には数種の意味を獲得するようになった。(a)王が王冠を自らの側に取り込んでいる家産的国家、(b)王から分離し王冠の独自の権利の不可譲と不可侵が確立する法人国家、(c)特権身分層の側が王冠を自らの側に併呑している貴族共和政国家、である(中澤 二〇〇四：四六—五一頁)。主権分有の根幹を理解するには、(b)(c)の検証が必須である。とりわけ一四～一五世紀の空位期が好材料を提供している。

まず、一四世紀のアンジュウ朝とルクセンブルク朝との間の空位期に起こった政治的混乱が重要な契機となった。一三八六年にアンジュウ朝の女王マーリア(在位一三八二—八五、一三八六—九五)が幽閉される事件が起こった。幽閉による国王不在という非常事態に際して、国王評議会が王の執行権を代行することになった。この過程で、自国を、王の支配域を指す王国(regnum)でもなければ王の家産でもない、公共体としての「王国の王冠(corona regni)」あるいは「聖王冠(sacra corona)」と呼称する文書が頻繁に発給されたのである。国王評議会に参加する高位聖職者、高位官職保持貴族らのレグニコラエ(regnicolae)が発した宣誓は次の通りである。「我々は、レスプブリカの利益、そして王国と聖王冠の公益を何人に対しても希求するが故に、たとえ国王陛下がそれに反対せんと欲せども、我々は陛下に異議を申し立て、ひいては実力をもって阻止するであろう(quod commodum rei publice et utilitatem regni ac sacre corone communem contra quoslibet vovebimus, etiam si regia maiestas contra id facere vellet, sibi contradicemus et prohibemus tandem cum effectu)」(*DRMH*, II: 16)。

このように、聖王冠(主権)は単に王から分離するだけでなく、レグニコラエの側に引き寄せられていることがわかる(b)(c)[14]。しかし、マーリアの夫でルクセンブルク家のジギスムントが合法的な世襲王として統治をはじめると状況は変わった。たとえば、王が反乱の一つを鎮め、反乱者が王に忠誠を誓う一三八九年の文書には、「我々の主たる王、〔……〕その相続人にして後継者たち、ならびにハンガリーの聖王冠に」(Dąbrowski 1956: 38)(以下 *Korona*)という表現がある。王と王冠は明確に分離しているが、合法的な相続権をもつ王がいるかぎり、もはやレグニコラエの語は文書には見えない。つまり、今度は王の側に聖王冠が引き寄せられることで、レグニコラエと王との間での主権分有の度合いが大きく変容したことが窺えるのである(a)。ここに対内主権の重層性の動態を垣間見ることができる。

以上のような王とレグニコラエとによる王冠をめぐる競合は続く。特に、次の例にはこの時期の王冠の性質が顕著に現れている。一四〇一年、高位聖職者、高位官職保持貴族から成る国王評議会がジギスムント王を捕らえ数カ月間幽閉したとき、国王不在時の国王評議会が「ハンガリー王国の聖王冠の印璽」という銘を刻んだ国璽を用いて文書を発給した(*KSU*: 33)。興味深いことに、このとき、王の大法官の称号も「聖王冠の大法官」に変化した(*KSU*: 33)。しかし、ジギスムントが王座に戻ると大法官の称号は旧来の「王の大法官」に戻ってしまったのである。つまり、世襲権をもつ王が合法的な存在として復位すると、王と王冠とレグニコラエの関係も前の状態に戻り、レグニコラエが少なくとも形式的には国家意思の主体や王冠の構成体から除外されてしまうのである。一四世紀末の段階では、主権の分有の度合いは状況に応じて常に可変的なのである[15]。

一方で、王冠の構成体として等族層の地位を上昇させようとする傾向は強まっていった。一四一〇年にジギスムントが神聖ローマ皇帝に即位し西方政策に傾注したことによって(フス戦争への対応など)、等族層が王の執行権を代行する局面が増えたからである。王と等族層との協働が一般化する一四三五年には、「王国の身体」論に基づく国制定義が出現した。「欠席者の全権をも含めて、この王国の全身体を代表する余の高位聖職者と高位官職保持貴族、ならびに余の王国の貴族の一致した誓約により〔……〕(de eorundem prælatorum, et baronum nostrorum, nec nom nobilium regni nostri, totum corpus ejusdem regni, cum plena facultate absentium representantium, unanimi voto...)」(Márkus 1899: 252)[16]。この身体論からは、三者(王、高位貴族、下級貴族)による三政体混合に基づく王冠の構成体が明示され、主権分有の主体が浮き彫りとなっている。

もうひとつの転換点にあたる一五世紀半ばのルクセンブルク家断絶後の空位期には、最下層の小貴族もまた聖王冠の構成体として広く認知されるようになっていた。たとえば、一四三八年、ポーランドのシエラッ代官ピョトル・シャフラニエッがハンガリーの都市ケジマロクに宛てた書簡がある。「ポーランド王国とハンガリー王国との間の平和休戦の永続的な協定に関して、それは、我々の王殿と評議員殿たち、ならびにハンガリーの聖王冠の全共同体によって始終守られていた(de inscriptionibus treugarum pacis perpetuis inter regna Polonie et Ungarie, que... omni tempore per dominum nostrum regem et dominos consiliarios ac totam communitatem Ungarie sancte corone... servabantur)」(*Korona*: 120–121)。これ以後、小貴族を含むすべての特権身分層が王冠の構成体であるという認識に大きな変化はおこらない。

それは一四四〇年の選挙王政の法制化と関連する。つまり、王冠の「恒常」的な構成要素として、高位聖職者、高位官職保持貴族、大貴族、中小貴族などの「王国の共同体」が、国王選挙権を通じて、王と同等またはそれ以上の地位をもつ社団として認知されてきたのである(*KSU*: 141)。

さらにこの延長線上の一五一四年に、前述のヴェルベーツィの『三部書』において国家法人概念「聖王冠の四肢」が定式化されたのであった。ここでは、制限王政に道筋がつけられ、選挙王政のもと王を含む複数の諸身分によって主権が分有される混合政体が表明された。王と四肢たるナティオないしポプルスとが王冠を分有する均衡状態が出現したのである。ハンガリーでは、この政体は世襲王政とは両立しえなかったが、選挙王政とは親和した。王は四肢たるナティオないしポプルスによって選出され統治が委任されて初めて、聖王冠の名において安定的に統治権を行使することができたからである。中世後期ハンガリーの「王冠」と「王国の身体」概念は、ヴェルベーツィの『三部書』において理念上統合され「聖王冠」の国家有機体および国家法人概念として体系化されたのである。

なお、『三部書』では、「聖王冠の四肢」は王権を制限する主体として使用される際に、しばしばナティオあるいはポプルスと言い換えられた。かつてエリオットが「政治的国民」と形容した特権的国民の概念である。ただし、ナティオ概念は、その中にポプルスやキウィスなど、多くの公法上の主体概念を内包していた。ナティオが特権層全体を指していたのに対して、ポプルスはそうした特権層の最下部に位置する中小貴族層を意味したのである(*Hármaskönyve*: 6)。[17] キウィスは王から自治権を付与された都市共同体自治体、特に上層の都市民を指した。貴族「身分」に属さないものの、貴族的「地位」を享受したのがキウィスであり、都市参事会は身分制議会への議員を送ることができた(前述のポプルス内の最下層には、キウィスや外国から移住した自由農民・借地農民を意味するホスピーテスが位置している)。ナティオ、ポプルス、キウィスは選挙王政下の議会参加権のほか、(主権を王と分有する最重要の指標としての)国王選挙権を有する代表的な公法社団であった。

前述したように、ハンガリー・ジャコバンの国民主権分有を特色とするレスプブリカ論は、キケロの三政体混合を理想視するレスプブリカ概念と初期ロベスピエールの共和政思想がカント哲学を媒介に混成することで成立したが、そもそもその前提となる一四四〇年代の選挙王政の確立〜一五一四年の『三部書』刊行までの時期にその原型が形作られていたといえよう。

おわりに――選挙王のいる共和政と近現代への展望

「聖王冠」は、古典古代由来のレスプブリカ概念とも長らく互換性をもったハンガリー古来の概念である。広くは、王の人格と切り離された、王の家産ではない国家、すなわち公共体を意味した。それゆえ、君主政を軸として、理論的には貴族政・民衆政のあらゆる政体を含みえた。そこでは、選挙王政のもと王を含む複数の諸身分による主権の分有が重視されていた。諸社団が王と主権を共有する混合政体的な国家概念といえよう。まさにこの一環の近世末期に、ジャコバンの国民主権分有論を位置づけることができるのである。その意味で、ジャコバンの「王のいる共和政」論は、厳密には「選挙王のいる共和政」と形容しなければならないであろう。中世後期の選挙王政の混合政体観がなければ、近世の政治的人文主義によるレスプブリカ論も現実味をもたなかっただろうし、ジャコバンのような独特な共和主義空間を近代中・東欧圏に出現させることもなかったであろう。

以上は選挙王政の共和国論であるが、ハイノーツィは、一七九三年には「世襲王政の共和国」論のほか、九四年には君主政的共和主義を否定したうえで民主政的共和主義を標榜し、文字通り「王のいない共和政」を主張するに至った。このうち、「世襲王政の共和国」論は、王による主権分有の度合いが高まろうとする動態を表していたが、この分有は、中・近世の中・東欧史では一般的な姿でもあった。王の側が王冠を占有する状態は「王の王冠(corona regis)」や「余の王冠(corona nostra)」などと形容されてきたし、「王権」と同義となる史料も多数残されている。[18] ただし、この状態をレスプブリカと想定する事例はハンガリーにはほとんど見られないが、西欧には存在した。カロリング朝の世襲王政型テオクラシーがレスプブリカと理解されていたことの意味を重視せねばならないであろう(井内 二〇二一：三八―四一頁)。つまり、公共善が世襲王政によって実現されるなら、やはり、その統治とその統治領域もまたレスプブリカと認識されていたのである。中世初期のレスプブリカは実に多様性に富むがゆえに、ハイノーツィの世襲王政の共和国論の中世的淵源を探ることもまた重要であり、本稿の課題として残されている。

一方、民主共和政たる「王のいない共和政」論に関しては、自然法的な近代の主権概念の受容という従来の研究を批判的に再検証する必要がある。[19] 本章の分析視点に立てば、前述の「王国の共同体」の側が君主より国制上上位に立つかたちで主権を占有するような状態、つまり、貴族共和政の分析枠からの検討が可能である。選挙王政のシステムをとる以上、ナティオたる貴族が王冠を併呑し主権を占有する過程で、結果的に王が主権から除外されることは理論上ありうるからである。実質的に、一四〜一五世紀の空位期に特権諸身分は政治的実践を積み、王がいなくとも議会を中心に主権を聖王冠の名で行使していた。選挙王政の経験は、一八二〇〜三〇年代における民主共和政論の出現を下支えしていたことのみ、現時点では指摘しておきたい。同時に、近世選挙王政の経験が近代大統領制の原理の創出といかなる因果関係・相関があったのか、主権分有を含み再検討の必要があるだろう。

註

(1) インペリウムにおける主権分有度の変容は次を参照。中澤 二〇二三：一九一—二一四頁。

(2) ボダンによれば、「君主が絶対主権者である場合——フランス、イスパニア、イングランド、スコットランド、エチオピア、トルコ、ペルシア、モスクワの如き真の君主の場合——その権力は疑問の余地なく、主権は臣民との間で分割されていない」(佐々木 一九七三：二七〇頁)。こうした主権不分割を前提にした場合、中・東欧の主権の検討は困難である。

(3) 本章は、中澤編(二〇二二)の成果を踏まえ、ハンガリー・ジャコバンのレスプブリカ概念の淵源を「王冠」概念と仮定し検証する論文である。同じ研究対象を異なる視点から検討するため、同編の言説の引用や解釈が重複することがある旨、予め断っておきたい。

（4）単一不可分の主権(sovereighty)概念を歴史貫通的に措定する英米圏の研究に対して、中・東欧圏の研究は三概念の歴史的変遷を重視し、分有可能な当該概念の実態を検証した(Karpát 1937; Eckhart 1941; Hellmann 1961; Malý and Sivák (eds.) 1992)。このほか、中澤(二〇〇四)四二―六二頁、本書第一章の古谷論文および第一一章の皆川論文を参照のこと。

（5）王位の世襲相続原理に立つ世襲王政と、王位の選挙原理に基づく選挙王政は、近世ヨーロッパ政治史ならびに政治思想史を鋭く二分する政治文化である(ミッタイス 一九九二)。双方の王政の淵源に関する分析は以下を参照。中澤(二〇一九)二八五―三〇八頁。

（6）社会主義期のマルクス主義史学を通じて、封建制・絶対主義および帝政を、「諸民族の牢獄」または「再版農奴制」の具現とする理解が浸透していたことの影響は大きい。また、冷戦期欧米の近代化論から再版農奴制による「東欧の後進性」論も展開され、期せずして、マルクス主義史学と近代化論が中・東欧の近世国家に関して批判的評価を共有することになった。こうした半ばイデオロギー的な中・東欧史像の形成を、史学史上軽視することはできないであろう。一方、選挙王政を前提とする王冠研究もまた独特の展開を遂げた。同研究は一九三〇年代に萌芽があり、六一年には中・東欧近世史研究者が主導するかたちで、「王国の王冠(corona regni)」概念に関する英・仏・独・ポーランド・チェコ・ハンガリーによる国際共同研究の成果が刊行された(Hellmann 1961)(以下 *Corona*)。しかし、同研究者の多くがのちに西側への亡命を余儀なくされた。当地で同時期に興隆する市民的人文主義研究に取り組むか、国内に残りマルクス主義史学に順応するか、という選択に迫られた。こうして、六〇年代以降王冠研究は衰退を辿ったが、二〇一〇年前後から選挙王政ならびに王冠論に関する高水準の実証研究が再び現れ始めている(Pálffy 2009; Roşu 2017)。

（7）ハンガリー・ジャコバンとは、フランス革命思想の影響のもと、一七九二年半ばに萌芽があり、九三年から九五年にかけてフリーメーソン、薔薇十字団、イリュミナティ、フランシスコ修道会士、イエズス会士、ドミニコ修道会士を中心とするヨーゼフ主義者によって展開された、ハンガリー共和国の建国をめざす思想と運動の総体である。九四年時点での会員数は約三〇〇名であった。内訳は、貴族、役人、退役軍人、法律家、聖職者、大学教員、作家であり、当時の最急進改革派であった(Benda, II, 1952: 814-819)(以下 *MJJ*)。

（8）すでに一六八七年にハンガリー議会は選挙王政を放棄して、ハプスブルク家の男系男子世襲王位継承権を承認したほか、一七二三年には女系にも適用される世襲王位継承権を承認していた。ゆえにハイノーツィの主張は伝統的な選挙国制の復古を意味した。

（9）この抵抗権思想は、ハンガリー貴族の武力抵抗権を承認した一二二二年の「金印勅書」を、ロックの抵抗権をもとに焼き直した主張であると言われる(Kowalská 2008: 124)。

（10）同年のハイノーツィの別著『ハンガリー議会における法案提出の諸形態(*Ratio proponendarum in comitiis Hungariae legume*)』によれば、そうした制限王政の理想が達成されている当代の国家はイギリスとスウェーデンであった(*MJJ*, I: 87)。

両国は世襲王政だが、ハイノーツィの目には、議会の推戴で国王が即位する選挙王政の要素をもつ世襲王政と映った。

(11)　空位期にあった一三八六年議会の宣誓文「我々は、レスプブリカの利益、そして王国と聖王冠の公益を何人に対しても希求するが故に〔……〕(quod commodum rei publice et utilitatem regni ac sacre corone communem contra quoslibet vovebimus, ...)」(Bak 1992: 16; 以下 *DRMH*)という表現にみられるように、国王を含めだれが反対しようと「公けのもの・公共体」(respublica)の利益を守りぬくことが宣誓されている。レスプブリカはこの時期、「利益」という語とともに現れ、また、王国の公益と並置して使用されることに特徴がある。王を含む諸社団の安定した均衡状態＝「国家」と理解することができる。

(12)　一四四四年末に議会はハプスブルク家のラースロー五世(在位一四五二―五七)を選挙するも、同家の神聖ローマ皇帝フリードリヒ三世(在位一四四〇―九三)がこれを認めず、ラースローはウィーンに留まった。王不在の四五年五月七日、「王国の共同体」たる議会が発した宣言文の冒頭に着目したい。「我らハンガリー王国のすべての高位官職保持貴族、大貴族、騎士、中小貴族、都市民、そして、レグニコラエは、同王国の平和の回復ならびにレスプブリカの公益のために、ペシュトのこの全国議会に一堂に集まりて、〔……〕(Nos universi prelati, barones, milites, nobiles ac civitatenses regnicolaeque regni Hungarie in presenti generali congregatione Pestiensi pro reformanda pace et reipublice utilitate eiusdem regni insimul congregati...)」(*DRMH*, II: 106)。レスプブリカの上記分類Ⓐの意味をさらに踏み込み、上院の国王評議会に参加する高位聖職者・高位官職保持貴族、下院に相当する国会参加者の中小貴族・都市代表、そして、本来国王評議会に参加するはずの(不在の)王の三者が、一四四〇年から始まる選挙王政のもと混合政体を形成し、三者の均衡が保たれているように描写されている。

(13)　選挙王政が順調に機能していた一四六四年四月、フニャディ朝のマーチャーシュ一世(在位一四五八―九〇)は次の勅令を発給した。「そのレスプブリカは、法の支配が十分に確立された、賞賛に値する幸福なものであるがゆえに、したがってそれは、ポプルスおよび諸都市の法的権利を握る王や支配者が、自らに付託されたポプルスを、武器を持って勇敢に守るだけでなく、法と自由と有益な秩序の中で保護するのに適している(Cum laudabilis felixque sit res publica illa, in qua bene institute leges dominantur, decet igitur reges et principes, in quorum manibus populorum urbiumque ius est, non modo armis populum sibi creditum fortiter tueri, sed etiam in iuribus, libertatibus et constituionibus utilibus conservare)」(*DRMH*, III: 18)。ポプルスとは古来、特権身分層たるナティオの中でも中下層に位置する中小貴族層を指したが、一六世紀の政治的人文主義期に古代ローマ共和政下のポプルス論が受容され、特権として議会参加権を享受する大貴族層もまたポプルスを好んで自称した。同布告は、ポプルスをレスプブリカの主体として描く証左である。実際にこの時期、本来王権に属した土地授与権、官職新任権、歳入使用権、傭兵雇用権が議会に移管され、特権層による主権分有度が高まっていた。

(14)　同様に、翌年、ルクセンブルク家のジギスムントを国王に選出する際に提示され、その戴冠宣誓において確約された条件のなかにも類似の表現が存在する。「ハンガリー王国の聖王冠、あるいはレグニコラエ、または上述のハンガリー王国に逆らって締結したすべての〔……〕同盟を〔……〕われわれは無効とみなす(omnem... ligam... quam contra sacram coronam dicti regni Ungarie, aut contra aliquos regnicolas, vel contra prefatum regnum Ungarie... inisset)」(Bak 1973: 133; 以下 *KSU*)。

(15)　ジギスムントはときとして、アールパード朝期と同様、王冠を自己のものとみなすことさえあった。たとえば、一三九一年、九二年、一四一四年の勅令には、「ハンガリーの余の聖王冠に(Sacre corone nostre Hungarie)」(*Korona*: 37)という表現がある。こうした王冠の構成要素の可変性(主権分有の度合いの変化)は、同王治世初期における王と等族層との競合を反映していた。

(16)　ジギスムントは神聖ローマ皇帝として一四一四年にコンスタンツ公会議を召集したが、ここで主流を占めた思潮がホスティエンシスの公会議主義であった。この思想が一四三五年法の「王国の身体」概念として国制に反映されたのである。なお、言うまでもなく、この「王国の身体」概念は教会用語の世俗国家への転用によって出現した国家有機体概念であった。国制概念としての「身体」は、古くは、教皇グレゴリウス九世によるベーラ四世を称しての「教会の四肢」との表現に見られる。さらに、神法が王を通じて王国全体へと広がる様を「頭から全身体へ」(*KSU*: 121)と表現したラースロー四世の一二七九年の宣誓にも表れている。

(17)　中世後期ハンガリーの公文書において、ポプルスはナティオ最下層の中小貴族のほか、都市民の下部に位置した手工業者層を指して使用された。つまり、国家や都市の社団において、一定の主体的権利を持つ階層のうち中下層に属す人々を想定した。しかし、既述のように、近世人文主義期には、古代ローマ共和政のポプルスがハンガリーの選挙王政期の特権層を後援する概念として多用されたこともあり、そもそも下級貴族の政治的地位の向上を求めることを目的の一つとしていた『三部書』は、ポプルスを主語にしながら特権層全体の利益を主張することで、ナティオではなくポプルスを王権を制限する主体として表象させた。「[制定法や布告は]まず君主自身を拘束するということを知るべきである。それは、君主がポプルスの要請によってそれらを告示したからである(Sciendum, quod primo ligant ipsum principem, qui eas populo postulante edidit)」(*Hármaskönyve*: 230)。

(18)　注(15)の一三九一年、九二年、一四一四年勅令の「余の聖王冠に」のほか、一二四三年勅令の「余と、王の王冠に(nobis et corone regie)」(*Corona*: 67)、一二七三年勅令の「余と、余の王冠と、王国に(nobis, coronae nostrae et regno)」(*Corona*: 71)などの表現からは、王の人格と王冠は区別されるも癒着しやすい様態を読み取ることができる。

(19)　第二次世界大戦後のハンガリー史学のほか、後継国家のチェコスロヴァキアのスロヴァキア史学やユーゴスラヴィアのクロアチア史学のマルクス主義史観は、「王のいない共和政」論に舵を切った時期のハンガリー・ジャコバンにのみ着目してきた。特に一七九四年に作成された「自由・平等協会問答書(A Szabadság és Egyenlőség Társaságának kátéja)」に依拠して、自然法的な主権論、ルソーの社会契約説、ドルバック、コロー・デルボワ、ペインの人権宣言からの影響を特に重視してきた(中澤 二〇二二：五八頁)。

参考文献

井内敏夫(二〇二二)『ポーランド中近世史研究論集』刀水書房。

岡田与好編(一九七三)『近代革命の研究』東京大学出版会。

桑原武夫(一九五九)『フランス革命の研究』岩波書店。

小山哲(二〇〇四)「人文主義と共和政——ポーランドから考える」小倉欣一編『近世ヨーロッパの東と西——共和政の理念と現実』山川出版社。

佐々木毅(一九七三)『主権・抵抗権・寛容——ジャン・ボダンの国家哲学』岩波書店。

篠原琢(二〇一二)「近世から近代に継承される政治的正統性」篠原琢・中澤達哉編『ハプスブルク帝国政治文化史——継承される正統性』昭和堂。

高橋幸八郎(一九四七)『近代市民社会成立史論——欧洲経済史研究』日本評論社。

高橋幸八郎(一九五〇)『市民革命の構造』御茶の水書房。

中澤達哉(二〇〇四)「「王国の王冠」「王国の共同体」「王国の身体」——ハンガリーのレスプブリカ再考」小倉欣一編上掲書。

中澤達哉(二〇〇九)『近代スロヴァキア国民形成思想史研究——「歴史なき民」の近代国民法人説』刀水書房。

中澤達哉(二〇一二)「ハプスブルク家とハンガリー王冠——戴冠儀礼と統治の正統化」篠原・中澤編上掲書。

中澤達哉(二〇一九)「ヨーロッパの選挙王政と世襲王政——天皇譲位に寄せて」加藤陽子責任編集・歴史学研究会編『天皇はいかに受け継がれたか——天皇の身体と皇位継承』績文堂出版。

中澤達哉(二〇二二)「向う岸のジャコバンと「王のいる共和政」——「中・東欧圏」という共和主義のもうひとつの水脈」中澤達哉編『王のいる共和政——ジャコバン再考』岩波書店。

中澤達哉(二〇二三)「複合君主号「皇帝にして国王」と主権の分有——ハプスブルク・ハンガリーの選挙王政と世襲王政」佐川英治編『君主号と歴史世界』山川出版社。

ミッタイス、ハインリヒ(一九九二)『ドイツ法制史概説』世良晃志郎訳、創文社。

Bak, Janos M.(1973), *Königtum und Stände in Ungarn im 14.–16. Jahrhundert*, F. Steiner.

Bak, Janos M.(1992), *Decreta regni mediaevalis Hungariae*, II (1301–1457), Charles Schlacks, Jr.

Bak, Janos M.(1996), *Decreta regni mediaevalis Hungariae*, III (1458–90), Charles Schlacks, Jr.

Benda, Kálmán (1952), *A magyar jakobinusok iratai*, I, Akadémiai Kiadó.

Benda, Kálmán (1952), *A magyar jakobinusok iratai*, II, Akadémiai Kiadó.

Eckhart, Ferenc (1941), *A Szentkorona-eszme története*. Magyar Tudományos Akadémia.

Dąbrowski, Jan (1956), *Korona królestwa polskiego w XIV wieku*, Zakład im, Ossolińskich.

Hellmann, Manfred (Hrsg.) (1961), *Corona regni: Studien über die Krone als Symbol des Staates im späteren Mittelalter*, Wissenschaftliche Buchgesellschaft.

Kabdebo, Thomas (1985), "Some Jacobin military notions and their roots in constitutional proposal", *Hungarian Studies Review*, 12-1.

Karpát, Jozef (1937), *Corona Regni Hungariae v dobe Árpádovskej: Corona Regni Hungariae im Zeitalter der Árpáden*, R. Rauscher.

Karpát, Jozef (1940–1941), "Dejiny uhorského štátneho pojmu s hľadiska právneho", *Historica Slovaca*, I–II.

Kowalská, Eva and Karol Kantek (eds.) (2008), *Uhorská rapsódia a alebo tragický príbeh osvietenca Jozefa Hajnóczyho*, Veda.

Malý, Karel and Florián Sivák (eds.) (1992), *Dejiny štátu a práva v Česko-Slovensku do roku 1918*, Obzor.

Márkus, Dezső, et al. (1897), *Corpus juris Hungarici: Werbőczy István Hármaskönyve*, Franklin-Társulat.

Márkus, Dezső, et al. (1899), *Corpus juris Hungarici: 1000–1526*, Franklin-Társulat.

Pálffy, Géza (ed.) (2009), *The Kingdom of Hungary and the Habsburg monarchy in the sixteenth century*, Institute of Habsburg History.

Quaritsch, Helmut (1986), *Souveränität: Entstehung und Entwicklung des Begriffs in Frankreich und Deutschland vom 13. Jh. bis 1806*, Duncker & Humblot.

Roşu, Felicia (2017), *Elective monarchy in Transylvania and Poland-Lithuania, 1569–1587*, Oxford University Press.

Taylor, Alan J. P. (1948), *The Habsburg monarchy, 1809–1918: A history of the Austrian empire and Austria-Hungary*, H. Hamilton.

Trencsényi, Balázs and Márton Zászkaliczky (eds.) (2010), *Whose love of which country?: Composite states, histories and patriotic discourses in early modern East Central Europe*, Brill.

あとがき

本書の編集も大詰めに差し掛かった頃、アメリカで新しい大統領が誕生した。歴史的に、指導者が変われば、主権の行使のされ方も変わり、行使される対象も影響を受ける。アメリカに限らず、たとえば、ロシアの主権の行使を想像してみるとよいだろう。一人の大統領の在任中でも、主権は戦争を通じていくつもの異なる姿をみせることがある。大統領が変わればなおさらであろう。

本書の各章が検証したように、帝国であろうと国民国家であろうと、基底にある主権の姿はさほど変わらなかったのではないか。そして、ウェストファリア型の主権国家は言われてきたほど強固で定型的なものではなかったのではないか。具体的には、従来の単一不可分の主権像とは異なり、近世の君主主権は君主と諸身分・諸地域との間で分有され（複合国家論／礫岩国家論）、近代の国民主権ですら君主と国民あるいは諸民族との間で分有されることがあった（帝国論の、特に帝国と国民国家の相互浸潤論）。このことが、欧米やアジアのみならず世界の現代国家を考える際に、いかなる意味をもつのだろうか。たとえば、暴力は帝国主義の暴力や国民国家の暴力ではなく、主権国家の暴力として捉え直すことができる。本書を作り上げた今、この、分有された緩やかな主権だからこそ、近現代の暴力は熾烈化しえたのではないかという仮説を立てることもできる。現代歴史学に残された次の課題は、民主主義の時代の主権国家、そして、国民主権を再点検してみること、あるいは、民主主義そのものを歴史学的に再考することなのであろう。同様に、旧来の強固な主権国家の二つの顔――あるときは旧勢力からの解放の天使、またあるときは抑圧装置のような怪物――像は同じコインの裏表の関係であるとの仮説も設定できそうである。しかし、そもそも、なぜこれほどまでにウェストファリア神話が浸透したのであろうか。すでに領邦国家史・国際関係史研究から神話形成のプロセスが語られているが、今一度、本書の観点から歴史学的に再検討してみなければならない。単に主権国家を相対化して終わりではないのである。近世史と近代史の批判的再構築をともなう描き直しは緒に就いたばかりである。

＊＊＊

さて、振り返ると、「はじめに」でも述べたように、本書のもととなったのは、二〇一八年から二一年の間に四年連続で開催された歴史学研究会大会合同部会「「主権国家」再考」シリーズである。実は、この企画は周到に準備されていたわけではなかった。いくつもの偶然が重なり、急遽、私が企画者になってしまったのである。私は、二〇一七年度から二〇年度までの三年間、歴史学研究会事務局長を務めた。事務局長が企画するのは、「歴研シンポ」などの時流に適ったテーマに関する催しであった(たとえば、明治一五〇年、天皇代替わり等々のシンポジウムや『コロナの時代の歴史学』の編集など)。逆に、毎年五月の歴研大会は部会の専権事項であり、委員会、ましてや委員長・編集長・事務局長からなる執行部・三役は大会に協力することはあっても、自ら企画することはない。そもそも介入してはならないという不文律があった。だが、合同部会を企画するはずのある部会から、「今年は大会の企画ができない」との一報が入ったのである。新進研究者への負荷を考えれば、それは仕方のないことであった。これを受けて、二〇一七年度委員会では本件について喧々諤々の議論が展開された。合同部会の休会や廃止まで検討されたが、結局、同部会の再起まで、事務局長が中継ぎをすることが決まったのである。超多忙な日々が始まったのはそれからだった。

ここで、当時私は、古谷大輔さんの科研グループ「歴史的ヨーロッパにおける主権概念の批判的再構築」の研究分担をしていたことから、同じく分担者の後藤はる美さんとともに、二〇一七年の年末に大阪の古谷宅に押しかけ、対処法について相談をもちかけた。その時まで長い間、複合国家や礫岩国家で議論を深めてきた間柄なので、すんなりと二〇一八年の合同部会テーマを「「主権国家」再考」とし、二人の協力を得ることが決まった(今回、古谷さんと後藤さんには、本書のなかでも最も重要な第一章と第二章を執筆してもらった。望外の喜びである)。なにより、古谷さんとは以後、最終回までの四年間タッグを組んで、私が企画、古谷さんにはシリーズの司会を務めてもらった。コロナ禍中の二〇二〇年の合同部会前にはオンライン開催のシステム構築にも御尽力して頂いた。本書が歴研編であることから事務局長の中澤が必然的に責任編集者となっているが、本来は、歴研の枠を超えて古谷さんと共同編集者となることが望ましかった。ここに、正確な情報を会員はじめ読者の皆さんと共有しておくとともに、古谷さんには今一度、当会を代表して心より御礼申し上げたい。

あともう一人、恩人の名を挙げねばならない。二〇一七年の企画から二一年の第四回目の合同部会閉幕まで、事務局長を支えてくれた事務局員の故・増田純江さんに改めて感謝の意を表すとともに、本書を墓前に捧げたい。「中澤さん、合同部会の企画まで本当に申し訳ないです」と、増田さんは日々の事務局長の仕事に加えて合同部会の任が加わったことをいつも気にしてくれていた。たまたま、二〇一九年二月の第二回目の合同部会企画中、大阪で開催される予定の古谷科研で報告する前日だっただろうか、無理がたたって私は一週間ほど入院することになってしまった……。このときも増田さんは私の体調を気遣い、方々に連絡して、合同部会主旨文の提出を退院して落ち着くまで辛抱強く待ってくださった。その増田さんがその一年後に大病を患って入院されてしまうとは……。体調を気遣うべきは私のほうだった。いまだに後悔の念でいっぱいである。きっと歴研委員経験者で増田さんを知る方々なら、この心情を分かってくださるだろう。合同部会の評判がよく、毎回三〇〇〜四〇〇人の参加者を得ていたところで、本シリーズの書籍化を勧めてくださったのが増田さんだった。ようやく増田さんに報告できそうである。「あのときお約束した本、やっとできあがりました!」

最後に、本書の刊行を実際に実現してくださった岩波書店の石橋聖名さんに感謝の意を表したい。石橋さんには、私が編者を務めた『王のいる共和政――ジャコバン再考』(二〇二二年)の刊行以来お世話になり続けている。今回も、本書を作り上げていく過程で、各執筆者への正確な指摘の数々に接した。良い作品を作ることへのその並々ならぬ情熱は、私たち執筆者にはとても大きな精神的支えとなった。心より御礼申し上げる。

二〇二五年一月

中澤達哉

【執筆者紹介(執筆順)】

近藤和彦(こんどう・かずひこ)　東京大学名誉教授／イギリス近世・近代史

古谷大輔(ふるや・だいすけ)　大阪大学大学院人文学研究科教授／北欧史

後藤はる美(ごとう・はるみ)　東京大学大学院総合文化研究科教授／イギリス近世史

青谷秀紀(あおたに・ひでき)　明治大学文学部教授／中世ネーデルラント史

稲垣春樹(いながき・はるき)　青山学院大学文学部准教授／イギリス近現代史，イギリス帝国史

青島陽子(あおしま・ようこ)　北海道大学スラブ・ユーラシア研究センター教授／中東欧・ロシア近現代史

杉山清彦(すぎやま・きよひこ)　東京大学大学院総合文化研究科教授／大清帝国史

石川敬史(いしかわ・たかふみ)　帝京大学文学部史学科教授／アメリカ政治思想史

篠原　琢(しのはら・たく)　東京外国語大学大学院総合国際学研究院教授／中央ヨーロッパ近現代史

藤波伸嘉(ふじなみ・のぶよし)　津田塾大学国際関係学科教授／近代オスマン史

小田原琳(おだわら・りん)　東京外国語大学大学院総合国際学研究院教授／イタリア近現代史

皆川　卓(みながわ・たく)　法政大学文学部教授／近世ドイツ国制史

大河原知樹(おおかわら・ともき)　東北大学大学院国際文化研究科教授／中東近現代史，中東法制史

岡本隆司(おかもと・たかし)　早稲田大学教育・総合科学学術院教授／近代アジア史

安武真隆(やすたけ・まさたか)　関西大学政策創造学部教授／政治思想史

佐々木真(ささき・まこと)　駒澤大学文学部教授／フランス近世史

【責任編集】

中澤達哉

早稲田大学文学学術院教授．中・東欧史．著書に『近代スロヴァキア国民形成思想史研究――「歴史なき民」の近代国民法人説』(刀水書房，2009)，『ハプスブルク帝国政治文化史――継承される正統性』(篠原琢共編，昭和堂，2012)，『王のいる共和政　ジャコバン再考』(編著，岩波書店，2022)など．

「主権国家」再考――近代を読み替える

2025年4月16日　第1刷発行

責任編集　中澤達哉《なかざわたつや》

編　者　歴史学研究会《れきしがくけんきゅうかい》

発行者　坂本政謙

発行所　株式会社 岩波書店
〒101-8002 東京都千代田区一ツ橋 2-5-5
電話案内 03-5210-4000
https://www.iwanami.co.jp/

印刷・精興社　製本・松岳社

ISBN 978-4-00-061694-2　　Printed in Japan